Pia Bork

Microsoft Power-Point 2010 für Kids

Bibliografische Information der Deutschen Nationalbibliothek
Die Deutsche Nationalbibliothek verzeichnet diese Publikation in der Deutschen Nationalbibliografie; detaillierte bibliografische Daten sind im Internet über <http://dnb.d-nb.de> abrufbar.

Bei der Herstellung des Werkes haben wir uns zukunftsbewusst für umweltverträgliche und wiederverwertbare Materialien entschieden.
Der Inhalt ist auf elementar chlorfreiem Papier gedruckt.

ISBN 978-3-8266-7538-6
1. Auflage 2011

E-Mail: kundenbetreuung@hjr-verlag.de
Telefon: +49 89 / 2183 -7928
Telefax: +49 89 / 2183 -7620
© 2011 mitp, eine Marke der Verlagsgruppe Hüthig Jehle Rehm GmbH Heidelberg, München, Landsberg, Frechen, Hamburg

www.mitp.de

Dieses Werk, einschließlich aller seiner Teile, ist urheberrechtlich geschützt. Jede Verwertung außerhalb der engen Grenzen des Urheberrechtsgesetzes ist ohne Zustimmung des Verlages unzulässig und strafbar. Dies gilt insbesondere für Vervielfältigungen, Übersetzungen, Mikroverfilmungen und die Einspeicherung und Verarbeitung in elektronischen Systemen.

Die Wiedergabe von Gebrauchsnamen, Handelsnamen, Warenbezeichnungen usw. in diesem Werk berechtigt auch ohne besondere Kennzeichnung nicht zu der Annahme, dass solche Namen im Sinne der Warenzeichen- und Markenschutz-Gesetzgebung als frei zu betrachten wären und daher von jedermann benutzt werden dürften.

Lektorat: Katja Völpel
Sprachkorrektorat: Petra Heubach-Erdmann
Covergestaltung: Christian Kalkert
Satz: III-Satz, Husby
Druck: Beltz Druckpartner GmbH und Co. KG, Hemsbach

Inhalt

Einleitung — 7

Grundlagen von Power-Point — 15
   Rundblick im Programm 16
   Der Anfang: Textfolien 19
   Die erste Zeichnung.. 32
   Text einmal anders: WordArt 35
   Zeigen und Drucken: Ansichten, Animationen, Ausdruck...... 39
   Zum Schluss: speichern und schließen 41
   Zusammenfassung.. 42
   Ein paar Fragen … 43
   … und ein paar Aufgaben 43

Alltägliches mit Power-Point — 45
   Ein Lesezeichen: Fülleffekte und Verläufe................... 45
   Eine Urkunde 49
   Urkunde für Bogenschützen 59
   Einladung zur Gartenparty 66
   Animation: Bewegung auf der Folie......................... 69
   Zusammenfassung.. 74
   Ein paar Fragen … 74
   … und ein paar Aufgaben 75

Inhaltsverzeichnis

3 Bilder, Grafiken und Fotos — 77

- Vorhang auf: die Fotoshow 77
- Dunkler, heller, andere Farbe: Bilder verändern 86
- Zu viel Himmel: Bilder zuschneiden 87
- Animationen: Bewegung auf der Folie 94
- Übergang: Bewegung für die ganze Folie 100
- Die Show fertigstellen 103
- Ein bisschen Theorie: Was du über Fotos wissen solltest 110
- Zusammenfassung 116
- Ein paar Fragen … 116
- … und ein paar Aufgaben 116

4 Tabellen und Pläne — 117

- Stundenplan für die Schule 118
- Praktisches mit PowerPoint 132
- Planung für ein Schulfest 140
- Dein eigener Fotokalender 154
- SmartArts: Schaubilder und Schema 159
- Zusammenfassung 177
- Ein paar Fragen … 177
- … und ein paar Aufgaben 178

5 Referate vorbereiten — 179

- Organisation ist wichtig 180
- Stoffsammlung und Gliederung 186
- Folien planen 190
- Notizenseiten für den Vortragenden 199
- Zusammenfassung 202
- Ein paar Fragen … 202
- … und ein paar Aufgaben 202

Inhaltsverzeichnis

Informationen spannend darstellen 203
- Wichtiger Einstieg: Die Titelfolie 203
- Ganz ohne Text geht es nicht............................ 205
- Vergleiche und Gegenüberstellungen 216
- Grafiken einsetzen...................................... 224
- Zusammenhänge zeigen 233
- Zahlen darstellen....................................... 245
- Zusammenfassung...................................... 258
- Ein paar Fragen … 258
- … und ein paar Aufgaben 259

Referate präsentieren 261
- Ausdrucke für dich und andere........................... 261
- Präsentieren mit dem Beamer 267
- Du bist der Vortragende 275
- Zusammenfassung...................................... 279
- Ein paar Fragen … 279
- … und ein paar Aufgaben 280

Multimedia mit einer Fotoshow 281
- Fotoshow mit Musik und Erzählung...................... 281
- Weitergeben als Diashow oder Film...................... 294
- Zusammenfassung...................................... 305
- Ein paar Fragen … 305
- … und ein paar Aufgaben 306

It's Partytime! 307
- Lageplan mit Selbsterklärung............................ 307
- Hier geht's lang – Animationspfad....................... 314
- Geräusche und Bilder raten 319
- Zusammenfassung...................................... 332
- Ein paar Fragen … 332
- … und ein paar Aufgaben 333

Inhaltsverzeichnis

10 Deine eigene Vorlage 335
- Folienmaster 335
- Folienlayouts 343
- Ein eigenes Design 347
- Zusammenfassung 352
- Ein paar Fragen 352
- ... und ein paar Aufgaben 352

11 Lernspaß mit PowerPoint 353
- Bilder als Bildschirmschoner 353
- Lernquiz selbst gemacht 358
- Kapitelweise Geometrie 364
- Wie hieß das noch mal? 372
- Zusammenfassung 379
- Ein paar Fragen 380
- ... und ein paar Aufgaben 380

Stichwortverzeichnis 381

Einleitung

In dem Buch, das du jetzt aufgeschlagen hast, dreht sich alles um Folien und Präsentationen mit PowerPoint 2010. PowerPoint gehört zu den Office-Paketen von Microsoft und ist das Spezialprogramm für Präsentationen. In der Berufswelt wird PowerPoint verwendet, um bei Tagungen und Besprechungen den Zuschauern die Informationen auf einer Leinwand zu zeigen. In der Schule kannst du PowerPoint einsetzen, um deine Referate mit Grafiken, Fotos und Diagrammen interessanter zu gestalten. Aber es gibt noch sehr viel mehr Anwendungen für PowerPoint: Du kannst deine Urlaubsfotos wie in einer Diashow vorführen oder sogar einen kleinen Film aus den Fotos machen, du kannst animierte Einladungskarten mit Mail versenden, deinen Familienstammbaum zeichnen oder »Wer wird Millionär« für die nächste Party entwickeln. PowerPoint wird sogar verwendet, um auf einer Theaterbühne den Hintergrund auf die Bühnenwand zu projizieren!

PowerPoint wird dich bei all diesen Ideen unterstützen. Es bietet dir fertige Hintergründe für deine Folien und hilft dir beim Einfügen von Bildern. Für Zeichnungen stellt das Programm eine Reihe von Hilfsmitteln für dich zur Verfügung: kleine Zeichnungen aus den AutoFormen, vorbereitete Diagramme aus Kreisen oder Zahnrädern oder Trichtern, viele Farben, Schatten und dreidimensionale Formen.

Microsoft Office 2010 gibt es für Schüler und Studenten preiswerter. Erkundige dich bei deinem Computer-Händler nach der Ausgabe für Auszubildende. Du kannst damit viel Geld sparen.

Einleitung

Der Schwerpunkt von PowerPoint liegt darin, all diese Elemente bewegt und animiert auf dem Computer zu zeigen. Du kannst Bilder stückweise aufdecken lassen, Texte zeilen- oder wortweise einfliegen lassen, Musik und kurze Filme einbinden. Wenn du das Buch durchgeackert und alle Möglichkeiten kennen gelernt hast, werden dir bestimmt noch viele Einsatzmöglichkeiten einfallen.

Worum geht es hier eigentlich?

Zuerst einmal um PowerPoint 2010, das ist schließlich der Titel des Buches. PowerPoint kannst du verwenden, um in der Schule, in der Lehre oder auf einer Party etwas auf einer Leinwand oder am Computer-Bildschirm zu zeigen, also zu präsentieren. Das können die schon erwähnten Referate sein, aber auch eine Show aus Urlaubsfotos für deine Freunde. Du kannst auch einen Rückblick auf das Leben deines Opas machen und das zu seinem siebzigsten Geburtstag zeigen. Sogar ein Countdown für die letzten 15 Minuten bis Mitternacht lässt sich in PowerPoint einrichten.

Neben diesen praktischen PowerPoint-Kenntnissen geht es um sehr viel mehr. In PowerPoint ist es schnell passiert, dass die Folien bunt und überladen werden. Du sollst ein Gefühl dafür bekommen, wie du Farben und Bilder richtig einsetzt. Ich werde dich nicht in deiner Kreativität bremsen! Aber ein bisschen Augenmaß wirst du mitbekommen, wenn du meine Beispiele anschaust und nachbaust.

Es ist einfach, auf die Folien ganz viel Text zu schreiben, aber deine Zuschauer werden dann einschlafen und deinen Vortrag sehr langweilig finden. Darum sollst du auch sehen, wie man Informationen spannend darstellt. An Beispielen kannst du sehen und üben, Folien nicht mit langweiligen Texten vollzuschreiben, sondern mit Bildern und Diagrammen interessant zu gestalten.

Du wirst auch lernen, wie du ein Referat gut und organisiert vorbereitest, ohne in Stress zu geraten. Ich werde dir Tipps geben, wie du als Vortragender vor der Klasse oder Gruppe am besten wirkst, wie du dein Thema gut darstellst und was du vermeiden musst.

Ich stehe selber Tag für Tag vor großen Gruppen, halte Vorträge und zeige Präsentationen. Und ich berate und unterrichte andere, die das Vortragen noch lernen wollen. Was ich dir präsentiere, kenne ich also aus der Praxis und ich weiß, was die Zuhörer gut finden und was nicht.

So ganz nebenbei lernst du noch ein wenig über meine Hobbys: über Astronomie und Geschichte, über Menschheitsentwicklung und Biologie. Aus diesen Themen habe ich Beispiele für die Folien ausgewählt und ich hoffe sehr, dass dir das Lesen, Anschauen und Nachbauen genauso viel Spaß macht wie mir!

Es gibt auch Dinge, die nicht vorkommen. PowerPoint ist kein Fotobearbeitungsprogramm, kein Mal- und Zeichenprogramm und kein Programm für technische Konstruktionen. Wir werden also weder Fotos bearbeiten noch künstlerische Zeichnungen gestalten und auch keine Karosserien konstruieren. Das kann PowerPoint einfach nicht. Um in Familienfotos die roten Pupillen von Tante Ilse in schwarze zu verwandeln, brauchst du ein Fotobearbeitungsprogramm. Wenn du mit der Maus richtig malen willst, brauchst du ein Zeichen- oder Malprogramm. Technische Zeichnungen oder Konstruktionspläne erstellt man mit CAD-Programmen. CAD bedeutet *computer aided design* – das heißt auf Deutsch *computerunterstütztes Design*.

Was du wissen solltest

Ein wenig Computererfahrung musst du schon mitbringen. Ich setze voraus, dass du mit der Maus umgehen kannst und weißt, dass es einen einfachen und einen doppelten Klick gibt oder dass du mit gedrückter linker Maustaste etwas verschieben kannst. Die Tastatur musst du auch schon kennen. `Strg` oder `Leertaste` solltest du finden und was die Taste *Tabulator* (`⇆`) macht, solltest du auch wissen. Leider haben manche Tasten viele Namen. Meine Testleserin Julia sagt zum Beispiel zu der Taste, mit der man große Buchstaben schreibt, *Hochstelltaste* und ich nenne die Taste *Umschalt* (`⇧`). Auch die Taste, mit der du einen Absatz beim Textschreiben erzeugst oder etwas bestätigst, kann *Enter* (`↵`) oder *Return* (`↵`) heißen; ich nenne sie immer *Return*. Über der Taste *Return* gibt es die Taste *Backspace* (`←`), sie heißt auch *Löschender Rückschritt*.

Du musst noch keine anderen Programme kennen, solltest aber schon wissen, wie du ein Programm startest und wieder beendest. Sonst musst du dir zu viel helfen lassen.

Dann ist es wichtig, dass du schon etwas über den Computer und seine Laufwerke weißt. Ich werde in diesem Buch nicht ausführlich auf Laufwerke und Ordner eingehen. Im zweiten Kapitel beschreibe ich kurz, wie

du eine Präsentation speicherst und später wiederfindest. Wenn du noch unsicher im Umgang mit dem Windows-Explorer bist, solltest du das Buch *PCs für Kids* aus dieser Buchreihe lesen.

PowerPoint-Versionen und andere Programme

Das Buch handelt von der PowerPoint-Version 2010 für Windows. Die Version 2010 habe ich verwendet und aus ihr sind alle Bildschirmfotos. Viele Befehle findest du auch in PowerPoint 2007 an der gleichen Stelle, aber es gibt Unterschiede. Für die Versionen 2003, 2002 oder noch älter kannst du das Buch nicht verwenden. PowerPoint sieht dort ganz anders aus und wird völlig anders bedient.

In einigen Kapiteln zeige ich auch, wie PowerPoint mit Word zusammenarbeitet. Normalerweise hast du PowerPoint als Teil eines Office-Paketes installiert und Word ist vorhanden. Falls du kein Word hast, überspringe die Absätze einfach.

Als Betriebssystem habe ich Windows 7 verwendet. Wenn du ein anderes Betriebssystem hast, funktioniert das Speichern und Öffnen von Dateien vielleicht anders, als ich es dir zeige.

Bei der Suche nach ClipArts oder beim Suchen in der Hilfe von PowerPoint kannst du eine Verbindung in das Internet benutzen, um neue Bilder oder neue Hilfetexte zu sehen. Ich gehe davon aus, dass dein Computer einen Internet-Anschluss hat. Ohne Internet siehst du weniger Bilder, weil auf deinem Computer nicht alle gespeichert sind; die meisten hat Microsoft im Internet bereitgestellt.

Hast du PowerPoint schon installiert? Wenn nicht, solltest du das jetzt tun oder dir dabei helfen lassen.

Was du im Buch findest

Am Kapitelbeginn steht immer das Thema der folgenden Seiten. In ein paar Sätzen erfährst du, was dich hier erwartet. Nach jedem abgeschlossenen Schritt im Kapitel gibt es eine Zusammenfassung, den Blick zurück. In kurzer Fassung wiederhole ich dort, was du gelernt hast. Für dich ist das auch eine Kontrolle, ob du alles behalten hast, und später eignen sich die Kurzfassungen gut, um ganz schnell etwas nachzuschlagen.

> Für die ganz wichtigen Tipps ist der Hund Buffy zuständig. Wo er auftaucht, findest du Tricks und Tipps, die dir das Leben mit Power-Point leichter machen. Buffy wird dir schnelle Wege zeigen oder dich auf Tastenkürzel und wichtige Einstellungen aufmerksam machen. Auch schwierige Wörter oder englische Ausdrücke erklärt dir Buffy.

> Vor schwierigen oder gefährlichen Situationen warnt ein Ausrufezeichen. Dann heißt es »Aufpassen«! Entweder kannst du hier etwas falsch machen, wenn du nicht aufpasst, oder eine Einstellung hat unerwartete Folgen.

Am Ende eines Kapitels habe ich für dich eine Zusammenfassung der wichtigsten Schritte geschrieben. Mit den Fragen und Aufgaben kannst du kontrollieren, ob du alles behalten hast. Natürlich findest du auch auf der CD zum Buch die Antworten auf die Fragen, aber gucke erst nach, wenn du für dich die Antworten aufgeschrieben hast!

Wie du das Buch lesen solltest

Du kannst die Kapitel der Reihe nach lesen, dann lernst du Schritt für Schritt das Programm kennen und arbeitest dich vom Einfachen zum Schwierigen vor.

Du kannst auch zwischen den Kapiteln springen. Als Grundlage sind die Kapitel 1 und 2 wichtig, darauf bauen die übrigen Kapitel auf. Wenn du z.B. in der nächsten Zeit ein Referat halten musst, liest du zuerst Kapitel 1 und 2 und dann die Kapitel 5 bis 7 über Referate. Du musst dann vielleicht hin und wieder zurückblättern, weil zum Beispiel Tabellen und Diagramme ausführlich in Kapitel 4 behandelt werden. Im Kapitel über Referate habe ich das dann nur noch kurz beschrieben.

Willst du Urlaubsfotos auf der nächsten Fete zeigen, liest du nach dem zweiten Kapitel gleich das dritte.

Das letzte Kapitel 11 fasst alles zusammen, was in den vorhergehenden Kapiteln beschrieben wurde und zeigt neue Anwendungen dafür.

Einleitung

Manche Techniken, die ich dir erkläre, wirst du wichtiger finden als andere. Manches wird dir besser gefallen oder eher liegen als anderes. Am besten markierst du dir gleich beim Lesen, was dir auffällt, was dir wichtig ist und was du unbedingt behalten willst. Nimm ein paar Buntstifte und streiche dir die Stellen an. Nimm immer die gleiche Farbe für die gleiche Wichtigkeit.

Die Beispiele

Alle Beispiele, die wir gemeinsam erarbeiten, findest du auch auf der CD zum Buch, aber trotzdem solltest du die Beispiele selber erarbeiten. Du lernst nur gut, wenn du möglichst viele Schritte selber probierst. Wenn du nur liest, wirst du viel zu wenig behalten. Was du ausprobierst, bleibt viel besser im Kopf.

Ein gutes Hilfsmittel sind die Notizen, die du zu jeder Folie schreiben kannst. Wie das geht, zeige ich dir gleich im nächsten Kapitel. Mit deinen Stichworten zu einer Folie kannst du auch später noch gut herausfinden, wie du etwas gemacht hast.

Lege dir auf deiner Festplatte einen Ordner an, in den du alle Dateien speicherst, die wir zusammen erstellen. Dorthin solltest du auch die Bilder, Geräusche und Filme von der Buch-CD kopieren. Dann musst du die CD nicht ständig im Laufwerk lassen, außerdem geht es schneller, wenn du die Daten auf der Festplatte hast.

Was du auf der CD findest

Ich werde in den Kapiteln viele Beispiele beschreiben. Für manche Übungen brauchst du Fotos oder ClipArts oder einen Ton. Einiges findest du auf der Buch-CD. Für jedes Kapitel gibt es einen Ordner, in dem die Beispieldateien gespeichert sind. Ich habe auch einige Präsentationen vorbereitet und auf die CD gepackt. Damit kannst du weiterarbeiten, du kannst sie nach deinen Wünschen umgestalten und verändern.

Natürlich findest du auch die fertigen Beispiele auf der CD, aber trotzdem ist es gut, wenn du selber alles mitmachst und speicherst. Du lernst nichts, wenn du mir nur zuguckst!

Am Ende eines Kapitels gibt es ein paar Fragen und ein paar Aufgaben. Dazu findest du auf der CD für jedes Kapitel eine Präsentation mit den Antworten und manchmal auch Hilfen für die Aufgaben.

Außerdem gibt es auf der CD viele Fotos, Zeichnungen und ein paar Geräusche. Das darfst du alles verwenden und weitergeben. Die Fotos haben entweder ich oder meine Schwägerin gemacht und wir stellen dir das gerne für deine eigenen Präsentationen zur Verfügung. Alles andere, wie den Film oder die Geräusche, habe ich aufgenommen.

Wer mir alles geholfen hat

Niemand kann ein Buch ganz alleine schreiben. So viele Ideen hätte gar keiner alleine. So war es auch bei mir. Ich habe in den letzten 20 Jahren ganz viel durch die Fragen gelernt, die andere mir gestellt haben. Das sind zum einen meine Seminarteilnehmer, zum anderen die Menschen, die im Internet Hilfe gesucht haben. Viele Fragen konnte ich nicht auf Anhieb beantworten und musste erst selber lesen und probieren, bis ich eine Lösung gefunden habe. Dadurch habe ich sehr viel über den Computer und PowerPoint gelernt.

Meine fleißige Testleserin war Julia Franke. Sie hat sehr gründlich die Kapitel und die Beispiele studiert. Ihre Hinweise und Kommentare waren für mich sehr wichtig. An dieser Stelle noch einmal ein ganz herzlicher Dank an Julia, die neben der Schule und ihren vielen Hobbys noch Zeit gefunden hat, mir zu helfen.

Ohne die freundlichen Mitarbeiter des mitp-Verlages wäre die zweite Auflage des Buches nicht zustande gekommen. Frau Völpel hatte die Idee, eine neue Auflage zu machen, und war bei allen meinen Fragen immer für mich da.

1
Grundlagen von Power-Point

Was erwartet dich im ersten Kapitel? Zuerst werde ich mit dir einen Rundgang im Programm machen, damit du weißt, was du auf dem Bildschirm siehst und wie die einzelnen Elemente heißen. Dann erstellen wir fünf verschiedene Folien und du kannst dabei sehen, wie unterschiedlich PowerPoint die Folien darstellen kann.

In diesem Kapitel lernst du

◎ verschiedene Folien und ihr Aussehen kennen

◎ Texte zu schreiben und zu ändern

◎ einen Kreis und ein Rechteck zu zeichnen

◎ deine Folien als Bildschirmpräsentation vorzuführen

◎ die Präsentation zu speichern

Kapitel 1

Grundlagen von Power-Point

Rundblick im Programm

Hast du PowerPoint schon gestartet? Wenn nicht, dann klicke jetzt auf das START-Symbol von Windows, zeige auf ALLE PROGRAMME|MICROSOFT OFFICE und klicke dann einmal auf POWERPOINT 2010. Manchmal gibt es auf dem Desktop auch schon ein Symbol für das Programm, dann klickst du dieses Symbol doppelt an.

Du siehst jetzt ein Programmfenster, wie es Word oder Excel auch anzeigen. Ganz oben steht im Titelbalken *Präsentation 1* und daneben *Microsoft PowerPoint*. Sobald du die Präsentation unter einem Namen gespeichert hast, wird *Präsentation 1* durch diesen Namen ersetzt. Wenn du heute schon mehrere Präsentationen erstellt hast, wird die Zahl weitergezählt.

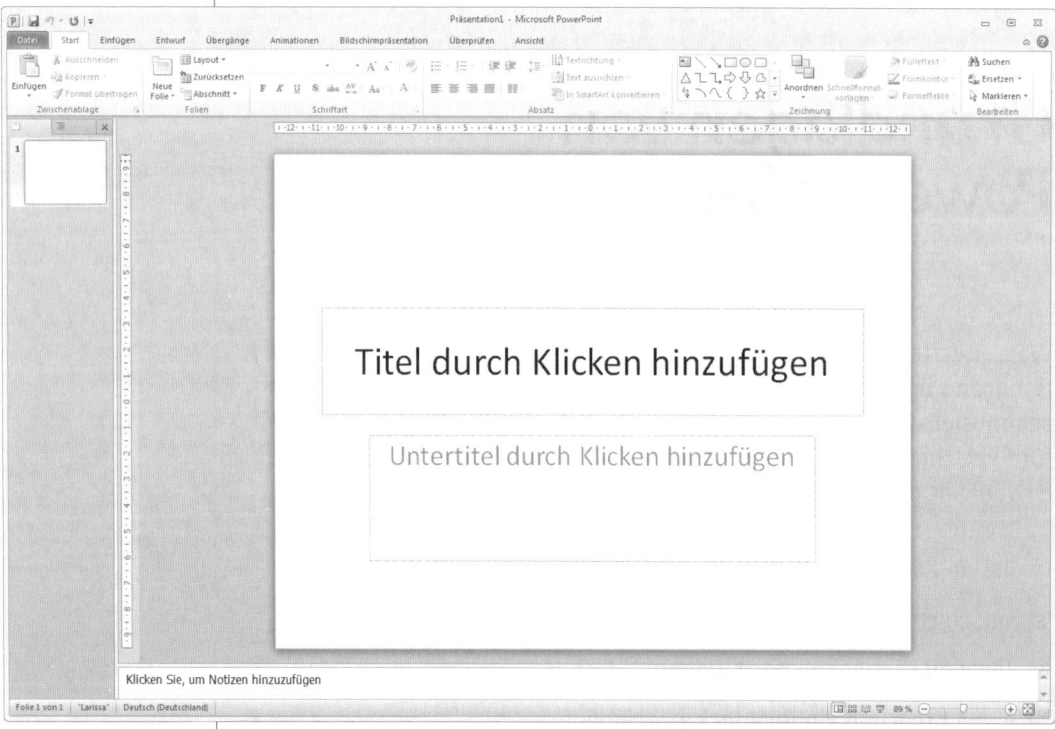

Abb. 1.1: Das Programmfenster beim Start von PowerPoint

Rechts außen im Titelbalken sind drei Symbole, zuerst ein dicker Strich, dann ein Symbol mit einem oder zwei Kästchen und zum Schluss ein X. Fahre mit der Maus über die Symbole, ohne sie anzuklicken, dann siehst du, dass das X rot markiert wird, wenn du es berührst.

Rundblick im Programm

Die Symbole bedeuten von links nach rechts: das Programmfenster minimieren, das Programmfenster etwas verkleinern oder ganz groß machen und das Programmfenster schließen.

> Ein minimiertes Programm ist noch nicht geschlossen, sondern wird als Symbol in der Taskleiste gezeigt. Ein Klick darauf und das Programm zeigt sich wieder in alter Größe.
> Weißt du, woher die Taskleiste ihren Namen hat? Das Wort »Task« ist Englisch und bedeutet »Aufgabe«. In der Taskleiste siehst du alle Programme, an denen der PC im Moment arbeitet.

Im Titelbalken gibt es ganz links noch drei Symbole für SPEICHERN, RÜCKGÄNGIG und WIEDERHOLEN. Das sind die Befehle in der »Symbolleiste für den Schnellzugriff«. In ihr stehen die Befehle, die du ganz besonders oft brauchst. Wir werden später noch ein paar Befehle hinzufügen, die wichtig sind.

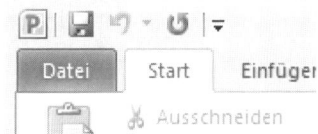

Abb. 1.2:
In der Schnellstartleiste sind die wichtigsten Befehle.

Unter dem Titelbalken findest du das »Menüband« mit seinen Registern. Es beginnt links mit DATEI, dann folgen die Register EINFÜGEN, ENTWURF und so weiter bis zum letzten Register ANSICHT. Anfangs siehst du die Symbole des Registers START. Schaue sie dir gut an und klicke dann auf das Register EINFÜGEN. Siehst du, wie sich alle Symbole verändern? Klicke wieder auf START.

Am rechten Rand der Register gibt es zwei kleine Symbole, ein Dreieck mit der Spitze nach oben und ein Fragezeichen in einem blauen Kreis. Was passiert, wenn du das Dreieck anklickst? Jetzt ist das Menüband ganz schmal geworden und die Symbole sind nicht mehr zu sehen. Das Dreieck zeigt jetzt mit der Spitze nach unten, klicke es an und alle Symbole sind wieder da.

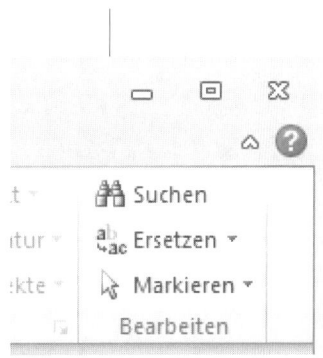

Das Fragezeichen ist für die Hilfe in PowerPoint da. Wenn du es anklickst, wird ein kleineres Fenster geöffnet, in dem ein paar Themen aufgelistet sind. Jedes Thema kannst du anklicken, um die Texte zu lesen. Leider ist die Hilfe nicht ganz einfach zu verstehen. Ich werde dir später zeigen, wo du im Internet Beschreibungen und Erklärungen findest, die nicht so schwierig sind.

Abb. 1.3:
Mit dem Dreieck kannst du das Menüband verkleinern.

Jetzt hast du den Titelbalken mit der Symbolleiste für den Schnellzugriff und das Menüband gesehen. Unter dem Menüband ist dein eigentlicher Arbeitsbereich, hier siehst du die Folie.

Kapitel 1 — Grundlagen von Power-Point

Der Arbeitsbereich hat drei Teile:

1. Ganz links siehst du ein kleines Abbild der Folie. Es ist noch leer, weil wir noch keinen Text auf die Folie geschrieben haben.

2. In der Mitte steht ganz groß die Folie, sie zeigt zwei Textplatzhalter, in die wir etwas hineinschreiben werden. Der eine ist für den Titel und der zweite für den Untertitel.

3. Unter der Folie ist ein ganz niedriges Fensterchen für deine Notizen zu dieser Folie.

Ganz unten am unteren Bildschirmrand gibt es noch die graue Statuszeile. In ihr siehst du, wie viele Folien du schon erstellt hast (ganz links steht jetzt FOLIE 1 VON 1), wie das Design heißt (anfangs ist das immer LARISSA) und in welcher Sprache die Rechtschreibprüfung durchgeführt wird.

Weiter nach rechts siehst du vier Symbole und eine Prozentzahl mit einem Schieberegler daneben. Diese Symbole brauchen wir später. Mit dem Schieberegler kannst du die Folie größer oder kleiner anzeigen – probiere es aus und schiebe das Dreieck in der Mitte einmal nach links, dann nach rechts.

Die Prozentzahl gibt den Zoom an, 50 % ist halb so groß wie im Ausdruck und 200 % ist doppelt so groß.

Abb. 1.4: Der Schieberegler verändert die Größe der Folie.

Der Anfang: Textfolien

Stell dir vor, deine Klasse bekommt Besuch von eurer Partnerschule aus Frankreich. Du sollst in einer Präsentation eure Stadt vorstellen, das Programm für die zwei Besuchstage aufschreiben und zum Schluss noch die Namen aller Lehrer und Schüler zeigen.

Abb. 1.5: Deine erste Präsentation wird so aussehen.

So wird deine erste Präsentation aussehen:

1. In die erste Folie schreibst du den Titel der Präsentation, deinen Namen und das Datum.

2. Für die zweite Folie brauchst du ein paar Angaben über deine Stadt: Wo liegt sie, wie viele Einwohner hat sie, was tut man in der Freizeit?

3. Die dritte Folie ist für das Programm der beiden Tage. Schreibe auf, was ihr alles geplant habt.

4. Auf die vierte Folie schreibst du, wer an dem Projekt beteiligt ist und wer die Fragen der Gastschüler beantwortet.

5. Die fünfte Folie ist für den Schlusssatz.

Keine Sorge, was jetzt im Buch nur schwarz-weiß aussieht, wird auf deinem eigenen Bildschirm schön bunt werden.

Kapitel 1 — Grundlagen von Power-Point

Vorstellen mit der Titelfolie

Die erste Folie kannst du sofort verwenden. Sie nennt sich *Titelfolie* und mit ihr beginnen die meisten Präsentationen. Auf der Folie siehst du zwei Platzhalter mit einem Text, der dir sagt, was du tun musst: nämlich klicken, um zu schreiben.

Abb. 1.6:
In die Platzhalter schreibst du den Text.

Klicke in den großen Textplatzhalter TITEL DURCH KLICKEN HINZUFÜGEN. Achte darauf, wie sich der Platzhalter sofort verändert! Der Rand besteht jetzt aus kleinen Strichen, der Platzhaltertext verschwindet und der Cursor blinkt. Jetzt kannst du schreiben. Ich habe »Besuch in Dorsten« geschrieben. Du ersetzt »Dorsten« natürlich durch den Namen deines Wohnorts.

Klicke in das untere Platzhalterfeld und schreibe deinen Namen. Drücke nach dem Namen ⏎ für einen neuen Absatz und schreibe das Datum. So sieht jetzt deine erste Folie aus.

Abb. 1.7:
So sieht die ausgefüllte Titelfolie aus.

Der Anfang: Textfolien

Hast du dich verschrieben? Dann klicke an die Stelle mit dem Tippfehler und lösche den falschen Buchstaben. Mit `Entf` löschst du das Zeichen rechts vom Cursor und mit `←` links vom Cursor. Fehlt ein Buchstabe, tippst du ihn einfach zwischen die anderen Zeichen. Der schon geschriebene Text wird automatisch weitergeschoben.

Farbe und Bilder für den Hintergrund

Ein bisschen langweilig, diese Folie. PowerPoint bietet dir aber so viele schöne Hintergründe, dass du bestimmt etwas findest, was dir gefällt. Klicke auf das Register ENTWURF, auf dem die Designs zu sehen sind. Klicke auf den kleinen Auswahlpfeil neben den Designs, damit du alle sehen kannst.

Abb. 1.8: Klappe die Vorschau für die Designs auf, damit du alle siehst.

Kapitel 1 — Grundlagen von Power-Point

Fahre jetzt mit deiner Maus über die kleinen Designbilder, ohne zu klicken. Du kannst im Hintergrund sehen, wie deine Folie sofort verändert wird! Aber es passiert nichts mit deiner Folie, solange du nichts anklickst.

> In Office 2010 gibt es viele Befehle, die dir zuerst zeigen, wie sich dein Text oder deine Folie verändern würde, wenn du diesen Befehl auswählst. Man nennt das eine »Livevorschau«. Sobald du das Aussehen gefunden hast, das dir gefällt, klickst du es an – erst jetzt wird der Text wirklich neu formatiert.

Alle Designs haben einen Namen, die weiße Folie hatte das Design LARISSA. Andere Designs heißen HYPERION, STROH oder COUTURE. PowerPoint zeigt dir die Namen, wenn du die Maus ganz kurz über dem Vorschaubildchen stillhältst. Suche das Design NEREUS.

Gefunden? Dann klicke das Bild einmal an. Deine Folie ändert sich sofort: Der Text rutscht tiefer und die Schrift ändert sich, am linken Rand sind orangefarbene Kreise und Striche gezeichnet. Auch am rechten Rand gibt es einen feinen Strich.

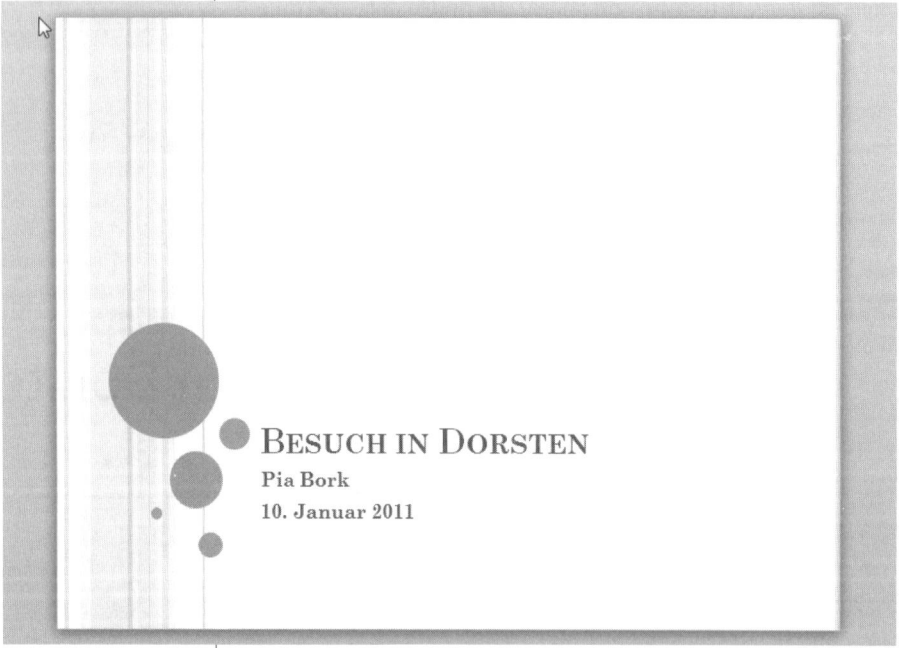

Abb. 1.9: Das Design NEREUS verwendest du hier.

Achte auf die Statuszeile unten am Bildschirm. Statt LARISSA steht jetzt dort NEREUS.

Der Anfang: Textfolien

Eine neue Folie: Platz für viel Text

Jetzt geht es zur nächsten Folie. Die zweite Folie soll mehr Platz für Text bieten, damit du deine Stadt ganz kurz beschreiben kannst. Gehe zuerst auf das Register START und klicke dort auf NEUE FOLIE.

> Manche Symbole sind zweigeteilt. Der obere Teil ruft den Befehl auf, ohne dass du etwas auswählen kannst. So wie hier: Der obere Teil des Symbols für NEUE FOLIE erzeugt sofort eine neue Folie. Der untere Teil bringt eine Liste, aus der du aussuchen kannst, welches Aussehen deine neue Folie bekommen soll. Das lernst du für die nächste Folie kennen.

Jetzt hast du eine zweite Folie. Sie hat zwei Textplatzhalter, einen für den Titel der Folie und einen für den Text. Außerdem gibt es rechts ein paar feine Striche von oben nach unten und unten rechts einen orangefarbenen Kreis.

Die Statuszeile hat sich auch schon wieder verändert, FOLIE 2 VON 2 muss jetzt unten links stehen. Du siehst am linken Rand jetzt auch zwei kleine Folienbilder: Folie 1 ist deine Titelfolie und Folie 2 die neue, leere Textfolie.

Abb. 1.10: Eine leere Textfolie mit den beiden Platzhaltern für Titel und Text

Kapitel 1 — Grundlagen von Power-Point

Klicke in den Platzhalter TITEL DURCH KLICKEN HINZUFÜGEN und schreibe die Überschrift für diese Folie: Steckbrief von ..., statt der drei Pünktchen setzt du den Namen deiner Stadt ein.

Jetzt kommt der Text in das große Textfeld. Eine Besonderheit sind die Aufzählungszeichen am Anfang eines jeden Absatzes. Sobald du ⏎ am Zeilenende drückst, erscheint ein neuer Punkt für den nächsten Absatz.

Schreibst du einen längeren Text in eine Zeile, beginnt PowerPoint von alleine eine neue Zeile, wenn kein Platz mehr ist. Du musst einfach weiterschreiben, drücke nicht ⏎. Nur wenn du weiterschreibst, bekommt die zweite Zeile keinen Punkt am Anfang. In der letzten Zeile meiner Aufzählung siehst du das. »Jüdisches Museum Westfalen« hat nicht in eine Zeile gepasst und PowerPoint hat eine neue Zeile begonnen.

> Du drückst nur ⏎, wenn du einen neuen Absatz mit einem neuen Aufzählungspunkt beginnen möchtest.

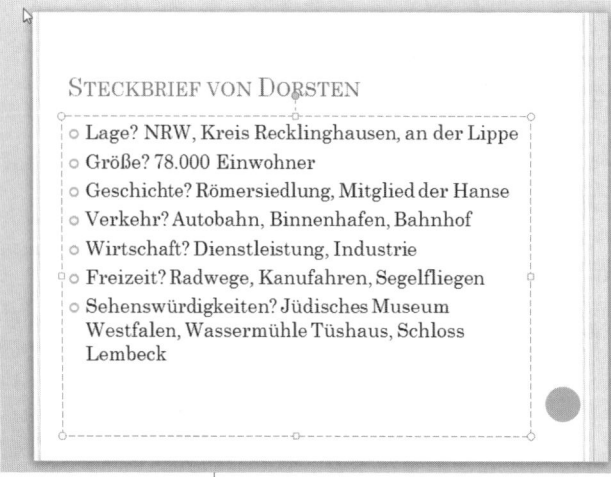

Abb. 1.11:
So sieht die fertige Textfolie aus.

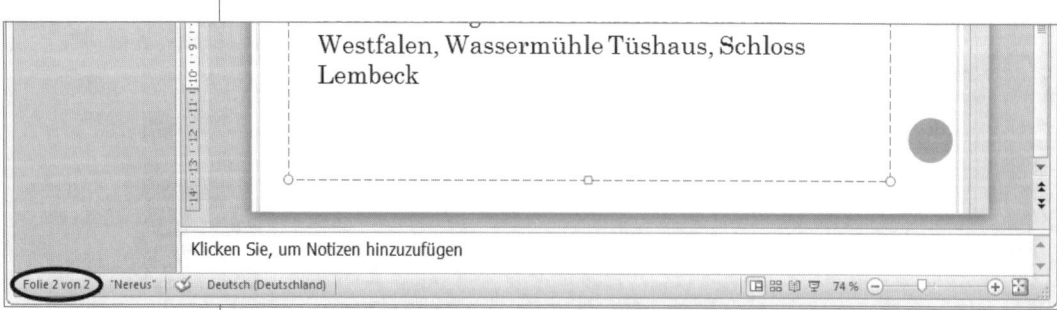

Abb. 1.12: Unten links wird die Anzahl der Folien gezeigt.

Der Anfang: Textfolien

Damit nichts verloren geht: Speichern

Bevor du weiterarbeitest, solltest du dein Werk speichern. Es wäre doch jammerschade, wenn die Arbeit verloren geht, weil der Strom ausfällt oder weil dein PC plötzlich einen Fehler meldet.

Klicke in der Symbolleiste für den Schnellzugriff auf das Symbol SPEICHERN. Normalerweise speichert PowerPoint in den Ordner *Eigene Dokumente*. Damit alle deine Präsentationen für dieses Buch übersichtlich gesammelt werden, legst du dir am besten einen eigenen Ordner an.

≫ Klicke auf das Symbol NEUER ORDNER.

≫ Tippe in das weiße Kästchen neben dem gelben Ordnersymbol den Namen Übungen Präsentieren.

≫ Drücke ⏎, damit der Ordner angelegt wird. Anschließend klickst du auf ÖFFNEN, um den Ordner zu öffnen.

≫ Der letzte Schritt ist jetzt, neben DATEINAME einen Namen für deine Präsentation einzutragen. Schreibe Besuch in ... (statt der Pünktchen nimmst du wieder deinen Stadtnamen) und klicke auf SPEICHERN.

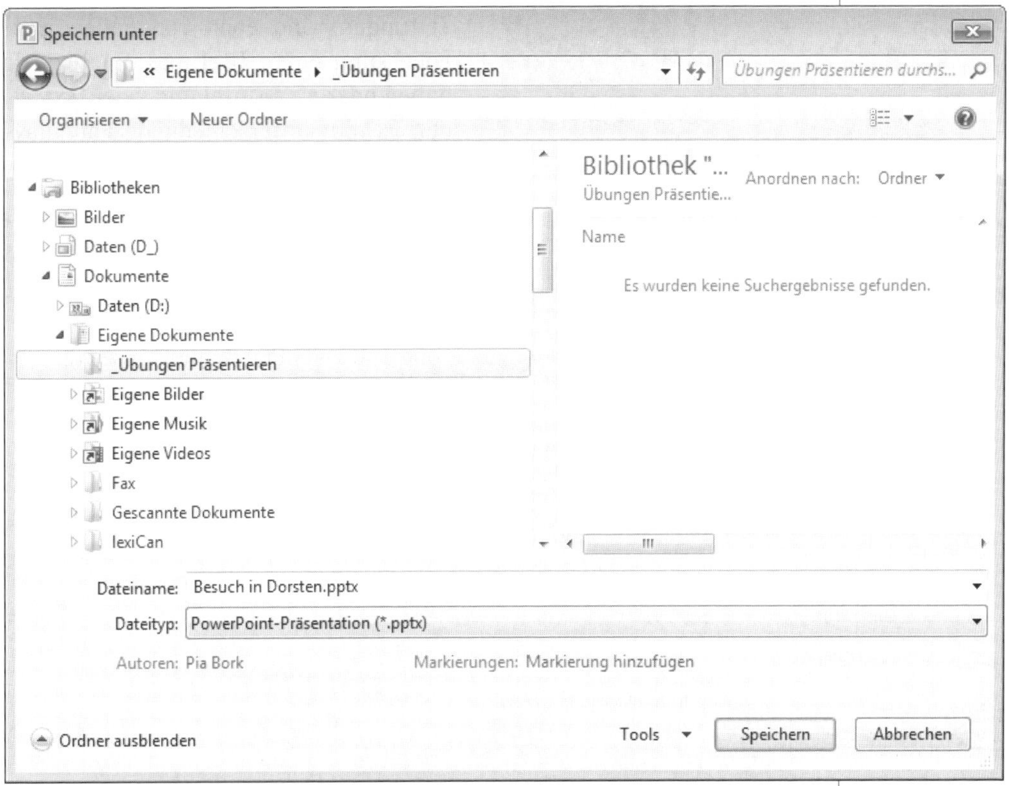

Abb. 1.13: So sieht das Speichern in Windows 7 aus.

Kapitel 1

Grundlagen von Power-Point

Nach dem Speichern steht oben im Titelbalken der Name deiner Präsentation.

> Alle Programme schreiben hinter die Dateinamen eine Dateiendung. In PowerPoint 2010 ist das *.pptx*. Der Dateiname lautet also korrekt BESUCH IN DORSTEN.PPTX. Die Dateiendungen musst du nie selber tippen, das übernehmen immer die Programme für dich.

Eine andere Textfolie

Folie Nummer drei soll das Besuchsprogramm für zwei Tage zeigen. Zuerst einmal brauchst du eine neue Folie. Findest du das Symbol noch? Klicke dieses Mal nicht den oberen Teil des Symbols an, sondern den unteren Teil. Damit bekommst du eine kleine Auswahl verschiedener Folienlayouts. Ein Layout ist die Gestaltung von Seiten, Büchern oder Zeitungen. Und eben von Folien. Eine Folie kann einen Titel und ein Textfeld haben oder einen Titel und zwei Textfelder. Es gibt unterschiedliche Folienlayouts.

Um zwei Tage darzustellen, ist das Layout ZWEI INHALTE gut geeignet. Klicke es an und deine neue Folie erscheint. Sie hat einen Platzhalter für den Titel der Folie und zwei Platzhalter für Texte.

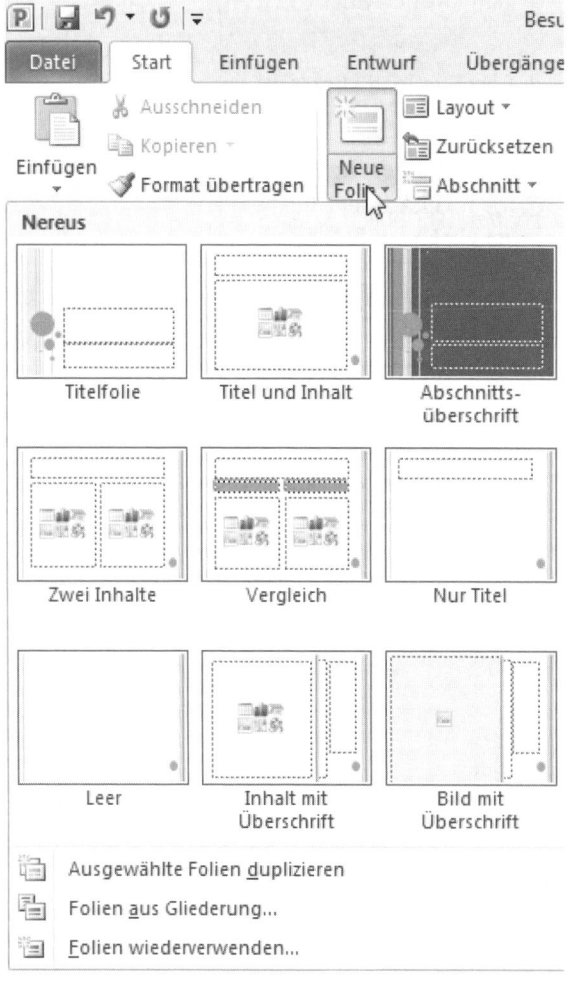

Abb. 1.14:
Wähle das passende Folienlayout.

Der Anfang: Textfolien

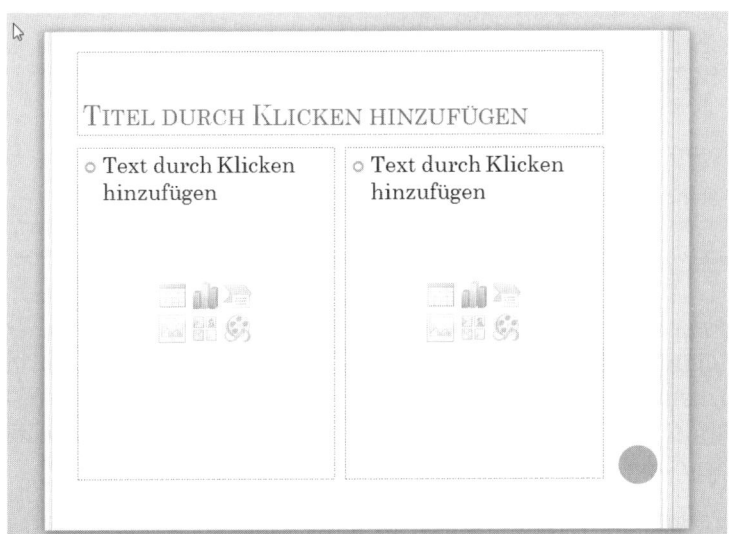

Abb. 1.15: Eine leere Folie für einen Text mit zwei Spalten

Den Folientitel schreibst du wieder in den Platzhalter TEXT DURCH KLICKEN HINZUFÜGEN. Dann klickst du in das linke Textfeld und schreibst als Überschrift `Erster Tag`, dann folgt das Programm für den ersten Tag. Schreibe immer eine Zeile und drücke dann ⏎.

Einige Punkte passen nicht in eine Zeile. Schreibe aber am Zeilenende auf jeden Fall weiter, ohne ⏎ zu drücken. Wenn du die letzte Zeile »Busfahrt zur Schule« beginnst, tut PowerPoint etwas Seltsames. Die Schrift wird ein bisschen kleiner und an der linken unteren Ecke des Platzhalters erscheint ein kleines Symbol. Klicke darauf.

Abb. 1.16:
Die Optionen-Schaltfläche erscheint nach dem Verkleinern der Schrift.

Kapitel 1 — Grundlagen von Power-Point

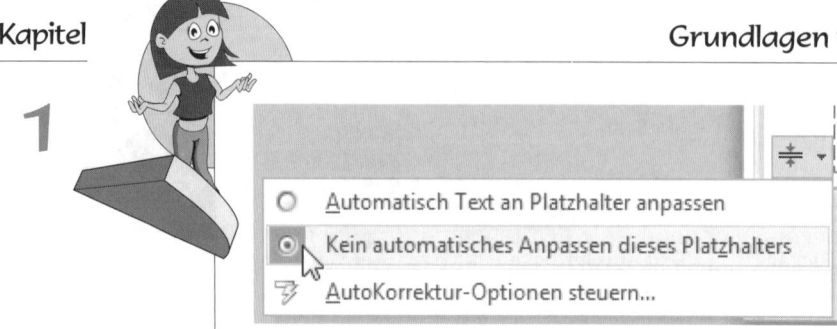

Abb. 1.17: Mit den Optionen verhinderst du das Verkleinern der Schrift.

Anfangs war die Zeile AUTOMATISCH TEXT AN PLATZHALTER ANPASSEN mit einer Markierung versehen. PowerPoint hat den Text verkleinert, damit er in den Platzhalter passt; die Schriftgröße wurde an den Platzhalter angepasst. Das ist aber nicht gut, denn so bekommst du auf jeder Folie eine andere Schriftgröße. Unordentlicher geht es nicht!

Klicke deswegen lieber an KEIN AUTOMATISCHES ANPASSEN DIESES PLATZHALTERS. Dann bleibt der Text so groß, wie er anfangs war und wie PowerPoint es zuerst vorgegeben hat. Das ist besser, weil dann alle Folien die gleiche Schriftgröße haben. Aber jetzt schaut der Text ein klein wenig unten aus dem Platzhalter heraus. Das ist nicht so schlimm, wenn es nur ganz wenig Text ist. Aber wir müssten auf der rechten Seite weitermachen, wenn es noch mehr Text werden würde.

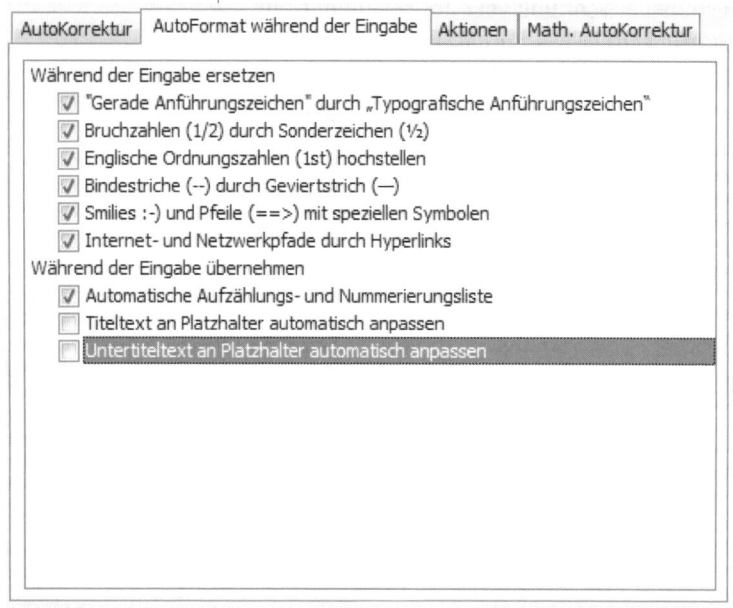

Abb. 1.18: Schalte die Optionen für das automatische Anpassen aus.

Der Anfang: Textfolien

> Du willst bestimmt nicht auf jeder Folie diesen Klick machen und das Anpassen wieder zurücknehmen. Es ist für dich viel einfacher, wenn du PowerPoint gleich verbietest, Texte anzupassen. Klicke noch einmal auf das Optionensymbol und wähle den Befehl AUTOKORREKTUR-OPTIONEN STEUERN. Damit kommst du zu der Liste AUTOFORMAT WÄHREND DER EINGABE. Nimm die untersten beiden Häkchen heraus und klicke auf SPEICHERN.

Übersicht durch Unterpunkte

Unsere Folie ist nicht sehr übersichtlich. Die Überschrift »Erster Tag« ist nur schlecht zu erkennen. Es sähe besser aus, wenn die Themen für diesen Tag nicht ebenfalls ganz links stehen, sondern etwas eingerückt werden. Damit jeder sofort sehen kann, dass »Erster Tag« die Überschrift ist, sollte diese Zeile auch ein wenig größer sein als der restliche Text. Das werden wir sofort machen.

≫ Markiere die Punkte von »Unsere Klasse« bis »Busfahrt zur Schule«, indem du mit der Maus darüberstreichst.

≫ Suche auf dem Register START in der Gruppe ABSATZ das Symbol LISTENEBENE ERHÖHEN. Klicke es einmal an. Nur einmal klicken! Wenn du öfter klickst, rückt der Text immer weiter nach rechts. Dann musst du das Symbol links daneben anklicken, es heißt LISTENEBENE VERRINGERN. Damit rückt der Text wieder einen Schritt nach links.

> Was tust du, wenn etwas passiert, das du nicht wolltest? Zum Beispiel hast du versehentlich zweimal auf LISTENEBENE ERHÖHEN geklickt. Du kannst den Befehl suchen, der das Gegenteil tut – hier wäre das der Befehl LISTENEBENE VERRINGERN.
>
> Du kannst aber auch den letzten Befehl rückgängig machen. Das ist ein sehr wichtiger Befehl.
>
> In allen Microsoft-Office-Programmen findest du diesen Befehl als Symbol RÜCKGÄNGIG in der Symbolleiste für den Schnellzugriff oben links. Außerdem gibt es das Tastenkürzel [Strg]+[Z].

Kapitel 1 — Grundlagen von Power-Point

Abb. 1.19: In PowerPoint kannst du bis zu 20 Schritte rückgängig machen.

Deine Folie soll jetzt so aussehen, natürlich mit den Sehenswürdigkeiten deiner Stadt:

Abb. 1.20: Die Unterpunkte wurden eingerückt.

Genauso wird der rechte Textplatzhalter beschrieben. Zuerst die Überschrift »Zweiter Tag«, darunter dann die Stichworte für den zweiten Besuchstag. Abschließend markierst du die Stichworte und rückst sie wieder ein. Die fertige Folie sieht dann so aus:

Der Anfang: Textfolien

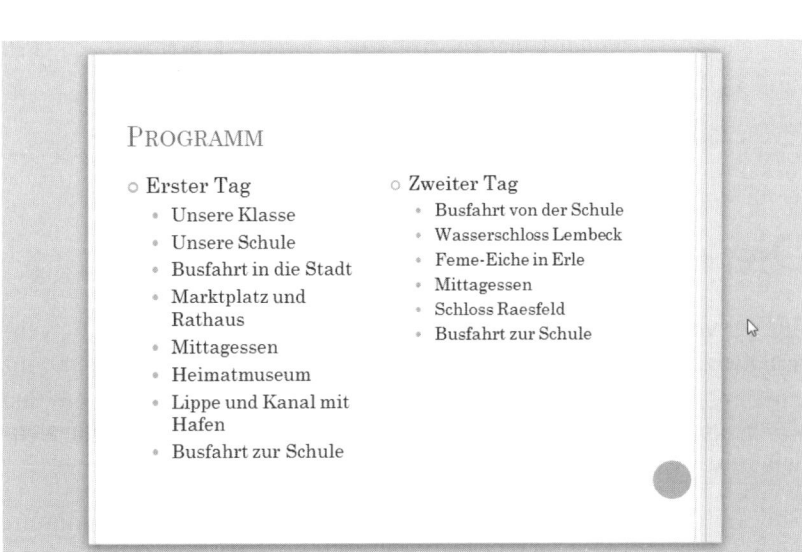

Abb. 1.21: Eine Folie mit zwei Textfeldern nebeneinander

Ich habe die Sehenswürdigkeiten meines Heimatortes aufgeschrieben. Dazu gehört im Städtchen Erle auch eine tausendjährige Eiche, unter der die Germanen angeblich Gericht gehalten haben, ein Feme-Gericht. Darum nennen wir die Eiche *Feme-Eiche*. Julia hat mich gebeten, das dazuzuschreiben, denn sie hat eine Eiche in einer Erle vermutet!

Vergiss nicht, deine Arbeit jetzt wieder zu speichern. Die Präsentation hat schon einen Namen, darum reicht es, wenn du auf das Symbol SPEICHERN klickst. PowerPoint fragt kein zweites Mal nach dem Namen und dem Speicherort.

Ein Blick zurück

Kurze Pause im Lernen! Schauen wir zurück, was wir bisher gemacht haben.

1. Jede Präsentation beginnt mit einer Titelfolie.
2. Farben und Hintergründe suchst du über das Register ENTWURF aus den DESIGNS aus.
3. Das Symbol NEUE FOLIE ist zweigeteilt; der obere Teil erstellt immer eine neue Folie mit einem Folientitel und einem Textplatzhalter. Der untere Teil zeigt die Auswahl von Folienlayouts.
4. In den Textplatzhaltern beginnen Absätze immer mit einem Aufzählungszeichen. Mit ⏎ erstellst du einen neuen Absatz mit einem

Kapitel 1 — Grundlagen von Power-Point

neuen Aufzählungszeichen. Mit dem Symbol LISTENEBENE ERHÖHEN kannst du Unterpunkte erzeugen.

≫ Du darfst nie vergessen, zwischendrin zu speichern!

Die erste Zeichnung

Auf der vierten Folie wirst du darstellen, wer von den Schülern und Lehrern die zuständigen Ansprechpartner für eure Gäste sind. Das geht ganz einfach mit Kreisen oder Kästchen. Füge wieder eine neue Folie ein und wähle als Folienlayout NUR TITEL. Dann hast du Platz, um etwas zu zeichnen.

Findest du das Layout? Wenn nicht, dann schaue auf das Bildschirmfoto, ich habe das Layout NUR TITEL markiert.

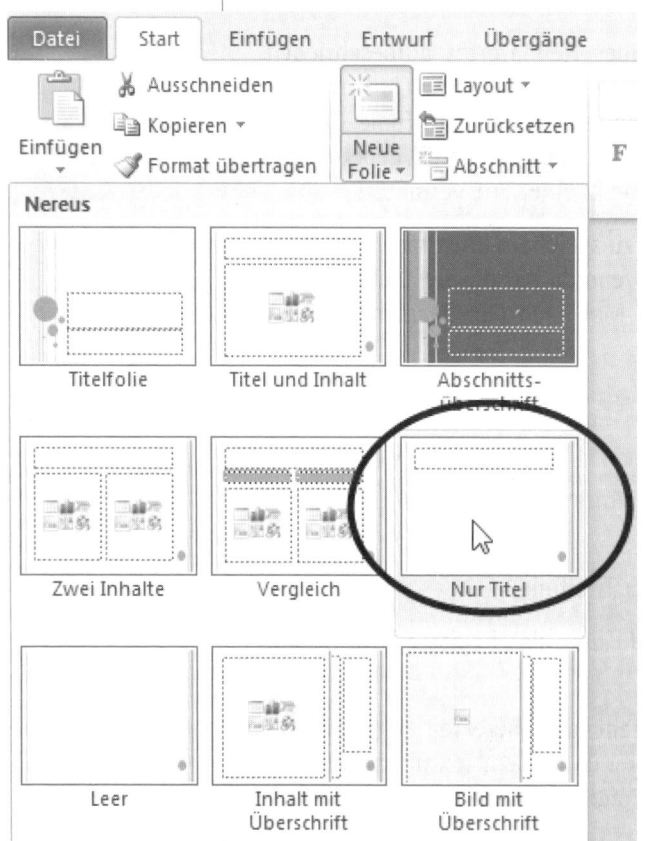

Abb. 1.22:
Das Folienlayout NUR TITEL verwendest du für Zeichnungen.

Die erste Zeichnung

Schreibe in den Platzhalter für den Titel Eure Fragen beantworten. Auf die große leere Fläche unter dem Folientitel kannst du jetzt zeichnen. Auf dem Register START findest du in der Gruppe ZEICHNUNG ganz viele Formen.

Abb. 1.23:
Bei einem großen Bildschirm sind die Formen direkt zu sehen.

Abb. 1.24:
Auf einem kleinen Bildschirm musst du FORMEN anklicken.

Als Erstes soll ein Rechteck gezeichnet werden. Mache es Schritt für Schritt genauso nach:

≫ Klicke das Symbol für das RECHTECK an und lasse die Maustaste wieder los.

≫ Zeige mit der Maus unter den Titel auf die leere Folie. (Du darfst die Maustaste noch nicht drücken!) Du musst jetzt auf der Folie ein ganz dünnes, schwarzes Mauskreuz sehen.

≫ Jetzt drückst du die linke Maustaste und hältst sie fest. Nicht loslassen!

≫ Mit der gedrückten linken Maustaste ziehst du die Maus jetzt nach rechts unten. PowerPoint zeichnet ein farbiges Rechteck.

≫ Wenn das Kästchen groß genug ist, lasse die Maus los. Hast du jetzt ein Kästchen auf der Folie? Klicke nirgendwo hin, damit das Kästchen markiert bleibt.

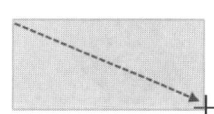

Abb. 1.25:
Ziehe die Maus von oben links nach unten rechts, so wie der Pfeil es zeigt.

Kapitel 1 — Grundlagen von Power-Point

≫ Schreibe den Namen eures Lehrers in das Kästchen. Der Lehrer soll Robert Hauser heißen, drücke nach dem Namen [↵] und schreibe in die Zeile darunter Französischlehrer. Wenn dein Kästchen nicht breit genug ist, tippe zwischen »Französisch« und »lehrer« einen Bindestrich. PowerPoint trennt das Wort dann an dieser Stelle.

Auf die weißen Punkte und den grünen Punkt gehe ich im nächsten Kapitel ganz genau ein, wenn es nur um das Zeichnen geht. Jetzt nur ein kleiner Hinweis: Wenn dein Rechteck viel zu groß oder viel zu klein geraten ist, kannst du die Größe mit den weißen Punkten verändern.

1. Zeige mit dem Mauszeiger auf einen der weißen Punkte im Rahmen.
2. Sobald du siehst, dass der Mauszeiger ein Doppelpfeil geworden ist, drückst du die linke Maustaste und hältst sie fest.
3. Ziehe mit der Maus an dem Punkt nach außen vom Kästchen weg, um es größer zu machen. Oder du ziehst mit der Maus in das Kästchen hinein, um es zu verkleinern.
4. Lasse die Maustaste jetzt wieder los, dein Rechteck hat eine neue Größe bekommen.

Abb. 1.26: Die fertige Folie mit einem Rechteck und fünf Ellipsen

Text einmal anders: WordArt

Für die Namen der Schüler zeichnest du Kreise. Das geht genauso wie das Zeichnen des Rechtecks. Klicke das Symbol für ELLIPSE an, zeige in die Folie, drücke dort die linke Maustaste und halte sie fest. Ziehe die Maustaste wieder von oben links nach unten rechts, bis dein Kreis groß genug ist. Es wird wohl eher ein Ei als ein Kreis, aber wir müssen ja noch etwas für spätere Kapitel aufheben. Schreibe in jede Ellipse einen Namen und was dieser Schüler tut. Dann sieht die Folie ungefähr so aus wie in Abbildung 1.26.

Es ist nicht wichtig, ob deine Anordnung genauso aussieht oder etwas anders geworden ist.

Den Lehrernamen hebst du jetzt noch besonders hervor. Klicke das Kästchen mit dem Lehrernamen einmal an. Richtig gemacht hast du es, wenn du rundherum weiße Punkte und oben drüber einen grünen Punkt siehst. Findest du auf dem Register START den Befehl SCHNELLFORMATVORLAGEN? Klicke ihn an, damit die Palette mit den Farben geöffnet wird. Suche dir eine Farbe aus der roten Reihe aus, zum Beispiel das dritte Symbol von oben.

> Möchtest du die Ellipsen oder das Rechteck etwas verschieben? Dann zeige mit der Maus auf die Form. Der Mauszeiger muss jetzt aussehen wie ein weißer Pfeil mit vier kleinen schwarzen Pfeilen an der Spitze. Drücke jetzt die linke Maustaste und verschiebe die Form.

Hast du schon gespeichert? Das solltest du mal wieder machen. Du weißt ja schon, dass nur beim ersten Mal nach dem Namen und dem Ordner gefragt wird. Danach musst du nur auf SPEICHERN klicken, das geht ganz schnell.

Text einmal anders: WordArt

Die letzte Folie wird zwar auch Text bekommen, aber er wird ganz anders aussehen als bisher. Du brauchst eine neue Folie, die ganz leer ist. Sie soll weder einen Folientitel noch ein Textfeld haben. Findest du sie? Wenn nicht, dann schau noch einmal nach, wie wir es im Abschnitt *Eine neue Folie: Platz für viel Text* gemacht haben. Als Folienlayout musst du jetzt LEER wählen.

Kapitel **1** — Grundlagen von Power-Point

Zuerst schreibst du den Text auf die Folie, dann machst du daraus mit WordArt einen künstlerischen Text. Auf eine Folie kann man nicht direkt schreiben, du brauchst immer eine Form wie ein Rechteck oder ein Textfeld.

≫ Klicke im Register START bei den Formen auf TEXTFELD und zeichne es genauso, wie du das Rechteck gezeichnet hast.

≫ Tippe in das Textfeld Viel Spaß, drücke ⏎ und tippe darunter in ...! (anstelle der drei Punkte trägst du wieder deinen Stadtnamen ein).

> Warum schreibt PowerPoint das Wort »in« groß? Wenn du ⏎ drückst, macht PowerPoint einen neuen Absatz und das erste Wort muss dann großgeschrieben werden. Das wollen wir aber nicht. Du musst das große »I« löschen und ein kleines »i« tippen.
>
> Du kannst PowerPoint verbieten, selber großzuschreiben. Der Weg dorthin ist lang. Klicke auf DATEI, dann auf OPTIONEN, dann auf DOKUMENTPRÜFUNG. Rechts steht ein Kästchen AUTOKORREKTUR-OPTIONEN, klicke es an. Klicke jetzt auf AUTOKORREKTUR und zum Schluss auf JEDEN SATZ MIT EINEM GROSSBUCHSTABEN BEGINNEN. Das Häkchen wird gelöscht. Bestätige das kleine Fenster mit OK und dann das große auch mit OK. Geschafft! Ab sofort schreibt PowerPoint nicht mehr von alleine große Buchstaben am Anfang.

Abb. 1.27:
Noch ist der Text nicht als
WordArt formatiert.

Der Text muss jetzt noch viel größer werden. Um alle Wörter zu markieren, klickst du den Rahmen des Textfeldes an. Bevor du klickst, achte darauf, dass der Mauszeiger so aussieht wie auf meinem Bild: ein weißer Pfeil mit vier kleinen schwarzen Pfeilen an der Spitze. Klicke einmal auf den Rahmen. Siehst du den Unterschied? Der Rahmen war vorher aus kleinen Strichen zusammengesetzt und ist jetzt durchgezogen. Außerdem konntest du vorher den Cursor im Textfeld sehen, jetzt nicht mehr.

Text einmal anders: WordArt

Suche das Symbol SCHRIFTGRAD VERGRÖSSERN. Du findest es auf dem Register START in der Gruppe SCHRIFTART. Klicke es so oft an, bis die Schrift richtig schön groß ist. Ist dein Textfeld zu klein? Dann vergrößere es mit den weißen Punkten!

Abb. 1.28:
Dieses Symbol vergrößert die Schrift im Textfeld.

Nun wird es »künstlerisch«! Ist das Textfeld noch markiert? Wenn nicht, dann klicke noch mal den Rand an. Rechts vom Register ANSICHT gibt es ein neues Register ZEICHENTOOLS|FORMAT. Es ist nur zu sehen, wenn eine Form oder ein Textfeld markiert ist.

Register, die nicht immer zu sehen sind, heißen »Kontextregister«. Das Wort »Kontext« bedeutet »Zusammenhang« und die Befehle dieser Register sind auch nur in einem bestimmten Zusammenhang sinnvoll. Beispielsweise gibt es eigene Register für Bildformate oder für Tabellenformate. Diese Register sind nur zu sehen, wenn du ein Bild oder eine Tabelle markiert hast.

Um den Text zu verschönern, gehst du so vor:

≫ Klicke auf ZEICHENTOOLS|FORMAT und klicke bei WORDART-FORMATE den Auswahlpfeil an.

≫ Suche eine Form aus. Beispielsweise kannst du aus der untersten Reihe das mittlere Symbol anklicken: blau mit weißem Rand.

Abb. 1.29:
Klappe die Auswahl der WordArt-Möglichkeiten auf.

Kapitel 1 — Grundlagen von Power-Point

Abb. 1.30:
Es gibt viele Farben und Formen für den Word-Art-Text.

Vielleicht ist dein Textfeld jetzt zu klein für den Text und du musst es breiter machen.

Abb. 1.31:
Die fertige Folie mit WordArt-Text

Vergiss das Speichern nicht!

Zeigen und Drucken: Ansichten, Animationen, Ausdruck

Überblick bewahren: die Ansichten

Jetzt wird es Zeit, die Präsentation noch einmal zu lesen und sie für das Vorführen vorzubereiten. Am linken Rand siehst du all deine Folien. Klicke eines der Vorschaubilder an, wenn du auf dieser Folie noch etwas anschauen oder ändern möchtest. Oder drücke die Tasten `Bild ↑` oder `Bild ↓`. Oder blättere mit der Bildlaufleiste am rechten Rand nach oben oder unten. Es gibt viele Wege, zwischen den Folien zu wechseln.

Eine Übersicht über die ganze Präsentation bekommst du mit ANSICHT, wenn du dort auf FOLIENSORTIERUNG klickst. Dann werden alle Folien in kleiner Form auf dem Bildschirm gezeigt. Zurück geht es mit ANSICHT|NORMAL oder mit einem Doppelklick auf einer Folie.

Alle Folien nacheinander in großer Darstellung ohne störendes Menüband siehst du, wenn du auf dem Register BILDSCHIRMPRÄSENTATION auf VON BEGINN AN klickst. So zeigt man eine Präsentation über einen Projektor (Beamer) auf einer großen Leinwand. Drücke `↵`, um vorwärts durch die Folien zu blättern, und `←`, um rückwärts zur vorhergehenden Folie zu springen. Mit `Esc` brichst du die Präsentation ab und landest wieder in der Normalansicht.

Bildschirmpräsentation mit Bewegung

Wenn du die Bildschirmpräsentation anschaust, ist das nicht sehr aufregend. Eine Folie folgt der anderen wie ein Blatt Papier beim Lesen. Für den Anfang kannst du ganz schnell eine Bewegung für die ganze Folie einstellen, einen Übergang.

≫ Klicke auf das Register ÜBERGÄNGE.

≫ Klappe die Anzeige für ÜBERGANG ZU DIESER FOLIE auf und klicke einen Übergang an. Auf der Folie wird gezeigt, wie das aussieht. Probiere einmal aus, wie »Bienenwabe« ausschaut. Oder »Wellen«. Oder »Drehen«. Was gefällt dir am besten?

Kapitel 1

Grundlagen von Power-Point

Abb. 1.32: Mit dem Auswahlpfeil klappst du die Liste der Übergänge auf.

Wenn Du einen Übergang gefunden hast, der dir gefällt, soll er für alle Folien gelten. Wähle zuerst den Übergang aus, klicke dann auf ÜBERGÄNGE|FÜR ALLE ÜBERNEHMEN.

> Bewegungen kannst du nur sehen, wenn du BILDSCHIRMPRÄSENTATION|VON BEGINN AN wieder startest. In der Normalansicht bewegt sich nichts auf den Folien.

Wenn eure Partnerschule eine E-Mail-Anschrift hat und auch PowerPoint besitzt, kannst du die Präsentation jetzt mit einem E-Mail-Programm verschicken. Die Empfänger müssen PowerPoint starten, die Bildschirmpräsentation starten und sehen dann die fünf Folien genauso wie du.

Zum Schluss: speichern und schließen

Ausdrucken

Es kann aber sein, dass eure Partnerschule keine E-Mail hat oder dass du die Präsentation als Ausdruck haben möchtest. Das geht ganz einfach mit DATEI|DRUCKEN und einem Klick auf die große Schaltfläche DRUCKEN oben.

Oft brauchst du die Folien zwar auf Papier, aber sie müssen nicht so groß wie eine DIN-A4-Seite sein. Dann klickst du bei DATEI|DRUCKEN auf die Schaltfläche GANZSEITIGE FOLIEN. Es klappt eine Liste auf, in der auch HANDZETTEL steht. Wähle aus, dass du 2 FOLIEN haben möchtest.

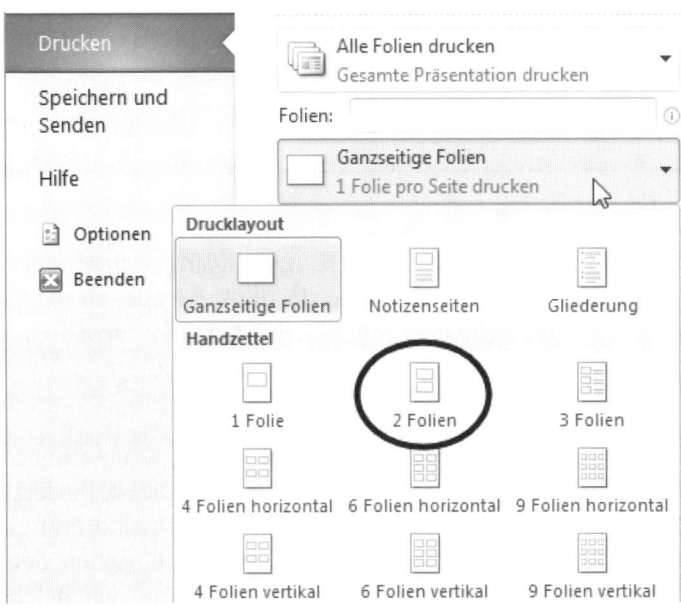

Abb. 1.33: Wähle aus, ob du eine oder zwei Folien auf einer Seite drucken möchtest.

Möchten alle Klassenkameraden einen Ausdruck haben? Dann trage bei DATEI|DRUCKEN neben EXEMPLARE ein, wie oft die Präsentation gedruckt werden soll.

Zum Schluss: speichern und schließen

Fertig! Deine erste Präsentation ist geschrieben, ausgedruckt oder verschickt und kann jetzt geschlossen werden. Wenn du noch weiter mit PowerPoint arbeiten möchtest, schließt du nur die Präsentation. Dazu

Kapitel 1

Grundlagen von Power-Point

klickst du auf DATEI|SCHLIESSEN. Wenn du im Moment nicht mehr mit PowerPoint arbeiten möchtest, klickst du auf DATEI|BEENDEN.

Möglicherweise wirst du jetzt gefragt, ob du noch Änderungen speichern möchtest. Klicke auf SPEICHERN, wenn du nach dem letzten Speichern noch etwas geändert hast. Ansonsten kannst du getrost auf NICHT SPEICHERN klicken.

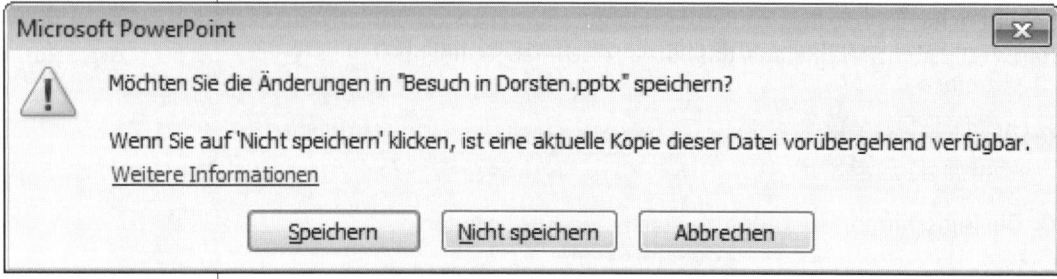

Nimm dir die Zeit und lies immer durch, was in den Fenstern und Anfragen steht! Manchmal gibt es Fehler, die das Programm dir mitteilt. Es wäre doch sehr schade, wenn du deine letzten Änderungen verlierst, nur weil du einen falschen Knopf angeklickt hast.

Du findest deine Präsentation später ganz leicht wieder, wenn du nach dem Starten von PowerPoint auf DATEI|ZULETZT VERWENDET klickst. Die letzten Präsentationen, die du erstellt oder angeschaut hast, sind dort zu sehen. Ist die Präsentation nicht mehr in der Liste, weil du schon viele andere Dateien geöffnet oder gespeichert hast, musst du den Befehl DATEI|ÖFFNEN verwenden. Jetzt kannst du nach dem Ordner suchen, in den du deine Datei gespeichert hast, und sie von dort öffnen.

Zusammenfassung

Deine erste Präsentation hast du fertiggestellt und dabei alle Bestandteile kennen gelernt, die zu einer richtigen Präsentation gehören:

◇ Die Titelfolie, die eine Präsentation einleitet

◇ Textfolien mit ein- und zweispaltigem Text für die Erklärungen

◇ Haupt- und Unterpunkte in den Textplatzhaltern

◇ Leere Folien für Zeichnungen, mit denen du etwas erklärst

Ein paar Fragen ...

- ◇ Schmückende Texte mit WordArt
- ◇ Folienübergänge für die Bewegung bei der Bildschirmpräsentation

Die wichtigsten Techniken in PowerPoint hast du auch ausprobiert:

- ◇ Texte zu schreiben und Tippfehler zu berichtigen, mit ↵ neue Hauptpunkte zu schreiben und mit LISTENEBENE ERHÖHEN Unterpunkte zu schaffen
- ◇ Formen wie Rechtecke und Ellipsen zu zeichnen und Text hineinzuschreiben
- ◇ Zwischen den Folien zu blättern und alle Folien in der Ansicht FOLIEN-SORTIERUNG zu sehen
- ◇ Die Bildschirmpräsentation zu starten und zu beenden
- ◇ Die Folien oder Handzettel auszudrucken

Die fertige Präsentation findest du auf der Buch-CD.

Ein paar Fragen ...

Frage 1: Welche Folienarten kennst du?

Frage 2: Wie bekommst du in einem Textfeld einen neuen Aufzählungspunkt und wie kommst du zu einem Unterpunkt?

Frage 3: Womit startest du die Bildschirmpräsentation?

... und ein paar Aufgaben

1. Formatiere die Titelfolie »Besuch in Dorsten« in WordArt.
2. Füge nach der vierten Folie noch eine Folie mit dem Folienlayout LEER ein und zeichne so viele Rechtecke und Kreise, wie Besucher kommen. Schreibe die Namen der Besucher hinein.
3. Gib der neuen Folie einen Folienübergang, damit sie animiert ist.

2
Alltägliches mit Power-Point

Was erwartet dich in diesem Kapitel? Ganz praktische Dinge. An brauchbaren und praktischen Beispielen wie einem Lesezeichen, einer Urkunde und Glückwunschkarten wirst du Texte künstlerisch gestalten, mit Bildern üben und Farben ausprobieren.

In diesem Kapitel lernst du

◎ wie du Texte gestalten kannst

◎ mit AutoFormen zu zeichnen

◎ ClipArts und Bilder einzufügen

◎ eine animierte Einladungskarte per Mail zu versenden

Ein Lesezeichen: Fülleffekte und Verläufe

Mit ganz einfachen Mitteln kannst du deine Lesezeichen für deine Lieblingsbücher selber gestalten. Du brauchst zum Ausdruck nur etwas festeres Papier, sonst geht das Lesezeichen zu schnell kaputt.

Kapitel 2 — Alltägliches mit Power-Point

Starte PowerPoint, wenn es noch nicht geöffnet ist. War PowerPoint noch von der letzten Übung geöffnet, musst du eine neue leere Präsentation erstellen. Dazu klickst du auf DATEI|NEU|LEERE PRÄSENTATION und dann auf ERSTELLEN.

Mit einem Tastenkürzel kannst du ganz schnell eine neue Datei erstellen: Strg + N. Das funktioniert sogar in anderen Programmen wie in Word oder Excel.

PowerPoint startet die Präsentation wieder mit einer Titelfolie. Da du jetzt keine richtige Präsentation erstellen willst, ist eine Titelfolie nicht nötig. Du brauchst eine ganz leere Folie. Ändere die Titelfolie so in eine leere Folie:

≫ Klicke im Register START auf LAYOUT.

≫ Wähle das Folienlayout LEER.

Zeichne auf die leere Folie ein Rechteck; wie das geht, hast du im ersten Kapitel schon gelernt. Für welches Buch soll das Lesezeichen sein? Miss aus, wie hoch das Buch ist. Ein Taschenbuch ist zum Beispiel 19 cm hoch. Damit das Lesezeichen etwas herausschaut, sollte es mindestens 21 cm lang sein.

1. Markiere das Rechteck, indem du es einmal anklickst.

2. Gehe auf das Register ZEICHENTOOLS|FORMAT.

3. Tippe ganz rechts in HÖHE 4 cm und in BREITE 21 cm ein. Drücke nach jeder Zahl ↵.

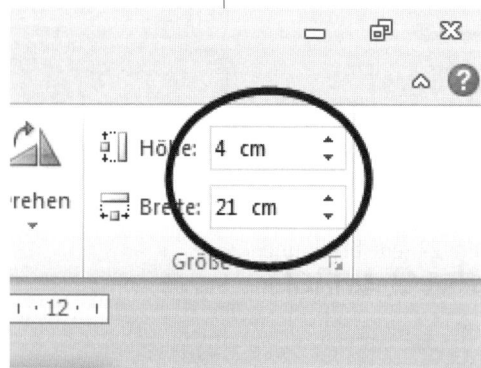

Abb. 2.1:
Die Größe einer Form wird in Zentimeter eingetragen.

Ein Lesezeichen: Fülleffekte und Verläufe

Jetzt füllst du das Lesezeichen mit einem schönen Muster. Wähle dazu ZEICHENTOOLS|FORMAT, klicke auf den Pfeil neben FÜLLEFFEKT und zeige auf STRUKTUR. Du siehst jetzt Fülleffekte wie Wassertropfen, Jeansstoff oder Packpapier. Klicke die WASSERTROPFEN an, das Lesezeichen wird sofort damit gefüllt.

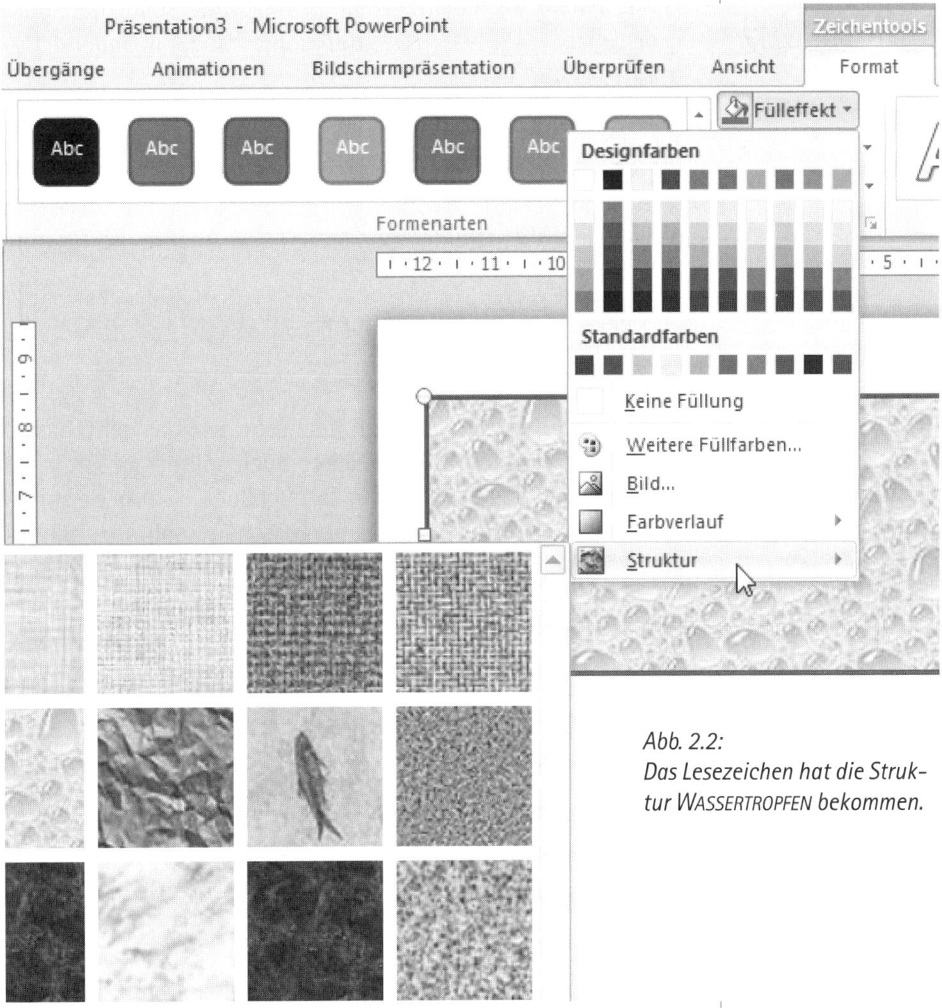

Abb. 2.2:
Das Lesezeichen hat die Struktur WASSERTROPFEN bekommen.

Zeichne noch ein Rechteck auf die Folie, es soll auch 21 cm breit und 4 cm hoch sein. Dieses Rechteck bekommt keine Struktur, sondern einen Regenbogen als Füllung.

≫ Markiere das Rechteck, indem du es einmal anklickst.

≫ Wähle ZEICHENTOOLS|FORMAT|FÜLLEFFEKT, zeige auf FARBVERLAUF und klicke dann auf WEITERE FARBVERLÄUFE.

Kapitel 2 — Alltägliches mit Power-Point

≫ Klicke in der linken Spalte auf FÜLLUNG.

≫ Klicke dann auf FARBVERLAUF.

≫ Mit dem kleinen Pfeil neben VOREINGESTELLTE FARBEN klappst du die Liste der Farben auf und wählst einen der beiden Regenbogen.

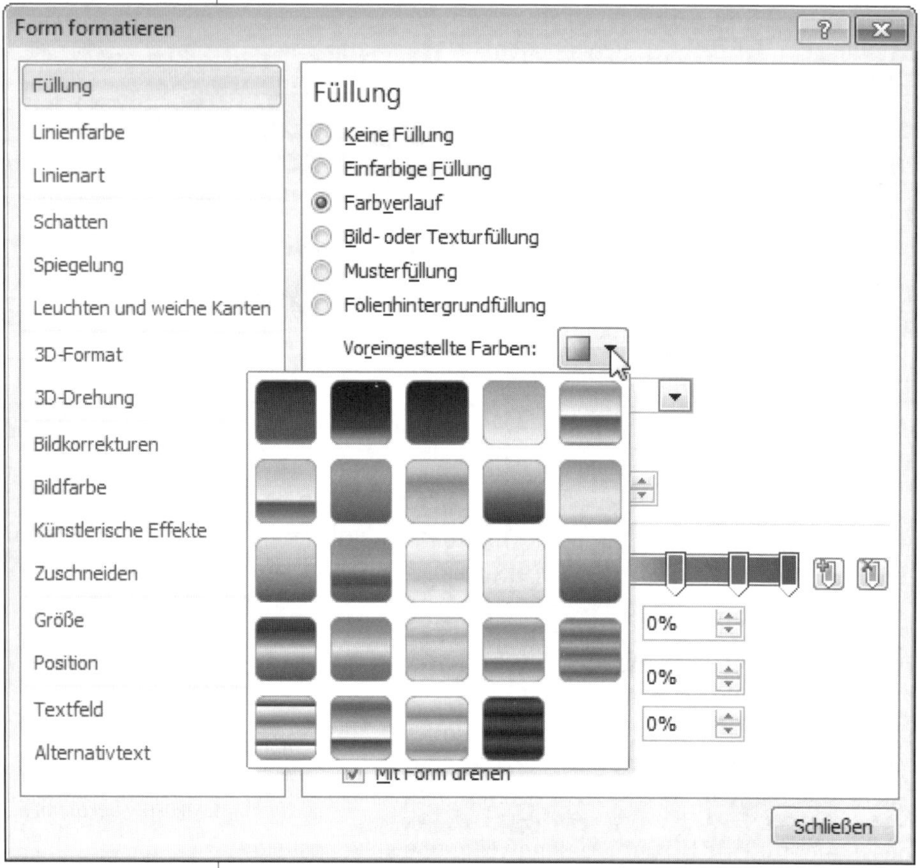

Abb. 2.3: Fertige Farbverläufe findest du unter VOREINGESTELLTE FARBEN.

Drucke jetzt die Folie auf ein festes weißes Papier und schneide die Lesezeichen aus. Wenn du sie gerne auf beiden Seiten farbig haben möchtest, dann drucke die Folie zweimal aus und klebe die beiden Seiten sauber aufeinander.

Speichere deine Präsentation unter dem Namen LESEZEICHEN.PPTX in den Ordner, den du im ersten Kapitel angelegt hast.

Auf der CD findest du ein paar fertige Lesezeichen von mir.

Eine Urkunde

Ein Blick zurück

AutoFormen wie ein Rechteck kannst du mit einer Farbe oder mit Effekten füllen.

- Alles findest du unter ZEICHENTOOLS|FORMAT|FÜLLEFFEKT.
- FARBVERLAUF|WEITERE FARBVERLÄUFE nimmst du, wenn du Farbmischungen brauchst wie zum Beispiel den Regenbogen.
- STRUKTUR sind zum Beispiel Wassertropfen oder Packpapier.

Eine Urkunde

Urkunden, Gutscheine oder Zertifikate kannst du in PowerPoint oder in Word schreiben. Word nimmst du, wenn du sehr viele Urkunden für viele verschiedene Leute brauchst. Mit dem Seriendruck von Word kannst du das ganz schnell erledigen.

Eine einzige Urkunde oder einen Gutschein kannst du aber auch in PowerPoint sehr schön gestalten.

Du brauchst wieder eine neue Präsentation, die Titelfolie benötigen wir für die Urkunde nicht. Ändere das Folienlayout auf LEER.

Farbe für den Hintergrund

Zuerst soll die Folie einen schönen Hintergrund bekommen. Erinnerst du dich noch an das Design aus dem ersten Kapitel? Das brauchen wir jetzt auch wieder. Suche dir vom Register ENTWURF das Design GANYMED aus.

Die graue Farbe ist aber für eine Urkunde zu langweilig und du kannst sie jetzt ändern.

- Klicke auf ENTWURF|HINTERGRUNDFORMATE.
- Wähle in der Liste den Punkt HINTERGRUND FORMATIEREN.
- Achte darauf, dass der Punkt bei EINFARBIGE FÜLLUNG steht, und klappe neben FARBE die Liste mit den Farben auf.
- Wähle ein helles Blau und klicke auf SCHLIESSEN.

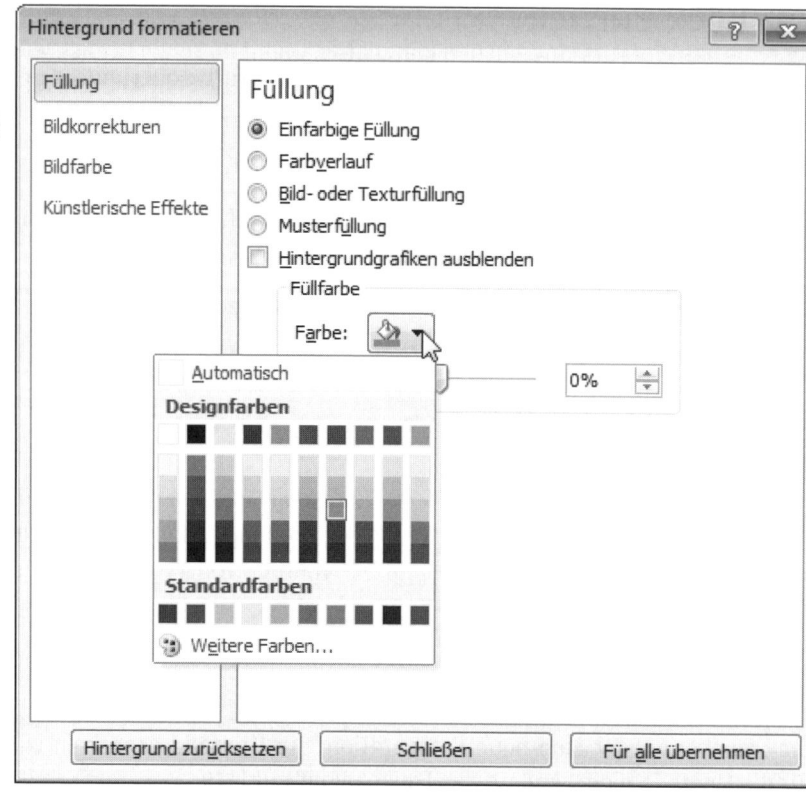

Abb. 2.4: Folien können eine beliebige Hintergrundfarbe bekommen.

Diesen Dialog kannst du mit dem Befehl FÜR ALLE ÜBERNEHMEN beenden. Das bedeutet, dass die Hintergrundfarbe für alle Folien in dieser Präsentation gelten soll. Wenn du also neue Folien in dieser Datei erstellst, sind sie alle hellblau gefärbt. Der Befehl SCHLIESSEN bedeutet, dass die Farbe nur für diese eine Folie verwendet wird. Neue Folien in dieser Datei sind wieder grau.

Künstlerisches mit Text: WordArt

Der nächste Schritt ist die Platzierung des Wortes »Urkunde« groß auf der Folie. Am besten geeignet ist dafür WordArt, das du im ersten Kapitel schon einmal verwendet hast. Jetzt rufen wir WordArt auf, bevor wir einen Text schreiben.

Rufe zuerst das Register EINFÜGEN auf, klicke dort auf WORDART und wähle einen der blauen Buchstaben aus. Das passt am besten zum blauen Hintergrund (siehe Abbildung 2.5).

Eine Urkunde

Auf der Folie wird jetzt ein Platzhalter für den WordArt-Text angezeigt. Schreibe das Wort Urkunde in den Platzhalter. Damit du sehen kannst, wie der Text aussieht, musst du einmal daneben in die weiße Folie klicken. Klicke wieder in das Wort »Urkunde«, denn du musst es noch verändern.

Abb. 2.5: Schreibe den Text in den WordArt-Platzhalter.

Erkennst du, welche Schriftart und -größe PowerPoint gewählt hat? Vermutlich ist es die Schrift *Verdana* und die Schrift ist 54 groß. Beides kannst du sehen, wenn du in das Wort »Urkunde« klickst und dann auf START|SCHRIFTART nachschaust. Neben beiden Symbolen siehst du einen Pfeil nach unten, mit dem du die Einstellung ändern kannst. Ändere die Schriftart in eine Schreibschrift, zum Beispiel in *Brush Script*. Vergrößere die Schrift, bis mindestens 90 angezeigt wird.

> Schriftgrößen werden in Punkt angegeben, das kürzt man *pt* ab. Die Schriftgröße in diesem Buch ist ungefähr zehn Punkt groß. Wenn eine Präsentation mit einem Projektor auf der Leinwand gezeigt werden soll, muss die Schrift mindestens 16 pt groß sein.

Kapitel 2 — Alltägliches mit Power-Point

Das Wort »Urkunde« steht jetzt mitten auf der Folie. Besser wäre es am oberen Rand. Lasse das Wort markiert, du musst noch die weißen Punkte an den vier Ecken sehen. Sind sie schon verschwunden, dann klicke das Wort einmal an. Setze dann die Maus genau auf den gestrichelten Rand rund um das Wort, bis am Mauszeiger vier kleine, schwarze Pfeile erscheinen. Ziehe mit gedrückter linker Maustaste das Wort nach oben.

Möchtest du noch mehr »Künstlerisches« mit dem Wort machen? Dann wähle ZEICHENTOOLS|FORMAT|TEXTEFFEKTE|SPIEGELUNG. Zeige auf das erste Symbol bei SPIEGELUNGSVARIANTEN und beobachte, wie das Wort sich verändert. Wenn es dir gefällt, klicke das Symbol an.

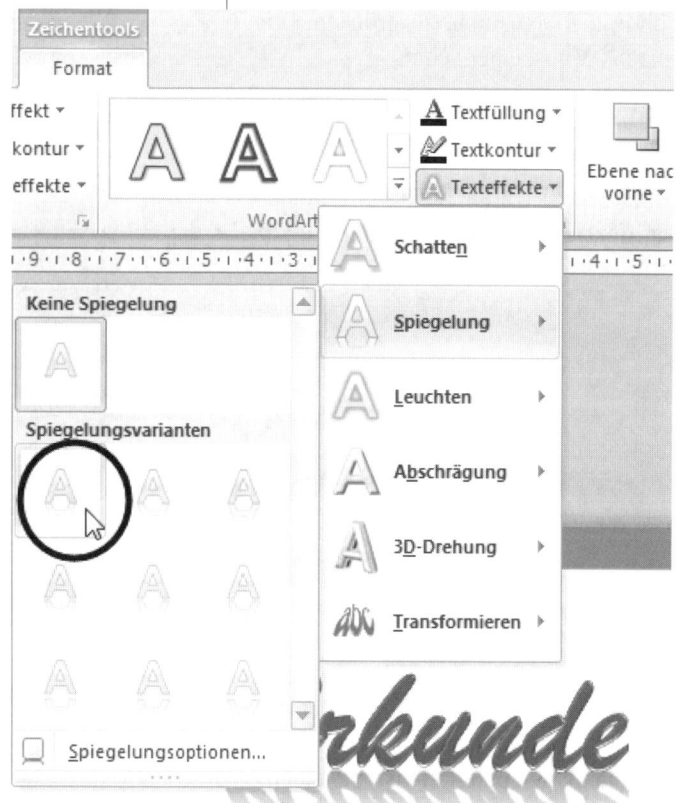

Abb. 2.6:
Das Wort »Urkunde« wird gespiegelt.

Auf die leere Folie schreiben

Unter »Urkunde« soll stehen, wofür sie verliehen wird: »Den 1. Platz im Skater-Wettbewerb, Halbmarathon, ab 14 Jahren hat gewonnen«. Auf die leere Folie kannst du aber nicht schreiben und Platzhalter haben wir hier nicht. Du musst deswegen ein Textfeld auf die Folie zeichnen. Das hast du

Eine Urkunde

im ersten Kapitel schon einmal gesehen. Findest du das Symbol TEXTFELD noch? Es steckt auf dem START-Register.

Ein Tipp: Alle Symbole verraten, was sie aufrufen, wenn du mit der Maus ganz langsam darüberfährst. Dann erscheinen unter dem Mauszeiger der Name und manchmal auch eine Beschreibung.

So zeichnest du das Textfeld:

1. Klicke das Symbol TEXTFELD einmal an und lasse die Maus wieder los.
2. Bewege die Maus in die Folie, ohne die Maustaste zu drücken. Du musst ein dünnes schwarzes Kreuz als Mauszeiger sehen.
3. Zeige auf die Stelle, an der das Textfeld beginnen soll, drücke die linke Maustaste, halte sie fest und ziehe die Maus nach rechts und unten.

Wundere dich nicht, wenn das Textfeld zwar so breit bleibt, wie du es gezeichnet hast, aber viel niedriger ist. Textfelder sind am Anfang nur so hoch, dass eine Zeile Text hineinpasst.

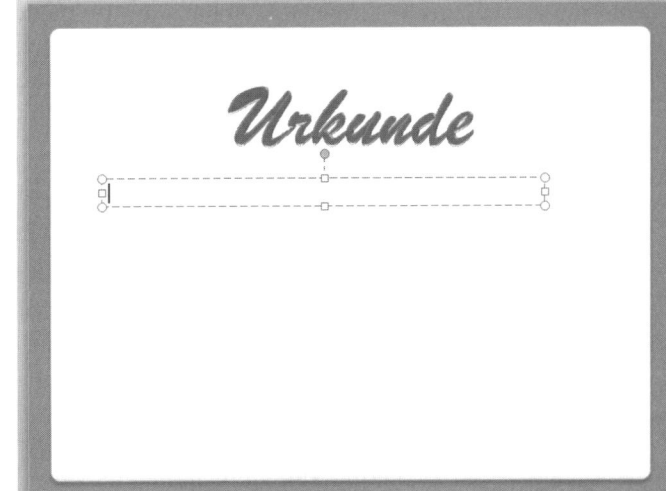

Abb. 2.7:
Ein gerade gezeichnetes
Textfeld, das noch leer ist

Textfelder müssen sofort mit Text gefüllt werden. Es reicht, wenn du nur ein einziges Wort schreibst, aber leer können sie nicht sein. Ein leeres Textfeld verschwindet sofort wieder, sobald du mit der Maus außerhalb des Textfeldes klickst.

Kapitel 2 — Alltägliches mit Power-Point

```
Den 1. Platz
im Skater-Wettbewerb
Halbmarathon ab 14 Jahren
hat gewonnen
```

Abb. 2.8:
Der Text für das Textfeld

Größer und schöner: Text formatieren

Die Schrift im Textfeld ist viel zu klein und außerdem soll der Text nicht am linken Rand stehen. Es sieht schöner aus, wenn er in der Mitte steht. Es ist auch nicht deutlich genug, dass die Urkunde für den »1. Platz« vergeben wird. Diese Zeile heben wir noch deutlicher hervor.

> Änderungen am Aussehen eines Textes nennt man *Formatierung*. Die Symbole dafür sind auf dem Register START in den beiden Rubriken SCHRIFTART und ABSATZ zusammengefasst. Die gleichen Symbole findest du auch in Word.

Vergrößere zuerst die Schrift für das gesamte Textfeld:

1. Klicke auf den Rand des Textfeldes, bis er nicht mehr gestrichelt, sondern durchgezogen ist.

2. Suche das Symbol SCHRIFTART VERGRÖSSERN.

3. Klicke das Symbol einmal an – die Schrift wird größer. Je öfter du klickst, desto größer wird sie. Und wie wird sie wieder kleiner? Mit dem Symbol rechts daneben SCHRIFTART VERKLEINERN oder mit dem Befehl RÜCKGÄNGIG.

Die neue Schriftgröße wird links neben dem Symbol angezeigt. Eine Größe von 24 pt ist gut.

> Ein Textfeld ist immer dann komplett markiert, wenn der Rand rundherum eine durchgezogene Linie ist und du nirgendwo den Cursor blinken siehst. Wählst du eine Formatierung, wird der ganze Text im Textfeld verändert. Klickst du in den Text hinein, ist der Rand gestrichelt und du siehst den Cursor. Wenn du jetzt formatierst, gilt das nur für das Wort, in dem gerade der Cursor blinkt.
>
> Es gibt zwei Möglichkeiten, ein Textfeld zu markieren. Wenn du gerade im Textfeld geschrieben hast und du den Cursor noch siehst, drückst du einmal `Esc`. Oder du klickst einmal auf den Rand. In beiden Fällen muss der Rand jetzt als durchgezogene Linie zu sehen sein.

Eine Urkunde

Vielleicht ist dein Textfeld jetzt zu klein, weil die Schrift größer geworden ist. Die Zeilen stehen nicht mehr so untereinander, wie sie sollen. Das ist aber kein Problem, weil sich Textfelder genauso vergrößern lassen wie AutoFormen.

Erinnerst du dich noch, wie wir es in Kapitel 1 gemacht haben? So geht es auch hier:

1. Zeige mit der Maus auf einen der weißen Punkte rundherum, sie sind zum Ändern der Größe da. Der Mauszeiger muss jetzt wie ein schwarzer Doppelpfeil aussehen.
2. Ziehe mit gedrückter linker Maustaste den Größenpunkt nach außen.

Wenn das Textfeld die richtige Größe hat, soll der Text darin noch in die Mitte gestellt werden. Das nennt man *zentriert*. Es gibt vier Anordnungen für Texte: linksbündig, rechtsbündig, zentriert und Blocksatz. Alle Ausrichtungen findest du unter START|ABSATZ.

Abb. 2.9:
Von links nach rechts:
linksbündig, zentriert, rechtsbündig und Block-

Blocksatz bedeutet, dass der Text links und rechts gerade ist, so wie in einem Buch. Verwende Blocksatz nur, wenn du lange Texte schreibst. Auf einer Folie wird er selten eingesetzt.

Der gesamte Text im Textfeld soll zentriert werden. Markiere zuerst das ganze Textfeld, klicke dann ZENTRIERT an.

Jetzt soll noch die erste Zeile fett werden, damit sie deutlicher zu sehen ist. Weil nicht der ganze Text formatiert wird, musst du die Zeile markieren. Klicke in das Textfeld und fahre mit gedrückter linker Maustaste über die erste Zeile. Mit dem Symbol für FETT machst du die erste Zeile fett.

Und zum Schluss soll noch das Wort »Halbmarathon« fett werden. Klicke in das Wort, damit du den Cursor blinken siehst, und wähle wieder das Symbol FETT.

Du hast jetzt unterschiedliche Arten kennen gelernt, Text in einem Textfeld zu markieren. Um den gesamten Text in einem Textfeld zu markieren, drückst du im Textfeld [Esc] oder du klickst auf den Rand des Textfeldes. Eine Zeile markierst du, indem du mit gedrückter linker Maustaste darüberstreichst. Ein einzelnes Wort musst du nur anklicken, damit der Cursor darin blinkt.

Kapitel 2 — Alltägliches mit Power-Point

Was fehlt noch? Der Name des Gewinners steht noch nicht auf der Urkunde. Zeichne ein zweites Textfeld und schreibe einen Namen hinein. Markiere danach das Textfeld, zentriere den Text, mache die Schrift fett und wähle die Schriftgröße 40.

Abb. 2.10:
Die fast fertige Urkunde

Bevor du weitermachst, solltest du die Urkunde speichern. Das hast du im ersten Kapitel schon gesehen: DATEI|SPEICHERN, den Ordner für die Präsentationen aussuchen und einen Dateinamen eintragen. Dann auf SPEICHERN klicken.

Ordentlich untereinander

Schau dir deine Folie einmal genau an. Die Textfelder stehen nicht ordentlich untereinander. Eines steht zu weit rechts, das andere zu weit nach links. Die beste Anordnung wäre, wenn alle Textfelder zwischen dem linken und rechten Rand der Folie zentriert wären.

Damit das ganz schnell geht, musst du zuerst alle Textfelder markieren. Wie so oft, gibt es mehrere Wege, das zu tun:

1. Drücke [Strg]+[A], um alles auf der Folie zu markieren.

2. Oder setze den Mauszeiger oben links in die Ecke der Folie, drücke die linke Maustaste und fahre mit gedrückter linker Maustaste bis in die unterste rechte Ecke. Sobald du die Maus loslässt, ist alles markiert.

3. Wenn du einige, aber nicht alle Textfelder markieren möchtest, klickst du das erste an und lässt die Maus wieder los. Dann drückst du [⇧] und hältst die Taste gedrückt. Jetzt kannst du ein Textfeld nach dem

Eine Urkunde

anderen anklicken und markieren. Lass ⇧ wieder los, wenn du fertig bist. Das nennt man eine Mehrfachmarkierung.

> Ein Klick in die Folie hebt alle Markierungen wieder auf. Sei also vorsichtig, wenn du gerade alles markiert hast! Klicke nicht irgendwo hin, sonst ist die ganze Mühe vergebens gewesen.

Wenn du alles markiert hast, siehst du ganz deutlich, dass die Textfelder kreuz und quer stehen. Das korrigierst du jetzt. Zuerst musst du einstellen, dass sich alle Textfelder zwischen den Folienrändern anordnen sollen. Dann stellst du ein, wie genau sich die Textfelder anordnen müssen: links oder rechts oder mittig.

» Wähle zuerst START|ANORDNEN|AUSRICHTEN|AN FOLIE AUSRICHTEN. Das ist ein langer Weg, schaue dir das Bild mit dem aufgeklappten Menü an. Dort musst du auch hin.

» Dann klickst du noch mal auf START|ANORDNEN|AUSRICHTEN und wählst HORIZONTAL ZENTRIEREN.

Abb. 2.11:
Damit sich die Textfelder auf der Mitte der Folie ausrichten, wählst du AN FOLIE AUSRICHTEN.

Kapitel 2 — Alltägliches mit Power-Point

> Kannst du dir merken, wann du vertikal und wann du horizontal nehmen musst? Das ist für viele schwierig. Schau dir die Symbole einmal ganz genau an. HORIZONTAL ZENTRIEREN steht zwischen LINKSBÜNDIG und RECHTSBÜNDIG. Horizontal zentriert also zwischen dem linken und dem rechten Rand. Und VERTIKAL ZENTRIEREN steht zwischen OBEN und UNTEN. Vertikal zentriert also zwischen dem oberen und dem unteren Rand.

Damit sich PowerPoint nicht für den Rest der Arbeit merkt, dass immer alles zwischen den Folienrändern angeordnet werden soll, musst du AN FOLIE AUSRICHTEN wieder ausschalten. Weil es so schön war, also noch einmal: START|ANORDNEN|AUSRICHTEN|AN FOLIE AUSRICHTEN.

Die anderen Befehle aus diesem Menü lernst du in Kapitel 4 kennen.

Noch ein Kontrollblick auf die Folie: Stehen die grünen Punkte der Textfelder alle untereinander? Dann sind die Felder alle zentriert auf der Folie.

Ein Blick zurück

Jetzt hast du viel Neues gelernt. Halte kurz an und lasse dir durch den Kopf gehen, was du gelernt und ausprobiert hast:

1. Ein Foliendesign suchst du aus mit ENTWURF|DESIGN. Den Folienhintergrund kannst du mit ENTWURF|HINTERGRUNDFORMATE anders färben.

2. WordArt gestaltet Texte künstlerisch. Du findest es unter EINFÜGEN|WORDART.

Auf die leere Folie kannst du nicht schreiben, du musst immer zuerst ein Textfeld einfügen.

1. Formate für den ganzen Text im Textfeld weist du zu, nachdem du das gesamte Textfeld markiert hast. Entweder drückst du [Esc] oder du klickst auf den Rand des Textfeldes.

2. Mehr als ein Wort markierst du mit gedrückter linker Maustaste, ein einzelnes Wort musst du nicht markieren, sondern nur anklicken.

Mit dem Befehl START|ANORDNEN richtest du mehrere Textfelder ordentlich auf der Folie aus.

1. Alle Elemente auf der Folie werden mit [Strg]+[A] markiert; mehrere, aber nicht alle, mit [⇧] und Mausklick.

Urkunde für Bogenschützen

2. Damit Elemente zu den Folienrändern angeordnet werden, musst du zuerst START|ANORDNEN|AUSRICHTEN|AN FOLIE AUSRICHTEN anklicken. Wir haben HORIZONTAL ZENTRIEREN verwendet. Vergiss nicht, dass du AN FOLIE AUSRICHTEN wieder ausschalten musst!

Urkunde für Bogenschützen

Schön sehen Urkunden aus, wenn du kleine Grafiken verwendest. Zeichne doch einmal selber eine! Im Beispiel siehst du oben links einen Bogenschützen, der ganz einfach zu zeichnen ist.

Abb. 2.12: Selber gezeichnete Grafiken für eine Urkunde

Im Original kannst du dir die Folie auf der CD anschauen, aber nachbauen solltest du sie auf jeden Fall selber! Ich beschreibe dir die Farben: Die Folie ist oben gelb und wird nach unten immer dunkler, fast rot. Der dicke Strich in der Mitte ist bunt wie ein Regenbogen.

So ist die Folie entstanden:

1. Wähle unter ENTWURF|HINTERGRUNDFORMATE|HINTERGRUND FORMATIEREN aus FÜLLUNG|FARBVERLAUF.

2. Klicke bei VOREINGESTELLTE FARBEN auf den Auswahlpfeil. Du siehst jetzt viele Farbkombinationen als kleine Symbole. Klicke in der zweiten Reihe auf das Symbol für FEUER und dann auf SCHLIESSEN.

Kapitel 2 — Alltägliches mit Power-Point

3. Zeichne ein Rechteck auf die Folie, das von der rechten zur linken Kante geht. Es darf nicht zu hoch sein. Lasse das Rechteck markiert.

4. Wähle Zeichentools|Format|Fülleffekt|Farbverlauf|Weitere Farbverläufe und dann Farbverlauf|Voreingestellte Farben|Regenbogen. Klicke auf Schliessen.

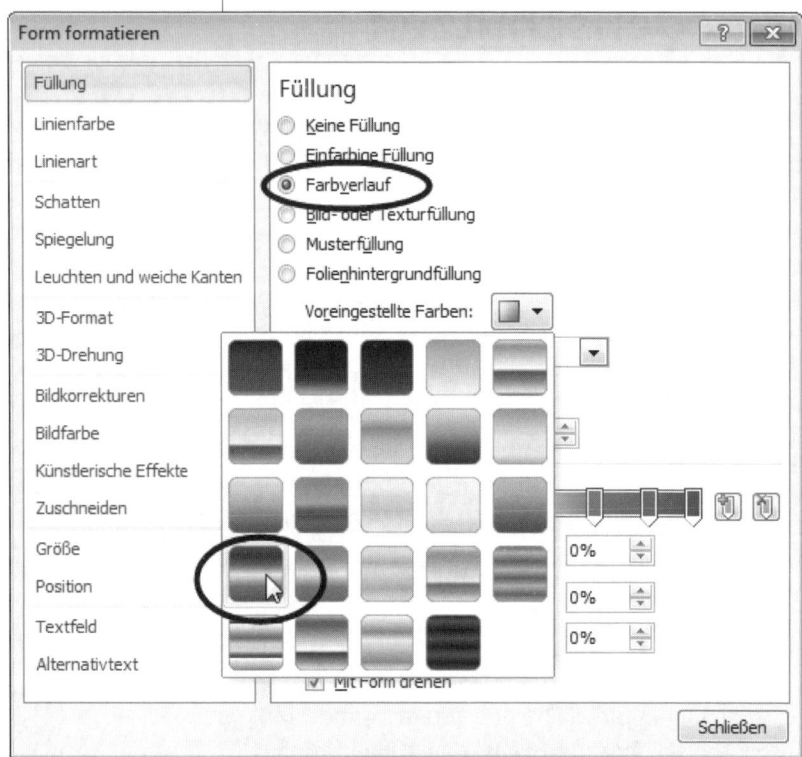

Abb. 2.13:
Wähle eine kräftige
Füllfarbe wie den
Regenbogen.

Füge jetzt das Textfeld für »Leistungsabzeichen Gold« oben rechts ein. Die Worte sind unterschiedlich formatiert. Das Wort »Leistungsabzeichen« ist 40 pt groß, das Wort »Gold« ist 60 pt groß und außerdem fett. Füge unten links das Textfeld für die Ringzahl und den Namen ein. Die Schriften hier sind 18 pt groß.

AutoFormen zusammensetzen

Jetzt fehlt noch der Bogenschütze. Er besteht aus einem Kreis für den Kopf, drei dicken Strichen und einem Bogen. Alles kannst du über die AutoFormen selber malen. Vorher speichere deine Präsentation, dann kann es losgehen.

Urkunde für Bogenschützen

Fangen wir mit dem Kopf an. Das ist ein Kreis. In Kapitel 1 hast du schon gelernt, dass es AutoFormen für Rechtecke und Ellipsen gibt. Der Kreis ist eine besondere Form der Ellipse. Da wir als Kopf kein Ei brauchen können, musst du zuerst einen Trick lernen, der aus Ellipsen Kreise macht.

1. Klicke das Symbol für ELLIPSE an, lasse die Maus los und zeige in die Folie.
2. Bevor du zu zeichnen beginnst, drückst du ⇧ und hältst die Taste gedrückt.
3. Jetzt drückst du die linke Maustaste und ziehst die Maus nach unten rechts. Ist der Kreis groß genug, lässt du zuerst die Maus los und dann erst ⇧.

> Lasse nicht beide Tasten zugleich los! Du musst immer zuerst die Maustaste loslassen und die Taste von der Tastatur noch ganz kurz festhalten, bevor du auch sie loslässt. Mache es so: Drücke ⇧, halte die Taste fest, drücke die Maus, male den Kreis, lasse die Maustaste los, lasse ⇧ los.

Es gibt noch mehr Tasten, die du beim Zeichnen verwenden kannst. Probiere es einfach einmal aus. Am besten fügst du eine neue Folie ein, auf der du üben kannst. Nimm das Folienlayout LEER. Später löschst du diese Folie wieder. Versuche jede der drei Tasten nacheinander mit einem Rechteck, einer Ellipse und einem Strich.

1. Zuerst ⇧: Die Taste ist zuständig für exakte und gerade Formen. Mit ihr werden aus Ellipsen Kreise und aus Rechtecken Quadrate. Sie sorgt auch für eine gerade Linie.
2. Dann Alt: Damit zeichnest du ganz genau und fein. Die Maus springt jetzt nicht weiter, sondern gleitet ganz sanft.
3. Und zuletzt Strg: Das sieht ganz seltsam aus, weil du jetzt von der Mitte her zeichnest. Bei allen anderen Zeichnungen wird die Form in die Richtung gezeichnet, in die du die Maus ziehst. Meist fängst du oben links an und ziehst die Maus nach unten rechts. Mit Strg fängt die Zeichnung in der Mitte an und setzt sich oben, unten, links und rechts zugleich fort.

Was passiert, wenn du Strg + ⇧ gedrückt hältst und dann zeichnest? Es gibt ganz runde Kreise, die von der Mitte her gezeichnet werden. Hast du schon einen Krampf im Finger?

Wenn du alles ausprobiert hast, kannst du die Folie wieder löschen. Klicke links im schmalen Fenster auf das kleine Folienbild und drücke einmal [Entf].

Machen wir auf der Urkunde weiter mit dem Bogenschützen. Zeichne zuerst einen Kreis für den Kopf. Lasse den Kreis markiert und suche dir mit START|SCHNELLFORMATVORLAGEN eine schwarze Füllung aus. Unter den Kreis zeichnest du mit einer dicken Linie die Schultern und die Arme.

1. Klicke auf das Symbol LINIE.

2. Denke daran, dass die Linie gerade sein soll! Vor dem Zeichnen drückst du also [⇧], dann zeichnest du die Linie. Kümmere dich jetzt nicht darum, welche Farbe und Dicke die Linie hat! Das ändern wir später.

3. Zeichne jetzt noch die beiden Linien für Körper und Beine.

Zum Schluss sollen alle drei Linien schwarz und sehr dick werden. Dazu müssen alle Linien markiert werden. Weißt du noch, wie eine Mehrfachmarkierung geht? Du musst zuerst eine Linie anklicken, danach [⇧] drücken und nacheinander die anderen Linien anklicken. Jetzt sind alle markiert.

4. Klicke auf ZEICHENTOOLS|FORMAT|FORMKONTUR und wähle dort zuerst die Farbe Schwarz.

5. Klicke im gleichen Menü auf STÄRKE und wähle »6 pt«.

6. Zum Schluss klickst du neben den Bogenschützen auf die Folie, damit die Markierung wieder verschwindet.

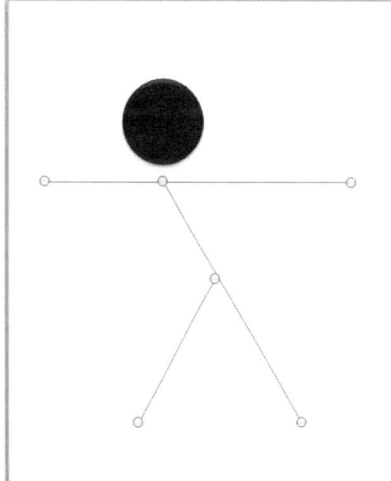

Abb. 2.14:
Alle drei Linien sind mit der Mehrfachmarkierung markiert.

Wenn die Linien zu lang oder zu kurz geworden sind, kannst du mit der Maus an den weißen Größenänderungspunkten an einem der beiden Enden ziehen.

Jetzt fehlt noch der Bogen. Am besten verwendest du dafür eine große runde Klammer. Vielleicht kannst du das Symbol RUNDE KLAMMER RECHTS nicht gleich sehen und du musst zuerst die Liste mit allen Formen aufklappen.

Urkunde für Bogenschützen

Abb. 2.15:
Das Symbol RUNDE KLAMMER RECHTS wird für den Bogen verwendet.

Ab hier geht es so wie mit Ellipse und Rechteck.

1. Klicke die runde Klammer an.
2. Zeige mit der Maus in die Folie.
3. Klicke und ziehe die Maus ein Stück nach unten und rechts.

Noch ist die Klammer nicht wirklich rund.

Abb. 2.16:
Anfangs ist die Klammer noch nicht rund, ziehe das gelbe Symbol nach unten.

Kapitel 2 — Alltägliches mit Power-Point

Setze die Maus auf das kleine gelbe Symbol in der Klammer und ziehe es nach unten bis auf den Mittelpunkt. Wenn du möchtest, dass der Bogen ein wenig mehr gekippt ist, dann zeige mit der Maus auf den grünen Punkt ganz oben und drehe deine Maus ganz leicht nach links oder rechts.

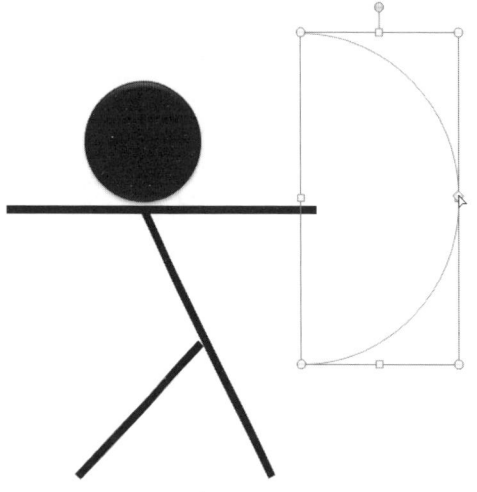

Abb. 2.17:
Wenn das gelbe Symbol in der Mitte steht, ist die Klammer ganz rund.

Formatiere jetzt die Bogenlinie noch in Schwarz und 6 pt dick. Fertig ist dein eigenes Symbol. Du musst kein Künstler sein, um so einfache Bilder zu zeichnen. Bestimmt hast du noch mehr Ideen!

> Damit du später nicht versehentlich einen Teil des Bildes verschiebst, machst du am besten eine Gruppe aus den Einzelteilen. Markiere alle Teile des Bogenschützen. Wähle dann START|ANORDNEN|GRUPPIEREN. Wenn du die Gruppierung einmal aufheben möchtest, weil du ein Einzelteil verändern willst, markierst du den Bogenschützen und wählst START|ANORDNEN|GRUPPIERUNG AUFHEBEN.

Gold, Silber, Bronze

Die Folie kannst du auch verwenden, wenn du die Leistungsabzeichen Silber und Bronze vergeben möchtest. Am praktischsten ist es, wenn du die Folie für »Gold« vervielfältigst. Dann steht auf der Folie »Gold«, auf die zweite schreibst du Silber und auf die dritte Bronze.

Urkunde für Bogenschützen

Das Vervielfältigen geht ganz einfach:

≫ Drücke [Strg]+[⇧]+[D].

≫ Die Folie wird kopiert und du hast eine zweite Folie unter der ersten.

> Der Buchstabe [D] in der Tastenkombination kommt von *Duplizieren*, das bedeutet *Verdoppeln*. Dupliziert wird immer die Folie, die du gerade am Bildschirm siehst.

Für unseren Zweck brauchst du insgesamt drei Folien, also noch einmal [Strg]+[⇧]+[D] drücken. Die erste Folie ist schon richtig beschriftet mit »Gold«, auf die zweite schreibst du stattdessen Silber und auf die dritte Bronze. Hast du zu oft [Strg]+[⇧]+[D] gedrückt? Dann markiere die überflüssige Folie am linken Rand und drücke [Entf], um sie zu löschen.

Speichern, ausdrucken – du bist mit dieser Urkunde fertig.

Ein Blick zurück

Hast du alles behalten? Es waren ein paar Tastenkombinationen dabei, die du dir merken solltest. Beim Zeichnen von AutoFormen waren das die Tasten:

◆ [⇧] zeichnet exakte und gerade Formen wie Kreise, Quadrate und gerade Linien.

◆ [Alt] zeichnet ganz genau und fein.

◆ [Strg] zeichnet aus der Mitte heraus.

Bei den AutoFormen hast du gelernt, dass es verschiedene Symbole am Rand der Formen gibt:

◆ Weiße Punkte verändern die Größe.

◆ Der gelbe Punkt verändert die Form, macht sie runder oder eckiger.

◆ Der grüne Punkt dreht die Form um sich selber.

Und zum Schluss hast du noch gelernt, wie du mit Folien umgehst:

◆ [Strg]+[⇧]+[D] dupliziert die Folie.

◆ [Entf] löscht die Folie, wenn du sie links in dem schmalen Fenster angeklickt hast.

Kapitel 2 — Alltägliches mit Power-Point

Einladung zur Gartenparty

Für die zwei Urkunden haben wir die PowerPoint-Fähigkeiten gar nicht richtig ausgenutzt. Das soll bei diesem Beispiel anders sein. Stell dir vor, deine Familie feiert eine Gartenparty. Die Freunde deiner Eltern mit ihren Kindern sind eingeladen, alle haben einen Computer und eine E-Mail-Anschrift. Du kannst davon ausgehen, dass heute auf den meisten Computern ein Programm vorhanden ist, mit dem man PowerPoint-Folien anschauen kann.

Zuerst brauchst du ein paar Dinge, die du schon kennst:

1. eine neue Präsentation mit einer leeren Folie ohne Titel und Textfelder,
2. das Foliendesign AUSTIN,
3. einen WordArt-Text »Gartenparty« groß auf der Folie.

Sorge dafür, dass der Text oben auf der Folie steht. Du kannst das Textfeld mit der Maus verschieben oder mit den Pfeiltasten. Klicke auf den Rand des Textfeldes und drücke `Pfeil ↑`.

Die Pfeiltasten sind oft genauer als die Maus. Drücke die Pfeiltasten nach links, rechts, oben oder unten und die markierte Form wird genau in diese Richtung wandern. Hältst du gleichzeitig `Strg` fest, werden die Bewegungen ganz klein und genau.

Du könntest jetzt einfach in Textfelder schreiben, wann und wo die Party stattfindet, aber das sähe sehr langweilig aus. Texte solltest du so oft wie möglich nicht einfach nur schreiben, sondern sie gestalten. Für die Party willst du einladen – also malst du dich auf die Folie und in eine Sprechblase daneben den Ort und die Zeit.

Smileys und Legenden

Beginnen wir mit dem Gesicht. Klicke in den Formen auf den SMILEY. Du findest ihn unter den Standardformen. Nachdem du so viele Formen gezeichnet hast, weißt du schon, wie das geht: Den Smiley anklicken, in die Folie zeigen, dort die linke Maustaste gedrückt halten und den Smiley zeichnen. Ich weiß, dass die Ähnlichkeit nicht sehr groß ist, aber als Symbol für den Gastgeber reicht es schon aus.

Einladung zur Gartenparty

Der Gastgeber spricht jetzt die Einladung aus. Wie bei einem Comic soll das »Wo« und »Wann« in einer Sprechblase stehen. Sprechblasen heißen in PowerPoint *Legenden* und gehören zu den Formen. Zu einer Party passt am besten die WOLKENFÖRMIGE LEGENDE ganz weit unten in der Liste.

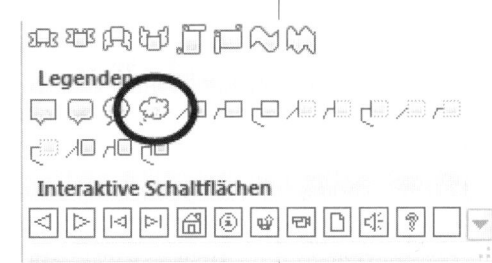

Abb. 2.18:
Der Smiley spricht durch eine Wölkchen-Legende.

Zeichne die Wolken-Legende in die Folie. Nach dem Zeichnen springt der Cursor in die Legende und du kannst sofort losschreiben. Wo findet die Party statt und wann beginnt sie? Schreibe beides in die Legende.

Leider beginnt die Legende nicht am Mund des Smileys, sondern irgendwo darunter oder daneben. Damit du das nachträglich korrigieren kannst, musst du die Legende markieren. Ein Klick auf den Rand genügt. Am unteren Ende der Wolke, dort wo ein paar kleine Kreise aus der Legende herausragen, findest du die kleine gelbe Raute, die du schon kennst.

Zeige auf die Raute und ziehe sie mit gedrückter linker Maustaste auf den Mund des Smileys.

Abb. 2.19:
Ziehe die Raute auf den Mund des Smileys.

Gelbe Rauten findest du an vielen Formen, sie ändern das Verhältnis oder die Ausrichtung einer Form. Siehst du die Raute am Mund des Smileys? Markiere ihn, um sie sichtbar zu machen! Ziehe die Raute nach oben und wieder nach unten.

Kapitel 2 — Alltägliches mit Power-Point

Überlege dir, ob die Legende oder der Smiley eine andere Farbe bekommen soll. Du kannst mit ZEICHENTOOLS|FORMAT aus den FORMENARTEN auch andere Füllungen aussuchen.

Die andere Dimension: 3D

Als Besonderheit gibt es auf eurer Party selbst gemachte Donuts. Zeichne sie am besten gleich auf die Folie, damit jeder weiß, was es Leckeres gibt.

So entstehen die Donuts:

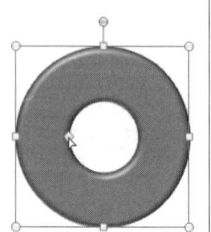

Abb. 2.20: Die gelbe Raute macht den Donut dicker oder dünner.

» Zeichne ein RAD, du findest es in den Formen unter STANDARDFORMEN. Halt ⇧ fest, damit der Kreis schön rund wird.

» Klicke auf ZEICHENTOOLS|FORMAT|FÜLLEFFEKT und wähle aus der oberen Farbreihe die Farbe BRAUN, AKZENT 5. Das ist die zweite Farbe von rechts.

» Klicke im gleichen Menü auf FORMEFFEKTE|ABSCHRÄGUNG und wähle in der oberen Reihe die erste von links. Sie heißt KREIS.

» Klicke anschließend auf FORMEFFEKTE|3D-DREHUNG und wähle unter PERSPEKTIVE das Symbol PERSPEKTIVE OBERHALB (STUFE 3). Schau auf die Abbildung, damit du es besser findest.

Ein Donut alleine ist aber ein bisschen wenig für die ganze Gästeschar. Also kopierst du den Donut ein paar Mal. Das geht so:

1. Markiere den Donut und klicke auf dem Register START ganz links auf das Symbol KOPIEREN.

2. Klicke anschießend auf START|EINFÜGEN, ziehe den eingefügten Donut ein wenig auf die Seite.

3. Klicke so oft auf START|EINFÜGEN, bis du genug Donuts erzeugt hast.

Wenn du magst, kannst du ein paar Donuts mit einer anderen Füllfarbe einfärben. Dann hast du Donuts in Vollmilch, Zartbitter, Erdbeer-Schokolade ...

Schreibe jetzt noch in ein Textfeld `Mit Donut-Bäckerei`, formatiere die Schrift, wie du möchtest, und drehe das Textfeld mit dem grünen Punkt ein bisschen schräg.

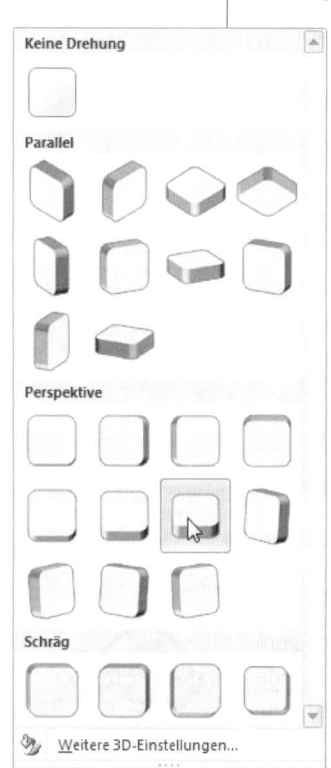

Abb. 2.21: Es gibt viele Möglichkeiten, ein dreidimensionales Bild anzuzeigen.

Animation: Bewegung auf der Folie

Abb. 2.22: Die fertige Folie mit vielen Donuts

Ein Blick zurück

Beim Zeichnen von Smileys, Wolken-Legenden und Donuts hast du viel über Formen gelernt:

1. Formen haben weiße Punkte für die Größenänderung; einen grünen Punkt, um die Form zu drehen, und manchmal eine gelbe Raute, um die Proportionen zu ändern.

2. Formen lassen sich mit der Maus verschieben oder mit den Pfeiltasten. Mit Strg und den Pfeiltasten ist die Bewegung besonders klein und exakt.

3. Alle Formen können dreidimensional werden, indem du ZEICHEN-TOOLS|FORMAT|FORMEFFEKTE verwendest.

Animation: Bewegung auf der Folie

Gespeichert hast du schon? Nicht? Dann wird es aber höchste Zeit. Der nächste Schritt ist die Animation – Bewegung soll auf die Folie kommen. Wir haben uns ja vorgenommen, die Einladung per E-Mail zu versenden, und sind davon ausgegangen, dass alle Gäste ein Programm zum Anschauen von Präsentation haben. Dann können wir jetzt eine richtige Bildschirmshow machen. Ziel ist, dass die Überschrift »Gartenparty« eine kleine Welle macht, der Smiley hineinspringt und die Donuts eine Pirouette drehen.

Kapitel 2

Alltägliches mit Power-Point

Für alle Aktionen brauchst du das Register ANIMATIONEN. Los geht es mit der »Gartenparty«. Klicke das Textfeld an.

1. Klicke auf das Register ANIMATIONEN.

2. Klicke auf den kleinen Pfeil neben den grünen Sternchen, damit die Animationen aufklappen. Klicke auf den letzten gelben Stern, er heißt WELLE.

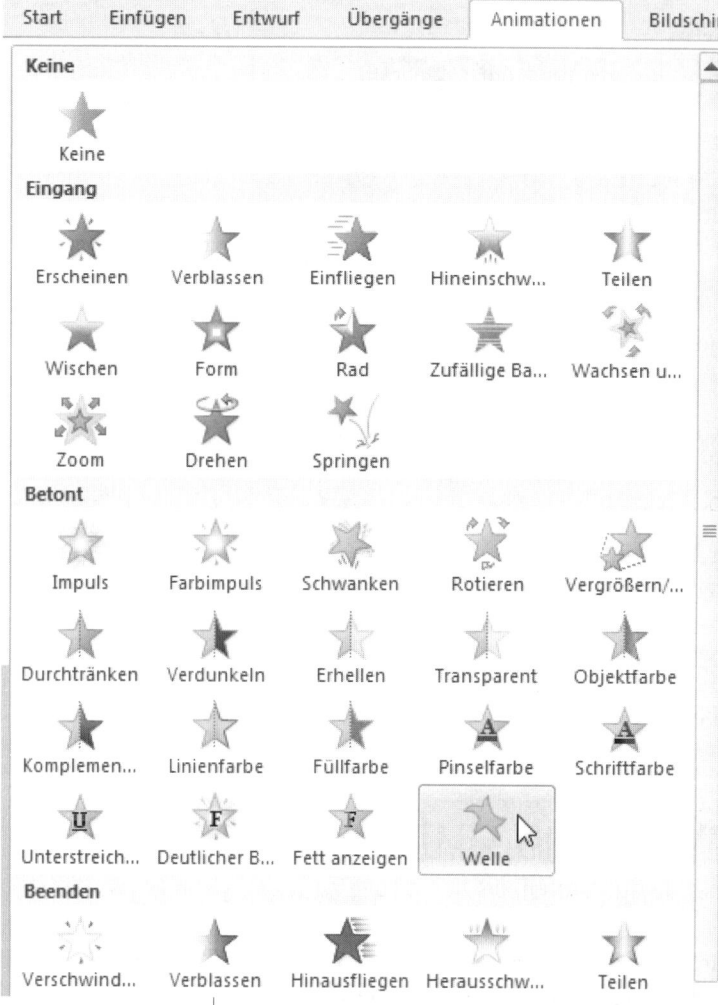

Abb. 2.23:
Animationen bringen Bewegung auf die Folie.

Die Animation wird sofort auf der Folie gezeigt. Hast du es nicht gesehen? Dann klicke auf ANIMATIONEN|VORSCHAU, um es noch einmal zu sehen.

Markiere jetzt den Smiley. Klappe wieder die Anzeige der Animationen auf und wähle den letzten grünen Stern, SPRINGEN.

Animation: Bewegung auf der Folie

Die anderen Elemente animierst du so:

1. Die Legende bekommt den grünen Stern Zoom.

2. Der Text »Mit Donut-Bäckerei« bekommt auch einen grünen Stern, Drehen.

3. Und zum Schluss soll jeder Donut eine Animation bekommen. Markiere den ersten Donut und gib ihm den ersten grünen Stern, Erscheinen. Markiere dann den zweiten Donut und vergib den zweiten grünen Stern, so lange, bis du alle Donuts animiert hast.

Schau dir jetzt die Folie an, indem du auf Animationen|Vorschau klickst. Passt alles?

> Wenn du eine Animation wieder löschen möchtest, musst du auf Animationen|Animationsbereich klicken. Dann siehst du rechts eine Liste mit all deinen Animationen auf der Folie. Klicke die Animation, die du löschen willst, mit der rechten Maustaste an und wähle den Befehl Entfernen.

Speichere deine Folie, damit nichts verloren geht. Und jetzt schaust du dir alles so an, wie die Gäste es auf ihrem Computer auch sehen werden.

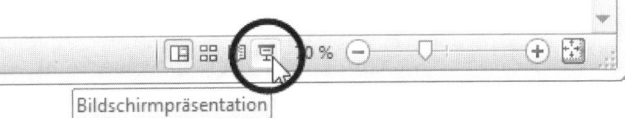

Abb. 2.24: Dieses Symbol startet die Bildschirmpräsentation.

1. Klicke unten in der Statuszeile bei den vier Symbolen rechts auf Bildschirmpräsentation. Das ist das vierte der Symbole.

2. Du siehst jetzt nur noch die Folie und keine Befehle mehr. Drücke ⏎, um die nächste Animation aufzurufen, bis deine Folie zu Ende ist.

3. Wenn ein schwarzer Bildschirm am Ende gezeigt wird, musst du noch einmal ⏎ drücken.

Damit eure Gäste es einfacher haben, musst du noch ein bisschen Feinarbeit machen. Einige wissen vielleicht nicht, dass man ⏎ drücken muss, und warten vergeblich, dass es von alleine weitergeht. Es wäre besser, wenn alles automatisch läuft.

Kapitel 2

Alltägliches mit Power-Point

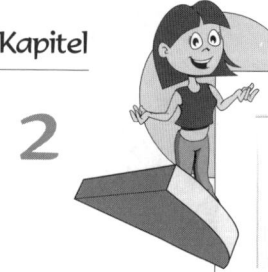

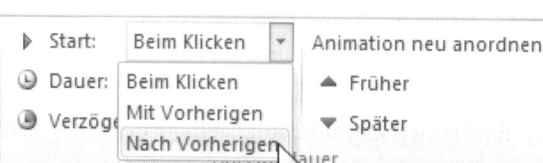

Abb. 2.25: Der Start erfolgt automatisch, wenn du NACH VORHERIGEM *wählst.*

≫ Markiere alles auf der Folie. Das geht ganz schnell mit ⌈Strg⌉+⌈A⌉.

≫ Klicke dann auf ANIMATIONEN|START, das ist fast am rechten Ende des Menübandes. Wähle NACH VORHERIGEM.

≫ Überlege dir, wie lange die Pause zwischen den Animationen sein soll. Du kannst das bei VERZÖGERUNG einstellen. Je größer die Zahl ist, desto länger dauert es, bis die nächste Animation kommt.

> Du siehst drei Möglichkeiten bei START: BEIM KLICKEN bedeutet, dass du eine Taste wie zum Beispiel ⌈↵⌉ drücken oder mit der linken Maustaste klicken musst, damit es weitergeht. MIT VORHERIGER startet die nächste Animation gleichzeitig mit der davor, die beiden laufen zusammen ab. NACH VORHERIGEM heißt, dass die Animation davor erst zu Ende sein muss, dann startet diese.

Speichern als Show

Bisher haben wir die Präsentationen immer ganz normal gespeichert. Normal bedeutet für PowerPoint, dass die Präsentation in PowerPoint als Folienansicht geöffnet wird. Animationen sieht der Betrachter dann nicht sofort, er muss erst die Bildschirmpräsentation mit dem Symbol oder einem Befehl starten.

Anders ist es, wenn die Folie als PowerPoint-Bildschirmpräsentation gespeichert wird. Diese Datei startet ganz automatisch die Animationen, wenn sie geöffnet wird. Die beiden Typen unterscheiden sich auch an der Dateiendung: Eine normale Präsentation endet mit .pptx und eine Show mit .ppsx.

Die Einladung zur Gartenparty hast du ja schon gespeichert, hoffe ich! Um sie als einen anderen Dateityp noch einmal zu speichern, brauchst du den Befehl DATEI|SPEICHERN UNTER.

Im Dialogfenster SPEICHERN UNTER klappst du neben DATEITYP die Liste auf und suchst POWERPOINT-BILDSCHIRMPRÄSENTATION aus. Der Dateiname bleibt vom vorherigen Speichern stehen und muss nicht geändert werden. Hattest du noch nicht gespeichert, tippst du jetzt den Dateinamen ein. Anschließend klickst du auf SPEICHERN.

Animation: Bewegung auf der Folie

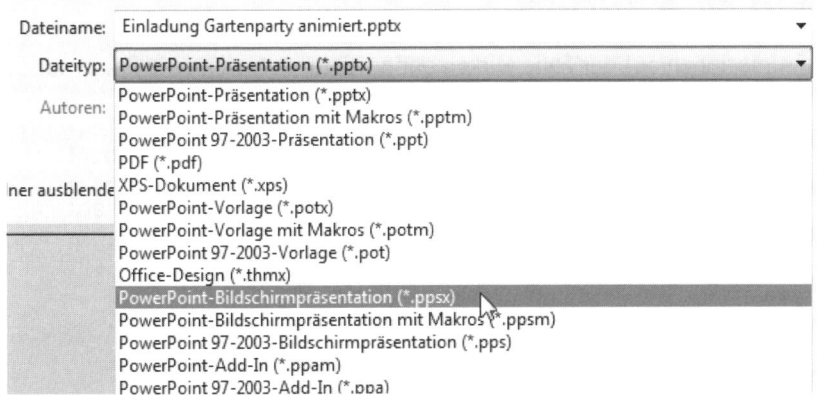

Abb. 2.26: Speichern als Bildschirmpräsentation

> Ob bei dir die Endung (*.ppsx) in dieser Liste angezeigt wird wie in der Abbildung, hängt davon ab, wie dein Windows eingestellt ist. Es ist auch in Ordnung, wenn du nur POWERPOINT-BILDSCHIRMPRÄSENTATION ohne die Klammer und ohne *.ppsx siehst.

Nach dem Speichern als Bildschirmpräsentation schließt du die Datei und beendest PowerPoint. Probiere aus, ob es geklappt hat:

1. Starte den Windows-Explorer über das START-Menü von Windows.
2. Suche nach dem Ordner, in den du die Bildschirmpräsentation gespeichert hast.
3. Klicke die Datei doppelt an.

Wenn alles geklappt hat, siehst du sofort deine Folie mit den Animationen. Lasse die Präsentation zu Ende laufen oder drücke `Esc`, um sie vorher zu beenden. Nach dem Ende der Folie bist du wieder im Explorer, PowerPoint wird gar nicht angezeigt. Diese Datei kannst du jetzt per E-Mail an die Gäste verschicken. Wenn sie sie aus der E-Mail öffnen, läuft auch bei ihnen die Show sofort ab.

> Wie kannst du eine PPSX noch in der Normalansicht ansehen? Das brauchst du, wenn du die Datei später noch einmal bearbeiten möchtest. Starte zuerst PowerPoint, klicke dann auf DATEI|ÖFFNEN und suche nach der Datei. So öffnet sie sich in PowerPoint.

Kapitel 2 — Alltägliches mit Power-Point

Ein Blick zurück

Animationen auf der Folie wirken dann richtig gut, wenn die Präsentation beim Öffnen automatisch startet.

- Animationen werden über das Register ANIMATIONEN ausgesucht.
- Animationen können auf Mausklick, gleichzeitig mit oder nach einer anderen Animation starten. Der Start wird mit dem Befehl START: BEIM KLICKEN, MIT VORHERIGEN, NACH VORHERIGEN gewählt.
- Eine Bildschirmpräsentation wird als Dateityp PPSX gespeichert, wenn sie sofort nach dem Öffnen mit der Animation starten soll.

Zusammenfassung

- Formen können gefüllt werden mit Farben, Fülleffekten und Farbverläufen. Die Befehle findest du unter ZEICHENTOOLS|FORMAT.
- Der Folienhintergrund wird farbig gefüllt mit dem Befehl ENTWURF|HINTERGRUNDFORMAT.
- Um auf eine leere Folie zu schreiben, brauchst du ein Textfeld oder Formen, in die du hineinschreiben kannst.
- Damit Formen ordentlich neben- und untereinander stehen, verwendest du START|ANORDNEN|AUSRICHTEN.
- Formen aus mehreren Teilen kannst du zu einer Gruppe zusammenfassen, wenn du auf START|ANORDNEN|OBJEKTE GRUPPIEREN klickst.
- Eine Präsentation wird im Format PPTX als normale Präsentationsdatei oder im Format PPSX als Bildschirmshow gespeichert. Eine PPSX-Datei startet nach einem Doppelklick auf der Datei sofort die Bildschirmpräsentation.

Ein paar Fragen ...

Frage 1: Was musst du tun, wenn du auf einer leeren Folie Text schreiben willst?

Frage 2: Wie kannst du aus vielen kleinen Formen eine zusammengesetzte Gruppe machen, bei der du die Einzelteile nicht versehentlich verschieben kannst?

... und ein paar Aufgaben

Frage 3: Welchen Befehl brauchst du, wenn viele Formen nebeneinander stehen und alle die gleichen Abstände haben sollen?

... und ein paar Aufgaben

1. Zeichne auf der Urkunde für den Bogenschützen noch eine Zielscheibe: einen Kreis, zwei Striche für die Beine.
2. Animiere den Text für die Urkunde so, dass zuerst der Titel »Leistungsabzeichen Gold« erscheint und dann die Ringzahl und der Name.
3. Speichere die Urkunde für den Bogenschützen als Bildschirmpräsentation mit der Dateiendung PPSX.

3
Bilder, Grafiken und Fotos

Was erwartet dich in diesem Kapitel? Hier dreht sich alles um das Einfügen von Fotos, Bildern oder Grafiken. Du wirst die Techniken kennen lernen, um von einem Foto nur einen Ausschnitt zu verwenden, kannst am Ende Fotos heller oder dunkler machen und sie in Formen einpassen.

In diesem Kapitel lernst du

- Fotos einzufügen, sie auf der Folie zu verschieben und anzuordnen
- den Unterschied zwischen dem Einfügen und Verknüpfen von Bildern
- Fotos zuzuschneiden und einen Ausschnitt freizustellen
- Fotos mit Effekten, Farben und Rahmen interessanter zu machen
- Animationen für Fotos zuzuweisen
- ein Fotoalbum auszudrucken und eine Bildschirmshow mit den Bildern auf eine CD zu brennen

Vorhang auf: die Fotoshow

Hast du vom letzten Urlaub oder von einer Klassenfahrt Fotos mitgebracht, die du zeigen möchtest? Was hältst du von einer Bildschirmshow mit viel Farbe, animierten Texten, Fotos, die sich ein- und ausblenden? Das finden deine Freunde oder deine Familie gewiss spannender.

Kapitel 3 — Bilder, Grafiken und Fotos

Vorarbeit: die Bilder

Das Wichtigste an einer Fotoshow sind die Fotos. Du hast sie von einer digitalen Kamera heruntergeladen oder vom Handy auf den Computer übertragen. Jetzt sind die Fotos auf deiner Festplatte in einem Ordner gespeichert.

Unter Windows gibt es in den EIGENEN DATEIEN einen Ordner EIGENE BILDER oder BILDER. Dort sucht PowerPoint die Fotos und von diesem Pfad gehe ich auch aus. Wenn du deine Bilder in einen anderen Ordner speicherst, musst du nachher daran denken, dass du nicht im gleichen Ordner suchst wie ich.

Wenn du zum Üben nicht genug eigene Bilder hast, schaue auf der Buch-CD im Ordner zu diesem Kapitel nach. Ich habe dir viele Bilder auf die CD gebrannt.

Das häufigste Format für Fotos ist JPG, sie haben auch diese Dateiendung. PowerPoint kann auch andere Formate verwenden. Wenn dich die Technik interessiert und du ein bisschen mehr über Fotos lernen möchtest, schau am Ende des Kapitels unter Abschnitt »Ein bisschen Theorie: Was du über Fotos wissen solltest« auf Seite 110 nach.

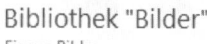

Bibliothek "Bilder"
Eigene Bilder

Anordnen nach: Monat ▼

September 2010

August 2010

April 2010

März 2010

Juni 2009

Mai 2009

April 2009

Juni 2008

Mai 2005

Abb. 3.1:
In Windows 7 können die Bilder nach Ordnern oder nach Monaten angeordnet sein.

Vorhang auf: die Fotoshow

Beginne eine neue Präsentation mit DATEI|NEU|DESIGNS und suche ein passendes Design. Unsere Bilder bringen schon genug Farbe und Aufregung in die Präsentation, die Vorlage sollte also nicht auch noch knallbunt sein. Wenig Farben, ganz wenige oder gar keine Hintergrundbilder, nichts Aufregendes – das wäre gut.

Ich habe mich für DEIMOS entschieden, weil ich dann viel Platz für die Bilder habe. Suche etwas aus, das zu deinem Urlaub passt.

Die Begrüßungsfolie

Die erste Folie soll alle auf deine Urlaubsfotos einstimmen, die Zuschauer sollen erfahren, wo du warst und wann du dort warst. Die Titelfolie, die PowerPoint als Erstes angelegt hat, ist ganz passend: Wir haben zwei Platzhalter für den Text. Damit es nicht zu langweilig wird, werden wir den Text gestalten und animieren.

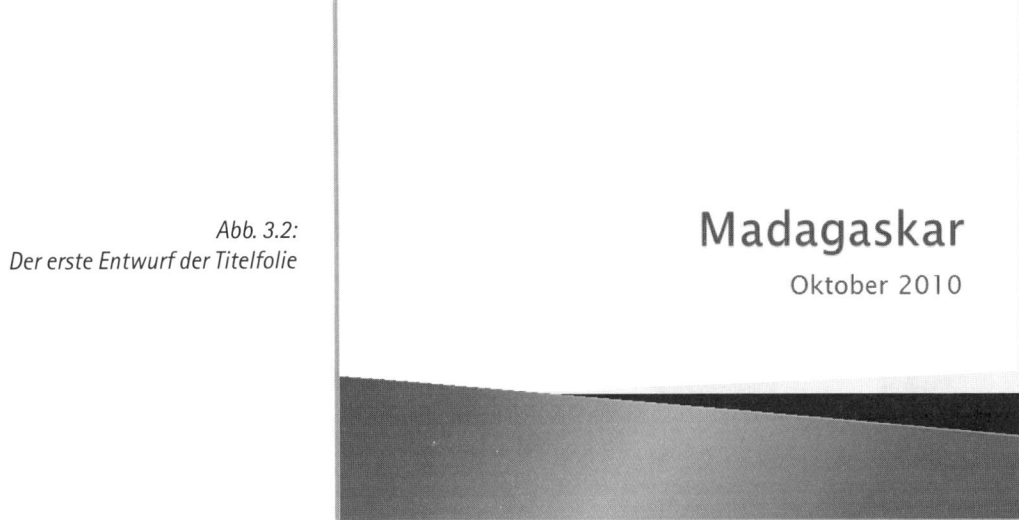

Abb. 3.2:
Der erste Entwurf der Titelfolie

In den Platzhalter für den Titel kommt der Ort, darunter das Datum. So sieht die Folie seriös, aber auch fade aus. Eine andere Schriftart kann schon mehr Leben auf die Folie bringen. Markiere den Platzhalter für den Titel und suche von START|SCHRIFTART eine andere Schrift aus.

> Auffallende Schriften darfst du für einen Titel verwenden, aber nicht für einen längeren Text. Die meisten verrückten Schriftarten sind nur schwer zu lesen, deinen Zuschauern werden die Augen wehtun!

Kapitel 3 — Bilder, Grafiken und Fotos

Eine Titelfolie soll die Zuschauer neugierig machen, sie muss darum eine Überraschung bieten. Das kannst du durch den Text erreichen: ein lustiger Spruch, ein Reim anstelle der langweiligen Überschrift. Es geht auch mit einem verblüffenden Effekt: eine ungewöhnliche Animation oder eine ausgefallene Schrift.

Abb. 3.3:
Titelfolie in der endgültigen Version

Endlich Bilder!

Genug des Blickfangs, die Titelfolie ist erst einmal fertig. Um die Animation auf der Titelfolie kümmern wir uns später, wenn alle Folien fertig sind.

Hast du die Präsentation gespeichert? Wenn nicht, wird es Zeit! Jetzt kommen die Fotos. Dazu brauchst du eine neue Folie, geeignet sind die Folienlayouts BILD MIT ÜBERSCHRIFT oder INHALT MIT ÜBERSCHRIFT. In beiden Fällen kannst du einen erklärenden Text dazuschreiben. Willst du keinen Text zu den Bildern schreiben, ist das Layout LEER gut.

Die nächsten Schritte können etwas anders sein, wenn du ein anderes Betriebssystem hast als ich. Meine Erklärungen sind für Windows Vista und Windows 7.

Die erste Bilderfolie soll einen erklärenden Text bekommen, ich wähle INHALT MIT ÜBERSCHRIFT. Es kann losgehen:

1. Siehst du auf der Folie die sechs Symbole? Sie sind ganz blass und werden erst deutlicher, wenn du mit der Maus darüberfährst. Klicke in der unteren Reihe auf das erste Symbol GRAFIK AUS DATEI EINFÜGEN.

Vorhang auf: die Fotoshow

2. Suche den Ordner, in dem du deine Fotos gespeichert hast; Power-Point schlägt in der Regel den Ordner EIGENE BILDER vor.

3. Klicke das Bild, das du einfügen möchtest, doppelt an. Oder markiere es und klicke auf die Schaltfläche ÖFFNEN.

Das Bild wird in die Folie eingefügt, PowerPoint kümmert sich darum, dass die Größe genau stimmt. Lass das Bild markiert. Siehst du, dass das Register BILDTOOLS|FORMAT in den Vordergrund gekommen ist? Wenn du auf die Folie klickst, verschwindet das Register und es erscheint wieder, wenn du das Foto anklickst. Probiere das mal aus!

> Ein Register, das nur erscheint, wenn etwas Bestimmtes markiert ist, heißt *Kontextregister*. Die Befehle aus dem Register BILDTOOLS|FORMAT sind nur sinnvoll, wenn du ein Bild bearbeiten möchtest. Darum erscheinen sie auch nur, wenn du ein Bild markiert hast. Das Register erscheint im Zusammenhang mit einem Bild, das Wort *Kontext* bedeutet *Zusammenhang*.

1. Klicke auf die Folie, das Register BILDTOOLS|FORMAT verschwindet. Markiere das Foto und es erscheint wieder.

2. Klicke auf BILDTOOLS|FORMAT und klappe neben BILDFORMATVORLAGEN die Auswahl auf.

3. Zeige mit der Maus auf eine Vorlage, ohne sie anzuklicken. Beobachte dein Bild – es wird sofort geändert!

4. Wähle die Vorlage GEDREHT, WEISS aus und klicke sie einmal an.

Abb. 3.4: Bildformatvorlagen geben den Bildern schöne Rahmen und Schatten.

Kapitel 3 — Bilder, Grafiken und Fotos

Schreibe noch eine Bildunterschrift für dein Foto, du hast zwei Textfelder dafür. Achte darauf, dass die Texte nicht zu lang werden.

Die nächste Folie soll das Layout BILD MIT ÜBERSCHRIFT bekommen. Auf dieser Folie gibt es nur das Symbol GRAFIK AUS DATEI EINFÜGEN. Klicke es an, suche das nächste Foto und füge es ein. Wenn du möchtest, kannst du auch diesem Foto eine BILDFORMATVORLAGE geben, es ist aber auch so ganz schön. Bildunterschrift nicht vergessen und fertig.

Noch ein Folienlayout ist prima für Fotos, VERGLEICH. Damit kannst du zwei Bilder nebeneinander auf die Folie bringen.

1. Füge eine neue Folie ein und wähle das Folienlayout VERGLEICH.
2. Klicke links auf das Symbol GRAFIK AUS DATEI EINFÜGEN, suche ein Foto aus und klicke auf ÖFFNEN. Klicke dann auf das gleiche Symbol rechts und füge wieder ein Foto ein.
3. Schreibe einen Folientitel und für jedes Bild eine Bildunterschrift.

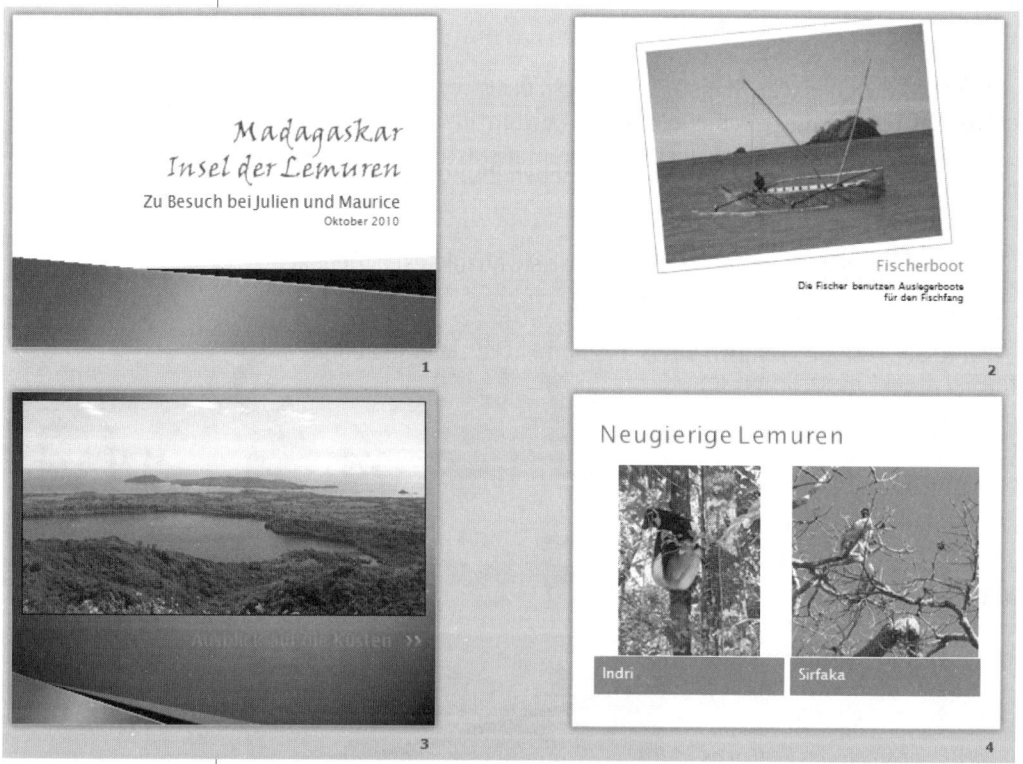

Abb. 3.5: Vier verschiedene Folienlayouts für Bilder

In der Abbildung siehst du die vier Folienlayouts, die wir jetzt verwendet haben.

Vorhang auf: die Fotoshow

Neben-, auf- und untereinander: Bilder anordnen

Mehr als zwei Bilder lassen sich nicht in den Folienlayouts unterbringen. Wenn es drei oder mehr Fotos werden sollen, musst du selber etwas entwerfen. Auf der nächsten Folie sollen drei Bilder angeordnet werden, einen Text soll es dieses Mal nicht geben. Du brauchst das Folienlayout LEER.

≫ Erstelle eine neue Folie, verwende das Folienlayout LEER.

≫ Klicke auf das Register EINFÜGEN und dort auf GRAFIK. Das Dialogfenster kennst du schon, es ist das gleiche wie bei den ersten Folien. Suche das erste Foto und füge es ein.

≫ Das Foto ist beinahe so groß wie die Folie, es wäre kein Platz für weitere Fotos. Du musst das Foto verkleinern, indem du einen der weißen Größenänderungspunkte nach innen in das Foto hineinziehst.

≫ Klicke wieder auf EINFÜGEN|GRAFIK und füge das zweite Foto ein, verkleinere es genauso. Und zum Schluss noch das dritte Foto, verkleinere es ebenfalls.

Möchtest du die Fotos verschieben? Zeige mitten in das Foto mit der Maus und schiebe es mit gedrückter linker Maustaste an eine andere Stelle.

Die Reihenfolge, in der die Bilder auf- oder untereinander liegen, kommt von der Reihenfolge des Einfügens. Das erste eingefügte Bild steckt ganz unten im Stapel, das zweite kommt darauf, das dritte über das erste und zweite und immer so weiter. Zum Schluss ist das letzte eingefügte Bild das oberste des ganzen Stapels.

Abb. 3.6:
Die Reihenfolge der Bilder kommt von der Reihenfolge des Einfügens.

In der Abbildung siehst du links das Bild Nummer eins, es wurde als erstes eingefügt. Danach habe ich Bild zwei eingefügt und zum Schluss Bild drei. Das dritte Bild ist das oberste auf dem Stapel, das zweite liegt unter dem dritten, aber auf dem ersten.

Diese Reihenfolge kannst du für jedes Bild verändern. Bild zwei soll nach oben auf den Stapel kommen. Markiere das zweite Bild.

1. Klicke auf BILDTOOLS|FORMAT und suche dort nach der Rubrik ANORDNEN.

2. Du hast zwei Möglichkeiten: EBENE NACH VORNE und EBENE NACH HINTEN. Damit das zweite Bild über das dritte kommt, brauchst du EBENE NACH VORNE.

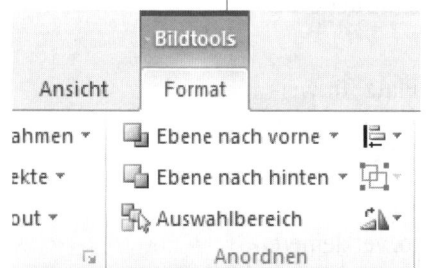

Abb. 3.7:
Bilder lassen sich anders anordnen.

Es gibt noch zwei Möglichkeiten, die du siehst, wenn du auf die kleinen Auswahlpfeile klickst. Statt EBENE NACH VORNE kannst du auch wählen IN DEN VORDERGRUND, dann würde das Bild ganz viele weitere Bilder überspringen und oben auf dem Stapel angezeigt werden. Statt EBENE NACH HINTEN gibt es IN DEN HINTERGRUND. Was passiert dann? Richtig, das Bild rutscht nach unten unter alle anderen Bilder.

> Hast du entdeckt, dass diese Befehle auch noch an einer anderen Stelle stehen? Schau dir das Register START genau an. Auch hier gibt es den Befehl ANORDNEN mit allen Möglichkeiten. Welchen du verwendest, ist ganz egal.

Kopfstand: drehen und kippen

Ist es dir auch passiert, dass einige Fotos nicht richtig herum stehen? Du hast beim Fotografieren den Fotoapparat gedreht – für einen Papierabzug ist das natürlich egal, dann dreht man das Bild später einfach richtig herum. Am Computer ist das zwar nicht ganz so einfach, aber es ist auch schnell gemacht. Auf meinem Foto wächst der Baum waagerecht von rechts nach links, das tun Bäume in Wirklichkeit höchst selten – also muss das Foto gedreht werden.

Vorhang auf: die Fotoshow

*Abb. 3.8:
Der Baum wächst
waagerecht und
muss gedreht
werden.*

Klicke das Foto an, damit das Kontextregister BILDTOOLS|
FORMAT angezeigt wird. In der Gruppe ANORDNEN gibt es
das Symbol DREHEN. Klicke es an.

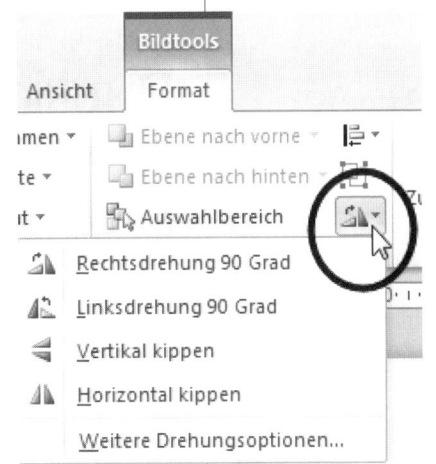

Es gibt vier Möglichkeiten:

1. RECHTSDREHUNG 90 GRAD stellt den Baum auf den Boden.

2. LINKSDREHUNG 90 GRAD lässt den Baum vom Himmel herunterwachsen.

3. VERTIKAL KIPPEN und HORIZONTAL KIPPEN kippt das Bild entweder in Längs- oder in der Querrichtung um. Schau dir einfach an, was passiert, wenn du das auswählst.

Hast du noch eine andere Idee, wie ich das Bild drehen kann? Du hast schon gelernt, dass der grüne Punkt am oberen Rand für das Drehen zuständig ist. Probiere es mal! Wenn es schwierig ist, das Bild anschließend wirklich gerade auf die Füße zu stellen, hilft dir dieser Trick:

1. Halte beim Drehen ⇧ fest.

2. Das Bild wird jetzt immer um 15 Grad gedreht und landet ganz gerade auf seinen Füßen.

Ein Blick zurück

Du hast jetzt kennen gelernt, wie du Bilder in eine Präsentation einfügen kannst.

Kapitel 3

Bilder, Grafiken und Fotos

1. Die Folienlayouts BILD MIT ÜBERSCHRIFT und INHALT MIT ÜBERSCHRIFT eignen sich, wenn ein Bild auf die Folie soll.
2. Für zwei Fotos verwendest du VERGLEICH oder ZWEI INHALTE.
3. Das Folienlayout LEER ist gut, wenn es mehr als zwei Fotos sein sollen oder wenn du die Fotos selber anordnen möchtest.
4. Fotos werden mit dem Symbol GRAFIK AUS DATEI EINFÜGEN oder über den Befehl EINFÜGEN|GRAFIK eingefügt.
5. Die Reihenfolge der Bilder kannst du mit ANORDNEN verändern. Den Befehl findest du auf dem Register START und auf BILDTOOLS|FORMAT.

Bilder werden gedreht mit BILDTOOLS|FORMAT|ANORDNEN|DREHEN oder mit dem grünen Punkt. Halte ⇧ fest, um in Schritten von 15 Grad zu drehen.

Dunkler, heller, andere Farbe: Bilder verändern

PowerPoint ist kein Fotobearbeitungsprogramm, du kannst damit weder rote Augen korrigieren, die vom Blitzlicht kommen, noch jemandem grüne Haare färben. Ein paar Dinge kann aber auch PowerPoint.

Markiere ein Foto und klicke auf BILDTOOLS|FORMAT. Alle folgenden Befehle findest du dort. Ich erkläre nicht jeden Befehl, weil du sehr gut sehen kannst, was mit deinem Bild passiert, wenn du mit der Maus über die einzelnen Möglichkeiten fährst.

> PowerPoint zeigt dir oft, wie sich etwas verändern würde. Dazu musst du den Befehl gar nicht anklicken, sondern nur mit der Maus darüberstreichen. In der Folie siehst du dann, was passieren würde, wenn du jetzt wirklich klicken würdest. Das nennt man eine *Livevorschau*.

1. KORREKTUREN: In der oberen Reihe sind die Symbole für WEICHZEICHNER und SCHÄRFEN. Nach links wird das Bild verschwommen, nach rechts scharf. Darunter sind HELLIGKEIT UND KONTRAST, damit wird das Bild heller oder dunkler, die Kontraste werden schärfer oder verwaschener.
2. FARBE: Mehr oder weniger oder ganz andere Farben – suche dir etwas aus!

Zu viel Himmel: Bilder zuschneiden

3. KÜNSTLERISCHE EFFEKTE: Mache aus deinem Bild eine BLEISTIFTSKIZZE oder lasse die Ränder leuchten ... Durch die Livevorschau kannst du sofort sehen, was passiert, wenn du mit der Maus über die kleinen Bilder fährst.

Auf der CD zum Buch findest du im Ordner zu diesem Kapitel eine Präsentation mit Beispielen.

Zu viel Himmel: Bilder zuschneiden

Von manchen Fotos möchte ich nur Ausschnitte verwenden: den Himmel wegschneiden, von der Wiese im Vordergrund nur ein bisschen überlassen, links und rechts etwas wegnehmen. Du kannst allerdings nichts aus der Mitte herausschneiden.

Markiere das Foto, damit das Kontextregister BILDTOOLS|FORMAT angezeigt wird. Klicke dort auf den oberen Teil des Symbols ZUSCHNEIDEN. Du findest es fast am rechten Rand des Menübandes. Rund um dein Foto werden jetzt dicke schwarze Striche angezeigt, das sind die Zuschneidemarken.

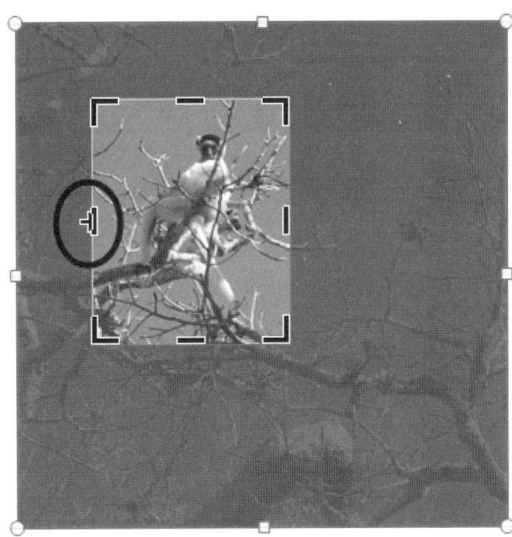

Abb. 3.9:
Der Mauszeiger sieht beim Zuschneiden wie ein umgedrehtes »T« aus.

Zeige mit der Maus genau auf einen der dicken Striche – siehst du, wie der Mauszeiger sich verändert? Er muss jetzt wie der umgedrehte Buchstabe *T* aussehen. Auf der Abbildung siehst du das am linken Rand, ich habe einen Kreis darum gemalt. Und jetzt geht das Zuschneiden los:

Kapitel 3 — Bilder, Grafiken und Fotos

> Drücke die linke Maustaste und halte sie gedrückt.

> Bewege die Maus in das Bild hinein. Der Bereich, den du mit der Maus überstrichen hast, wird grau gezeichnet. Das wird später alles weggeschnitten. Wenn es zu viel ist, ziehe die Maus wieder zurück auf den Bildrand zu.

> Lasse die Maus los und gehe zur nächsten Kante, an der du etwas wegschneiden möchtest. Schiebe auch diesen dicken Strich auf die Bildmitte zu.

> Klicke neben das Bild, damit das Zuschneiden beendet wird. Erst jetzt führt PowerPoint deinen Befehl aus und schneidet die grauen Bereiche weg.

Ich habe rund um den kleinen Affen alles weggeschnitten. Nacheinander habe ich die linke und rechte sowie die obere und untere Kante auf den Affen hingezogen. Alle grauen Bereiche fehlen später.

Abb. 3.10:
Nach dem Zuschneiden fehlen die grauen Bereiche.

Was passiert, wenn du zu viel wegschneidest? Zum Glück noch gar nichts. Markiere das Bild und klicke auf BILDTOOLS|FORMAT|ZUSCHNEIDEN – und alles ist wieder da. Ziehe die Zuschneidemarken wieder nach außen auf den Bildrand hin.

Kreise, Sterne: andere Formen

Ein Bild kommt als Rechteck aus dem Fotoapparat: entweder lang und hoch oder lang und breit, aber eben immer rechteckig. Auf Dauer ist das eintönig. Was hältst du von Fotos in Herzform? Oder von runden, drei-

Zu viel Himmel: Bilder zuschneiden

eckigen, achteckigen, sternförmigen Fotos? PowerPoint kann das, und dein Publikum wird staunen.

Du brauchst dazu das Zuschneiden-Werkzeug. Es kann nicht nur Ränder wegschneiden, sondern das Foto auch als Stern ausschneiden.

Hast du bemerkt, dass das Symbol ZUSCHNEIDEN zwei Teile hat? Der obere ruft das Zuschneiden auf, ohne dass du etwas auswählen musst. Klickst du auf den unteren Teil, wird eine Liste aufgeklappt, aus der du einen Befehl aussuchen musst. Solche Symbole gibt es in Office 2010 häufiger. Achte einmal darauf!

Und so schneidest du ein Herz aus deinem Foto:

≫ Markiere das Foto und wähle BILDTOOLS|FORMAT.

≫ Klicke auf den unteren Teil des Symbols ZUSCHNEIDEN und dann auf den Befehl AUF FORM ZUSCHNEIDEN.

≫ Wähle das HERZ aus, klicke es einmal an.

Abb. 3.11:
Ein Foto ist in Herzform zugeschnitten.

Kapitel 3

Bilder, Grafiken und Fotos

Überflüssiges entfernen: Bilder freistellen

Manchmal möchtest du eine Blume oder ein Gebäude von einem Foto nur für sich alleine zeigen, ohne das ganze Drumherum auf dem Foto. Das nennt man *Freistellen*. Mit PowerPoint kannst du das machen.

> Nur bei ganz klaren Formen geht das automatisch. Eine Person freizustellen ist allerdings sehr aufwändig und ich werde das in diesem Buch nicht ausführlich behandeln.

Auf der CD zum Buch findest du im Ordner zu diesem Kapitel zwei Fotos, mit denen du das Freistellen sehr gut üben kannst: MOND.JPG und SEEROSE.JPG.

1. Erstelle eine neue Folie mit dem Folienlayout LEER.

2. Füge das Foto MOND.JPG von der Buch-CD auf die Folie ein. Markiere das Foto auf der Folie.

3. Wähle BILDTOOLS|FORMAT und klicke auf das Symbol FREISTELLEN. Es ist das Symbol ganz links.

Jetzt wird das Bild um den Mond violett eingefärbt und um den Mond siehst du einen weißen Rahmen mit Punkten an den Ecken und auf den Kanten. Ziehe den weißen Rahmen an den Punkten so, dass der Mond gut hineinpasst.

Abb. 3.12:
Mit den Größenänderungspunkten veränderst du den weißen Rahmen.

Zu viel Himmel: Bilder zuschneiden

Der weiße Rahmen soll nicht viel größer als der Mond sein, darf aber auch nicht kleiner sein. Achte darauf, dass kein Teil des Mondes violett ist. Ziehe dann den Rahmen an dieser Stelle etwas größer. Zum Schluss muss es so aussehen wie auf der Abbildung. Wenn es so aussieht, klickst du auf dem Register FREISTELLEN auf das Symbol ÄNDERUNGEN BEIBEHALTEN.

> Hast du gesehen, wie sich das Menüband verändert hat, sobald du auf FREISTELLEN geklickt hast? Fast alle Register sind verschwunden und nur vier sind übrig geblieben! Du kommst wieder zum kompletten Menüband zurück, wenn du entweder auf ÄNDERUNGEN BEIBEHALTEN oder auf ALLE ÄNDERUNGEN VERWERFEN klickst.

Probiere es mit dem Bild SEEROSE.JPG noch einmal aus und achte dabei darauf, wie sich das Menüband verändert.

Leider klappt das nicht immer so automatisch. Oft genug musst du korrigieren. Dafür gibt es die Symbole ZU ENTFERNENDE BEREICHE MARKIEREN und ZU BEHALTENDE BEREICHE MARKIEREN. Mit der Maus kannst du dann im Foto die Stellen markieren, die zum Schluss übrig bleiben sollen.

Wenn du dich mit dem Freistellen mehr beschäftigen möchtest, dann klicke auf das Fragezeichen im Menüband und tippe in das Suchfeld Freistellen von Bildern ein. Du findest einen Artikel, der das Freistellen beschreibt. Reicht dir das noch nicht? Dann suche im Internet mit einer Suchmaschine nach PowerPoint 2010 Freistellen von Bildern. Als ich das Buch geschrieben habe, gab es ein paar Artikel und Videoanleitungen dazu.

Groß, größer, am größten – Foto für die ganze Folie

Fotos können nicht nur zugeschnitten und verkleinert werden, du kannst sie auch so groß wie die ganze Folie zeigen. Ein besonders gelungenes Foto wirkt so am besten.

Wenn ein Foto die ganze Folie ausfüllen soll, wäre Text störend, also brauchst du eine Folie mit dem Folienlayout LEER. Das Foto muss im Quer-

Kapitel 3 — Bilder, Grafiken und Fotos

format sein, also breiter als hoch. Wenn das Foto hoch und schmal ist, gibt es lustige Effekte: Alles wird breiter gezogen und zusammengedrückt. Das möchtest du bestimmt nicht.

≫ Klicke auf ENTWURF|HINTERGRUNDFORMATE|HINTERGRUND FORMATIEREN.

≫ Achte darauf, dass in der linken Liste FÜLLUNG markiert ist. Klicke dann auf BILD- UND TEXTURFÜLLUNG und anschließend auf die Schaltfläche DATEI.

≫ Suche nach dem Bild, das du auf die Folie bringen möchtest, markiere es und klicke auf EINFÜGEN. Jetzt bist du wieder in dem Dialogfenster HINTERGRUND FORMATIEREN. Klicke hier auf SCHLIESSEN.

> Verwende nicht die Schaltfläche FÜR ALLE ÜBERNEHMEN, sonst wird das Foto auf jede Folie in deiner Präsentation gesetzt.

Es kann sein, dass jetzt auf der Folie noch ein Stück von deinem Design zu sehen ist. Wenn du das Design DEIMOS gewählt hast, gibt es jetzt unten links eine blaue Ecke. Stört sie dich? Dann blende sie mit ENTWURF|HINTERGRUNDGRAFIKEN AUSBLENDEN auf dieser Folie aus.

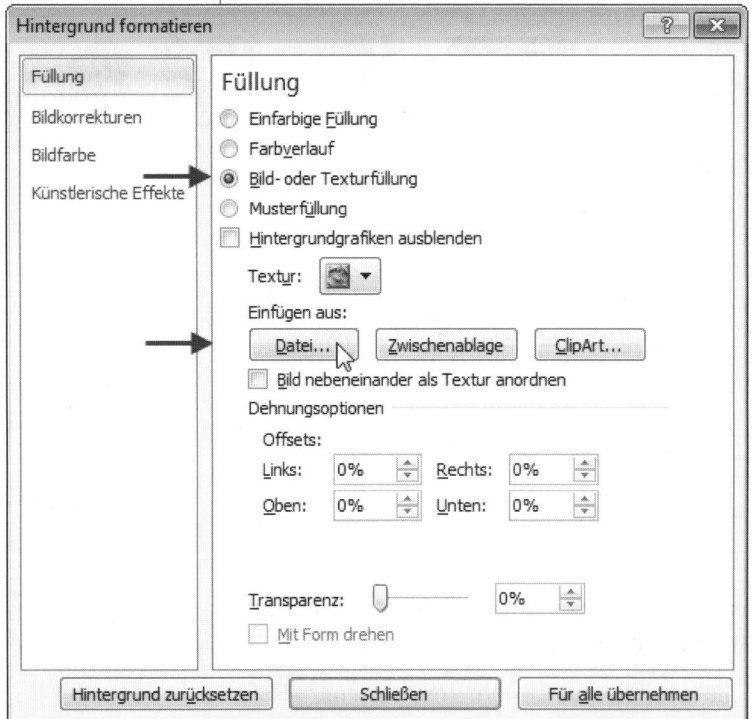

Abb. 3.13:
Das Foto wird so groß wie die Folie mit BILD- ODER TEXTURFÜLLUNG|DATEI.

Zu viel Himmel: Bilder zuschneiden

Jetzt sollen auf die Folie noch zwei oder drei kleine Fotos kommen. Ich nutze das, wenn ich zu dem Foto viel erzählen möchte. Zu der Folie möchte ich zuerst über die Insel erzählen und dann darüber, was dort alles wächst.

Kannst du dir denken, wie die kleinen Bilder in die Ovale kommen? Richtig, ich habe die Fotos zuerst eingefügt und sie dann auf eine ovale Form zugeschnitten. Den Befehl findest du unter BILDTOOLS|FORMAT|ZUSCHNEIDEN.

Nicht nur andere Fotos, auch Texte kannst du auf den Hintergrund schreiben. Das kannst du gut verwenden, wenn auf einem Bild etwas erklärt werden soll: Beschriftungen für Gebäude, Richtungsangaben für Norden oder Süden, eine Uhrzeit.

Zeichne ein Textfeld oder eine Legende und schreibe deinen Text hinein. Wähle eine passende Füllfarbe für die Legende aus START|SCHNELLFORMATVORLAGE.

Kapitel 3

Bilder, Grafiken und Fotos

Ein Blick zurück

Du hast jetzt gelernt, wie du Bilder bearbeiten und in der Größe verändern kannst. Diese Befehle findest du unter BILDTOOLS|FORMAT:

1. Alle Bildbearbeitungen findest du in der Rubrik ANPASSEN. Heller oder dunkler wird das Bild mit KORREKTUREN.
2. Überflüssige Randbereiche schneidest du mit ZUSCHNEIDEN weg.
3. Soll das Bild nicht rechteckig sein, kannst du das Foto AUF FORM ZUSCHNEIDEN.
4. Einen kleinen Teil nimmst du aus dem Foto heraus mit FREISTELLEN.

Soll das Bild auf der ganzen Folie stehen, stellst du es mit ENTWURF|HINTERGRUNDFORMATE|HINTERGRUND FORMATIEREN|FÜLLUNG|BILD- ODER TEXTURFÜLLUNG in den Folienhintergrund.

Animationen: Bewegung auf der Folie

Ist deine Präsentation mit allen Fotos fertig? Dann wird es Zeit, die Präsentation wie eine Show zu gestalten. Das wichtigste Hilfsmittel sind Animationen. Bewegung ist immer ein Hingucker, wenn sich etwas rührt, sind die Zuschauer gleich aufmerksamer.

So wichtig Animationen auch sind, im Übermaß wirken sie nervtötend. Lasse deine Fantasie bei der Titelfolie spielen und zügle dich dann. Zu viele Animationen und Effekte langweilen deine Zuschauer genauso wie gar keine!

Zuerst überlege dir, welche Art der Animation du verwenden möchtest. Es gibt zwei verschiedene: Animationen auf der Folie und Übergänge zwischen Folien. In Kapitel 1 und 2 hast du beide schon einmal kurz gesehen.

1. Animationen auf der Folie verwendest du, wenn du Texte nacheinander einblenden möchtest und mehrere Fotos Stück für Stück zeigen willst.
2. Übergänge zwischen Folien sind gut, wenn du große Fotos im Folienhintergrund hast oder wenn auf den Folien einzelne Fotos sind.

Animationen: Bewegung auf der Folie

Blickfang für die Titelfolie

Starte mit der Titelfolie. Ich habe eine sehr einfache Titelfolie, die nur aus Text besteht. Ein Hingucker ist also wirklich nötig. Beginne mit dem Titel der Folie, markiere ihn und weise jetzt eine Eingangsanimation zu:

1. Klicke auf ANIMATIONEN und klappe die Liste mit den Animationen auf. Klicke unten unter der Liste auf WEITERE EINGANGSEFFEKTE.

2. Vergewissere dich, dass unten links die EFFEKTVORSCHAU angehakt ist. Dann kannst du immer sehen, wie die Animation aussieht.

3. Suche die Rubrik SPEKTAKULÄR und wähle FALLEN LASSEN. Siehst du auf der Folie, wie die Buchstaben einzeln herunterpurzeln? Klicke auf OK.

4. Stelle bei ANZEIGEDAUER|START ein, dass die Animation MIT VORHERIGEN startet.

Markiere jetzt den Untertitel und mache es genauso: Wähle eine Animation, die dir gefällt, und lasse sie nach der vorherigen starten. Damit ist sichergestellt, dass niemand mit der Maus klicken oder eine Taste drücken muss. Die Animationen starten von alleine.

Schau dir deine Folie genau an. Siehst du die kleinen Kästchen mit den Zahlen darin? In der Abbildung gibt es bei mir drei solcher Zahlen: zweimal die Null und einmal die Eins. Die Null bedeutet, dass du nichts drücken oder klicken musst, um die Animation zu starten. Sie kommt nach oder mit der vorherigen. Andere Ziffern zeigen, dass ich hier eine Taste drücken oder mit der Maus klicken muss.

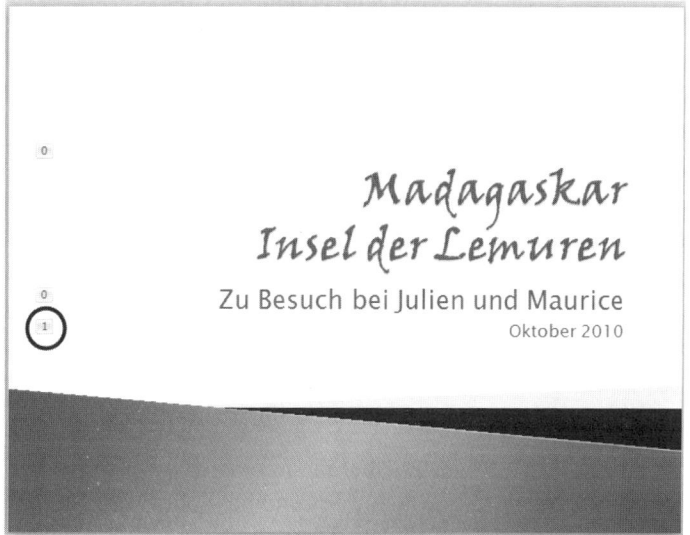

Abb. 3.14:
Diese Animation startet erst bei einem Mausklick.

Kapitel 3 — Bilder, Grafiken und Fotos

Kontrolliere deine Animationen mit dem Symbol ANIMATIONEN|VORSCHAU. Dann siehst du sofort, ob du die richtige Animation gewählt hast. Wenn du die Animation löschen möchtest, gibt es zwei Möglichkeiten. Du klickst auf das Kästchen mit der Ziffer und drückst `Entf` oder du klickst das Symbol ANIMATIONSBEREICH an, markierst dort die Animation und löschst sie mit `Entf`.

Du kannst nicht nur eine Animation wählen, sondern zwei oder drei. Klicke noch einmal in den Titel der Folie. Wähle jetzt ANIMATIONEN|ANIMATION HINZUFÜGEN. Klicke bei den gelben Sternchen auf WELLE. Schau dir jetzt mit VORSCHAU an, was alles auf deiner Folie passiert.

Animationen: Eingang, Betont und Beenden

Lass uns einen kleinen Zwischenschritt machen. Du hast gerade zwei verschiedene Animationen eingestellt: zuerst FALLEN LASSEN und dann WELLE. Das eine wird mit einem grünen, das andere mit einem gelben Stern ausgewählt. Was ist der Unterschied?

◇ Grüne Sterne stehen für eine Eingangsanimation. Wenn die Folie gezeigt wird, ist sie leer und der Text erscheint mit dieser Eingangsanimation – beispielsweise fallen die Buchstaben einzeln herunter.

◇ Gelbe Sterne bedeuten, dass der Text nicht erscheint, sondern schon auf der Folie steht. PowerPoint nennt diese Art »Betont«. Diese Animation bewegt den Text an Ort und Stelle – beispielsweise geht eine Welle durch den Titel.

◇ Rote Sterne stehen für eine Ausgangsanimation. Der Text verschwindet von der Folie. Du kannst ihn beispielsweise herausspringen lassen.

Um Animationen zu kombinieren, musst du das Symbol ANIMATION HINZUFÜGEN verwenden. Wenn du zum zweiten Mal auf eine der Animationen in der Rubrik ANIMATION klickst, wird die erste gelöscht und du hast zum Schluss nur eine Animation. Also immer schon auf ANIMATION HINZUFÜGEN klicken, die zweite Animation wählen und dann vielleicht noch einmal auf ANIMATION HINZUFÜGEN für die dritte Animation.

Mach es nicht zu wild! Texte, die wild über die Folie springen, sich drehen, anders einfärben und dann noch heraushopsen, sind kein Augenschmaus. Das machen nur Anfänger und du willst dich ja nicht als »Newbie« outen, oder?

Animationen: Bewegung auf der Folie

Bewegte Bilder: Animation für Fotos

Ob Text oder Bild, die Animation ist immer die gleiche. Gehe auf die zweite Folie und markiere das Foto. Rufe wieder ANIMATIONEN auf und suche dir eine Eingangsanimation aus. Eingangsanimationen sind die mit dem grünen Stern.

Für Fotos eignet sich sehr gut die Animation FORM. Weise sie dem Foto zu. Schau dir die Vorschau an. Die Animation kann auch anders aussehen – sie kann kreisförmig als Raute oder als Rechteck erscheinen, sie kann von außen nach innen oder umgekehrt ablaufen.

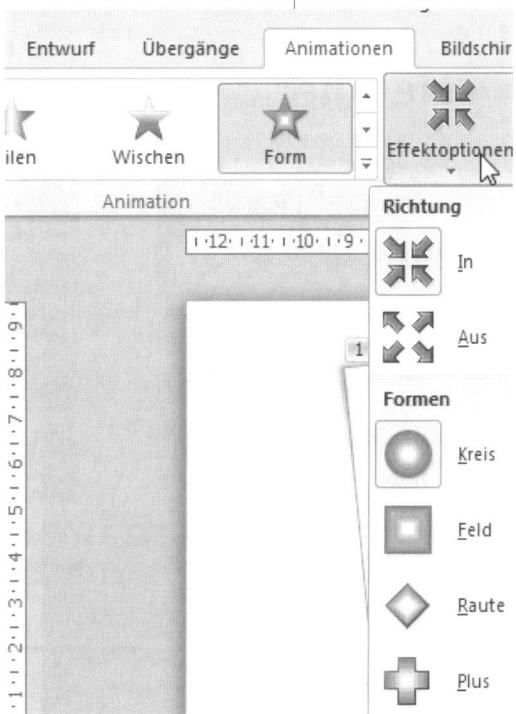

Abb. 3.15:
Verschiedene Richtungen stellst du über die EFFEKTOPTIONEN ein.

Probiere die verschiedenen Formen aus. Für ein rechteckiges Foto ist FELD gut. Probiere IN und AUS – einmal fängt die Animation am Rand des Fotos an und einmal in der Mitte des Bildes.

Animiere jetzt eine Folie nach der anderen. Achte darauf, dass es für alle Folien so aussieht:

1. Jedes Foto bekommt eine Eingangsanimation. Der Start ist immer NACH VORHERIGEM.

2. Animiere auch die Texte mit einer Eingangsanimation und starte auch NACH VORHERIGEM.

Kapitel 3 — Bilder, Grafiken und Fotos

Zweimal das Gleiche: Animation kopieren

Mindestens auf einer der Folien gibt es zwei Bilder. Wenn beide Bilder die gleiche Animation bekommen sollen, geht das schnell mit dem Befehl ANIMATION ÜBERTRAGEN.

Zuerst weist du einem Bild die Animation zu, die du haben möchtest. Stelle als Start wieder ein NACH VORHERIGEM. Klicke jetzt auf ANIMATION ÜBERTRAGEN. Zeige in das zweite Bild – siehst du am Mauszeiger den Pinsel? Er zeigt dir, dass du jetzt eine Animation übertragen kannst. Klicke das zweite Bild an und schon hat es genau die gleiche Animation!

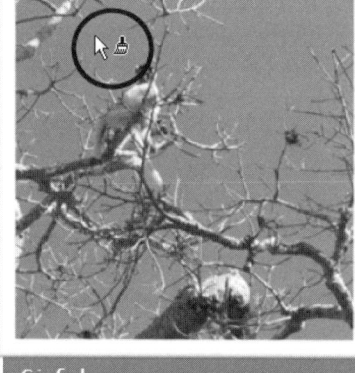

Abb. 3.16:
Die Animation wird vom linken auf das rechte Bild mit dem Maus-Pinsel übertragen.

Möchtest du die Animation auf mehr als ein Bild übertragen? Dann musst du das Symbol ANIMATION ÜBERTRAGEN doppelt anklicken. Jetzt kannst du ganz viele Bilder mit dem Maus-Pinsel anklicken. Du kannst sogar auf der linken Seite eine andere Folie aussuchen und auf dieser Folie ein Bild mit dem Maus-Pinsel anklicken. Das geht so lange, bis du das Symbol ANIMATION ÜBERTRAGEN noch einmal anklickst. Damit schaltest du das Übertragen aus und der Maus-Pinsel ist verschwunden.

Animationen: Bewegung auf der Folie

Starten: Beim Klicken oder Nach Vorherigem?

Wir haben jetzt immer eingestellt, dass die Animation NACH VORHERIGEM startet. Das ist praktisch, weil du dann nicht ständig klicken musst, um das nächste Bild oder den nächsten Text zu zeigen. Hast du aber zwei oder drei oder mehr Bilder auf einer Folie und möchtest zu jedem Bild etwas erzählen, dann ist es nicht toll, wenn die nächsten Bilder von alleine angesaust kommen. So schnell kannst du gar nicht reden.

Wann nimmst du welchen Start?

- ◇ BEIM KLICKEN verwendest du, wenn du zu den Folien redest und die nächsten Bilder und Texte selber aufrufen möchtest. Erst wenn du zum ersten Bild fertig erzählt hast, klickst du mit der Maus und das nächste Bild kommt.

- ◇ MIT VORHERIGEM oder NACH VORHERIGEM stellst du ein, wenn du gar nichts oder nur ganz wenig erzählen willst. Die Bilder und Texte erscheinen schnell nacheinander, du musst nicht klicken für das nächste Bild.

Wie schnell die nächste Animation kommt, stellst du bei ANIMATIONEN|VERZÖGERUNG ein. Stell zum Beispiel ein, dass ein Bild fünf Sekunden verzögert nach dem vorherigen Bild kommt. Dann ist zwischen dem ersten und dem zweiten Bild eine Pause von fünf Sekunden. Ganz wichtig ist das für Texte, deine Zuschauer müssen ja Zeit haben, den Text auch zu lesen.

Kontrolliere, ob deine Präsentation bisher gut gelungen ist. Stimmen alle Animationen und Zeiten? Den besten Eindruck hast du, wenn du BILDSCHIRMPRÄSENTATION|VON ANFANG AN wählst. Klicke nach jeder Folie mit der linken Maustaste oder drücke ⏎.

Ein Blick zurück

Ganz schön viel Neues in einem einzigen Kapitel! Halte kurz inne und gehe noch einmal durch, was du jetzt über Animationen gelernt hast.

- ◇ Es gibt die Animationsarten EINGANG, BETONT und AUSGANG.
- ◇ Bilder und Texte werden gleich animiert.
- ◇ Animationen können EFFEKTOPTIONEN haben, mit denen sich die Richtung oder die Form ändern lässt.

- Mit ANIMATION ÜBERTRAGEN kannst du Animationen kopieren. Klickst du das Symbol doppelt an, kannst du die Animation ganz oft kopieren.
- Wählst du als Start BEIM KLICKEN, erscheint die nächste Animation erst mit Mausklick.
- Der Start NACH VORHERIGEM oder MIT VORHERIGEM passiert automatisch nach der Zeit, die bei VERZÖGERUNG eingestellt ist.

Übergang: Bewegung für die ganze Folie

Alle Animationen, die wir bisher zugewiesen haben, waren für die einzelnen Bestandteile auf der Folie bestimmt. Die Folie ist da und die Texte oder Fotos erscheinen eines nach dem anderen auf der Folie. Es gibt aber auch eine Bewegung für die Folie selber, den Folienübergang. Das ist wichtig, wenn du für die Teile der Folie keine Animation machen möchtest, weil zum Beispiel ein Foto als Hintergrund der Folie zu sehen ist. Für den Hintergrund haben wir sonst keine Animationsmöglichkeit, der ist ja kein Element auf der Folie.

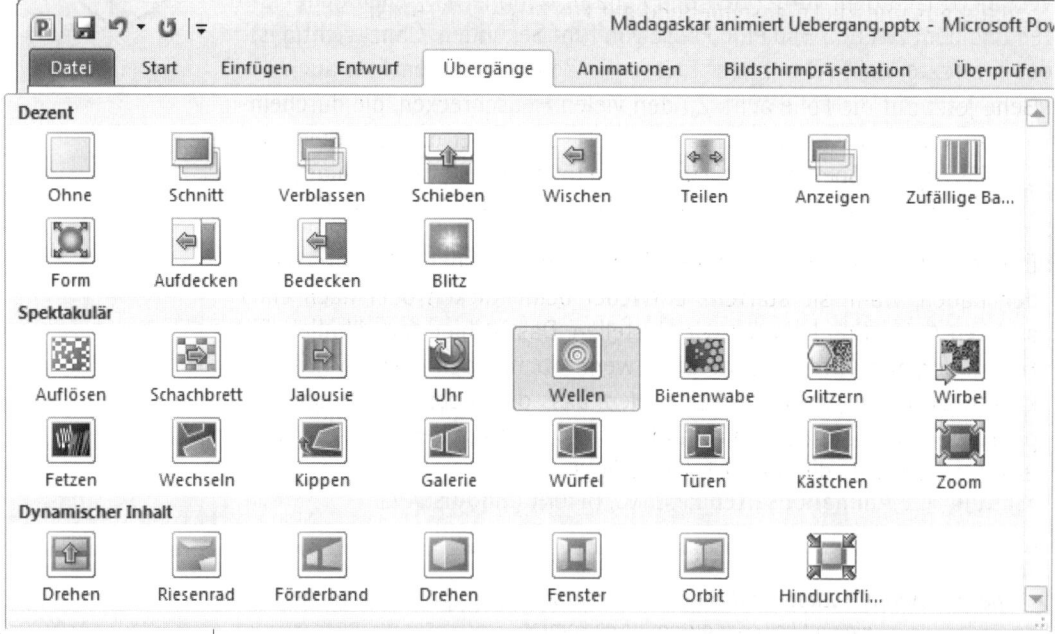

Abb. 3.17: Folienübergänge wirken auf die gesamte Folie.

Übergang: Bewegung für die ganze Folie

Meine Fotoshow über Madagaskar kann drei Folienübergänge vertragen: Die dritte und die achte Folie haben ein schönes großes Foto und einen dunklen Hintergrund, die letzte Folie hat nur ein Bild. Diese Folien sollen nicht einfach nur so erscheinen.

Ein Folienübergang wird entweder für eine Folie zugewiesen oder für alle Folien. In meinem Beispiel soll der Übergang nur für die dritte Folie gelten. Klicke also die dritte Folie an, damit sie groß angezeigt wird. Anschließend gehst du auf das Register ÜBERGÄNGE (Abbildung 3.17).

Du kannst eine lange Liste mit verschiedenen Folienübergängen sehen, sie heißen zum Beispiel VERBLASSEN oder TEILEN. Klappe die Liste ganz auf. Am einfachsten ist es, du probierst einmal durch, dann muss ich nicht jeden Übergang beschreiben. Und du musst nicht so viel lesen!

Fertig? Dann verrate ich dir, was ich genommen habe: WELLEN, das passt so gut zu dem vielen Wasser auf der Folie. Klicke auf das Symbol EFFEKTOPTIONEN und probiere aus, ob es besser aussieht, wenn die Wellen aus der Mitte, von oben oder von unten kommen. Speichern oder bestätigen musst du nichts, es reicht aus, den Übergang anzuklicken. Fertig!

> In manchen Präsentationen ist es sinnvoll, den gleichen Folienübergang für alle Folien zu nehmen. Wähle in diesem Fall den Folienübergang aus und klicke anschließend auf FÜR ALLE ÜBERNEHMEN.

Gehe jetzt auf die Folie acht. Zu den vielen Heuschrecken, die durcheinanderwirbeln, passt der Übergang WIRBEL. Stelle bei den EFFEKTOPTIONEN ein, dass es von oben wirbelt. Für Folie neun sollte es etwas Ruhiges sein. Was passt zum Sonnenuntergang? Ich habe mich für TÜREN entschieden.

Erinnerst du dich, dass wir bei den Animationen auf der Folie unterschieden haben, wann sie starten? Entweder beim Klicken oder nach einer anderen Animation konnten wir einstellen. Das ist hier ganz ähnlich. Ein Folienübergang wird durchgeführt, wenn du mit der linken Maustaste klickst. Du kannst aber auch einstellen, dass die nächste Folie nach ein paar Sekunden automatisch kommt. Dafür gibt es auf dem Register ÜBERGÄNGE ganz rechts die Rubrik NÄCHSTE FOLIE.

Abb. 3.18:
Bei der ANZEIGEDAUER stellst du ein, ob die Folie nach einem Klick oder automatisch kommt.

Kapitel 3

Bilder, Grafiken und Fotos

Komischerweise kannst du hier beide Häkchen setzen: BEI MAUSKLICK und gleichzeitig NACH XXX SEKUNDEN. Wie soll denn das gehen? Richtig wäre doch, entweder nach Mausklick oder nach zehn Sekunden.

Du wirst später noch erfahren, dass eine Bildschirmpräsentation auch ganz automatisch ohne einen Vorführenden ablaufen kann. Wenn du das einstellst, schaut PowerPoint nach den Zeiten, wenn hier eine eingestellt ist. Wählst du aber das Vorführen durch einen Redner, wartet PowerPoint auf den Mausklick.

Kontrolle: Passt alles?

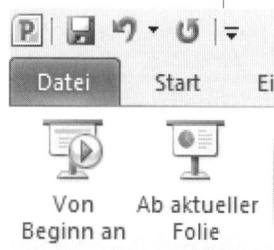

Jetzt solltest du alle Folien animiert haben: Die Fotos und Texte auf den Folien haben eine Animation und einige Folien haben einen Folienübergang. Schon gespeichert? Gut, dann kontrolliere, ob alles so passt. Starte die Bildschirmpräsentation – dafür gibt es viele Möglichkeiten:

1. Klicke im Register BILDSCHIRMPRÄSENTATION auf VON BEGINN AN, um die Präsentation von der ersten Folie an zu sehen. Oder klicke auf AB AKTUELLER FOLIE, um sie mit der Folie zu starten, die gerade angezeigt wird.

2. Oder klicke in der Statuszeile unten am Bildschirm auf der rechten Seite auf das Symbol BILDSCHIRMPRÄSENTATION. Das startet immer von der ersten Folie.

3. Oder starte die Präsentation mit einem Tastenkürzel: `F5` startet von Beginn an und `⇧`+`F5` startet von der aktuellen Folie.

Die Tastenkürzel kannst du sehen, wenn du die Maus auf die Symbole VON BEGINN AN bzw. AB AKTUELLER FOLIE setzt. In der Erklärung steht auch das Tastenkürzel.

Nachdem die Präsentation gestartet ist, geht es entweder von alleine weiter oder du musst immer klicken. Von alleine geht es, wenn du für alle Animationen NACH VORHERIGEM eingeschaltet und für alle Übergänge BEI MAUSKLICK ausgestellt hast. In allen anderen Fällen musst du Tasten drücken und dafür gibt es viele Möglichkeiten:

1. `↵`, `↹`, `Pfeil →` oder `Pfeil ↓` gehen zum nächsten Schritt weiter. Entweder zur nächsten Animation oder zur nächsten Folie.

Die Show fertigstellen

2. Ein Klick mit der linken Maustaste geht weiter.
3. `←` , `Pfeil ←` oder `Pfeil ↑` gehen einen Schritt zurück. Entweder zur vorhergehenden Animation oder zur vorigen Folie.
4. `Pos1` geht zur ersten Folie und `Ende` zur letzten.
5. Und zu einer ganz bestimmten Folie kommst du, wenn du die Foliennummer eintippst und dann `↵` drückst. `5`+`↵` springt also zur fünften Folie.
6. `Esc` beendet die Präsentation.

Die Show fertigstellen

Du kannst die Präsentation jetzt starten und ablaufen lassen. Aber was ist, wenn jemand anderes die Präsentation vorführen soll? Nicht alle kennen sich mit PowerPoint so gut aus wie du. Es wäre für sie einfacher, wenn sie sich nicht um den Start kümmern müssten und keine Tasten zu drücken hätten. Du hast im zweiten Kapitel schon gesehen, dass du beim Speichern den Dateityp BILDSCHIRMPRÄSENTATION auswählen kannst.

Schauen wir uns das ein bisschen genauer an. Wenn du eine Präsentation speicherst, wird von PowerPoint normalerweise der Dateityp POWERPOINT-PRÄSENTATION mit der Endung *.pptx vorgeschlagen. Eine solche Datei kannst du mit einem Doppelklick aus dem Windows-Explorer öffnen, dann startet PowerPoint und die Folien werden in der Normalansicht geöffnet. Oder du klickst in PowerPoint auf DATEI|ÖFFNEN; auch dann werden die Folien in der Normalansicht gezeigt.

Anders reagiert PowerPoint, wenn du die Präsentation mit dem Dateityp POWERPOINT-BILDSCHIRMPRÄSENTATION speicherst. Die Dateiendung ist in diesem Fall *.ppsx, das s steht für *Show*. Eine solche Präsentation wird beim Doppelklick im Windows-Explorer nicht in der Normalansicht geöffnet. Sie startet mit der Show und schließt sich wieder, wenn die Show zu Ende ist. Klickst du in PowerPoint auf DATEI|ÖFFNEN, wird die Präsentation aber wie gewohnt in der Normalansicht aufgemacht.

So weit die Theorie. Probiere es aus! Deine Präsentation ist geöffnet, sie war auch schon einmal als ganz normale Präsentation mit der Dateiendung *.pptx abgespeichert. Jetzt soll dieselbe Präsentation ein zweites Mal als Bildschirmpräsentation gespeichert werden.

Kapitel 3 — Bilder, Grafiken und Fotos

PowerPoint-Präsentation (*.pptx)
PowerPoint-Präsentation mit Makros (*.pptm)
PowerPoint 97-2003-Präsentation (*.ppt)
PDF (*.pdf)
XPS-Dokument (*.xps)
PowerPoint-Vorlage (*.potx)
PowerPoint-Vorlage mit Makros (*.potm)
PowerPoint 97-2003-Vorlage (*.pot)
Office-Design (*.thmx)
PowerPoint-Bildschirmpräsentation (*.ppsx)
PowerPoint-Bildschirmpräsentation mit Makros (*.ppsm)
PowerPoint 97-2003-Bildschirmpräsentation (*.pps)
PowerPoint-Add-In (*.ppam)
PowerPoint 97-2003-Add-In (*.ppa)
PowerPoint XML-Präsentation (*.xml)

*Abb. 3.19:
Eine Bildschirmpräsentation startet automatisch.*

1. Klicke auf DATEI|SPEICHERN UNTER.

2. Du kannst den Dateinamen beibehalten, den du vorher schon vergeben hast. Du kannst aber auch einen neuen Dateinamen für die Bildschirmpräsentation eintippen.

3. Suche im SPEICHERN UNTER-Dialogfenster den Dateityp POWERPOINT-BILDSCHIRMPRÄSENTATION und klicke den Eintrag einmal an.

4. Klicke dann auf die Schaltfläche SPEICHERN, und die Datei ist ein zweites Mal als Bildschirmpräsentation gespeichert.

Hoffentlich hast du dir gemerkt, wohin du die Bildschirmpräsentation gespeichert hast. Denn das brauchst du jetzt. Starte den Windows-Explorer aus dem START-Menü von Windows. Suche nach dem Ordner, in den du die Bildschirmpräsentation gespeichert hast. Wenn du sie gefunden hast, klicke die Bildschirmpräsentation doppelt an.

Was passiert nach dem Doppelklick? Deine Präsentation startet sofort als Bildschirmshow. Damit es weitergeht, musst du mit der Maus klicken oder die Tasten drücken, die du schon gelernt hast. Mit der letzten Folie wird die Show beendet und du landest wieder im Windows-Explorer. Von PowerPoint hast du dabei gar nichts gesehen.

Ob eine Präsentation eine Bildschirmpräsentation oder eine normale Präsentation ist, erkennst du nicht nur an den zwei verschiedenen Endungen PPSX oder PPTX, sondern auch an den verschiedenen Datei-Symbolen. Die oberste Datei ist eine Bildschirmpräsentation, die unteren drei sind normale Präsentationen.

- Madagaskar animiert Uebergang.ppsx
- Madagaskar animiert Uebergang.pptx
- Madagaskar animiert.pptx
- Madagaskar.pptx

Die Show fertigstellen

Bildschirmpräsentation ganz automatisch

Die Bildschirmpräsentation kannst du jetzt an eine E-Mail anhängen und versenden. Die Empfänger müssen auf dem Anhang nur doppelt klicken und können die Bildschirmshow ansehen. Aber du musst jedem schreiben, wie die nächsten Folien aufgerufen werden: Linke Maustaste klicken oder ⏎ drücken.

Noch schöner wäre es, wenn die Show ganz alleine ablaufen kann. Dann müssen deine Zuschauer noch nicht einmal wissen, wie sie zur nächsten Folie kommen. Die nächste Folie würde nach ein paar Sekunden von alleine eingeblendet werden. Dazu musst du aber die Bildschirmpräsentation noch einmal öffnen. Achte darauf, dass du tatsächlich die Datei mit der Endung PPSX öffnest!

> Eine Bildschirmshow mit der Endung PPSX kannst du nicht mit einem Doppelklick aus dem Windows-Explorer heraus öffnen. Das hast du gerade gelernt. Du musst zuerst PowerPoint starten und dort auf DATEI|ÖFFNEN klicken. Suche nach der Bildschirmshow und öffne sie. Jetzt hast du die Präsentation in der normalen Bearbeitungsansicht und kannst sie verändern.

Für den automatischen Ablauf braucht PowerPoint Zeiten für den Folienübergang: Nach wie vielen Sekunden soll automatisch die nächste Folie auftauchen? Du kannst das für jede Folie eintragen, aber einfacher ist es, wenn du einen Probelauf machst. PowerPoint merkt sich, wie schnell du auf die nächste Folie klickst, und zeigt die Präsentation später genauso an.

1. Zuerst klickst du im Register BILDSCHIRMPRÄSENTATION auf NEUE ANZEIGEDAUER TESTEN.

2. Die Bildschirmpräsentation startet sofort mit der ersten Folie. Oben links erscheint ein kleines Fensterchen WIRD AUFGEZEICHNET, in der die Zeit mitläuft.

3. Das erste Symbol von links ist ein kleiner Pfeil. Er bedeutet WEITER. Wenn du ihn anklickst, erscheint entweder die nächste Animation oder die nächste Folie. Klicke nicht zu schnell, denn genauso schnell werden später die Folien gezeigt. Deine Zuschauer kennen die Folien noch nicht und brauchen Zeit genug, um die Texte zu lesen und die Bilder anzuschauen.

Kapitel 3 — Bilder, Grafiken und Fotos

4. Das zweite Symbol klickst du an, wenn du eine Pause machst. Das wird nicht aufgezeichnet. Der Pfeil rechts neben der Uhrzeit fängt wieder ganz von vorne an.

5. Im weißen Fensterchen siehst du, wie viele Sekunden du für diese Folie bisher gebraucht hast (hier sind es sechs Sekunden). Ganz rechts steht, wie viele Sekunden du bisher für alle Folien gebraucht hast (hier sind es 38 Sekunden).

6. Nach der letzten Animation auf der letzten Folie zeigt PowerPoint an, wie lange die gesamte Präsentation gedauert hat. Du wirst gefragt, ob du diese Zeiten speichern möchtest. Wenn du der Meinung bist, dass es gut war, klickst du auf JA; ansonsten auf NEIN und machst alles noch einmal.

Vergiss nicht, die Präsentation jetzt zu speichern! Sonst kann es dir passieren, dass du mit viel Mühe die Zeiten eingestellt hast und durch einen Absturz alle Arbeit verloren ist.

Zur Kontrolle schaust du dir in der FOLIENSORTIERUNG an, welche Zeiten unter den Folien stehen. Du findest diese Ansicht unten in der Statuszeile und im Register ANSICHT. Unter den Folien wird jeweils die Zeit angezeigt.

Abb. 3.20: Zwei Folien mit der aufgezeichneten Anzeigedauer

Schließe jetzt die Datei und probiere aus, was wir vorhin im Windows-Explorer gemacht haben: Ein Doppelklick auf diese Datei startet die Bildschirmpräsentation. Jetzt muss alles ohne dein Zutun ablaufen.

Wenn du die Datei jetzt als Anhang an eine E-Mail verschickst, muss der Empfänger nur noch einen Doppelklick auf dem Anhang machen. Die

Die Show fertigstellen

Show startet ganz automatisch, läuft von alleine weiter und beendet sich nach der letzten Folie.

Setzt du Outlook als E-Mail-Programm ein? Dann kannst du die Präsentation ganz schnell verschicken. Klicke in PowerPoint auf DATEI|SPEICHERN UND SENDEN|PER E-MAIL SENDEN und dann auf ALS ANLAGE SENDEN. Du musst nur noch die E-Mail-Adresse des Empfängers eintragen, einen netten Text dazuschreiben und auf SENDEN klicken.

Bildschirmpräsentation für CD verpacken

Präsentationen mit vielen Bildern können sehr groß werden, es kommen schnell einige Megabyte zusammen. So große Dateien lassen sich dann nicht mehr mit einer E-Mail versenden. Das Verschicken dauert sehr lange und viele Empfänger können so große Dateianhänge nicht empfangen. Sicherer ist es dann, die Präsentation auf eine CD zu brennen, die du mit der Post verschicken kannst. Hast du einen CD-Brenner an deinem Computer? Gut, dann kannst du die Präsentation auf eine CD packen.

PowerPoint nutzt zum Brennen von CDs eine Funktion von Windows. Alles, was ich gleich beschreibe, funktioniert nur unter Windows XP, Vista und Windows 7.

Ist die Bildschirmpräsentation noch geöffnet, für die du gerade die Zeiten eingestellt hast? Wenn nicht, dann öffne sie. Lege einen CD-Rohling in deinen CD-Brenner.

1. Klicke auf DATEI|SPEICHERN UND SENDEN.

2. In der Rubrik DATEITYPEN findest du BILDSCHIRMPRÄSENTATION FÜR CD VERPACKEN, klicke es an.

3. Klicke dann auf das Symbol rechts: VERPACKEN FÜR CD.

4. In dem nächsten Dialogfenster trägst du einen Namen für die CD ein und klickst auf AUF CD KOPIEREN. Bestätige die nächste Frage mit JA. Und jetzt musst du abwarten, bis die CD fertig ist.

Kapitel 3 — Bilder, Grafiken und Fotos

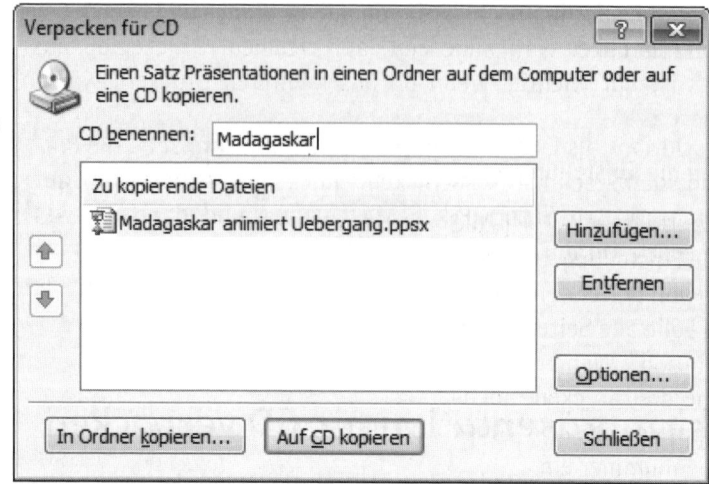

Abb. 3.21: Die Bildschirmpräsentation wird auf eine CD gebrannt.

Es wird automatisch alles auf CD gebrannt, was in die Präsentation gehört. Alle Folien, die Bilder und sogar ungewöhnliche Schriften, wie du sie vielleicht auf der Titelfolie verwendet hast.

Sobald die CD fertig ist, öffnet sich die CD-Schublade und PowerPoint meldet, dass alles gebrannt ist. Du wirst gefragt, ob du noch mehr CDs brennen möchtest.

Wenn du noch wenig Erfahrung im Brennen von CDs hast, solltest du erst einmal nur eine CD brennen. Probiere sie dann auf einem anderen Computer aus: Läuft die Präsentation wirklich ab? Wenn nicht, schaue dir deine Bildschirmpräsentation noch einmal genau an. Hast du die falsche Datei gebrannt oder sind in der Präsentation keine Zeiten angegeben?

Am Ende von Kapitel 8 findest du noch mehr Informationen zum Verpacken auf CD.

Ausdrucken

Und was ist mit all den Verwandten und Freunden, die keinen Computer haben? Die müssen natürlich einen Ausdruck bekommen. Das einfache Ausdrucken hast du schon im ersten Kapitel kennen gelernt. Rufe den Befehl DATEI|DRUCKEN auf.

Die Show fertigstellen

Ganz oben stellst du ein, wie viele Exemplare gedruckt werden. Bei mir sind es fünf. Darunter wird angezeigt, auf welchem Drucker du ausdruckst. Das ist nur wichtig, wenn du aus mehreren Druckern wählen kannst.

Wichtig sind die Einstellungen.

1. ALLE FOLIEN DRUCKEN ist die normale Einstellung, gedruckt werden von der ersten bis zur letzten Folie alle Seiten dieser Präsentation. Wenn du nur die Folie drei drucken möchtest, tippst du im Feld FOLIEN die Foliennummer ein.

2. GANZSEITIGE FOLIEN bedeutet, dass jede Folie auf einem Blatt Papier gedruckt wird. Klicke auf die Schaltfläche, um die Auswahlmöglichkeiten zu sehen. Du kannst pro Blatt Papier auch zwei oder drei Folien drucken.

3. SORTIERT sorgt dafür, dass zuerst die Folien eins bis zur letzten ausgedruckt werden und dann wieder von eins bis zur letzten. Wählst du stattdessen GETRENNT, wird zuerst die Folie eins fünfmal gedruckt, dann die Folie zwei auch wieder fünfmal und so weiter. Das ist unpraktisch, weil du anschließend alles sortieren musst.

4. FARBE sorgt dafür, dass auf einem Farbdrucker auch farbig gedruckt wird. Kann dein Drucker nicht farbig drucken, steht hier GRAUSTUFEN.

Vor dem Ausdruck ist es immer gut, eine kurze Kontrolle zu machen. PowerPoint zeigt dir immer eine Vorschau auf die Folien an. Unter der Vorschau gibt es zwei Pfeilsymbole, mit denen du durch deine Präsentation blättern kannst. Vergewissere dich, dass alles in Ordnung ist, bevor du ausdruckst.

Es ist alles korrekt eingestellt, du hast kontrolliert, ob alles passt –, dann klicke ganz oben auf die große Schaltfläche DRUCKEN. Bei einigen Tintenstrahldruckern trocknet die Tinte nur langsam. Das ist besonders unangenehm, wenn das ganze Blatt mit einem Hintergrundbild oder einer Farbe vollgedruckt wird. Du musst das Blatt dann vorsichtig an den Rändern anfassen und zum Trocknen weglegen, bevor das nächste Blatt ausgedruckt wird. Sonst verwischt die Farbe und die Seiten kleben aufeinander.

In PowerPoint ist es normal, dass um die Folien ein weißer Rand bleibt. Das Papier wird nicht bis zum Rand der Seite bedruckt, an allen Rändern bleibt ein schmaler weißer Streifen. Einige Drucker können bis zum Rand drucken, das nennt man einen randlosen Ausdruck. Ob dein Drucker das kann, musst du in der Bedienungsanleitung nachlesen. Dort steht auch, was du einstellen musst, damit das klappt.

Ein Blick zurück

Zum Versenden einer Präsentation eignet sich der Dateityp Bildschirmpräsentation (PPSX), weil die Präsentation automatisch startet. Voraussetzung ist:

1. für die Animationen und Folienübergänge hast du Zeiten eingerichtet
2. oder du hast die Einblendzeiten getestet und gespeichert.

Ist die Präsentation zu groß zum Versenden mit einer E-Mail, speicherst du sie besser auf eine CD. Das geht mit dem Befehl VERPACKEN FÜR CD.

Ein bisschen Theorie: Was du über Fotos wissen solltest

Nachdem du die Praxis kennen gelernt hast, solltest du auch ein wenig Theorie über Fotos kennen lernen. Es ist dann einfacher für dich, mit Bildern umzugehen und auch Fehler zu verstehen.

Einfügen oder Verknüpfen: Wo ist das Bild?

Bilder fügst du mit EINFÜGEN|GRAFIK in die Folie ein. Das Bild ist dann ein Bestandteil der Präsentation, es ist in die Präsentation kopiert worden. Der Fachausdruck dafür ist »das Bild ist eingebettet«. Das bedeutet, dass das Bild in der Präsentation gespeichert ist und mit der Präsentation

Ein bisschen Theorie: Was du über Fotos wissen solltest

auch weitergegeben wird. Das ursprüngliche Bild brauche ich nicht mehr, selbst wenn es gelöscht wird, habe ich das Bild in der Präsentation noch.

Das Einfügen hat Vor- und Nachteile. Gut ist, dass du dich beim Verschicken mit E-Mail nicht um die Bilder kümmern musst – sie sind Bestandteil der Präsentation und werden ganz bestimmt beim Empfänger angezeigt. Gut ist auch, dass die Bilder sicher in der Präsentation sind – wenn du versehentlich eine Bilddatei von deiner Festplatte löschst, ist das Bild immer noch in der Präsentation vorhanden. Und zum Schluss: Egal, wo du die Bildschirmpräsentation vorführst, die Bilder werden immer und überall angezeigt. Einen Nachteil gibt es aber auch: Deine Präsentation braucht viel Speicherplatz. Das liegt an der Größe von Bildern, sie können 1 MB oder mehr groß sein. Diese Datenmengen werden alle in deine Präsentation gepackt.

Darum gibt es noch eine zweite Möglichkeit. Die Bilder lassen sich nicht nur einfügen, sondern auch verknüpfen. Du siehst das, wenn du auf EINFÜGEN|GRAFIK klickst und ein Bild markierst. Neben der Schaltfläche EINFÜGEN gibt es einen kleinen Auswahlpfeil. Klicke ihn an und drei Befehle werden angezeigt: EINFÜGEN, MIT DATEI VERKNÜPFEN und EINFÜGEN U. VERKNÜPFEN.

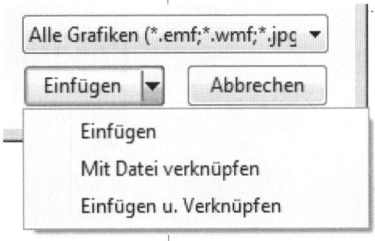

Der Befehl MIT DATEI VERKNÜPFEN zeigt das Bild auch in der Folie an; probiere es auf einer leeren Folie aus. Füge ein Bild so ein, wie wir es bisher gemacht haben, indem du auf die Schaltfläche EINFÜGEN klickst. Dann fügst du das gleiche Bild noch einmal ein, indem du den Befehl MIT DATEI VERKNÜPFEN nimmst. Du siehst keinen Unterschied auf der Folie!

> Verknüpfen oder verlinken bedeutet, dass das Bild nicht in deiner Präsentation gespeichert wird. PowerPoint bekommt nur den Pfad zu diesem Bild und muss bei jedem Zeigen der Folie nach dem Bild suchen.

Einen Unterschied merkst du erst, wenn du die Präsentation auf einem anderen Computer zeigen willst. Das Bild ist nicht in der Folie gespeichert, PowerPoint sucht danach. Stell dir vor, dass das Bild INDRI.JPG bei dir auf dem Laufwerk C: im Ordner URLAUBSFOTOS gespeichert ist. Ich habe zwar ein Laufwerk C:, aber keinen Ordner URLAUBSFOTOS und natürlich auch kein Bild INDRI.JPG. Wenn du mir deine Präsentation mit einer E-Mail schickst und ich sie öffne, sucht PowerPoint das Bild und findet es nicht. Ich kann also leider das Bild nicht sehen.

Kapitel 3 — Bilder, Grafiken und Fotos

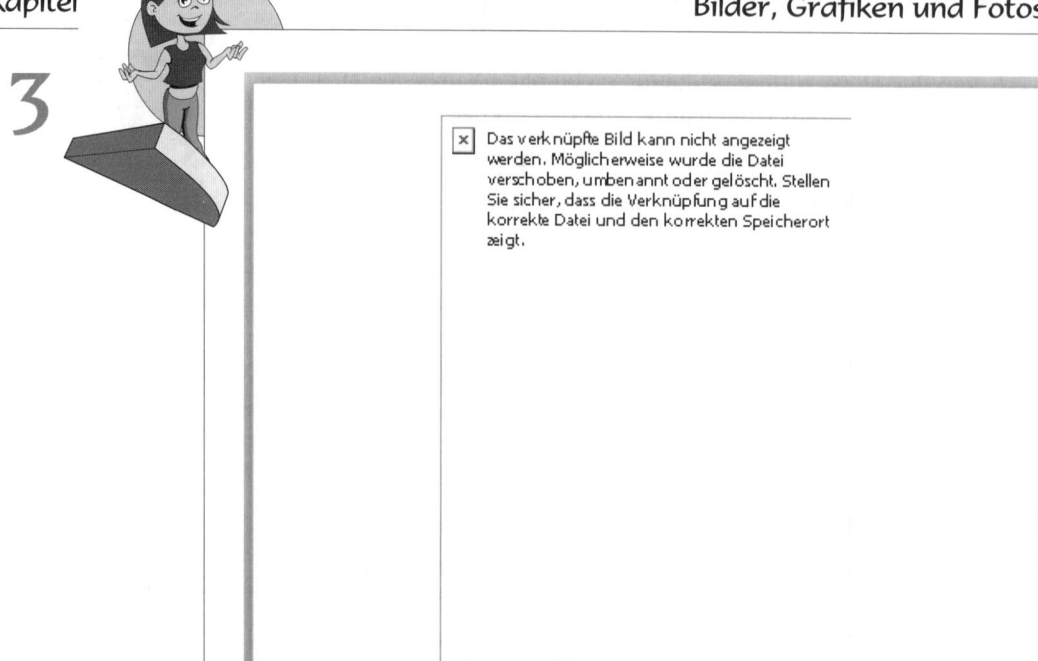

Abb. 3.22: Das verknüpfte Bild kann nicht gefunden werden.

Das Verknüpfen hat also auch seine Nachteile. Der Vorteil ist, dass die Präsentation nicht so groß wird. Schließlich muss PowerPoint nicht das ganze Bild auf die Folie kopieren, sondern nur eine Wegbeschreibung, den Link. Der braucht kaum Speicherplatz. Ein anderer Vorteil ist, dass ich das Bild noch verändern kann und es nicht neu einfügen muss. Ein großer Nachteil ist aber, dass die Bilder nicht in die Folie kopiert werden und auch nicht mit der Präsentation gespeichert sind. Auf einem anderen Computer findet PowerPoint die Bilder deswegen nicht.

Und was bedeutet EINFÜGEN U. VERKNÜPFEN? Dann wird beides gemacht: Das Bild wird in der Präsentation gespeichert und verknüpft. Hört sich sonderbar an, findest du? Ein bisschen sonderbar ist es schon. Solange die Präsentation auf meinem eigenen Computer ist, sucht PowerPoint nach der Verknüpfung. Habe ich das Bild noch verändert, wird die geänderte Version gezeigt. Auf einem anderen Computer nimmt PowerPoint aber das eingefügte, in der Präsentation gespeicherte Bild.

Formate und Dateiendungen

Hast du einen digitalen Fotoapparat oder ein Handy, mit dem du fotografierst? Dann werden die Bilder auf den Computer übertragen: mit einem

Ein bisschen Theorie: Was du über Fotos wissen solltest

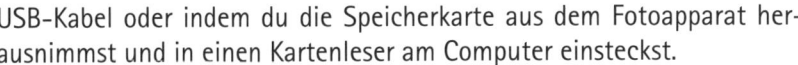

USB-Kabel oder indem du die Speicherkarte aus dem Fotoapparat herausnimmst und in einen Kartenleser am Computer einsteckst.

PowerPoint verarbeitet viele Bildformate, sie sind an den Endungen der Bilddateien zu erkennen. Besonders wichtig sind diese:

❖ JPG oder JPEG

❖ PNG

❖ GIF

❖ TIFF

❖ WMF

JPG wird entweder wie ein englisches Wort gesprochen und hört sich ungefähr nach »Dschejpäg« an oder es wird auf Deutsch buchstabiert »J-P-G«. Beides ist richtig. GIF und TIFF spricht man als Wort aus, PNG und WMF werden buchstabenweise gesprochen.

Für farbige Fotos sind JPGs oder PNGs besonders gut geeignet. Die Dateien bleiben schön klein und die Bildqualität ist trotzdem gut. Du musst also beim Speichern der Bilder Acht geben, dass du eines dieser Formate auswählst.

Wie viel tausend Pixel?

Neben dem Format sind die Abmessungen der Bilder wichtig. Die Bilder sollen später auf dem Computer-Bildschirm angezeigt werden. Ein Bildschirm hat eine bestimmte Menge von Bildpunkten, den Pixeln. Weißt du, wie viele Pixel dein Computer-Monitor in der Breite und der Höhe anzeigt? Nicht? Dann schau nach:

1. Im START-Menü von Windows klickst du auf SYSTEMSTEUERUNG und dort auf ANZEIGE|BILDSCHIRMAUFLÖSUNG.

2. Die Pixelanzahl wird dir angezeigt, zum Beispiel 1280 x 1024 Pixel. Das bedeutet, dass der Monitor 1280 Pixel in der Breite und 1024 in der Höhe anzeigt.

Wahrscheinlich überlegst du jetzt, warum das wichtig ist, wenn du Fotos in eine Folie einfügen willst. Stelle dir vor, ein Bild ist 6400 Pixel breit und dein Monitor zeigt nur 1280 Pixel. Was passiert mit den restlichen Punkten? Zuerst versucht PowerPoint, das Bild komplett zu zeigen. Bei

Kapitel 3 — Bilder, Grafiken und Fotos

manchen Bildformaten funktioniert das, bei anderen nicht. Dann siehst du nur einen Teil des Bildes, den allerdings riesengroß. Ausreichend sind Bildgrößen von 800 x 600 Pixeln.

Das größte Problem ist aber die Speichergröße der Bilder. Fotos mit vielen tausend Pixeln brauchen viel Speicherplatz – PowerPoint wird ächzen und stöhnen, wenn es die Bilder laden muss. Und zum Schluss verkleinert PowerPoint das Bild doch auf die Größe des Bildschirmes.

Neben der Breite und Höhe hörst du auch oft eine Angabe für die *Auflösung*. Das Maß sind *dpi*, das ist eine Abkürzung für *Dots per Inch*. Damit gibt der Computer an, wie viele Punkte auf einen Zoll gedruckt werden. Ein Zoll ist ein englisches Maß: 1 Zoll entspricht 2,54 Zentimeter. 200 dpi bedeuten, dass auf 2,54 Zentimeter genau 200 Bildpunkte ausgedruckt werden.

> Wichtig ist eine höhere dpi-Zahl für den Ausdruck; Je mehr Punkte pro Zoll gedruckt werden, desto feiner und sauberer sieht das Bild aus. Ein Computerbildschirm stellt pro Zoll rund 90 Punkte dar, je nach Größe des Bildschirms etwas mehr oder etwas weniger. Wenn du von einer Auflösung 96 dpi ausgehst, liegst du immer richtig. Das Bild wird scharf und sauber angezeigt.

Zu viele Pixel sind also ganz überflüssig! Besser ist es darum, wenn du beim Fotografieren oder Einscannen schon darauf achtest, dass nur so viele Pixel aufgenommen werden, wie du brauchen kannst. Studiere die Bedienungsanleitungen deiner Kamera oder deines Handys, damit du es richtig machst.

Möglichst klein: Bilder komprimieren

Je weniger Speicherplatz die Bilder benötigen, desto besser ist es für die Präsentation. Du kannst sie einfacher mit einer E-Mail versenden und das Öffnen geht viel schneller. Achte darum darauf, dass die Präsentation nicht zu groß wird. Ein Hilfsmittel hast du schon kennen gelernt: Speichere die Bilder gleich in der richtigen Größe ab.

Du kannst aber noch mehr tun. PowerPoint hat die Fähigkeit, Bilder zu komprimieren, also zu verdichten.

1. Markiere ein Foto in der Präsentation.

Ein bisschen Theorie: Was du über Fotos wissen solltest

2. Klicke auf BILDTOOLS|FORMAT und dort auf das Symbol BILDER KOMPRIMIEREN.

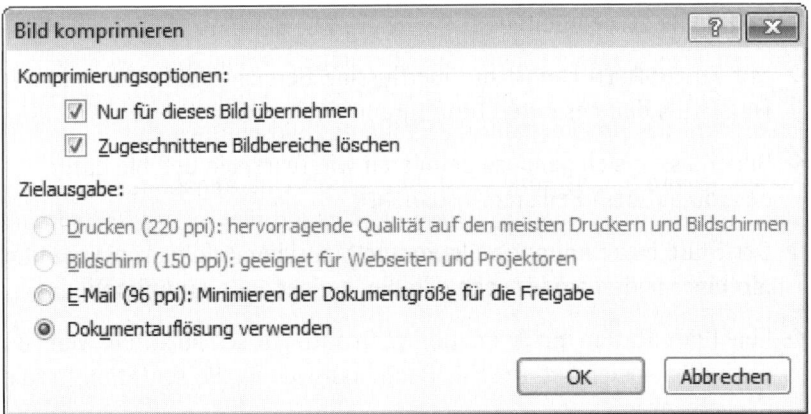

Abb. 3.23: Große Bilder sollten komprimiert werden.

Wenn du viele Bilder in der Präsentation hast, sollten alle komprimiert werden. Klicke in das Kästchen vor NUR FÜR DIESES BILD ÜBERNEHMEN, damit das Häkchen verschwindet. Klicke dann auf OK. Jetzt sind alle Bilder komprimiert.

> Erinnerst du dich an das Zuschneiden von Bildern? Wir haben dort die Ränder eines Fotos beschnitten und wieder hergestellt. Die zugeschnittenen Ränder werden endgültig gelöscht, wenn das Häkchen bei ZUGESCHNITTENE BILDBEREICHE LÖSCHEN bleibt. Du kannst sie danach nicht mehr wieder herstellen!

Ein Blick zurück

Füge Bilder möglichst in die Präsentation ein. Verknüpfe sie nur dann, wenn du sicher bist, dass die Präsentation nicht auf einem anderen Computer gezeigt werden soll. Wenn du es nicht genau weißt, verwende den Befehl EINFÜGEN U. VERKNÜPFEN.

◆ Verwende für Fotos die Grafikarten JPG oder PNG. Sie sind klein und von guter Qualität.

◆ Beim Speichern der Präsentation solltest du die Bilder in PowerPoint komprimieren.

Kapitel 3 — Bilder, Grafiken und Fotos

Zusammenfassung

- Auf dem Register BILDTOOLS|FORMAT findest du alle Befehle, um Fotos und Bilder zu bearbeiten.
- Mit ZUSCHNEIDEN kannst du überflüssige Bereiche entfernen und mit FREISTELLEN den gesamten Hintergrund entfernen.
- Bilder lassen sich genauso animieren wie Texte, die Befehle dafür findest du auf dem Register ANIMATIONEN.
- Der Start einer Animation kann auf Mausklick erfolgen, gleichzeitig mit einer anderen oder nach dem Ende einer anderen Animation.
- Eine Präsentation mit Animation kann automatisch ablaufen, wenn du die Zeiten speicherst. Anschließend lässt sich die Präsentation für die CD verpacken.

Ein paar Fragen ...

Frage 1: Was musst du tun, wenn du ein Foto in Form eines Sterns bringen willst?

Frage 2: Wie kannst du eine Animation, die du schon eingestellt hast, auf ein anderes Bild übertragen?

Frage 3: Welche Datei öffnet sich nach Doppelklick immer in der Ansicht BILDSCHIRMPRÄSENTATION: eine PPSX oder eine PPTX?

... und ein paar Aufgaben

1. Öffne von der Buch-CD die Präsentation FRAGEN UND AUFGABEN.PPTX und stelle die Effekte ein, die auf den Folien zu den Fotos angegeben sind.
2. Animiere auf der vierten Folie das erste Bild und kopiere die Animation auf die anderen beiden Fotos der Folie.
3. Speichere die Präsentation auf deine Festplatte und komprimiere beim Speichern alle Bilder.

4
Tabellen und Pläne

Was erwartet dich in diesem Kapitel? Im Mittelpunkt steht das Darstellen von Zeiten und Plänen. Du wirst sehen, dass Tabellen nicht ausschließlich für Zahlen gut sind und dass man sie oft brauchen kann. Ganz nebenbei siehst du noch, wie eine Folie als Bild gespeichert wird, damit sie als Bildschirmhintergrund für den Desktop verwendet werden kann.

In diesem Kapitel lernst du

- Tabellen mit einem Folienlayout oder über ein Symbol einzufügen
- Spalten und Zeilen zu formatieren, Rahmen, Füllfarben und Ausrichtungen in der Zelle zu ändern
- Folien als Bilder zu speichern
- Zeitpläne zu erstellen, einen Stammbaum und einen Ablaufplan zu zeichnen

Kapitel Tabellen und Pläne

4

Stundenplan für die Schule

Du kennst Tabellen aus deinen Schulbüchern: Im Geografie-Buch stehen Tabellen mit den Ländernamen, ihren Hauptstädten, der Einwohnerzahl und der Größe des Landes; in Englisch gibt es Tabellen mit unregelmäßigen Verben und in der Chemie das Periodensystem – auch eine Tabelle.

Das sind ganz unterschiedliche Inhalte, aber alle Tabellen haben gemeinsam, dass Texte, Zahlen oder Formeln neben- und untereinander stehen.

Wir werden zuerst eine einfache Tabelle für einen Stundenplan erstellen. Startpunkt ist eine neue leere Präsentation ohne Design, wir gestalten dieses Mal alles allein. Erstelle also zuerst eine neue Präsentation mit DATEI|NEU|LEERE PRÄSENTATION.

Jetzt haben wir schon so oft auf DATEI|NEU geklickt, um eine neue Präsentation zu beginnen, dass es langsam für einen einfacheren Weg Zeit wird. Findest du die Symbolleiste für den Schnellzugriff noch? Sie sitzt oben links im Titelbalken. Klicke auf den kleinen Pfeil neben den Symbolen und dann auf den Befehl NEU. Ab sofort reicht es, wenn du auf NEU in der Schnellzugriffsleiste klickst. Und wenn du schon dabei bist: füge dir ÖFFNEN auch noch hinzu.

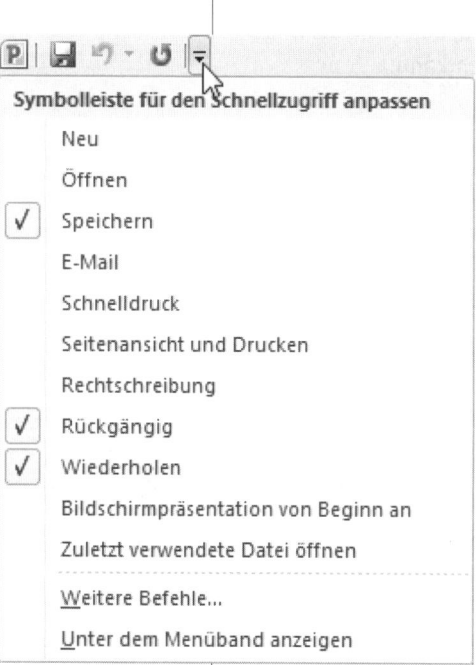

Abb. 4.1:
Passe die Symbolleiste für den Schnellzugriff an.

Stundenplan für die Schule

Die Grundlage: eine Tabelle

Wie immer beginnt diese Präsentation mit einer Titelfolie, die wir gleich zu einer Tabelle ändern werden.

Du kannst zwei verschiedene Wege gehen, um eine Tabelle auf eine Folie zu bringen. Entweder verwendest du für eine neue Folie ein Folienlayout mit einer Tabelle oder du benutzt eine leere Folie und fügst eine Tabelle über ein Symbol ein. Der einfachste Weg geht über das Folienlayout.

> Das Aussehen der Tabelle hängt von dem Design ab, das du gewählt hast. Entweder sind die Zeilen im Wechsel hell- und dunkelblau oder es sind andere Farben.

1. Wähle LAYOUT|TITEL UND INHALT.
2. Klicke in der Folie auf das erste Symbol in der oberen Reihe, TABELLE EINFÜGEN.
3. Trage ein: SPALTENANZAHL 7 für die sechs Tage einer Woche plus einer Spalte für die Beschriftung; ZEILENANZAHL 10 für die verschiedenen Uhrzeiten deiner Stunden.
4. Klicke auf OK. Auf der Folie wird eine Tabelle eingefügt, die genauso viele Spalten und Zeilen hat, wie du gewählt hast.

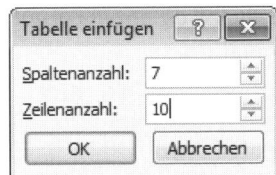

Schreibe jetzt über die Tabelle in den Folientitel den Text Stundenplan 2011 und speichere die Präsentation.

> In einer Tabelle gibt es Spalten, Zeilen und Zellen. Spalten sind alle Kästchen, die untereinander stehen; Zeilen sind die Kästchen, die nebeneinander stehen. Jedes Kästchen ist eine Zelle. Das wird auch in Excel oder in Word so genannt.

Kapitel 4 — Tabellen und Pläne

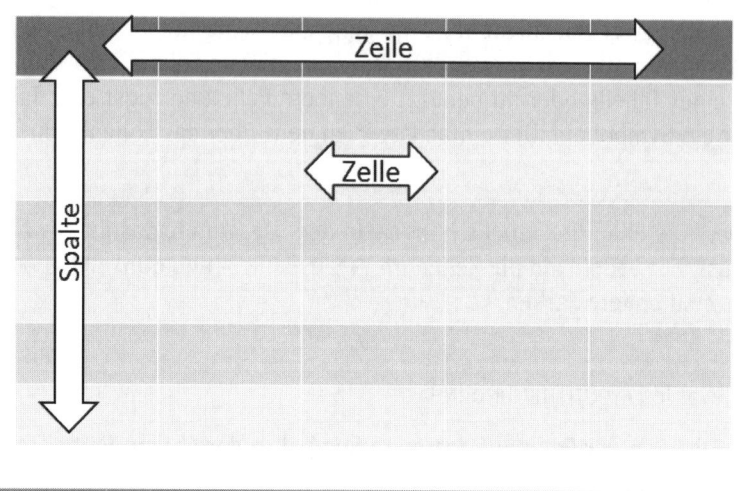

Abb. 4.2: Zelle, Spalte und Zeile in einer Tabelle

Tage und Zeiten: Beschriften der Tabelle

In die erste Zeile kommen die Wochentage abgekürzt, in die linke Spalte die Uhrzeiten mit dem Beginn der Stunden. Klicke in die zweite Zelle der ersten Zeile und beginne mit dem Montag, dann klickst du entweder mit der Maus in die nächste Zelle oder du drückst einmal ⇆.

Der ⇆ springt in einer Tabelle eine Zelle weiter nach rechts, am Zeilenende springt ⇆ in die erste Zelle der Zeile darunter. Willst du eine Zelle nach links springen, drückst du ⇧+⇆. Du kannst auch die Pfeiltasten nehmen, sie springen nach oben oder unten, nach links oder rechts. Vorsichtig musst du mit ↵ sein, damit erzeugst du eine neue Zeile in der Zelle. Die Zelle wird dann höher.

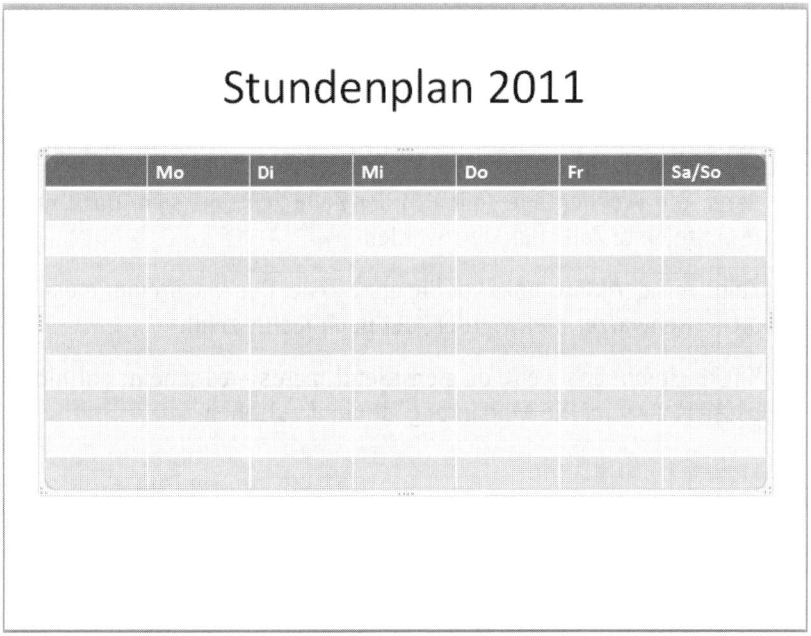

Stundenplan für die Schule

Abb. 4.3: Die Wochentage stehen in der ersten Zeile.

Anschließend schreibst du den Beginn jeder Stunde in die erste Spalte. Uhrzeiten werden mit einem Doppelpunkt geschrieben. Wenn die erste Stunde 15 Minuten vor 8 Uhr beginnt, schreibst du also 7:45.

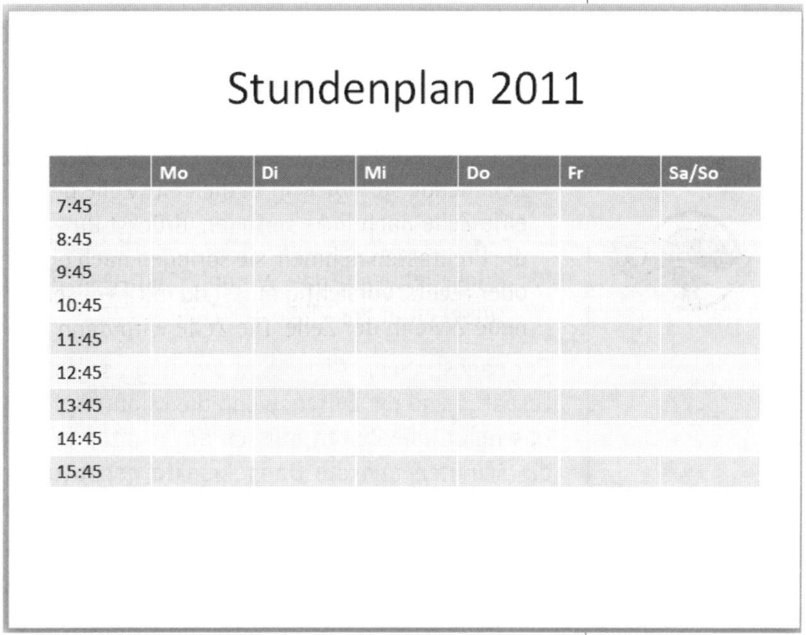

Abb. 4.4: Die Uhrzeiten stehen in der ersten Spalte.

Kapitel 4 — Tabellen und Pläne

Die Anordnung ist noch nicht besonders schön, die Uhrzeiten stehen nicht richtig untereinander und die Wochentage stehen zu weit links. Wir müssen also noch nacharbeiten.

In der ersten Zeile sollen die Wochentage nicht am linken Rand der Zelle stehen, sondern genau in der Mitte zwischen dem linken und dem rechten Rand. Die Wochentage sollen in der Zelle zentriert sein. Dazu muss die gesamte erste Zeile markiert werden.

1. Zeige mit der Maus links vor die erste Zeile. Der Mauszeiger muss ein dicker schwarzer Pfeil werden, der nach rechts zeigt.
2. Klicke einmal. Ich weiß, du siehst jetzt nichts – es scheint gar nichts passiert zu sein. Die Markierung ist nicht zu sehen.

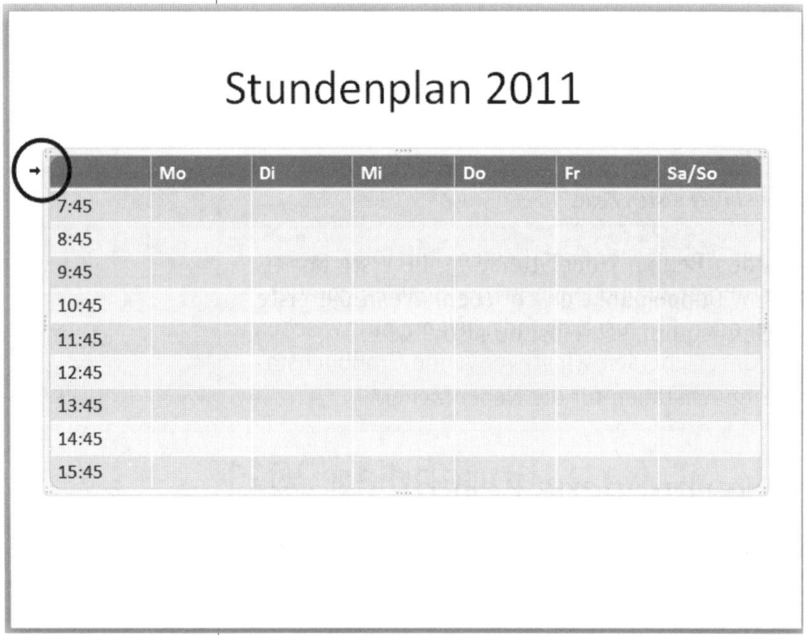

Abb. 4.5:
Ein Klick links vor der Zeile markiert die Zeile.

3. Klicke jetzt auf das Symbol START|ABSATZ|ZENTRIERT. Alle Wochentage rutschen in die Mitte der Zelle.

Der nächste Schritt ist die Anordnung der Uhrzeiten in der ersten Spalte. Lesbarer sind die Zeiten, wenn die Minuten richtig untereinander stehen. Das heißt, alle Zeiten müssen am rechten Zellenrand stehen. Dann sind die Minuten und die Doppelpunkte genau untereinander. Markiere die erste Spalte, indem du die Maus oben über die Spalte setzt, bis du einen dicken schwarzen Pfeil siehst, der nach unten zeigt. Klicke einmal. Siehst du jetzt die Markierung besser? Wähle das Symbol START|ABSATZ|RECHTSBÜNDIG.

Stundenplan für die Schule

	Mo	Di	Mi	Do	Fr	Sa/So
7:45						
8:45						
9:45						
10:45						
11:45						
12:45						
13:45						
14:45						
15:45						

Abb. 4.6: So sieht die richtige Anordnung von Wochentagen und Zeiten aus.

In die Zellen kommen jetzt die Fächer, am besten kürzt du sie ab. Bestimmt kennst du Abkürzungen, die bei euch an der Schule gebräuchlich sind: Bio für Biologie oder EK für Erdkunde. Wenn du zwischen Haupt- und Nebenfächern unterscheiden willst, verwende Großbuchstaben für die Haupt- und Kleinbuchstaben für die Nebenfächer.

Doppelstunden: verbundene Zellen

Viele Fächer werden in Doppelstunden unterrichtet, das sollte sich auch in unserem Stundenplan deutlicher zeigen. Du kannst aus zwei oder drei Zellen eine große machen und umgekehrt eine Zelle in mehrere kleine aufteilen.

Zuerst verbinden wir Zellen miteinander. An welchem Tag hast du eine Doppelstunde? In meinem Stundenplan sollen am Montag die ersten drei Stunden zusammengefasst werden.

1. Klicke mit der Maus in die Zelle unter »Mo« und neben »7.45«, halte die Maustaste gedrückt und ziehe sie nach unten bis neben »10:45«. Lasse die Maustaste los. Jetzt sind die drei Zellen markiert.

2. Wähle im Register TABELLENTOOLS|LAYOUT den Befehl ZELLEN VERBINDEN. Aus drei Zellen wird eine große.

Kapitel 4 — Tabellen und Pläne

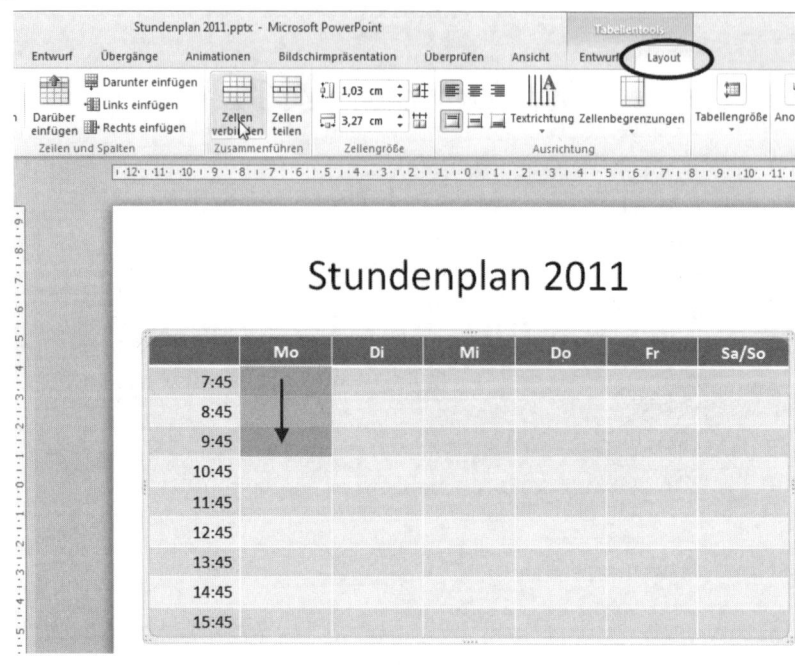

Abb. 4.7: Die drei markierten Zellen werden verbunden.

Du lernst hier wieder zwei Kontextregister kennen. Es gibt ein Kontextregister für Bilder, das haben wir in Kapitel 3 verwendet. Für Tabellen gibt es gleich zwei Kontextregister: ENTWURF und LAYOUT. Diese Register erscheinen nur, wenn der Cursor in einer Tabelle steht. Klickst du neben die Tabelle, sind beide Register nicht mehr zu sehen.

Umgekehrt geht es auch – du kannst in eine Zelle klicken und den Befehl ZELLEN TEILEN anklicken. Das Symbol steht rechts neben ZELLEN VERBINDEN. Jetzt musst du entscheiden, ob du die Zelle in zwei Spalten oder in zwei Zeilen aufteilen möchtest.

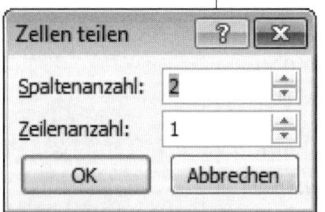

Wählst du SPALTENANZAHL 2 und ZEILENANZAHL 1, wird die Zelle durch einen senkrechten Strich geteilt, sie besteht aus zwei Spalten und einer Zeile. Wenn du einstellst SPALTENANZAHL 1 und ZEILENANZAHL 2, bekommt die Zelle einen waagerechten Strich, sie besteht aus zwei Zeilen und einer Spalte.

Stundenplan für die Schule

	Mo	Di	Mi	Do	Fr	Sa/So
7:45	E	ch	E	M	kun	
8:45		D	M	ges	M	
9:45		bio	rel	D	D	THW (alle zwei Wochen)
10:45	SoWi	frz	D	E	pol	
11:45	M		kun	frz	ek	
12:45		spo	phy	rel		
13:45						
14:45	frz		AG			
15:45						

Abb. 4.8: Die erste Version des Stundenplans

Ich habe die roten Schlängellinien unter den Abkürzungen gelassen, du siehst sie bei dir auch. Solche Wörter kennt PowerPoint nicht und markiert sie darum als Rechtschreibfehler. Wenn dich das stört, dann klicke ein Wort nach dem anderen mit der rechten Maustaste an und wähle ALLE IGNORIEREN. Die Linien werden nicht ausgedruckt, du kannst sie darum auch einfach so lassen.

Konntest du die Nebenfächer mit kleinen Anfangsbuchstaben schreiben? Wahrscheinlich hat PowerPoint dich ständig korrigiert und große Buchstaben bei »rel« und »bio« gemacht. Damit du in einer Tabellenzelle mit einem kleinen Buchstaben beginnen kannst, musst du eine Einstellung ändern:

1. Klicke auf DATEI|OPTIONEN|DOKUMENTPRÜFUNG.
2. Klicke dort die Schaltfläche AUTOKORREKTUR-OPTIONEN an.
3. Klicke in das kleine Kästchen vor ERSTEN BUCHSTABEN IN TABELLENZELLEN GROSS, damit das Häkchen entfernt wird.
4. Klicke in diesem Fenster auf OK, im nächsten auch auf OK. Ab sofort kannst du in allen Tabellen in PowerPoint klein beginnen.

Kapitel 4

Tabellen und Pläne

Ein Blick zurück

Für Folien mit Tabellen verwendest du das Folienlayout TITEL UND INHALT und klickst dort auf TABELLE EINFÜGEN.

Von Zelle zu Zelle springst du

- mit ⇥ nach rechts
- mit ⇧+⇥ nach links
- oder mit den Pfeiltasten in die Richtung der Pfeile.

Eine Zeile markierst du, indem mit der Maus links vor der Zeile klickst; eine Spalte, indem du mit der Maus über der Spalte klickst.

Um Zellen zu verbinden, markierst du mehrere Zellen und wählst TABELLENTOOLS|LAYOUT|ZELLEN VERBINDEN. Aufteilen kannst du sie mit ZELLEN TEILEN.

Feinarbeit: Formatierung und Ausrichtung

Übersichtlicher wird der Plan, wenn nicht nur die Tagesnamen, sondern auch die Uhrzeiten deutlicher hervorgehoben werden. Das kann gut durch Fettdruck gemacht werden. Außerdem ist der Plan lesbarer, wenn die Fächer nicht am linken Rand der Zelle stehen, sondern zentriert sind.

1. Markiere zuerst alle Zellen, in denen eine Uhrzeit steht. Wähle das Symbol für FETT.

2. Markiere danach alle Zellen, in denen jetzt schon ein Fach steht oder noch eines hineinkommen könnte, und wähle das Symbol ZENTRIERT.

Einige Fächer sind für dich wichtiger als andere. Beispielsweise schreibst du nicht in allen Fächern schriftliche Klausuren und manche Fächer sind Wahlfächer, die du zusätzlich belegt hast. Formatiere die Wahlfächer in kursiver Schrift.

1. Klicke die erste Zelle an, in der ein Wahlfach steht, und wähle KURSIV.

2. Klicke die nächste Zelle an und tippe die Taste F4 an. Das wiederholt den letzten Befehl.

3. Formatiere so alle restlichen Wahlfächer: in die Zelle klicken und F4 drücken.

Die Taste F4 wiederholt den letzten Befehl. Das ist in allen Office-Programmen so. Probiere es in Word oder Excel auch aus!

Stundenplan für die Schule

Formatiere anschließend noch alle Fächer, in denen du schriftliche Klausuren schreibst, in Fettdruck. Das kannst du jetzt schon ohne Anweisung.

Zum Schluss soll noch bei allen Doppelstunden der Fächername zwischen den oberen und unteren Rand der Zelle rutschen. Der Name soll in der Zelle zentriert stehen.

> Wenn du etwas anordnest oder ausrichtest, musst du zwei Richtungen unterscheiden: horizontal oder waagerecht und vertikal oder senkrecht. Horizontal ist die Ausrichtung zwischen dem linken und dem rechten Rand; vertikal zwischen dem oberen und unteren Rand.
>
> Die horizontale Ausrichtung haben wir schon verwendet, Texte stehen linksbündig oder rechtsbündig oder zentriert in der Mitte. Die Ausrichtung wird also immer zwischen einem linken und einem rechten Rand gemessen.
>
> In einer Tabelle kommt jetzt noch die vertikale Anordnung zwischen dem oberen und dem unteren Rand dazu. Ein Text kann oben oder unten stehen oder genau in der Mitte dazwischen.

1. Klicke in die erste Zelle mit einer Doppelstunde.
2. Klicke auf das Symbol START|ABSATZ|TEXT AUSRICHTEN.
3. Wähle MITTE.

Abb. 4.9: Das Symbol TEXT AUSRICHTEN ordnet die Texte oben, in der Mitte oder unten an.

4. Klicke nacheinander alle Zellen mit Doppelstunden an und drücke F4, um den Befehl zu wiederholen.

Langsam wird der Stundenplan übersichtlich. Wir können später noch andere Farben oder einen schönen Hintergrund aussuchen. Aber zuerst lernst du noch ein wenig mehr über Tabellen. Vergiss nicht, deinen Stundenplan jetzt zu speichern!

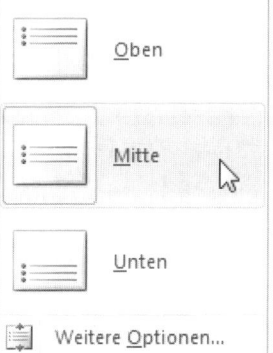

Kapitel 4 — Tabellen und Pläne

Abb. 4.10: Stundenplan mit Ausrichtungen und Schriftformaten

Mehr oder weniger: Zeilen und Spalten einfügen oder löschen

Bei einem Stundenplan ist es einfach, die notwendigen Spalten und Zeilen zu zählen. Wir wissen, wie viele Tage wir brauchen und wie viele Stunden es pro Unterrichtstag gibt. Das ist nicht immer so. Es wird dir oft passieren, dass du eine Tabelle beginnst und erst später feststellst, dass du zu wenig Zeilen oder zu wenig Spalten hast.

Um am unteren Rand weitere Zeilen einzufügen, klickst du in die letzte Zeile. Welche Zelle du dabei anklickst, ist nicht wichtig. Sobald der Cursor in einer Zelle der letzten Zeile blinkt, wählst du TABELLENTOOLS|LAYOUT|DARUNTER EINFÜGEN. Wenn du mitten in der Tabelle eine neue Zeile brauchst, kannst du auch oberhalb des blinkenden Cursors eine neue Zeile einfügen. Wähle dazu TABELLENTOOLS|LAYOUT|DARÜBER EINFÜGEN.

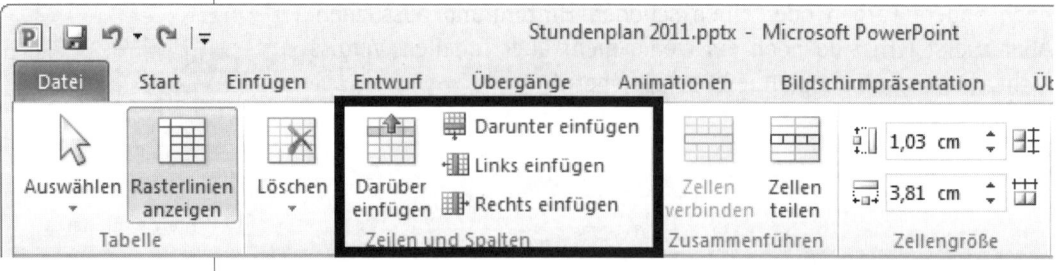

Abb. 4.11: Alle Symbole für das Einfügen von Zeilen und Spalten sind an einer Stelle.

Stundenplan für die Schule

> Mehr als 14 Zeilen passen nur selten auf eine Folie. Fügst du mehr Zeilen ein, hängen sie unten über die Folie hinaus. Was nicht mehr auf der Folie ist, wird nicht ausgedruckt und auch nicht über einen Projektor gezeigt. Wenn unbedingt mehr Zeilen auf die Folien sollen und du die Folie nur für den Ausdruck brauchst, darfst du die Schrift für die Tabelle verkleinern. Dann passt es wieder auf die Folie.

Spalten fügst du genauso ein. Klicke in eine Zelle und entscheide dich zwischen LINKS EINFÜGEN und RECHTS EINFÜGEN. Die neue Spalte wird dann links oder rechts von deinem Cursor hinzugefügt.

Hast du zu viele Zeilen oder Spalten? Dann lösche sie:

1. Klicke in die Zeile oder in die Spalte, die du löschen möchtest. Es ist ganz egal, welche Zelle du anklickst.

2. Wähle dann TABELLENTOOLS|LAYOUT|LÖSCHEN.

3. Entscheide dich zwischen SPALTEN LÖSCHEN oder ZEILEN LÖSCHEN, je nachdem, was du gerade tun möchtest. Mit dem Befehl TABELLE LÖSCHEN verschwindet die gesamte Tabelle.

Abb. 4.12:
Die drei Möglichkeiten, in einer Tabelle etwas zu löschen

> Nachdem eine Zeile gelöscht ist, markiert PowerPoint die gesamte Tabelle! Pass gut auf, dass du nicht versehentlich sofort wieder auf ZEILEN LÖSCHEN klickst. Dann ist die gesamte Tabelle gelöscht. Mache schnell RÜCKGÄNGIG, wenn dir das passiert ist. Du findest den Befehl in der Symbolleiste für den Schnellzugriff.

Farben: Tabellenformatvorlagen verwenden

Nach dem Erstellen war deine Tabelle sofort farbig. Vielleicht hat sie ausgesehen wie bei mir. Die Überschriftszeile ist dunkelblau und danach

Kapitel 4 — Tabellen und Pläne

wechseln die Zeilen zwischen hellblau und graublau. Die Farben kommen aus dem Design. Jedes Design bringt mehrere Vorlagen für Tabellen mit.

Achte darauf, dass der Cursor in der Tabelle steht und nicht daneben. Dann klicke auf das Kontextregister TABELLENTOOLS|ENTWURF.

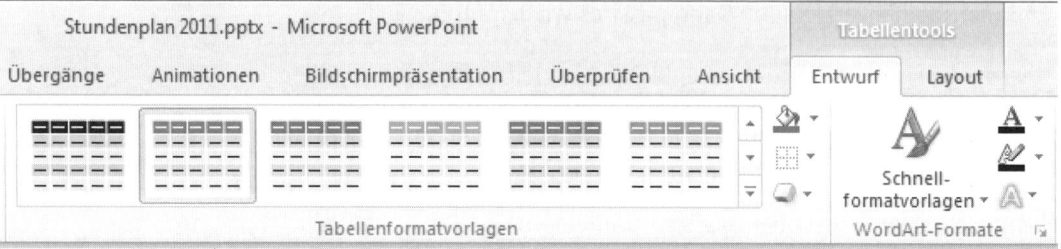

Abb. 4.13: Die Tabellenformatvorlagen aus dem Design LARISSA

Ein paar Tabellenformatvorlagen werden schon angezeigt, die restlichen erscheinen, wenn du auf den Auswahlpfeil rechts neben den Vorlagen klickst.

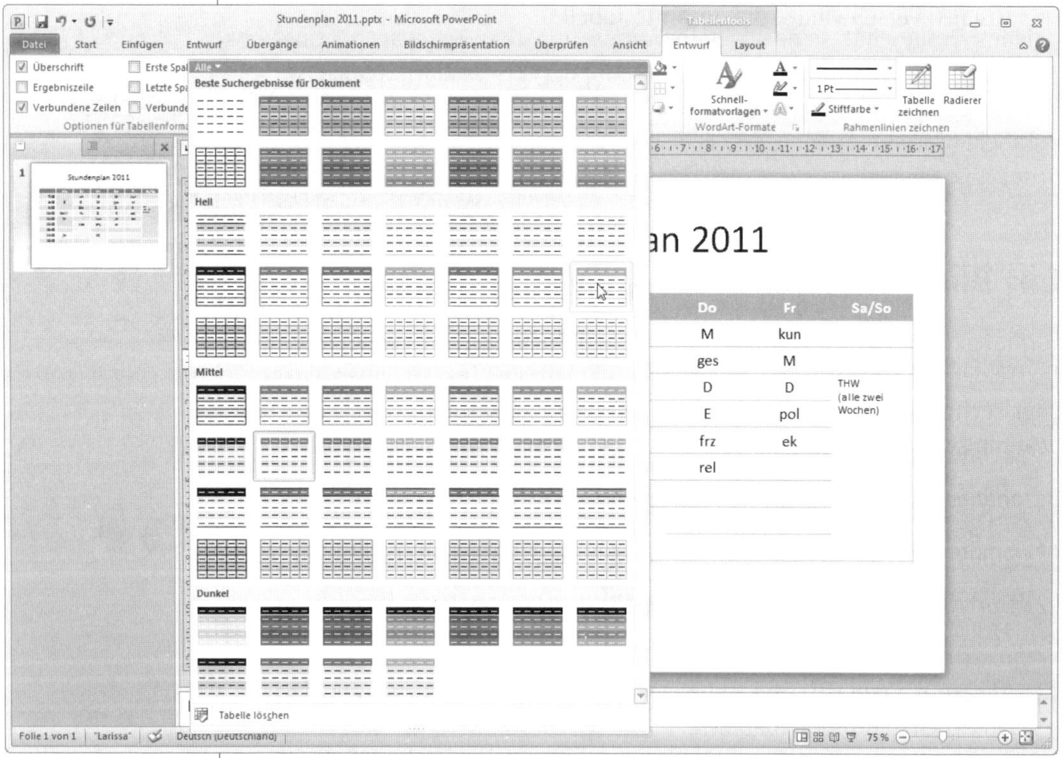

Abb. 4.14: Nutze die Livevorschau der Tabellenformatvorlagen, um die richtige auszuwählen.

Stundenplan für die Schule

Sobald du mit der Maus eines der Farbkästchen berührst, siehst du im Hintergrund, wie sich die Folie verändert. Die Tabelle in der Abbildung war eigentlich im Wechsel hell- und dunkelblau gefüllt, im Moment zeige ich auf eine Tabellenformatvorlage, die nur weiße Zeilen hat. Auf der Folie siehst du sofort, wie das aussehen würde.

Nutze die Livevorschau, um zu entscheiden, welche Farben du wählen willst. Klicke erst, wenn du meinst, dass es eine gute Farbzusammenstellung ist. Du kannst dich jederzeit wieder neu entscheiden und eine andere Vorlage wählen.

Was passiert, wenn du jetzt ein anderes Design aussuchst? Probiere es aus! Klicke auf ENTWURF und entscheide dich für das Design AUSTIN. Jetzt ist vermutlich alles in Grün. Kontrolliere in TABELLENTOOLS|LAYOUT, welche Tabellenformatvorlagen PowerPoint dir jetzt vorschlägt. Dann wechsle zum Design DACTYLOS – wie sehen die Tabellenformatvorlagen nun aus?

Jedes Design hat seine eigenen Farben und deswegen auch seine eigenen Tabellenformatvorlagen. Wenn du das Design wechselst, ändern sich sofort die Tabellenfarben. PowerPoint behält, dass du die Tabellenformatvorlage MITTLERE FORMATVORLAGE 2 – AKZENT 1 verwendet hast und schaut nach, wie die für dieses Design aussehen soll.

Ein Blick zurück

Formate für Schriften werden in der Tabelle genauso verwendet wie in Textfeldern. Du kannst fett und kursiv wählen, die Texte können links- oder rechtsbündig stehen. Mit dem Befehl START|ABSATZ|TEXT AUSRICHTEN bestimmst du die vertikalen Ausrichtungen: oben, Mitte oder unten.

Besondere Tabellenformate findest du im Kontextregister TABELLENTOOLS.

1. Spalten oder Zeilen werden hinzugefügt mit TABELLENTOOLS|LAYOUT.
2. Dort findest du auch die Befehle für das Löschen von Spalten und Zeilen.
3. Andere Farben für die Tabelle wählst du aus TABELLENTOOLS|ENTWURF|TABELLENFORMATVORLAGEN.

Kapitel 4 — Tabellen und Pläne

Praktisches mit PowerPoint

Folie als Bild: Der Stundenplan auf dem Desktop

Hast du auf deinem Windows-Desktop ein Bild als Hintergrund? Windows 7 liefert viele Hintergrundbilder mit, zum Beispiel Deutschlandbilder oder Landschaften. Du kannst aber auch eigene Bilder nehmen, die dir gefallen – der Stundenplan eignet sich gut als Hintergrund für den Windows-Desktop. Dann kannst du jederzeit sehen, welche Stunden du an welchem Tag hast.

Als Desktop-Hintergrund können Bilder im Format Bitmap (BMP), GIF, JPEG, JPG oder PNG verwendet werden. PowerPoint kann Folien in all diesen Formaten speichern.

1. Wähle den Befehl DATEI|SPEICHERN UNTER. Überlege dir, wohin du das Bild speichern willst, und ändere eventuell den Pfad neben SPEICHERN IN. Geeignet ist beispielsweise der Ordner EIGENE BILDER. Als Dateiname wird wieder STUNDENPLAN.PPTX gezeigt, lasse das ruhig stehen. Das Bild wird dann später STUNDENPLAN.JPG heißen.

2. Neben DATEITYP klickst du auf den Auswahlpfeil und blätterst so weit nach unten, bis JPEG-DATEIAUSTAUSCHFORMAT angezeigt wird; das klickst du an. Das ist eines der Bildformate, die du für den Desktop-Hintergrund verwenden kannst (siehe Abbildung 4.15).

3. Der Dateiname ändert sich jetzt von STUNDENPLAN.PPTX in STUNDENPLAN.JPG.

4. Als Nächstes kommt ein Dialogfenster mit der Frage, ob du alle Folien in dieser Präsentation oder nur die aktuelle Folie als Bild speichern möchtest. Da wir sowieso nur eine Folie in der Präsentation haben, spielt es keine Rolle. Klicke auf NUR AKTUELLE FOLIE.

5. Schließe jetzt die Stundenplan-Datei und minimiere oder beende PowerPoint.

Lass dich nicht irritieren, dass PowerPoint das Bildformat einmal JPG und ein anderes Mal JPEG nennt. Es ist beide Male das gleiche Bildformat gemeint.

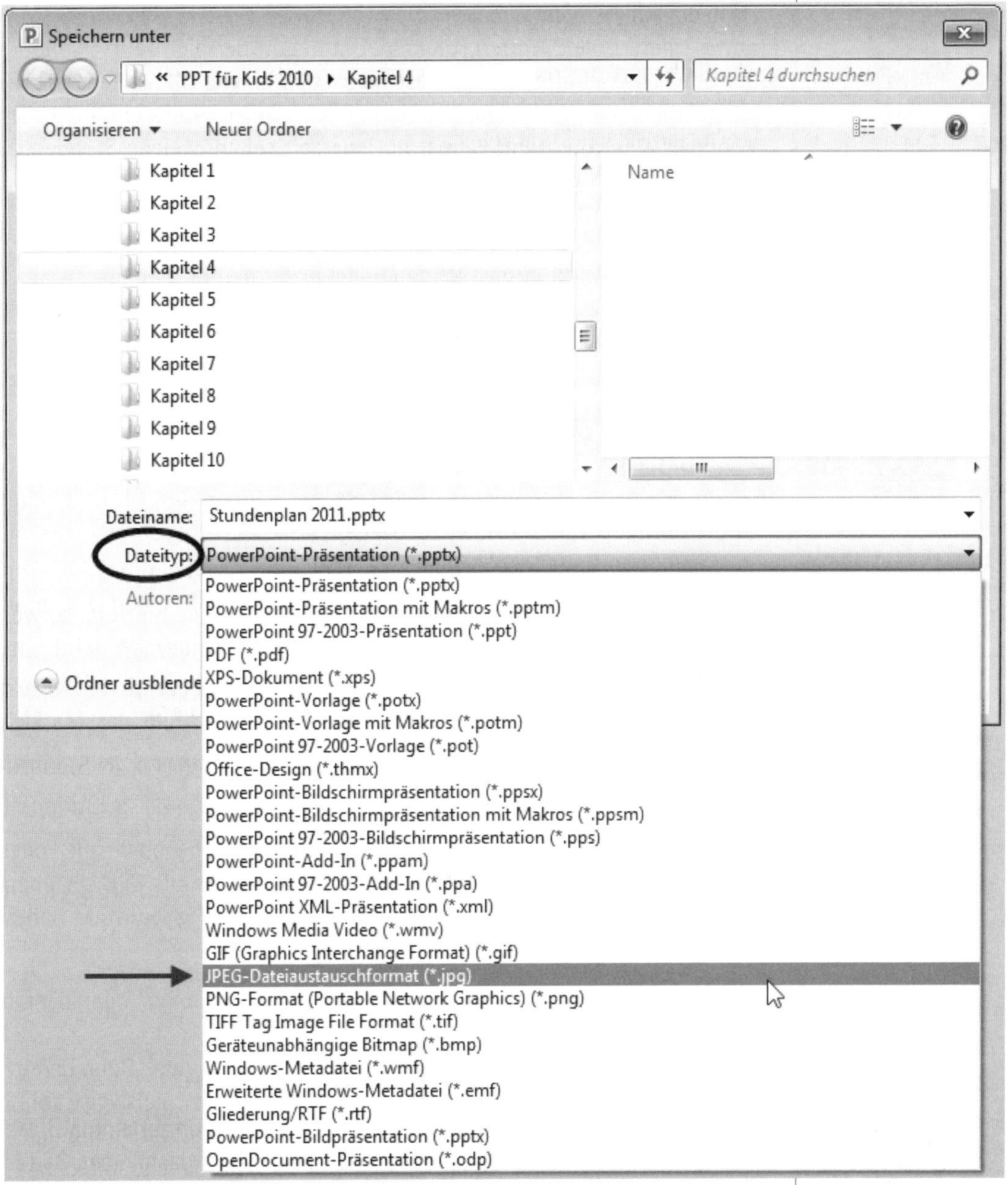

Praktisches mit PowerPoint

Abb. 4.15: Speichern einer Folie im Format JPG

Kapitel | Tabellen und Pläne

4

Desktophintergrund Diashow

Der erste Schritt ist damit abgeschlossen. Du hast aus einer Folie ein Bild im Format JPG erstellt. Die Folie existiert jetzt zweimal: einmal als PowerPoint-Präsentation mit der Dateiendung PPTX und einmal als Bild mit der Dateiendung JPG. Für den Desktop-Hintergrund brauchst du gleich das JPG-Bild.

1. Minimiere oder beende alle geöffneten Programme, damit du den Windows-Desktop sehen kannst.

2. Klicke mit der rechten Maustaste auf eine freie Stelle des Desktops und wähle den Befehl ANPASSEN. Unten findest du das Symbol DESKTOPHINTERGRUND, klicke es an.

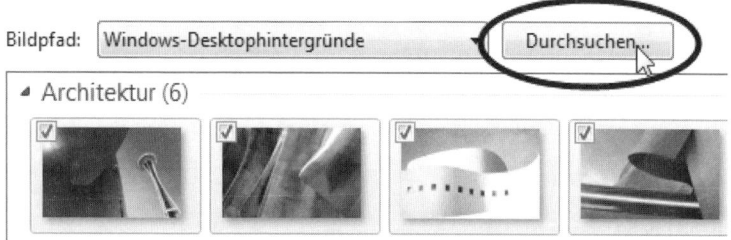

Abb. 4.16:
Eigene Bilder für den Desktophintergrund suchen

3. Suche jetzt nach dem Ordner, in den du aus PowerPoint das JPG-Bild gespeichert hast. Klicke auf DURCHSUCHEN… und öffne den Ordner, in dem das Bild gespeichert ist.

4. Alle Bilder aus diesem Ordner werden jetzt angezeigt. Klicke auf STUNDENPLAN.JPG. Jetzt sollte nur noch für dieses Bild das Markierungshäkchen gesetzt sein.

5. Wähle als BILDPOSITION entweder ANGEPASST oder ZENTRIERT. Du musst ausprobieren, was besser aussieht.

6. Klicke auf ÄNDERUNGEN SPEICHERN. Ab sofort wird der Stundenplan auf dem Desktop angezeigt.

Vokabeln: Lernen mit Tabellen

Lernst du gemeinsam mit Freunden und Klassenkameraden? Dann bereite doch eine Präsentation vor, mit der ihr lernen könnt. Beispielsweise könnt ihr in die unregelmäßigen englischen Verben ein wenig System bringen – mit System lernt es sich nämlich viel einfacher! Für manche unregelmäßige Verben sind alle drei Zeitformen identisch, für andere sind Past tense

Praktisches mit PowerPoint

und Past participle gleich. Ihr werdet die Verben viel besser behalten, wenn ihr sie nach einem bestimmten Muster aufschreibt.

Zum Üben: Tabellen für das System

Du bereitest die Tabellen vor, ausgefüllt werden sie dann gemeinsam. Erstelle eine neue Präsentation und ändere das Folienlayout für die erste Tabelle auf TITEL UND INHALT. Da wir keinen Folientitel benötigen, klicke auf den Rand des Platzhalters für den Folientitel und drücke `Entf`, um ihn zu löschen. Jetzt darfst du nur noch das Platzhalterfeld für den Text auf der Folie haben.

Erstelle mit Klick auf TABELLE EINFÜGEN eine Tabelle mit drei Spalten und sieben Zeilen. Schreibe in die erste Zeile als Überschrift Infinitive, Past tense und Past participle.

Ziehe die Tabelle nach oben und unten größer, indem du den Mauszeiger auf die drei Punkte am oberen Tabellenrand setzt und die Maus nach oben ziehst. Genauso machst du es mit den drei Punkten am unteren Tabellenrand.

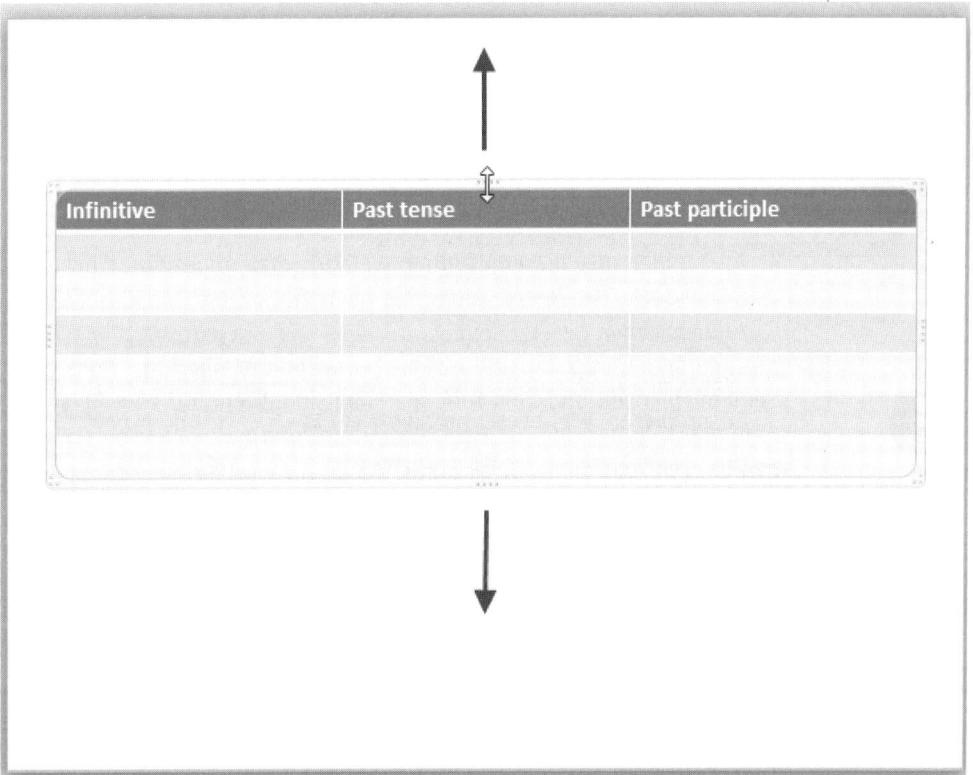

Abb. 4.17: Vergrößere die Tabelle nach oben und unten.

Kapitel 4

Tabellen und Pläne

Markiere die ganze Tabelle und stelle ein, dass alle Einträge linksbündig und vertikal mittig sind. Beide Befehle findest du unter START|ABSATZ: TEXT LINKSBÜNDIG AUSRICHTEN und TEXT AUSRICHTEN|MITTE.

Damit nicht ständig die englischen Worte als Rechtschreibfehler rot unterstrichen werden, stellst du am besten die Sprache auf *Englisch* um.

1. Markiere die ganze Tabelle durch einen Klick auf den Rand der Tabelle. Jetzt blinkt nirgendwo mehr der Cursor.

2. Klicke einmal unten in der Statuszeile auf DEUTSCH (DEUTSCHLAND); das ist die Sprache für die Rechtschreibprüfung.

3. Suche aus der Liste der Sprachen entweder ENGLISCH (GROSSBRITANNIEN) oder ENGLISCH (USA). Klicke dann auf OK, um die neue Rechtschreibsprache zu bestätigen.

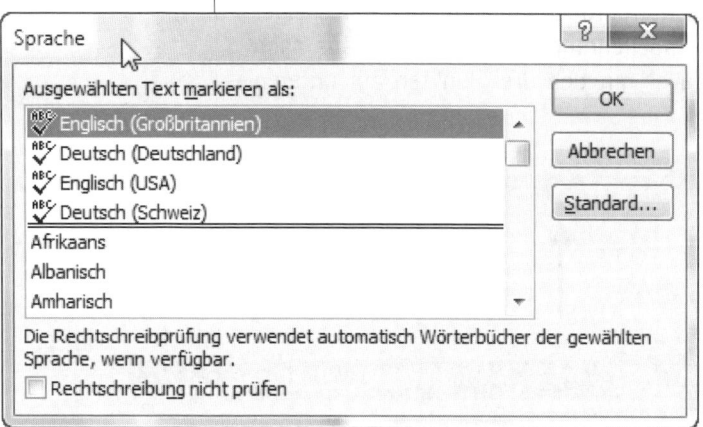

Abb. 4.18:
Auswahl der Rechtschreibsprache für die Tabelle

Auf deinem Computer sind nur die Sprachen installiert, die links mit einem Häkchen und dem ABC markiert sind. Wenn du zum Beispiel Albanisch lernst und die Rechtschreibprüfung auf Albanisch stellen willst, geht das nicht. Diese Sprache musst du kaufen.

Das ist jetzt die Basistabelle, die du insgesamt sechs Mal brauchst. Kopiere die Folie also fünf Mal. Weißt du noch, wie das geht? Markiere die Folie im linken Übersichtsbereich und drücke so oft `Strg`+`⇧`+`D`, bis du sechs Folien hast. Gehe auf die erste Folie.

Es gibt viele unregelmäßige Verben, die für Past tense und Past participle Endungen auf »ought« oder »aught« haben: fight – fought – fought, buy – bought – bought, catch – caught – caught. Das soll das Beispiel für die

Praktisches mit PowerPoint

erste Gruppe sein. Schreibe die Verben in die Tabelle und hebe die beiden Spalten farbig hervor, die identische Formen haben.

1. Markiere die mittlere und die rechte Spalte.
2. Wähle TABELLENTOOLS|ENTWURF|SCHATTIERUNG. Klappe die Auswahlliste für die Farben auf. Wähle zum Beispiel ein helles Rot.
3. Markiere die erste Spalte und färbe sie hellblau oder hellgrau ein.

Infinitive	Past tense	Past participle
bring	brought	brought
fight	fought	fought

Abb. 4.19: Für die erste Gruppe der Vokabeln ist die mittlere und rechte Spalte identisch.

Welche Muster gibt es noch? Vokabeln, die für alle Zeiten gleich lauten (cut – cut – cut), und solche, die in Infinitive und Past participle gleich sind (come – came – come). Schreibe die Vokabeln in die nächsten Tabellen und markiere immer die Spalten in der gleichen Farbe, die gleiche Wörter enthalten. Einige Vokabeln sind in Infinitive und Past participle nicht ganz identisch, aber ziemlich ähnlich (eat – ate – eaten, write – wrote – written). Du kannst das markieren, indem du die Spalte »Past participle« nicht in der genau gleichen Farbe füllst, sondern etwas heller oder dunkler.

Kapitel 4 — Tabellen und Pläne

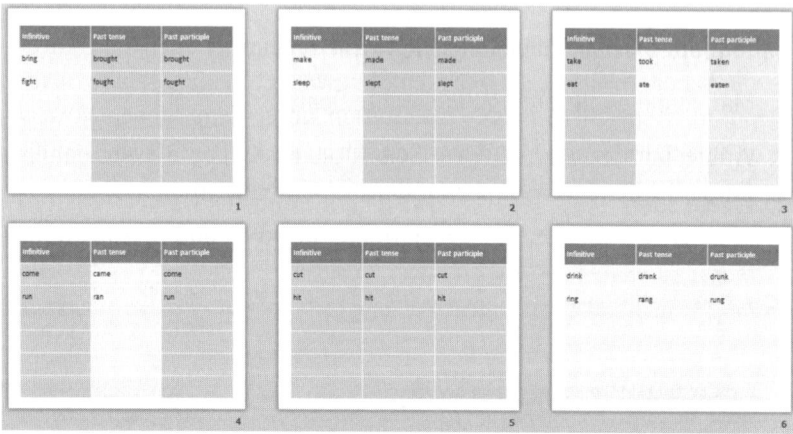

Abb. 4.20: Sechs Mustertabellen für unregelmäßige Verben

Ich habe dir auf der CD zum Buch ein paar Beispieltabellen vorgegeben. Und ich bin ganz sicher, wenn du mit deinen Freunden überlegst, fallen euch noch mehr Muster ein.

◇ Tabelle 1 und 2 haben für Past tense und Past participle gleiche Formen.

◇ Tabelle 3 hat für Infinitive und Past participle nicht genau gleiche, aber sehr ähnliche Wörter.

◇ In Tabelle 4 sind Infinitive und Past participle identisch.

◇ In Tabelle 5 sind die Formen für alle Zeiten gleich und in Tabelle 6 sind sie für alle Zeiten unterschiedlich.

Speichere die Präsentation. Beim gemeinsamen Lernen zeigst du auf dem Bildschirm die Präsentation und ihr überlegt gemeinsam, wie viele Verben ihr für die erste Folie findet. Jeder schreibt die Verben auf einen Zettel. Dann wechselst du auf die zweite Folie und ihr schreibt die Verben auf, die dazu passen. Kontrolliert immer mit einem Wörterbuch, ob ihr auch alles richtig schreibt!

Üben und kontrollieren: ein Lernspiel mit PowerPoint

Du kannst aus den Tabellen auch ein Spiel gegen die Zeit basteln. Das kannst du alleine spielen, um zu üben, oder in einer Gruppe. Die Bildschirmpräsentation soll jede Folie drei oder fünf Minuten lang zeigen, dann einen lauten Ton abspielen und die nächste Folie anzeigen. Du ergänzt so schnell wie möglich die fehlenden Zeiten. Sobald der Ton ertönt, ist die Zeit um und du siehst die nächste Folie.

Praktisches mit PowerPoint

Zuerst die Vorarbeit:

1. Schreibe aus den Verbtabellen aus deinem Englischbuch die Verben in die Tabellen. Ordne sie den richtigen Mustern zu. Fülle alle Spalten aus und speichere diese Präsentation unter dem Namen VOKABELN KONTROLLE.PPTX.

2. Wähle dann DATEI|SPEICHERN UNTER und vergib den Namen `Vokabeln Lernspiel.pptx`. In diesen Tabellen löschst du einzelne Wörter, die musst du später wissen.

Infinitive	Past tense	Past participle
bring		
fight		
buy		
catch		
think		

Infinitive	Past tense	Past participle
make		
sleep		
	swum	swum
begin		
	found	found
	got	got

Abb. 4.21: Zwei Folien für das Spiel, bei denen einige Verbformen fehlen

Die Grundtechnik für das Spiel hast du in Kapitel 3 schon gelernt: Du brauchst Folienübergänge. Und so baust du das Spiel:

1. Beginne mit der ersten Folie und rufe das Register ÜBERGÄNGE auf.

2. Suche dir einen Folienübergang aus, der dir gefällt; zum Beispiel KIPPEN.

3. In der Rubrik NÄCHSTE FOLIE nimmst du das Häkchen heraus vor BEI MAUSKLICK. Stattdessen machst du ein Häkchen direkt darunter bei NACH und wählst aus, wie lange du diese Folie sehen willst. In dieser Zeit musst du alle Lücken füllen können, stelle drei Minuten ein.

Die Zeit wird in Sekunden angezeigt. Du musst die Zahl 3 vor den Doppelpunkt schreiben oder so lange den Pfeil nach oben anklicken, bis die »3« vor dem Doppelpunkt erscheint.

Kapitel 4 — Tabellen und Pläne

4. Gehe jetzt auf die zweite Folie und stelle dort genauso einen Folienübergang ein. Das muss nicht der gleiche wie für die erste Folie ein. Stelle wieder eine Zeit ein. Vielleicht brauchst du für diese Folie mehr Zeit, dann wähle nicht drei, sondern fünf Minuten.

Nächste Folie
☐ Bei Mausklick
☑ Nach: 03:00,00

5. Stelle noch einen Ton ein. Wähle neben SOUND aus der Auswahlliste einen Ton, der schön laut ist, zum Beispiel TROMMELWIRBEL oder GLOCKEN.

Mache es für alle weiteren Folien genauso: Übergang aussuchen, Zeit einstellen und einen Ton aussuchen. Zum Schluss speichere die Präsentation.

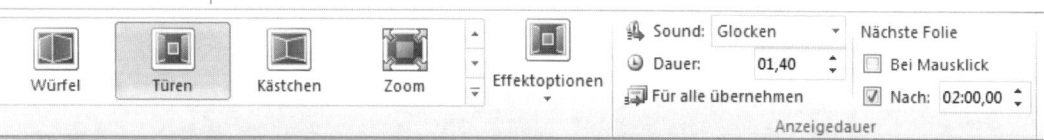

Abb. 4.22: Die Einstellungen für eine Folie mit Übergang, Sound und einer Zeit

Jetzt startest du die Bildschirmpräsentation mit [F5] und schreibst für jede Folie die fehlenden Wörter auf. Wenn der Sound ertönt, musst du mit dieser Folie Schluss machen und die nächsten Vokabeln aufschreiben. Kontrolliere zum Schluss, ob du es richtig gemacht hast.

Planung für ein Schulfest

Für Planungen sind Tabellen ideal geeignet: Zeitpläne, Einsatzpläne, Anwesenheitslisten, Einkaufslisten. All das schreibst du am besten in eine Tabelle.

Bei der Vorbereitung für ein Schulfest fallen viele solcher Planungen an. So muss zum Beispiel überlegt werden, bis wann bestimmte Aufgaben unbedingt erledigt sein müssen und wer dafür zuständig ist. Dann gibt es einen Plan, wer während des Festes was tun soll.

Eine Präsentation kannst du benutzen, um schon während der Vorbereitung Pläne zu erstellen. Wenn alles fertig ist, können die Pläne ausgedruckt und an das Schwarze Brett gehängt werden oder auf einem PC als Information ständig ablaufen.

Planung für ein Schulfest

Auf der Buch-CD findest du im Ordner zu diesem Kapitel eine Vorlage mit Nele, Tom und Buffy. Wir werden sie gleich verwenden, um damit eine neue Präsentation zu erstellen. Lege also schon einmal die CD in das Laufwerk!

Zeitplan: Tabelle für die Planung

Erstelle eine neue Präsentation, die auf der Vorlage KIDS.POTX beruht. Du darfst die Vorlage nicht öffnen, sondern musst eine neue Datei auf der Grundlage der Vorlage erstellen. Das geht so:

1. Klicke auf DATEI|NEU|NEU AUS VORHANDENEM.
2. Suche nach dem Laufwerk, in dem die Buch-CD steckt, und öffne den Ordner KAPITEL 4. Markiere die Datei KIDS.POTX und klicke auf NEU ERSTELLEN.

Die Datei KIDS.POTX ist eine Vorlage, keine normale Präsentationsdatei. Du siehst das an der Dateiendung POTX, eine normale Präsentation hat die Endung PPTX. Eine Vorlage solltest du nicht öffnen, damit du sie nicht versehentlich überschreibst oder änderst. Das Muster bleibt immer unberührt, du arbeitest nur mit einer Kopie des Musters. Ganz schnell erzeugst du eine Kopie von einer Vorlage, wenn du sie im Explorer doppelt anklickst.

Kapitel 4

Tabellen und Pläne

Schreibe auf die Titelfolie Planung Schulfest, darunter das Datum und den Namen der Gruppe, die das Fest plant.

Erstelle eine neue Folie mit dem Folienlayout TITEL UND INHALT. Die Überschrift ist Zeitplan. Klicke in der Folie auf das Symbol für TABELLE EINFÜGEN und erstelle eine Tabelle mit fünf Spalten und sieben Zeilen.

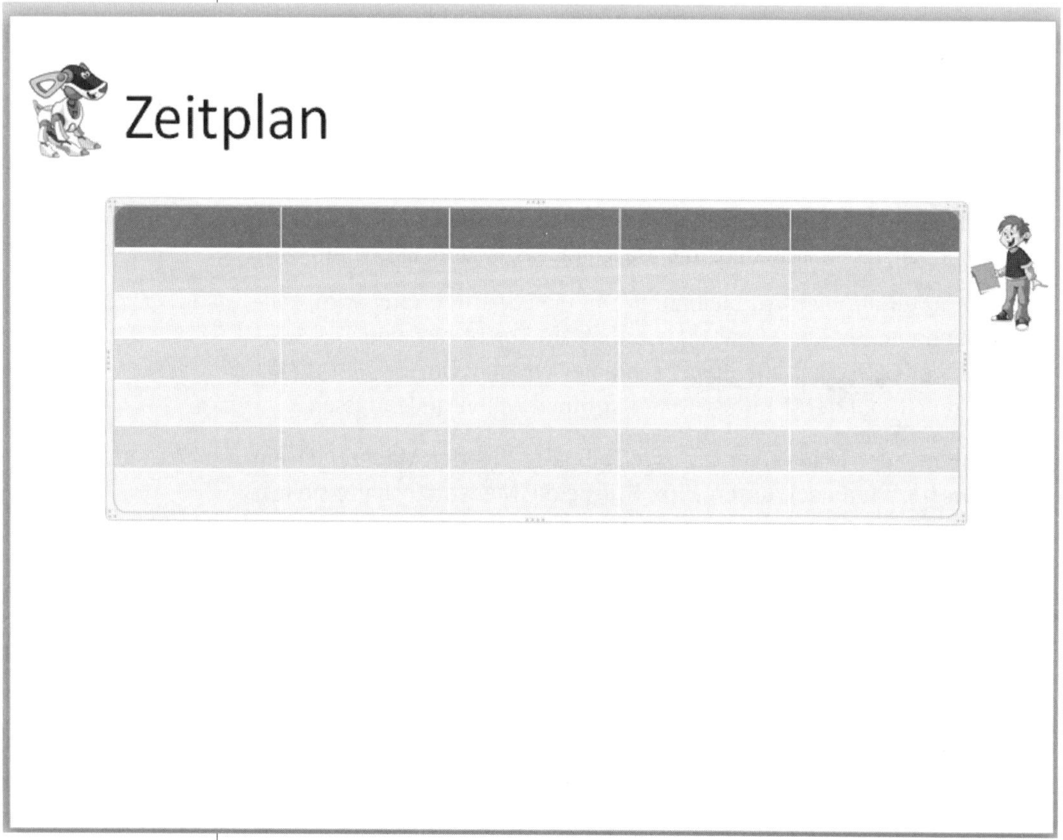

Abb. 4.23: Der leere Zeitplan

Spalten: breiter, schmaler, gleich breit

Die erste Spalte muss sehr viel breiter werden als die anderen, dort sollen die Aufgaben Platz finden, die zu erledigen sind.

1. Zeige mit der Maus auf den senkrechten Strich am rechten Rand der Spalte. Der Mauszeiger sieht dort aus wie ein senkrechter Balken mit einem Pfeil nach links und rechts. Du siehst in der kleinen Abbildung, wie der Mauszeiger aussehen muss.

Planung für ein Schulfest

2. Wenn der Mauszeiger die richtige Form angenommen hat, drücke und halte die linke Maustaste und ziehe den Strich so weit nach rechts, wie es geht. Die erste Spalte muss so breit wie möglich werden, die zweite wird ganz schmal.

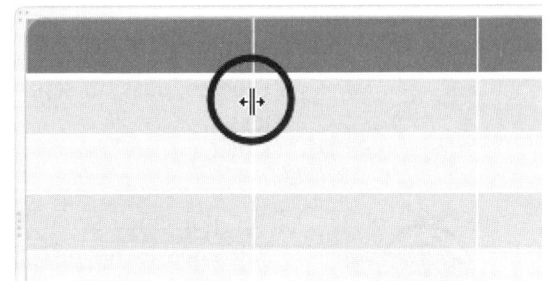

*Abb. 4.24:
So sieht der Mauszeiger beim Ändern der Spaltenbreite aus.*

Das kann natürlich nicht so bleiben! Wenn eine Spalte breiter wird, sollten alle anderen Spalten etwas Platz opfern und nicht nur eine. Die Spalten zwei bis fünf sollen alle etwas schmaler werden. Dazu musst du die Spalten zuerst markieren und sie dann automatisch verteilen lassen.

1. Zeige mit der Maus über die zweite Spalte, bis der Mauszeiger ein schwarzer Pfeil nach unten wird. Drücke die Maustaste, halte sie fest und markiere die Spalten zwei bis fünf.

2. Wähle im Register TABELLENTOOLS|LAYOUT den Befehl ZELLEN-GRÖSSE|SPALTEN VERTEILEN.

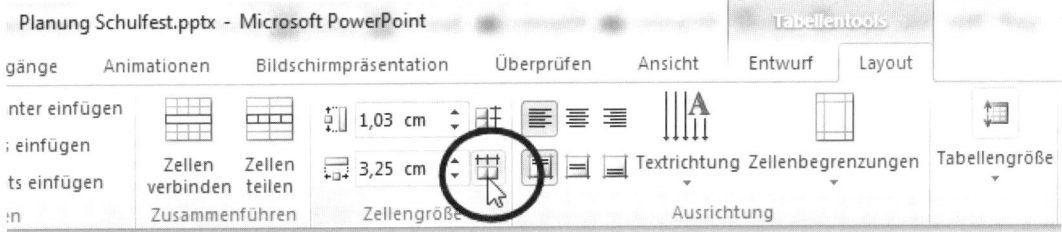

Abb. 4.25: Das Symbol SPALTEN VERTEILEN sorgt dafür, dass alle Spalten gleich breit sind.

Du musst jetzt eine breite erste Spalte haben und vier etwas schmalere Spalten.

In die erste Zeile kommen ab Spalte 2 die Termine, die einzuhalten sind: 02.05., 09.05., 16.05. und 23.05.. In die erste Spalte schreibst du ab Zeile 2 die Aufgaben: Plakate malen, Lose drucken, Sponsoren anschreiben, Kinderspiele, Dekoration, Kuchen backen.

Kapitel 4

Tabellen und Pläne

Was muss bis wann erledigt sein? Und was muss zuerst, was danach gemacht werden? Ihr könnt erst Lose drucken, wenn ihr wisst, welche Preise die Sponsoren spendieren. Auch Plakate können erst gedruckt werden, wenn alle Sponsoren feststehen. Aber Kinderspiele können schon vorher vorbereitet werden. Dekoration und Kuchen backen sind erst kurz vor dem Fest möglich.

Schreibe die Tabelle so, wie du es in der Abbildung siehst. Fülle auch die Zellen so, dass du sehen kannst, wann welche Aufgabe erledigt werden muss.

> Es gibt einen schnellen Weg, mehrere Zellen nacheinander mit der gleichen Farbe zu füllen. Klicke in die erste Zelle und fülle sie mit einer Farbe. Klicke dann in die zweite Zelle und drücke F4. Diese Taste steht in allen Office-Programmen für den Befehl WIEDERHOLEN.

Zeitplan

	02.05.	09.05.	16.05.	23.05.
Plakate malen			■	
Lose drucken			■	
Sponsoren anschreiben	■	■		
Kinderspiele		■	■	
Dekoration				■
Kuchen backen				■

Abb. 4.26: Der fast fertige Zeitplan

Planung für ein Schulfest

Nacharbeit: Zeilen verschieben

Ungünstig ist, dass die Aufgabe »Sponsoren anschreiben« mitten in der Tabelle steht; sie ist eine der ersten Aufgaben, die zu erledigen ist. Übersichtlicher ist es, wenn diese Zeile an den Anfang verschoben wird.

1. Markiere die vierte Zeile, indem du die Maus vor die Zeile setzt, bis der Mauszeiger ein schwarzer Pfeil geworden ist. Klicke einmal.

2. Schneide die Zellen aus. Du kannst das Symbol START|AUSSCHNEIDEN verwenden oder [Strg]+[X] drücken.

3. Klicke vor den Text der zweiten Zeile, der Cursor muss in meinem Beispiel vor dem Word »Plakate« blinken. Kontrolliere, dass der Cursor richtig steht!

4. Füge die Zeilen wieder ein. Du kannst das Symbol START|EINFÜGEN verwenden oder [Strg]+[V] drücken.

Die vierte Zeile ist zur zweiten geworden, alle anderen Zeilen werden nach unten verschoben.

> Zeilen oder Spalten markierst du, indem du den Mauszeiger links vor die Zeile oder oben über die Spalte setzt. Der Mauszeiger wird ein dicker schwarzer Pfeil, der vor der Zeile nach rechts und über der Spalte nach unten zeigt.
>
> Es gibt aber auch dafür einen Befehl. Du findest ihn unter TABELLEN-TOOLS|LAYOUT|AUSWÄHLEN. Denke daran, dass das Register TABELLEN-TOOLS nur angezeigt wird, wenn der Cursor in einer Tabelle steht.

Noch eine Ergänzung braucht unsere Tabelle: Es fehlt noch der Name desjenigen, der die Aufgabe erledigen soll. Füge rechts von der ersten Spalte eine weitere Spalte ein.

1. Klicke in die erste Spalte.

2. Wähle TABELLENTOOLS|LAYOUT|ZEILEN UND SPALTEN|RECHTS EINFÜGEN (siehe Abbildung 4.27).

Trage die Namen in die neue Spalte ein. Anschließend ziehst du mit der Maus am unteren Rand der Tabelle nach unten, so dass die Tabelle die Folie ganz ausfüllt. Damit es ganz hübsch wird, sorgst du zum Schluss noch dafür, dass alle Zeilen gleich hoch sind.

Kapitel 4

Tabellen und Pläne

1. Markiere die Zeilen zwei bis sieben.
2. Klicke auf TABELLENTOOLS|LAYOUT|ZELLENGRÖSSE|ZEILEN VERTEILEN.

Speichern und fertig ist die Zeitplanung!

Zeitplan

		02.05.	09.05.	16.05.	23.05.
Plakate malen	Thorsten, Sabine und Kai			■	
Lose drucken	Marion und Gabi			■	
Sponsoren anschreiben	Kai, Gabi, Susanne und Tim	■	■		
Kinderspiele	Nele, Gabi, Marion und Thorsten		■	■	
Dekoration	Thorsten, Sabine und Nele				■
Kuchen backen	Tim, Nele und Marion				■

Abb. 4.27: Der fertige Zeitplan

Ein Blick zurück

Spalten lassen sich breiter und schmaler ziehen. Das geht mit der Maus, die auf einen senkrechten Strich zwischen zwei Spalten zeigen muss. Mit gedrückter linker Maustaste ziehst du den Strich nach links oder rechts, um die Spalte breiter oder schmaler zu machen.

Auf dem Register TABELLENTOOLS|LAYOUT|ZELLENGRÖSSE findest du die Befehle, um Spalten oder Zeilen gleich groß zu machen:

◇ Um alle Spalten gleich breit zu machen, markierst du sie und wählst SPALTEN VERTEILEN.

◇ Um alle Zeilen gleich hoch zu machen, markierst du sie und wählst ZEILEN VERTEILEN.

Planung für ein Schulfest

Wenn du Spalten oder Zeilen verschieben möchtest, schneidest du sie mit Strg + X aus und fügst sie mit Strg + V an der neuen Stelle ein.

Farbe oder nicht: Tabellenformatvorlagen

Die nächste Folie ist für die Planung der Kinderbetreuung. Ihr wollt für die kleinen Geschwister an drei Orten etwas bieten: Turnhalle, Schulhof und in einem Klassenraum. Zu unterschiedlichen Zeiten beginnen dort verschiedene Spiele und Vorführungen.

Erstelle eine neue Folie mit dem Layout TITEL UND LAYOUT und füge eine Tabelle mit vier Spalten und acht Zeilen ein. Ziehe die erste Spalte schmaler als die übrigen, in diese Spalte müssen nur zwei Zahlen hineinpassen. Markiere die restlichen drei Spalten und verteile sie gleichmäßig. In die erste Zeile schreibst du ab Spalte 2 die Überschriften Schulhof, Turnhalle und Klasse 7b. In die erste Spalte kommen ab Zelle 2 die Uhrzeiten in Kurzform 12, 13 und so weiter. Ziehe die Tabelle am unteren Rand so groß, dass unten noch ein Rand bleibt. Jetzt sieht die Tabelle so aus wie in der Abbildung.

Kinderbetreuung

	Schulhof	Turnhalle	Klasse 7b
12			
13			
14			
15			
16			
17			
18			

Abb. 4.28: Der Plan für die Kinderspiele ist noch leer.

Kapitel 4

Tabellen und Pläne

Trage in die Zellen ein, was wo passiert. Auf dem Schulhof ist ein Slalom-Parcours aufgebaut, in der Turnhalle gibt es Jonglieren und Ballspiele, im Klassenzimmer wird ein Kasperle-Theater gezeigt. Übe dabei auch noch einmal das Verbinden von Zellen, wie du es am Anfang des Kapitels mit deinem Stundenplan schon gelernt hast.

Wenn alles eingetragen ist, markierst du die ganze Tabelle. Vergrößere die Schrift auf 24 pt. Findest du das Symbol noch? Es ist unter START|SCHRIFTART zu finden. Zum Schluss soll der fertige Plan so aussehen wie in der Abbildung.

Kinderbetreuung

	Schulhof	Turnhalle	Klasse 7b
12	Slalom-Parcour	Jonglieren	Malen
13		Ballspielen	Kasperle-Theater
14	Frisbee	Jonglieren	
15	Besuch im Schulgarten	Ballspielen	Origami
16		Trampolin-springen	Basteln
17	Luftballon		Kasperle-Theater
18		Jonglieren	

Abb. 4.29:
Der fast fertige Terminplan für die Kinderbetreuung

PowerPoint trennt keine Wörter. Wenn ein Wort sehr lang ist wie »Trampolinspringen«, musst du an der richtigen Stelle einen Bindestrich tippen.

Nicht jeder geplante Programmpunkt ist für jede Altersgruppe geeignet. Für Kinder ab drei Jahren gibt es Kasperle-Theater, Basteln, Ballspiele und so weiter; für die Kinder ab sechs Jahren gibt es Trampolinspringen, Origami oder Jonglieren. Das soll durch zwei verschiedene Farben gezeigt werden: ab drei Jahre gelb, ab sechs Jahre grün.

Dafür ist unsere Tabelle aber ungeeignet. Die Farben, die PowerPoint automatisch vorgibt, stören. Zuerst wählst du darum ein Tabellenformat

Planung für ein Schulfest

ohne Füllfarben, dann weist du deine eigenen Farben zu. Klicke in die Tabelle, damit das Kontextregister TABELLENTOOLS|ENTWURF angezeigt wird.

1. Klicke bei den TABELLENFORMATVORLAGEN auf den Auswahlpfeil, um alle Vorlagen zu sehen. Wähle eine Vorlage, die nur für die Überschrift eine Füllfarbe hat. In der Abbildung habe ich eine Reihe markiert, die sich sehr gut eignet.

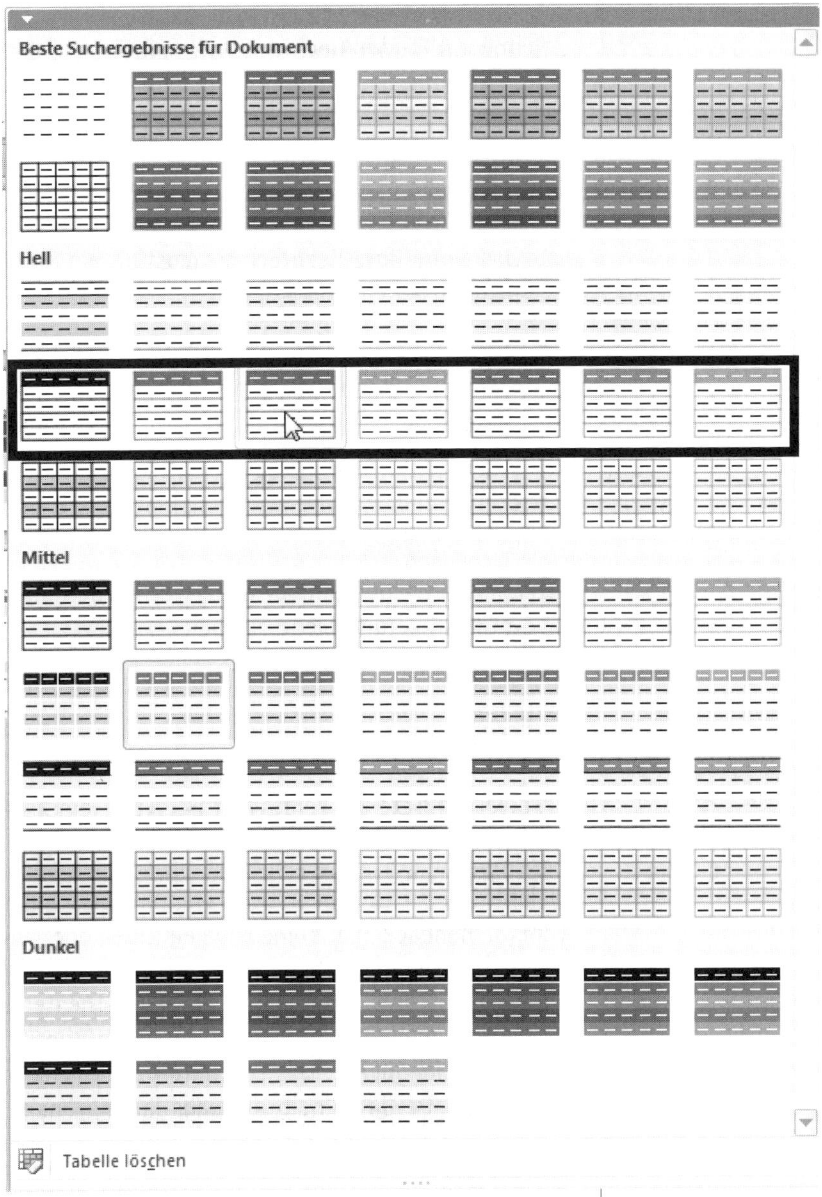

Abb. 4.30: Wähle eine Tabellenformatvorlage ohne Füllfarbe.

Kapitel 4 — Tabellen und Pläne

2. Färbe die erste Zelle für Kinder ab drei Jahren mit einer gelben Füllfarbe. Klicke in die nächste Zelle für Dreijährige und wiederhole den Befehl mit F4.

3. Färbe jetzt die Zellen für Kinder ab sechs Jahren mit grüner Füllfarbe.

Damit jeder weiß, was die Farben bedeuten, brauchst du noch eine Legende unter der Tabelle. Legenden geben Erklärungen für Farben oder für Symbole.

Zeichne ein kleines Rechteck unter die Tabelle und schreibe den Text Ab 6 hinein. Fülle das Rechteck mit dem Grün, das du auch in der Tabelle benutzt hast. Davon brauchst du eine Kopie, die genau daneben steht.

1. Klicke das Rechteck an und kopiere es: Strg+C. Füge es anschließend ein: Strg+V.

2. Das eingefügte Rechteck schiebst du ein Stückchen nach rechts, bis beide nebeneinander stehen.

3. Das zweite Kästchen bekommt den Text Ab 3 und wird gelb gefüllt. Wenn die Schrift weiß ist, färbe sie schwarz! Markiere jetzt beide Rechtecke.

4. Wähle START|ZEICHNUNG|ANORDNEN. Zeige dort auf AUSRICHTEN und klicke dann auf OBEN AUSRICHTEN. Jetzt stehen die Rechtecke genau nebeneinander.

Jetzt hast du noch einmal ganz viel wiederholt, was du über Tabellen gelernt hast. Vergiss nicht, zu speichern!

Die Übersicht kannst du am Computer zeigen oder sie ausdrucken und verteilen.

Infostand: automatische Präsentation

Bestimmt fällt dir noch viel mehr ein, was alles geplant werden muss und welche Übersichten gebraucht werden. Beispielsweise kannst du Fotos vom Kuchenbacken auf eine Folie einfügen oder einen Ablaufplan für den Abend machen.

Diese Präsentation speicherst du zum Schluss noch einmal ab. Sie kann jetzt für mehrere Dinge verwendet werden:

1. Ausdrucke der Zeitpläne kannst du ans Schwarze Brett hängen.

2. Jedem, der etwas organisieren muss, gibst du einen Zeitplan mit.

Planung für ein Schulfest

3. Übersichtspläne über das Kinderprogramm legst du den Einladungen für die Eltern bei.
4. In der Aula könnt ihr einen Computer aufstellen, auf dem die Präsentation den ganzen Tag läuft. Dort kann jeder nachschauen, wann was geplant ist.

> Präsentationen, die Informationen anzeigen, werden von vielen Firmen eingesetzt. Du hast das vielleicht schon einmal im Schaufenster einer Apotheke gesehen oder in einem Hotel. Die Apotheken zeigen auf einem Monitor die Notdienst-Zeiten und Adressen der anderen Apotheken in der Stadt an. Im Hotel wird gezeigt, in welchem Raum welche Veranstaltung stattfindet. Die Bildschirmpräsentationen laufen dabei endlos, sie sind nie zu Ende und beginnen immer wieder mit der ersten Folie. Niemand muss dazu weiterklicken oder Tasten drücken. In PowerPoint spricht man davon, dass eine Präsentation im Kioskmodus läuft.

Damit das funktioniert, musst du zuerst für alle Folien deiner Präsentation einen Folienübergang einrichten. Weißt du noch, wo du Übergänge findest? Du hast es in Kapitel 3 ausführlich gesehen.

Suche für jede Folie einen Folienübergang aus und nimm das Häkchen bei ÜBERGÄNGE|NÄCHSTE FOLIE BEI MAUSKLICK heraus. Stelle stattdessen für jede Folie eine Zeit ein. Später wird niemand am PC stehen, der mit der Maus klicken kann – die Folien müssen ganz automatisch eine nach der anderen erscheinen.

Abb. 4.31:
Die Folie wechselt nach
einer Minute.

Trage bei ÜBERGÄNGE|NÄCHSTE FOLIE NACH die Zeit ein, die verstreichen soll, bis die nächste Folie gezeigt wird. Das ist von Folie zu Folie unterschiedlich, mal steht mehr auf der Folie, mal weniger. Du wirst es also für jede Folie einzeln einstellen müssen. Mache es nicht zu schnell, die Zuschauer müssen später Zeit genug haben, um die Folien zu lesen. Wenn für alle Folien die Zeit eingestellt ist, speichere die Präsentation, bevor du weitermachst.

Einige Folien haben wir nur erstellt, weil sie während der Vorbereitung wichtig waren. Während des Schulfestes sollen diese Folien nicht gezeigt

Kapitel Tabellen und Pläne

werden, sie sind für die Besucher nicht wichtig. Du könntest sie löschen – aber das wäre schade, weil du vielleicht später noch etwas nachschauen möchtest. Besser ist, diese Folien vor dem Zeigen auszublenden.

1. Lasse die Foliensortierung anzeigen mit ANSICHT|FOLIENSORTIERUNG oder klicke das Symbol unten rechts in der Statuszeile an.

2. Klicke die Folien, die du nicht zeigen möchtest, mit der rechten Maustaste an.

3. Wähle den Befehl FOLIE AUSBLENDEN.

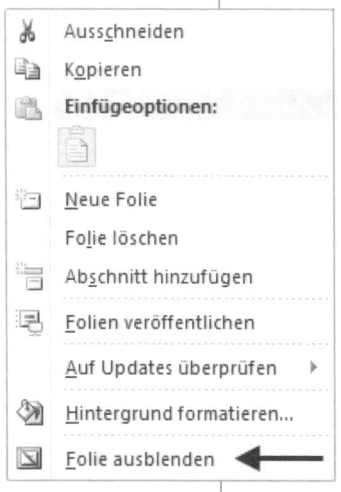

Abb. 4.32: Mit dem Kontextmenü der rechten Maustaste wird die Folie ausgeblendet.

Falls du dich vertan hast, klickst du die Folie noch einmal mit der rechten Maustaste an und klickst wieder auf FOLIE AUSBLENDEN. Der gleiche Befehl schaltet zwischen Ein- und Ausblenden hin und her.

Eine ausgeblendete Folie erkennst du daran, dass die Foliennummer durchgestrichen ist.

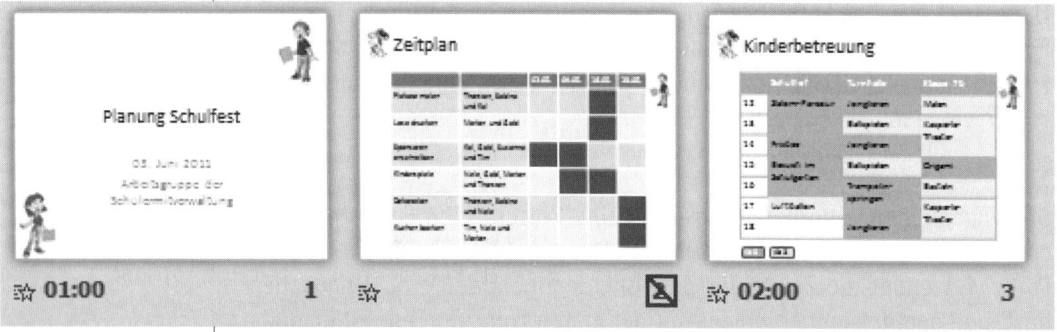

Abb. 4.33: Folie 2 ist ausgeblendet.

Sobald alle Folien ausgeblendet sind, die du den Zuschauern nicht zeigen willst, kannst du die Präsentation für die Endlos-Darstellung einrichten.

1. Klicke auf BILDSCHIRMPRÄSENTATION|BILDSCHIRMPRÄSENTATION EINRICHTEN.

2. In der Rubrik ART DER PRÄSENTATION wählst du ANSICHT AN EINEM KIOSK (VOLLE BILDSCHIRMGRÖSSE).

Planung für ein Schulfest

3. PowerPoint aktiviert automatisch die Option WIEDERHOLEN BIS ESC GEDRÜCKT WIRD. Die Option wird dann grau dargestellt und kann nicht mehr deaktiviert werden. Das ist in Ordnung so.

4. In der Rubrik FOLIEN ANZEIGEN muss der Punkt bei ALLE stehen und bei NÄCHSTE FOLIE muss er bei ANZEIGEDAUER VERWENDEN, WENN VORHANDEN stehen.

5. Bestätige alles mit OK.

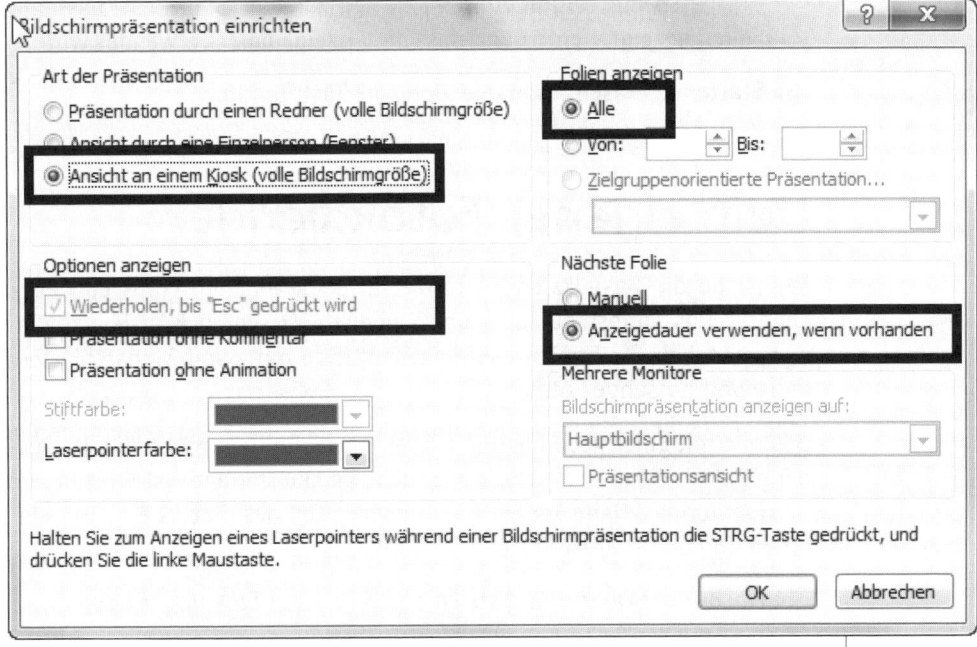

Abb. 4.34: Alle Einstellungen für den Kioskmodus

Das war die ganze Vorbereitung und deine Präsentation ist fertig. Speichere sie und klicke auf BILDSCHIRMPRÄSENTATION|VON BEGINN AN. PowerPoint verwendet die Zeiten für die Folienübergänge, die du eingegeben hast, und beginnt immer wieder mit der ersten Folie. Zu Ende ist die Präsentation erst, wenn du ESC drückst.

Auf dem Schulfest wird die Präsentation auf einem Computer gestartet. Sie beginnt mit der ersten Folie und läuft weiter, ohne dass jemand etwas klicken oder drücken muss. Ist die letzte Folie erreicht, beginnt sie wieder von vorne.

Damit niemand auf ESC drückt und die Präsentation vorzeitig beendet, kannst du nach dem Start der Präsentation die Tastatur abziehen.

Kapitel 4

Tabellen und Pläne

Ein Blick zurück

In diesem Kapitel hast du gelernt, eine Präsentation so vorzubereiten, dass sie ohne menschliches Zutun endlos abläuft und immer wieder von vorne beginnt.

1. Richte zuerst die Folienübergänge mit Zeiten ein, stelle NÄCHSTE FOLIE|BEI MAUSKLICK aus.

2. Aktiviere dann unter BILDSCHIRMPRÄSENTATION|BILDSCHIRMPRÄSENTATION EINRICHTEN die Option ANSICHT AN EINEM KIOSK. Stelle ein, dass alle Folien gezeigt werden und dass die Anzeigedauer verwendet wird.

3. Starte die Präsentation und ziehe die Tastatur ab.

Dein eigener Fotokalender

Kennst du die Bastelkalender, in die du deine eigenen Fotos einkleben kannst? Das kannst du nach ganz eigenem Geschmack in PowerPoint auch erstellen. Du brauchst eine Präsentation mit zwölf Monatsblättern und zwölf passende Fotos.

Beginne mit einer neuen leeren Präsentation. Im Gegensatz zu allen bisherigen Präsentationen wird diese nicht im Querformat erstellt, sondern im Hochformat. Dann kannst du im oberen Teil des Blattes ein Foto einfügen und darunter ist Platz für den Monatskalender.

1. Hoch- oder Querformat stellst du im Register ENTWURF mit dem Symbol FOLIENAUSRICHTUNG ein.

2. Wähle HOCHFORMAT aus.

Querformat ist ideal für die Bildschirmdarstellung, weil unsere Monitore alle querformatig sind. Hochformat verwendet man nur für den Ausdruck. Am Monitor sieht das Hochformat nicht gut aus, weil links und rechts breite schwarze Streifen zu sehen sind.

In PowerPoint gibt es in einer Präsentation entweder alle Folien in Hoch- oder alle in Querformat. In anderen Programmen wie in Word kannst du in einer Datei beide Seitenformate mischen, in PowerPoint geht das nicht.

Dein eigener Fotokalender

Monat für Monat: Ein Musterblatt kopieren

Zuerst erstellst du eine Musterfolie, die du für die Monate kopieren kannst. Die Folie soll das Layout LEER haben. Du brauchst jetzt eine Tabelle für den Monatskalender, aber du hast kein Symbol auf der Folie, wie wir es bisher genutzt haben. Klicke auf EINFÜGEN|TABELLE und dort auf TABELLE EINFÜGEN. Ein Kalenderblatt braucht sieben Spalten und acht Zeilen.

Abb. 4.35:
Das leere erste Kalenderblatt

1. Verschiebe den Kalender in die untere Hälfte der Folie, ziehe an der unteren rechten Ecke nach rechts unten, damit der Kalender fast alles ganz ausfüllt. Es sollen nach unten und zu den Seiten nur schmale Ränder übrig bleiben.

2. Wähle aus TABELLENTOOLS|ENTWURF eine Tabellenformatvorlage aus dem Bereich MITTEL oder DUNKEL.

3. Verbinde in der ersten Zeile alle Zellen zu einer großen. Dort sollen der Monatsname und das Jahr stehen. Formatiere diese große Zelle mit FETT und RECHTSBÜNDIG. Schreibe die Jahreszahl 2011 hinein.

4. Markiere alle übrigen Zellen und stelle die Schriftgröße 14 pt ein.

5. In die zweite Zeile schreibst du die Wochentage abgekürzt: Mo, Di, Mi und so weiter bis So.

Kapitel 4 — Tabellen und Pläne

Speichere die Präsentation, bevor du weiterarbeitest. Dann kopiere diese leere Folie elfmal, zum Schluss musst du zwölf Kalenderblätter haben. Gehe auf die erste Folie und trage die Daten für den Januar ein. Schreibe vor die Jahreszahl den Monatsnamen Januar, der erste Januar 2011 ist ein Samstag, beginne also in der ersten Zeile beim Samstag mit der Ziffer 1 und trage die übrigen Ziffern in die nächsten Zellen ein. Das Gleiche machst du für die übrigen Monate.

Feiertage und deine Schulferien kennzeichnest du am besten gleich mit farbigen Zellen.

Ich habe dir auf die CD zum Buch eine Präsentation gespeichert, auf der die Monatstabellen schon fertig sind. Du musst nur noch die Feiertage und die Ferien farbig füllen.

Passend zum Monat: Hintergrundbilder

Für jeden Monat soll ein Bild eingefügt werden. Bei einem Kalender, dessen Monatsbild du 30 Tage lang anschaust, lohnt es sich, wenn du dir ein bisschen Mühe machst. Wir werden also nicht einfach nur ein simples Bild einfügen, sondern etwas Aufwändigeres machen.

Du findest auf der Buch-CD für jeden Monat ein passendes Bild, du kannst aber auch deine eigenen Bilder nehmen. Achte darauf, dass alle Bilder hochformatig sind. Ein Bild im Querformat würde entweder zu klein oder verzerrt gezeigt.

Abb. 4.36: So soll das Januarblatt aussehen.

Für den Januar legen wir zweimal das gleiche Winterbild aufeinander. Das erste Bild ist so groß wie die ganze Folie, das zweite etwas kleiner.

Dein eigener Fotokalender

Das erste Bild ist blasser, das zweite Bild behält die kräftigen Farben und bekommt einen Bilderrahmen. Probiere es aus, es ist nicht schwer und sieht gut aus.

1. Für das erste Bild klicke auf ENTWURF|HINTERGRUNDFORMATE|HINTERGRUND FORMATIEREN. Klicke in dem Dialog den Befehl BILD- ODER TEXTURFÜLLUNG an.

2. Klicke dann auf die Schaltfläche DATEI..., die gerade erschienen ist, und suche nach dem Januarbild. Markiere es und klicke auf EINFÜGEN. Klicke noch nicht auf SCHLIESSEN!

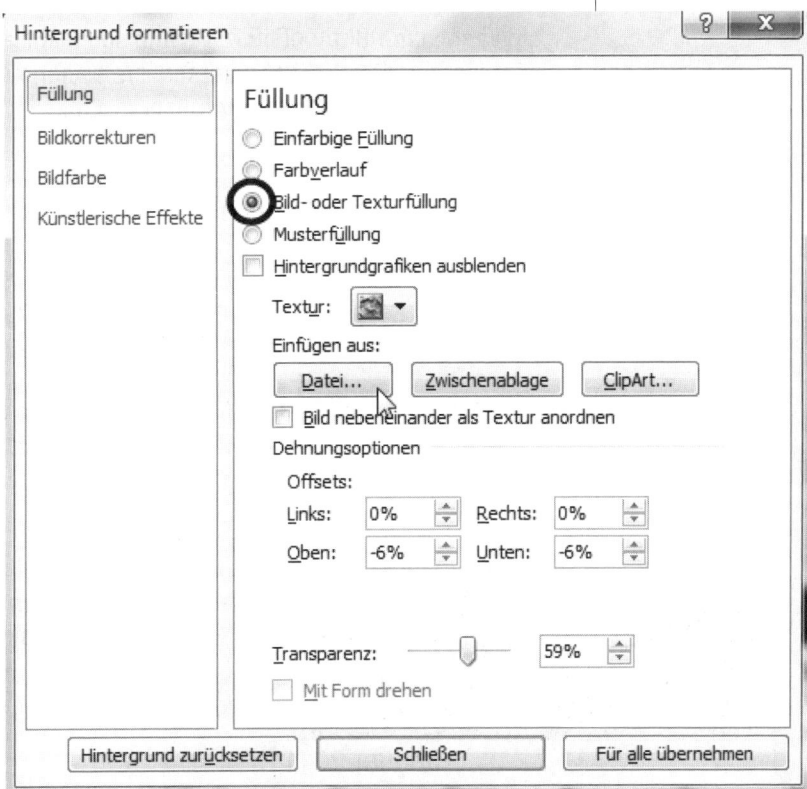

Abb. 4.37:
Das Bild kommt in den Hintergrund der Folie.

3. Schiebe den Regler neben TRANSPARENZ auf ungefähr 55 % – etwas mehr oder weniger ist nicht schlimm.

4. Klicke jetzt auf SCHLIESSEN, damit wird das Bild nur für das Januarblatt übernommen.

Du musst jetzt das Januarblatt mit einem hellen, blassen Winterbild im Hintergrund sehen. Die Tabelle steht darüber.

Kapitel 4 — Tabellen und Pläne

Füge jetzt das gleiche Foto noch einmal ein, dieses Mal aber nicht als Folienhintergrund. Klicke auf EINFÜGEN|GRAFIK, suche nach dem Januar-Bild und klicke auf EINFÜGEN.

Verändere die Größe so, dass das Bild weder zu klein noch zu groß ist. Schiebe das Foto ungefähr in die Folienmitte – es soll gut aussehen, darf also nicht zu tief unter die Tabelle rutschen und nicht zu hoch oben sitzen. Lasse das Bild markiert. Es muss hinter die Tabelle kommen und noch etwas peppiger werden.

1. Wähle START|ANORDNEN|IN DEN HINTERGRUND. Jetzt steht die Tabelle auf dem Bild.

2. Wähle dann BILDTOOLS|FORMAT und suche dir eine der Bildformatvorlagen aus. Das könnte ABGERUNDETE DIAGONALE ECKE sein oder etwas anderes. Ich habe METALLRAHMEN gewählt.

Abb. 4.38:
Hintergrundbild mit dem gleichen Bild im Vordergrund

SmartArts: Schaubilder und Schema

Gespeichert? Gut, dann kannst du dich an die anderen Monate wagen. Füge dort die Bilder entweder nach dem gleichen Muster ein oder denke dir andere Anordnungen aus. Den fertigen Kalender druckst du am besten auf einem stärkeren, weißen Papier aus. Dann kannst du ihn verschenken oder selber aufhängen.

Abb. 4.39: Die ersten drei Monate mit Bildern

SmartArts: Schaubilder und Schema

Mit Tabellen kannst du schon sehr viel darstellen, aber manchmal ist ein Schaubild klarer und übersichtlicher. Eine Zeitaufteilung, eine Aufgabenzuweisung, die Organisation eurer Schule oder dein Stammbaum lässt sich mit einem solchen Schaubild oder Schema sehr viel besser zeigen als mit einer Tabelle.

> Ein Stammbaum wird mit einem Organigramm dargestellt. Du findest so eine Darstellung als Ahnentafel, als Stammbaum in der Biologie, aber auch als Zeichnung für den Aufbau einer Firma. Dann wird oben der Chef eingezeichnet, darunter seine Abteilungsleiter und Mitarbeiter. Das ist die Hierarchie der Firma. Unter diesen Namen findest du diese Schaubilder: Hierarchische Darstellung oder Organigramm.

Kapitel 4 — Tabellen und Pläne

Ein Baby wird geboren: Stammbaum

Die Taufe eines Babys ist ein guter Anlass, seinen Stammbaum zu zeichnen und auf der Feier zu zeigen. Du brauchst dazu natürlich den Namen des Babys, dann die Namen seiner Eltern und die Namen von deren Eltern, also den Großeltern. Wenn du noch die Namen der Urgroßeltern herausfindest, wird es spannend.

Du startest mit einer neuen Präsentation und einer Titelfolie für die Begrüßung. Suche dir ein hübsches Design und dekoriere die Titelfolie bunt und lustig: Die Geburt eines Babys darfst du mit viel Farbe feiern. Hast du ein Foto des neuen Familienmitglieds? Dann füge es auf die Titelfolie ein. Oder suche nach Bildern in der ClipArt-Sammlung von Microsoft Office. Du findest den Befehl unter EINFÜGEN|CLIPART. Tippe dann im Aufgabenbereich am rechten Rand in das Feld SUCHEN NACH das Stichwort Baby ein und klicke auf OK. Ein Bild, das dir gefällt, klickst du einmal an, damit es auf die Folie eingefügt wird.

> In der ClipArt-Sammlung auf deinem Computer gibt es ein paar Bilder. Wenn du online mit dem Internet verbunden bist und Office die Verbindung zu den Microsoft-Seiten herstellen konnte, findest du auch die ClipArts auf der Homepage von Microsoft. Mehr zu ClipArts und das Herunterladen von Bildern aus dem Internet findest du in Kapitel 9.

Nach der Titelfolie kommt die Folie mit dem Stammbaum. Am besten erstellst du eine Folie mit dem Folienlayout LEER, weil wir viel Platz brauchen. Wähle EINFÜGEN|SMARTART und klicke auf HIERARCHIE.

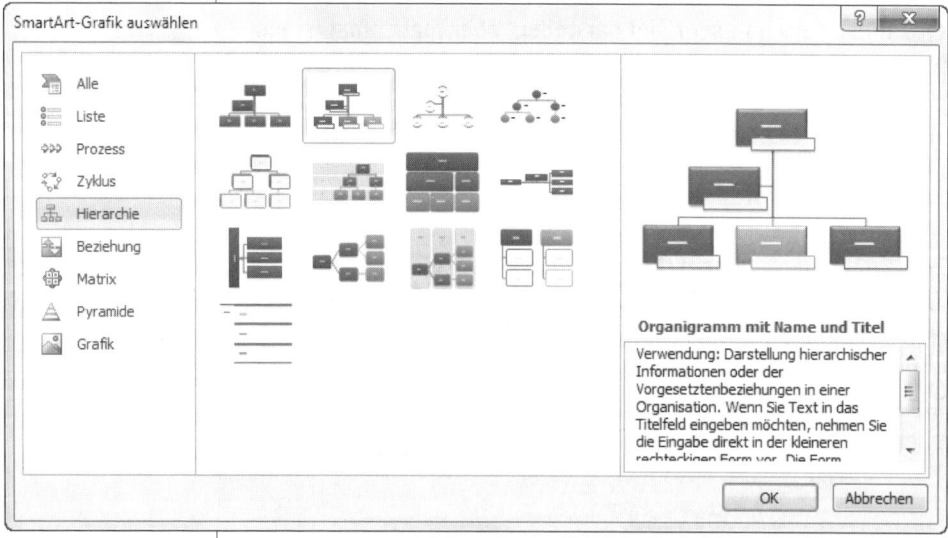

Abb. 4.40: In den SmartArt-Grafiken findest du viele Darstellungen für Stammbäume.

SmartArts: Schaubilder und Schema

Wähle das ORGANIGRAMM MIT NAME UND TITEL aus und klicke auf OK. Auf der Folie siehst du jetzt vier große und vier kleine Kästchen für Text und möglicherweise am linken Rand der Folie ein Fenster GEBEN SIE HIER TEXT EIN. Das brauchen wir im Moment nicht und du schließt es mit dem Symbol X.

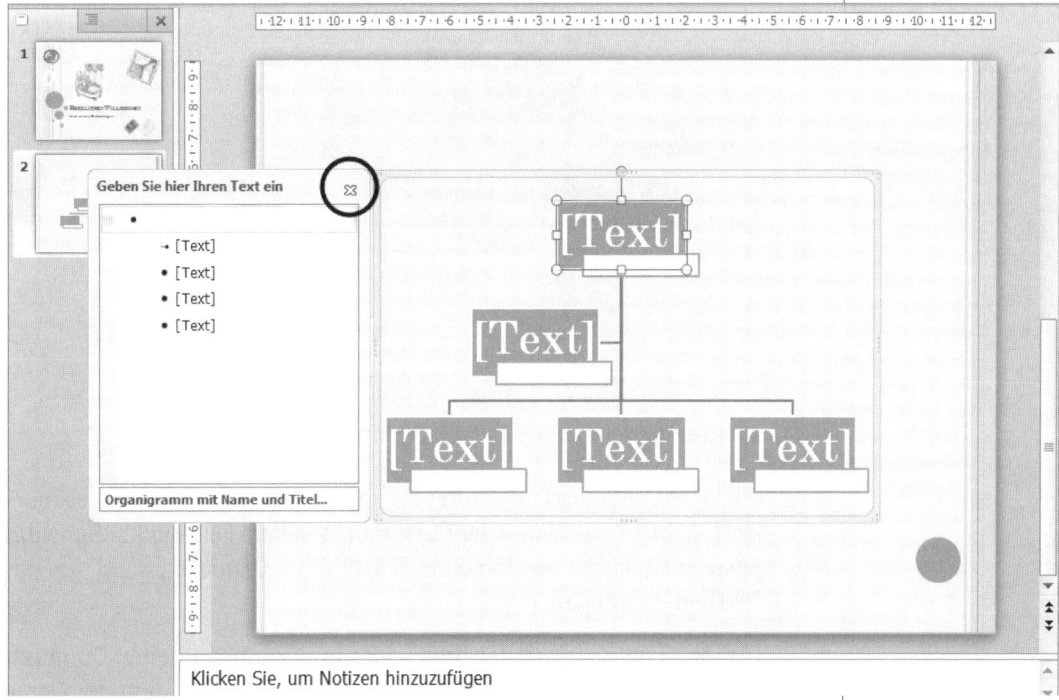

Abb. 4.41: Schließe die Textliste in diesem SmartArt mit dem X.

Von den Textfeldern brauchen wir das oberste, dorthin kommt der Name des Babys. Das Textfeld, das darunter alleine steht, werden wir gleich löschen, wir brauchen es nicht. In die nächste Reihe kommen die Namen der Eltern, das dritte Textfeld werden wir auch löschen. Und so geht es Schritt für Schritt:

1. Klicke in das oberste Textfeld, so dass der Cursor dort blinkt. Tippe den Namen des Babys. Klicke auf das weiße Feld darunter und tippe den Geburtstag.

Kapitel 4 — Tabellen und Pläne

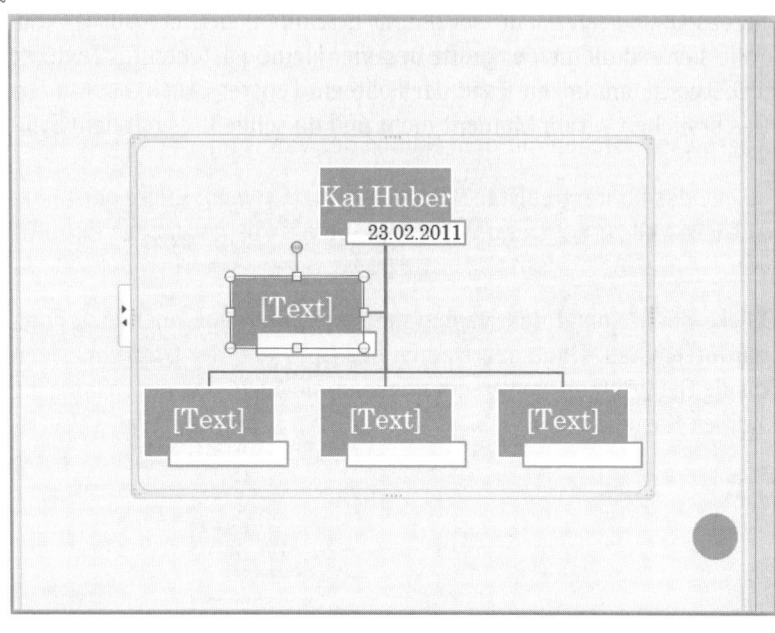

Abb. 4.42: Der Name des Babys und sein Geburtstag ist eingetragen.

2. Klicke das Feld direkt darunter an, in der Abbildung habe ich es markiert. Achte darauf, dass der Cursor nicht in dem Feld blinkt. Wenn das passiert ist, klicke den Rand des Textfeldes an. Drücke `Entf`, um das Textfeld zu löschen.

3. Lösche genauso eines der drei Felder in der letzten Reihe. Du musst jetzt drei Textfelder auf der Folie haben. Im obersten steht der Name des Babys, in den beiden Feldern darunter der Name der Mutter und des Vaters.

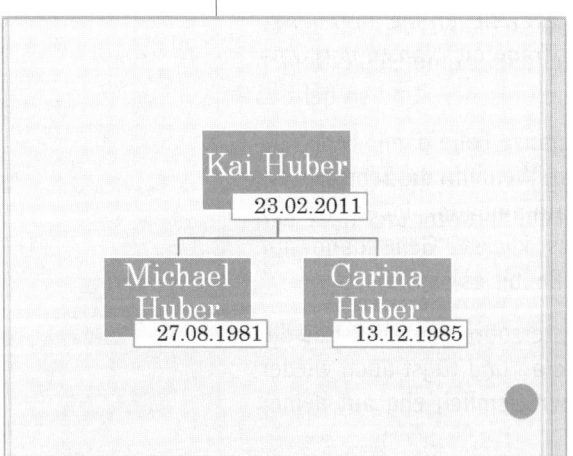

Abb. 4.43:
Das Baby und seine Eltern sind eingetragen.

SmartArts: Schaubilder und Schema

Die Kästchen sind jetzt sehr viel größer geworden, weil mehr Platz vorhanden ist. Wenn du gleich die Großeltern hinzufügst, werden sie wieder kleiner. Zuerst kommen die Eltern des Vaters.

1. Klicke das Kästchen mit dem Namen des Vaters an.

2. Wähle das Kontextregister SMARTART-TOOLS|ENTWURF. Klicke ganz links auf FORM HINZUFÜGEN und wähle den Befehl FORM DARUNTER HINZUFÜGEN.

3. Klicke noch einmal den Namen des Vaters an, füge noch eine Form darunter hinzu. Trage den Namen des Opas und der Oma ein. Wenn du die Geburtstage weißt, schreibe auch sie dazu. Ansonsten lasse die weißen Kästchen leer.

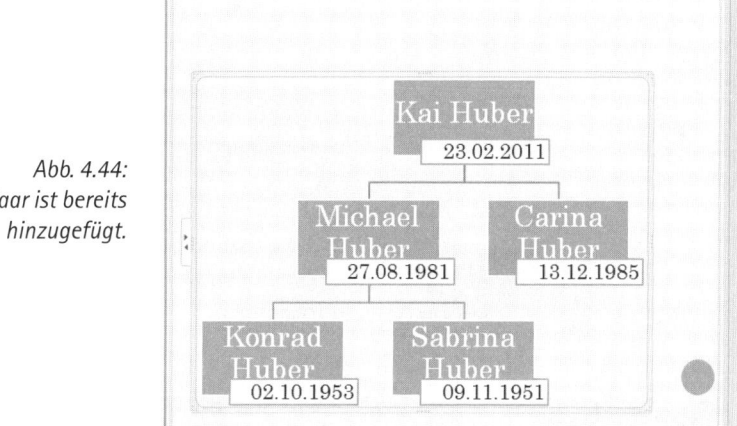

Abb. 4.44:
Ein Großeltern-Paar ist bereits hinzugefügt.

4. Mache es genauso für die Eltern der Mutter. Klicke das Kästchen der Mutter an, wähle FORM DARUNTER HINZUFÜGEN. Wiederhole das einmal, damit du auch hier zwei Textfelder hast. Trage die Namen von Oma und Opa ein.

Ziehe den Stammbaum so groß, dass du die ganze Folie damit bedeckst. Achte darauf, dass die Schrift noch zu lesen ist. Wenn du die Schriftgröße verändern möchtest, markiere den ganzen Stammbaum, indem du auf den grauen Rand des SmartArt-Diagramms klickst. Gehe dann auf START|SCHRIFTART und verändere die Schriftgröße, bis es passt.

Um die Namen der Urgroßeltern auch noch unterzubringen, klickst du die Namen der Großeltern in der untersten Reihe an und fügst auch wieder jeweils zwei Kästchen ein. Dann wird es aber ziemlich eng auf deiner Folie!

Kapitel 4 — Tabellen und Pläne

Zum Schluss machst du noch die Feinarbeit. Markiere das ganze Smart-Art-Diagramm mit Klick auf den grauen Rand. Wähle dann SMARTART-TOOL|ENTWURF.

1. Klicke auf FARBE ÄNDERN und suche eine schöne bunte Zusammenstellung aus.

2. Suche rechts daneben aus den SMARTART-FORMATVORLAGEN eine Darstellung aus, die dir gefällt. Aber kontrolliere immer, ob man die Kästchen jetzt noch gut lesen kann! Nicht alle Darstellungen sind geeignet.

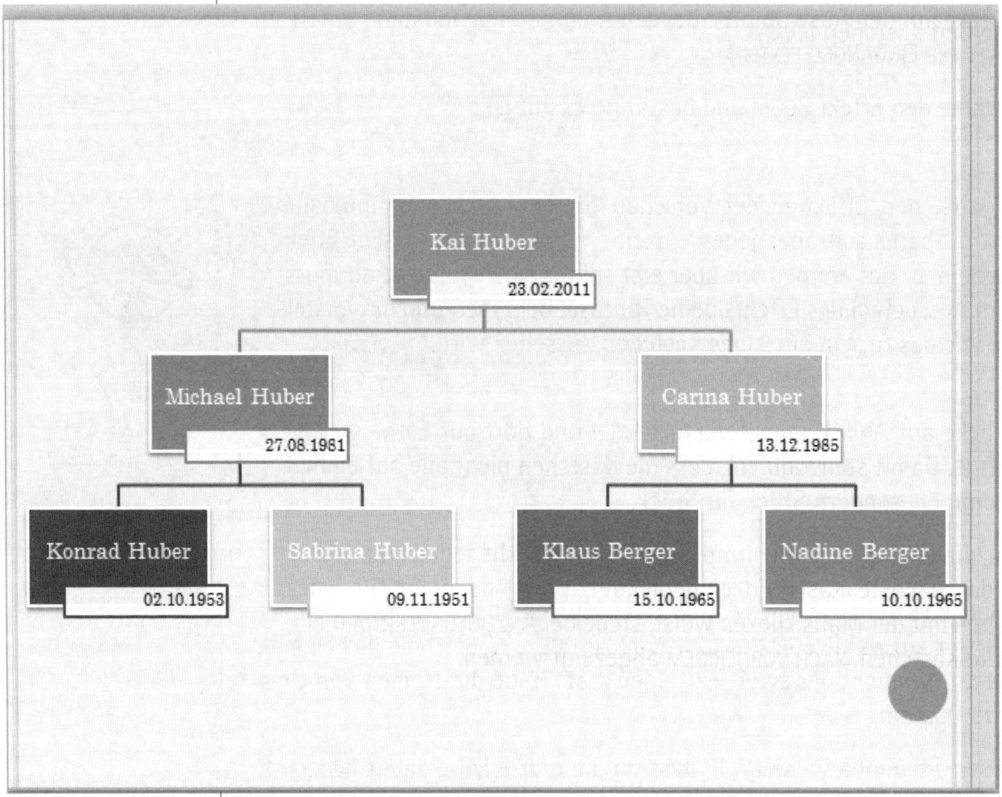

Abb. 4.45: Der fertige Stammbaum mit bunten Farben

Die Präsentation kann jetzt noch weitergehen. Beispielsweise kannst du eine Folie mit den Hochzeitsfotos der Eltern machen, dann eine Folie mit Babyfotos von den beiden.

SmartArts: Schaubilder und Schema

Animation: Bewegung für das SmartArt-Diagramm

Der Stammbaum kann genauso animiert werden, wie du es schon für Texte und Fotos gesehen hast. Das ist sogar sinnvoll, weil du deinen Zuschauern nicht die ganze Information auf einmal zumuten solltest, sondern sie langsam Stück für Stück aufbaust.

Du erinnerst dich, dass die Animationen auf dem Register ANIMATIONEN zu finden sind. Markiere das SmartArt-Diagramm, bevor du eine Animation aussuchst.

1. Klicke auf den Auswahlpfeil bei den Animationen und dann unten auf WEITERE EINGANGSEFFEKTE.

2. Wähle den Effekt ZOOM und bestätige es mit OK.

> Du wirst den Effekt in der Vorschau für den ganzen Stammbaum sehen. Später soll aber jedes einzelne Kästchen mit diesem Effekt erscheinen. Das können wir aber erst später einstellen und du musst beim Aussuchen des Effekts deine Fantasie bemühen und dir vorstellen, wie das für ein einzelnes Kästchen aussehen wird.

3. Klicke auf ANIMATIONEN|EFFEKTOPTIONEN und dort auf EBENE GLEICHZEITIG. Damit stellst du ein, dass die Kästchen nicht alle auf einmal kommen, sondern Stück für Stück.

Schau dir jetzt die Bildschirmpräsentation an. Mit jedem Mausklick wird das nächste Kästchen eingeblendet. Wenn du nicht für jedes Kästchen mit der Maus klicken willst, stelle bei ANZEIGEDAUER|START ein, dass die Kästchen NACH VORHERIGEM angezeigt werden.

Abb. 4.46:
Die Effektoptionen für die Animation des Stammbaumes

Kapitel 4 — Tabellen und Pläne

Ein Blick zurück

Stammbäume oder Organigramme findest du unter EINFÜGEN|SMART-ART|HIERARCHIE. Im Kontextregister SMARTART-TOOLS findest du die wichtigsten Befehle.

◇ Mehr Textfelder erhältst du mit ENTWURF|FORM HINZUFÜGEN. Überflüssige Felder kannst du löschen, wenn du sie anklickst und ⌞Entf⌟ drückst.

◇ Andere Farben und Formate findest du unter ENTWURF|SMARTART-FORMATVORLAGEN.

◇ Um ein SmartArt zu animieren, musst du es markieren und dann mit ANIMATIONEN eine Bewegung hinzufügen. Damit die Kästchen für sich alleine erscheinen, wählst du aus ANIMATIONEN|EFFEKTOPTIONEN entweder NACHEINANDER oder EBENE GLEICHZEITIG oder EBENE SCHRITTWEISE.

Aufgaben einer AG: ein Textkreis

Manche Zusammenhänge lassen sich nicht so starr anordnen wie ein Stammbaum. Stell dir vor, du möchtest für neue Schüler eine Information über eure Theater-AG zeigen. Dabei willst du erklären, was ihr alles macht: Bühnendekoration basteln und zeichnen, Kostüme schneidern, die Bühne beleuchten, schauspielern, organisieren. Es gibt viel zu tun und alles ist gleichwertig, nichts ist wichtiger als das andere. Dafür sind Kreise gut geeignet.

Erstelle eine neue Präsentation und verwende das Design APOTHEKE. Auf die Titelfolie kommen der Name eurer Schule und der Name der Theater-AG. Die zweite Folie ist für die Auflistung der Theater-Stücke, die ihr schon gemacht habt und auf die dritte Folie kommen alle Namen der Mitspieler und Helfer.

Die vierte Folie soll erklären, was in einer Theater-AG alles anfällt. Welche Aufgaben fallen dir ein?

◇ Da sind zuerst einmal die Schauspieler und der Regisseur.

◇ Die Spieler brauchen Kostüme und jemanden, der sie schminkt.

◇ Auf der Bühne gibt es Bühnendekoration und -bilder.

◇ Während des Spiels braucht ihr einen Beleuchter, jemanden, der die Musik einspielt, und eine Menge Leute, die den Vorhang auf- und zuziehen, die Dekoration umräumen und so weiter.

SmartArts: Schaubilder und Schema

Das alles soll in einem Kreisdiagramm dargestellt werden.

> Ein Kreis- oder Zyklusdiagramm stellt etwas dar, was entweder immer wieder von vorne anfängt oder was keinen Anfang und kein Ende hat. An jeder Stelle kann ich zu lesen beginnen und Punkt für Punkt weiterlesen, bis ich wieder da ankomme, wo ich begonnen habe. Aber wo ich anfange, ist gleichgültig.

Erstelle eine Folie mit dem Layout TITEL UND INHALT, in den Folientitel schreibst du Was wir machen. Klicke in der Folie auf das SMARTART-Symbol und dann auf die Rubrik ZYKLUS. Es gibt Zyklusdiagramme, die rundum laufen, und solche, die von der Mitte her beginnen. Manche haben Pfeile, die eine Richtung angeben, und andere haben nur Linien zwischen den Texten. Wähle aus der ersten Reihe den RICHTUNGSLOSEN KREIS.

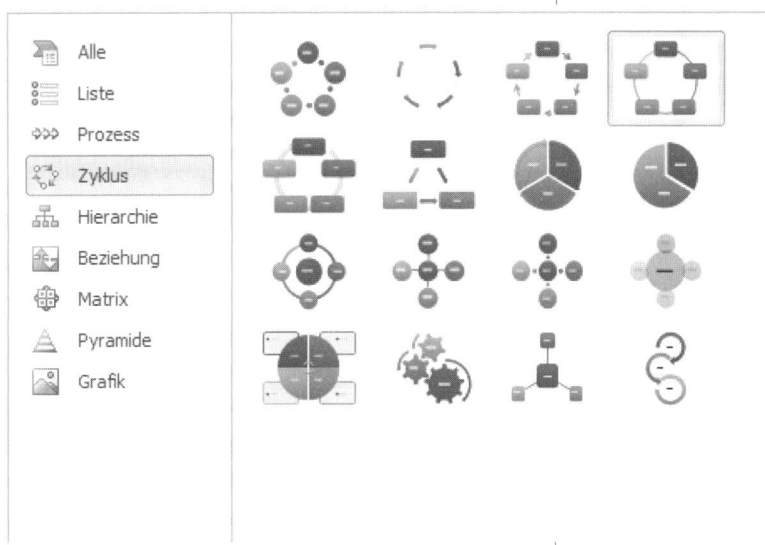

Abb. 4.47:
Der RICHTUNGSLOSE KREIS ist für die Aufgabendarstellung gut geeignet.

Du hast jetzt einen Kreis mit fünf Textfeldern, die durch eine Linie verbunden sind. Klicke in eines der Felder und schreibe den ersten Punkt deiner Liste hinein: Spiel. In das zweite Textfeld schreibst du Regie, dann Kostüme und so weiter. Hast du alle Kästchen aufgebraucht? Dann füge dir neue ein:

1. Markiere ein Textfeld. Klicke auf SMARTART-TOOLS|ENTWURF.
2. Klicke auf FORM HINZUFÜGEN und entscheide, ob die Form danach oder davor eingefügt werden soll.

Kapitel 4 — Tabellen und Pläne

3. Hast du versehentlich zu viele Formen eingefügt, markierst du eine und löscht sie mit `Entf`.

> PowerPoint trennt Wörter nicht. Damit besonders lange Worte wie »Bühnendekoration« in die Kästchen passen, verkleinert PowerPoint die Schrift für alle Kästchen. Trenne deswegen selber, indem du an den richtigen Stellen einen `-` tippst.

Hast du alles eingetragen? Dann mache wieder die Feinarbeit. Markiere das SmartArt-Diagramm und wähle SMARTART-TOOLS|ENTWURF. Wähle eine Farbe und eine Formatvorlage. Du kannst das Diagramm auch animieren, wie du es mit dem Stammbaum getan hast.

In die Mitte fügst du noch ein ClipArt ein. Suche in den ClipArts nach dem Stichwort Theater und klicke ein passendes Bild einmal ein. Schiebe es in die Mitte des Kreises.

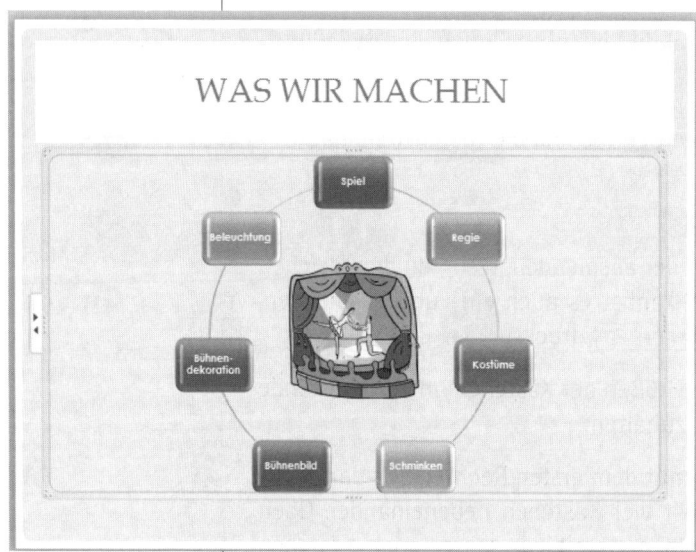

Abb. 4.48:
Die fertige Folie über die Theater-AG

Ablaufplan: So entsteht ein Theaterstück

Auf der nächsten Folie soll gezeigt werden, wie ein Theaterstück entsteht. Zuerst muss ein geeignetes Stück ausgesucht werden, die Schauspieler müssen sich für eine Rolle entscheiden, Kostüme sind zu schneidern, die Bühnendekoration muss gebastelt und gemalt werden, Plakate sind zu gestalten und aufzuhängen. Einige Dinge können erst

SmartArts: Schaubilder und Schema

begonnen werden, wenn andere abgeschlossen sind. Ihr könnt erst Kostüme schneidern, wenn feststeht, wer welche Rolle spielt.

PowerPoint bietet zwar viele SmartArts an, aber nicht immer passt es für deine Zwecke und du musst selber etwas zeichnen. Wir werden jetzt einen Plan mit Rechtecken und Pfeilen selber zeichnen.

Dabei wird es ganz wichtig, dass die Rechtecke ordentlich nebeneinander stehen und die Abstände gleich groß sind. Du kannst dich besser auf der Folie orientieren, wenn du dir das Raster einblenden lässt. Das ist ein Gitternetz auf der Folie, das nicht ausgedruckt wird.

1. Wähle aus dem Register START den Befehl ANORDNEN|AUSRICHTEN.

2. Klicke dort auf RASTERLINIEN ANZEIGEN.

Auf der Folie werden jetzt gepunktete Linien gezeigt.

> Zeige noch einmal auf den Befehl RASTERLINIEN ANZEIGEN, ohne ihn anzuklicken. Am Mauszeiger wird ein kleines Fensterchen eingeblendet mit dem Namen des Befehls, einer Erklärung und der Tastenkombination ⇧+F9. Das ist die Quick-Info mit der Beschreibung. Gewöhne dir an, diese Fensterchen einmal zu lesen. Dann lernst du viel über das Programm, über die Befehle und die Tastenkombinationen.

Das Raster kannst du jederzeit wieder ausblenden, wenn du den gleichen Befehl noch einmal anklickst. Du kannst es auch ein- und ausblenden, wenn du die Tastenkombination ⇧+F9 drückst.

Mit dem Raster ist es einfach, die Größen der Kästchen und die Abstände zwischen den Kästchen genau einzuhalten.

Beginne am linken Rand der Folie mit dem ersten Rechteck. Es darf nicht zu groß werden, denn du brauchst vier Kästchen nebeneinander. Oben und unten muss genug Platz bleiben, damit wir später noch Kästchen darüber einfügen und darüber zeichnen können. Schreibe in das Rechteck Stück aussuchen.

Kopiere dieses Rechteck nach rechts im Abstand von einem Raster. Du kennst bereits einen Weg, eine Form zu kopieren: START|KOPIEREN und anschließend START|EINFÜGEN. Es gibt noch einen anderen Weg.

Kapitel 4 — Tabellen und Pläne

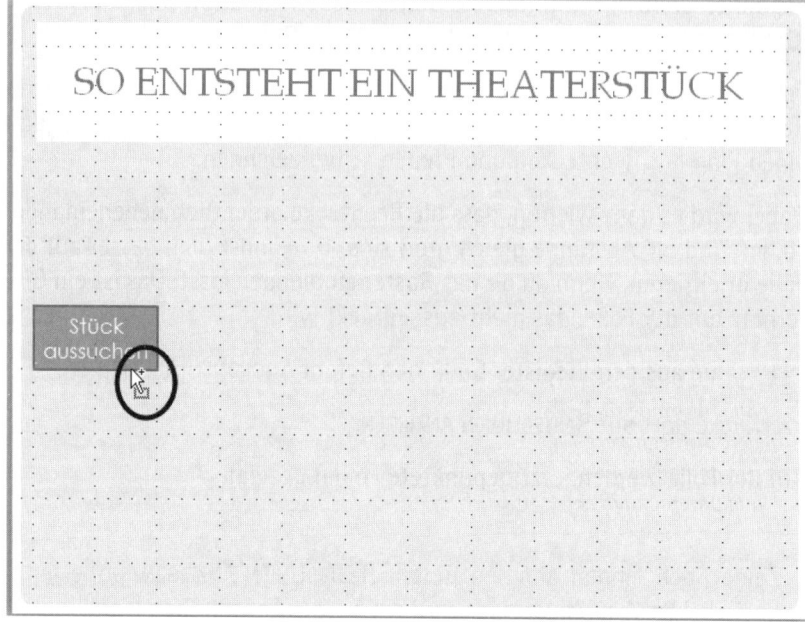

Abb. 4.49: Folie mit Raster, dem ersten Rechteck und dem Mauszeiger zum Kopieren

1. Zeige mit der Maus auf das Rechteck, bis am Mauszeiger vier kleine schwarze Pfeile in alle Richtungen zu sehen sind.

2. Drücke jetzt [Strg], der Mauszeiger muss jetzt so aussehen wie auf der Abbildung: oben ein kleines Kreuz und unten ein kleines Rechteck.

3. Halte [Strg] fest, halte den Mauszeiger fest und ziehe das Rechteck nach rechts. Bleibe dabei auf der Gitternetzlinie, damit du nicht nach oben oder unten wegrutschst. Rechteck Nummer zwei hat einen Abstand von einem Gitternetzkästchen.

4. Lasse zuerst die Maustaste los und halte [Strg] noch für eine Sekunde fest. Lasse [Strg] jetzt los.

> Bei allen Anweisungen, bei denen du eine Taste von der Tastatur und eine Maustaste gedrückt halten musst, ist es wichtig, die Maustaste immer zuerst loszulassen. Übe das ein bisschen: [Strg] drücken, festhalten, Maustaste drücken, festhalten, Maus nach rechts ziehen, Maustaste loslassen, [Strg] loslassen.

Die gedrückte Taste [Strg] kopiert eine Form, wenn du sie mit der Maus verschiebst. Das ist in vielen Programmen so, du kannst Texte, Bilder und Formen auf diese Weise kopieren.

SmartArts: Schaubilder und Schema

Du brauchst insgesamt vier Rechtecke nebeneinander. Über und unter dem dritten Rechteck steht noch eines. Die Folie soll zum Schluss so aussehen wie auf der Abbildung.

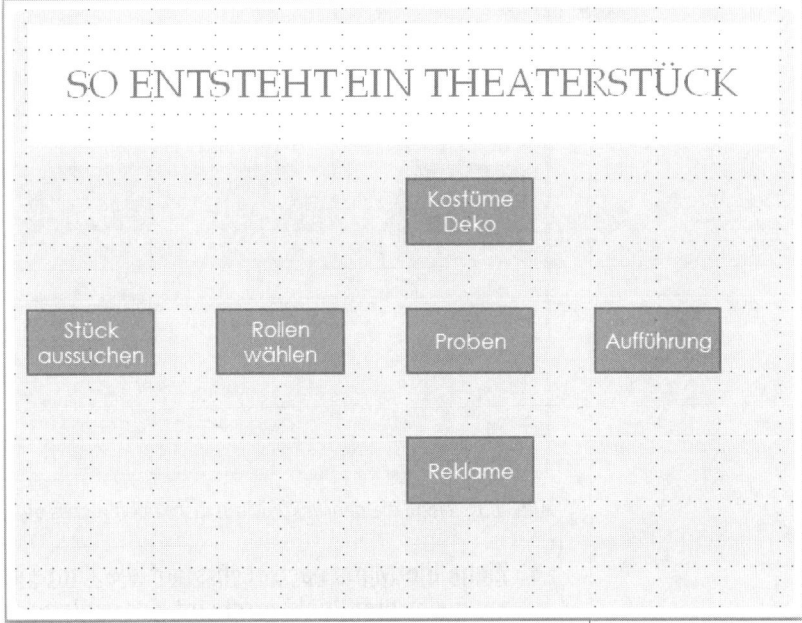

Abb. 4.50:
Alle Abstände sind gleich, die Rechtecke stehen gerade neben- und untereinander.

Der Zusammenhang zwischen den Kästchen wird so noch nicht deutlich. Damit klar wird, was in welcher Reihenfolge gemacht wird, brauchst du noch Pfeile zwischen den Rechtecken. Dazu gibt es in START|ZEICHNUNG mehrere Symbole für Linien mit und ohne Pfeilspitzen.

Ab jetzt wird es ein bisschen knifflig, darum solltest du zuerst alle Punkte genau durchlesen, bevor du es selber ausprobierst.

1. Klicke auf START|ZEICHNUNG und klappe die Auswahl der Formen auf.

2. In der Rubrik LINIEN wählst du die zweite von links, das ist eine einfache Linie mit einer Pfeilspitze. Lasse die Maustaste wieder los und zeige auf das Rechteck »Stück aussuchen«.

3. Auf den Kanten des Rechtecks erscheinen rote Punkte. Zeige auf den roten Punkt an der rechten Kante, drücke die Maustaste und halte sie gedrückt.

Kapitel 4 — Tabellen und Pläne

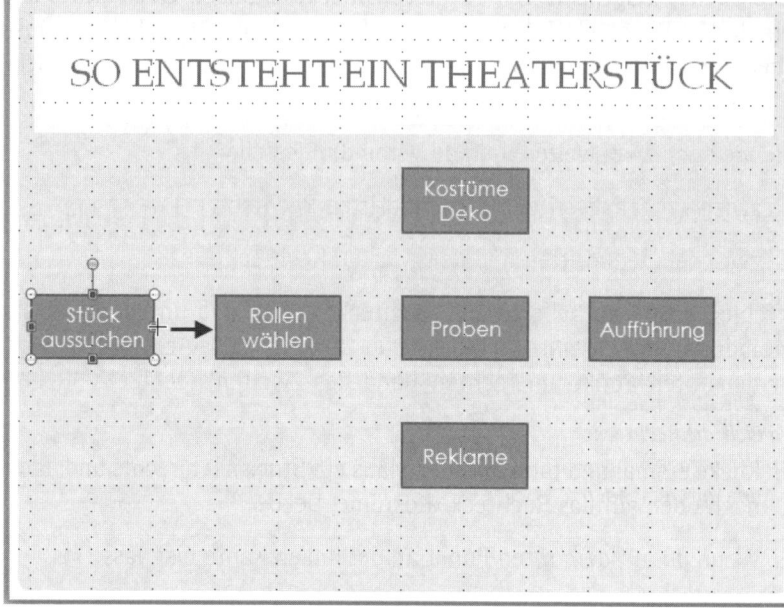

Abb. 4.51: Ziehe die gedrückte Maustaste nach rechts auf das zweite Rechteck.

4. Ziehe die Maus nach rechts auf die Kante von »Rollen wählen«, bis auch ein roter Punkt erscheint. Fahre bis zu dem roten Punkt der linken Kante und lasse die Maustaste los.

5. Jetzt wird ein Pfeil vom ersten zum zweiten Kästchen gezeichnet. Solange der Pfeil noch markiert ist, gibt es einen roten Punkt am Anfang und am Ende der Pfeillinie. Das bedeutet, dass der Pfeil sich an den Rechtecken angeschlossen hat. Wenn du grüne Punkte siehst, hast du die Kanten nicht richtig getroffen, die Verbindung ist offen. Mache rückgängig, was du gezeichnet hast, und versuche es erneut.

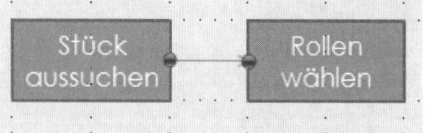

Abb. 4.52:
Die geschlossene Pfeilverbindung zwischen zwei Rechtecken

Bei einer geschlossenen Verbindung hat der Pfeil richtig fest an den Rechtecken angedockt. Der Pfeil ist mit den Rechtecken verbunden und lässt so schnell nicht mehr los. Verschiebst du eines der beiden Rechtecke, wird auch der Pfeil verschoben. Offene Verbindungen hängen in der Luft, mit einem verschobenen Rechteck wandern sie nicht mit.

SmartArts: Schaubilder und Schema

Ist alles klar? Dann probiere es jetzt Schritt für Schritt selber. Achte gut darauf, dass die roten Punkte an den Rechtecken zu sehen sind, bevor du klickst. Kontrolliere zum Schluss, dass der Pfeil auch richtig angedockt hat. Am Anfang und Ende der Pfeillinie musst du rote Punkte sehen.

Zeichne noch zwei weitere gerade Verbindungspfeile:

1. zwischen dem zweiten und dem dritten Rechteck,
2. zwischen dem dritten und dem vierten Rechteck.

Es fehlen noch die Pfeile zu den Rechtecken oben und unten. Suche als Verbindungspfeil GEWINKELTE VERBINDUNG MIT PFEIL. Klicke es an und zeige auf den roten Punkt am rechten Rand des zweiten Rechtecks »Rollen wählen«.

1. Klicke einmal und fahre mit der Maus ein Stück nach rechts und dann nach oben auf das Rechteck »Kostüme, Deko«.
2. Wenn du auf dem roten Punkt an der linken Kante bist, lasse los.

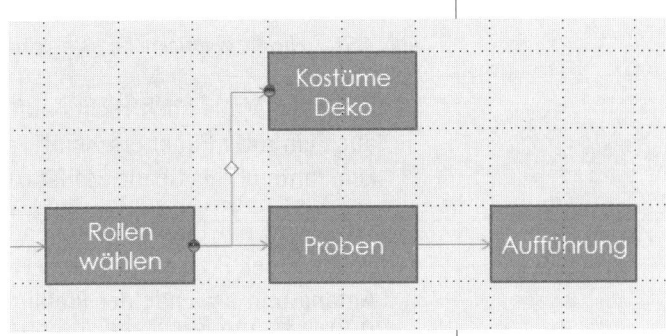

Abb. 4.53:
Eine gewinkelte Pfeilverbindung zwischen zwei Kästchen

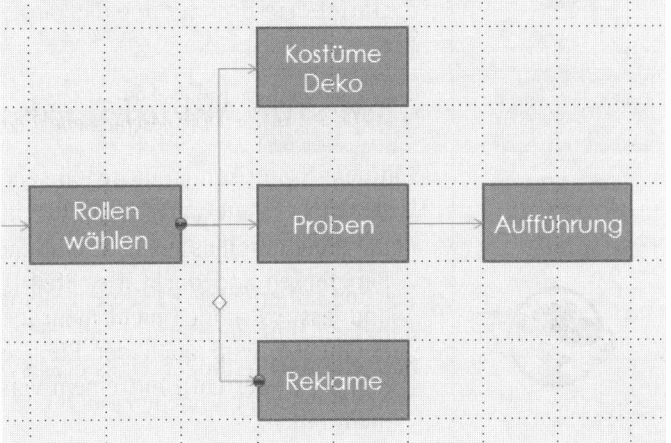

Abb. 4.54:
Die zweite gewinkelte Verbindung vom gleichen Rechteck nach unten

Kapitel 4 — Tabellen und Pläne

Der Verbindungspfeil geht jetzt um die Ecke. Zeichne die gleichen gewinkelten Verbindungen von »Rollen wählen« auf »Reklame«. Zum Schluss verbindest du noch die Rechtecke »Kostüme, Deko« und »Reklame« mit dem letzten Rechteck »Aufführung«. Dein Plan soll so ausschauen wie in der Abbildung.

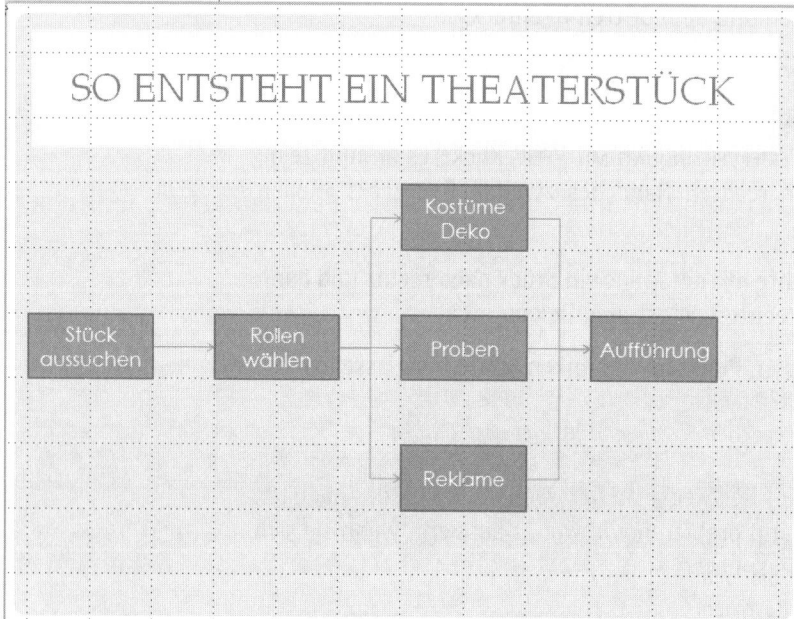

Abb. 4.55:
Der fertige Ablaufplan mit allen Verbindungen

Auf der CD zum Buch findest du im Ordner zu Kapitel 4 zwei Filme, die dir zeigen, wie die Pfeile gezeichnet werden. Die Dateien hießen PFEILE1.EXE und PFEILE2.EXE. Wenn du die Dateien doppelt anklickst, startet dein Browser und die Filme laufen von alleine ab.

Tipps für Ablaufdiagramme

Mit dem Raster kannst du schon sehr gut die Ausrichtung der Rechtecke bestimmen. Es gibt aber noch ein Hilfsmittel, um alles gerade anzuordnen. Probiere es gleich aus:

Zeichne auf eine leere Folie ein kleines Rechteck und kopiere es viermal, damit du fünf Rechtecke hast. Sie sollten ungefähr nebeneinander stehen, eines etwas höher, eines etwas niedriger. Das kann so aussehen wie in der Abbildung. Welche Farben und Füllungen du verwendest, ist egal.

SmartArts: Schaubilder und Schema

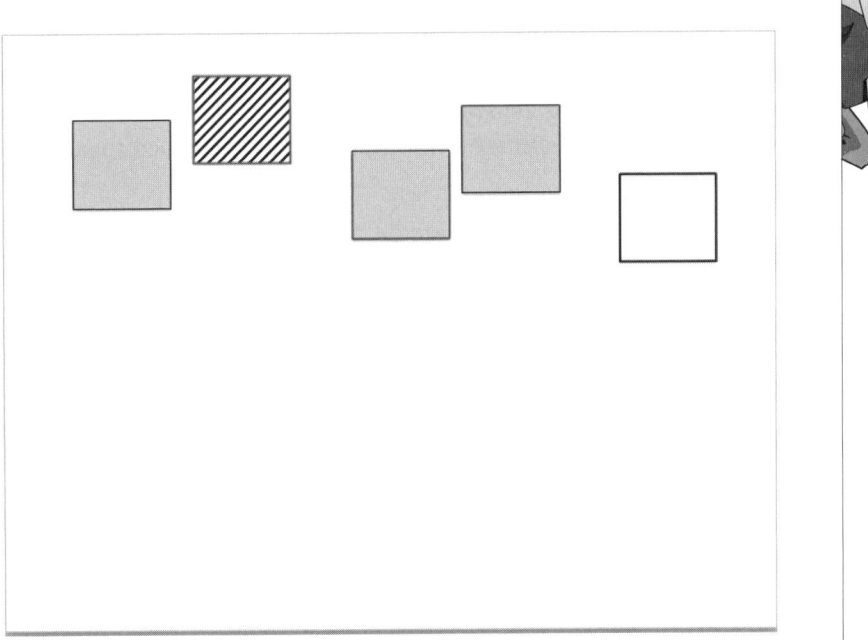

Abb. 4.56: Fünf Rechtecke, von denen das oberste gestrichelt gefüllt ist

Zuerst sollen sich alle fünf Rechtecke an der obersten Kante des obersten Rechtecks ausrichten. Dann probieren wir, wie es aussieht, wenn sie sich an der untersten Kante ausrichten.

Markiere zuerst alle Rechtecke.

1. Wähle aus dem Register START den Befehl ANORDNEN|AUSRICHTEN.

2. Klicke auf OBEN AUSRICHTEN.

Was ist passiert? Alle fünf Rechtecke rutschen nach oben, sie orientieren sich an der obersten Kante des obersten Rechtecks. Mache das wieder rückgängig, jetzt stehen alle Rechtecke wieder durcheinander.

1. Klicke noch einmal auf START|ANORDNEN|AUSRICHTEN.

2. Wähle jetzt UNTEN AUSRICHTEN.

Abb. 4.57: Das Auswahlmenü AUSRICHTEN

Kapitel 4 — Tabellen und Pläne

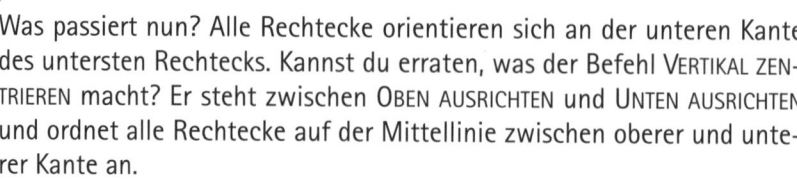

Was passiert nun? Alle Rechtecke orientieren sich an der unteren Kante des untersten Rechtecks. Kannst du erraten, was der Befehl VERTIKAL ZENTRIEREN macht? Er steht zwischen OBEN AUSRICHTEN und UNTEN AUSRICHTEN und ordnet alle Rechtecke auf der Mittellinie zwischen oberer und unterer Kante an.

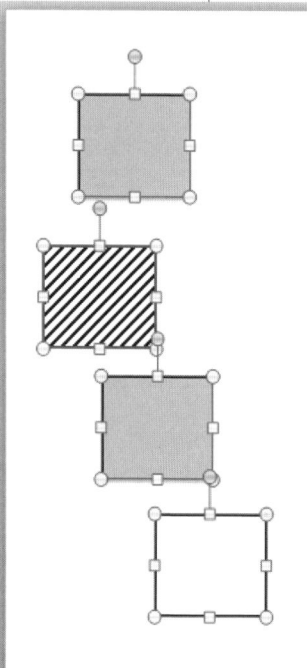

Ordne deine Rechtecke so an, dass die Unterkante für alle Rechtecke gleich ist. Lasse die Rechtecke markiert und schau dir die Abstände an! Sie sind unterschiedlich. Damit sie gleich werden, wählst du AUSRICHTEN|HORIZONTAL VERTEILEN.

Wenn die Formen nicht neben-, sondern untereinander stehen, verwendest du die Ausrichtungen LINKSBÜNDIG, RECHTSBÜNDIG und HORIZONTAL ZENTRIEREN.

1. LINKSBÜNDIG ordnet die Rechtecke an der linken Kante des schraffierten Rechtecks aus.

2. RECHTSBÜNDIG richtet alles an der rechten Kante des weißen Rechtecks aus.

3. HORIZONTAL ZENTRIEREN steht zwischen links und rechts und sucht die Mittellinie zwischen der ganz linken und der ganz rechten Kante.

Abb. 4.58:
Für Formen, die untereinander stehen, gibt es LINKSBÜNDIG oder RECHTSBÜNDIG.

Welcher Befehl macht die Abstände zwischen den Kästchen von oben nach unten gleich? Wenn HORIZONTAL VERTEILEN für die Abstände von links nach rechts zuständig war, dann ist VERTIKAL VERTEILEN für die Abstände von oben nach unten zuständig.

> Du musst mindestens zwei Formen markiert haben, um die Befehle AUSRICHTEN wählen zu können. Sonst sind sie alle grau dargestellt und lassen sich nicht anklicken. Für die Befehle VERTEILEN müssen mindestens drei Formen markiert sein. Bei einem oder zwei gibt es nichts zu verteilen.

Achte darauf, dass das Häkchen bei AUSGEWÄHLTE OBJEKTE AUSRICHTEN zu sehen ist. Nur dann werden die Rechtecke aneinander ausgerichtet. Wenn du das Häkchen bei AN FOLIE AUSRICHTEN setzt, haben alle Befehle

Zusammenfassung

eine andere Bedeutung: LINKSBÜNDIG ist dann am linken Rand der Folie, UNTEN AUSRICHTEN bedeutet am unteren Rand der Folie und so weiter.

Ein Blick zurück

Ablaufpläne findest du in den SmartArts, du kannst sie aber auch selber mit Rechtecken und Pfeilen zeichnen. Praktische Hilfe für das Zeichnen waren:

- Raster anzeigen mit ⇧ + F9 .
- Kopieren von Formen mit Strg + linker Maustaste.
- Ausrichten von Formen über den Befehl START|ANORDNEN|AUSRICHTEN.

Zusammenfassung

In diesem Kapitel hast du mit Tabellen und SmartArts gearbeitet. Für beide kannst du das Folienlayout TITEL UND INHALT verwenden.

- Alle Bearbeitungsmöglichkeiten für Tabellen findest du im Kontextregister TABELLENTOOLS.
- Auf dem Register LAYOUT liegen die Befehle, um Spalten und Zeilen zu löschen und hinzuzufügen.
- Spalten werden gleich breit mit dem Befehl SPALTEN VERTEILEN, Zeilen werden alle gleich hoch mit dem Befehl ZEILEN VERTEILEN.
- Im Kontextregister SMARTART-TOOLS liegen die wichtigsten Befehle für SmartArts.
- Bei selber gezeichneten Ablaufplänen verwendest du die Befehle aus START|ANORDNEN|AUSRICHTEN, um Formen schnell auszurichten.

Ein paar Fragen ...

Frage 1: Wie kannst du in einer Tabelle eine ganze Spalte markieren und wie eine ganze Zeile?

Frage 2: Was musst du einstellen, damit eine Bildschirmpräsentation ganz alleine abläuft und immer wieder von vorne beginnt?

Frage 3: Mit welchem Befehl kannst du die Rasterlinien auf dem Bildschirm anzeigen? Erinnerst du dich noch an das Tastenkürzel?

Kapitel 4 — Tabellen und Pläne

... und ein paar Aufgaben

1. Erstelle eine Tabelle mit den Tastenkürzeln, die du für PowerPoint lernen möchtest.

2. Zeichne mit dem SmartArt HIERARCHIE deinen eigenen Stammbaum.

3. Animiere den Stammbaum so, dass alle Kästchen nacheinander kommen.

5
Referate vorbereiten

Was erwartet dich in diesem Kapitel? Ein kleiner Ausflug in das Dateisystem und die Zeitplanung. Wir verlassen PowerPoint für einen Moment. Ich werde dir Tipps geben, damit du ein Referat in Ruhe vorbereiten kannst. Aber keine Sorgen, wir kehren ganz schnell wieder zurück zu den Folien. Du wirst lernen, wo du die Gliederung am besten schreibst und wie du daraus am schnellsten Folien erstellst. Dann lernst du noch Notizen kennen, die du zu den Folien hinterlegen kannst.

In diesem Kapitel lernst du

- eine Zeitplan-Tabelle zu erstellen
- eine Ordner-Organisation auf deiner Festplatte aufzubauen
- eine Stoffsammlung in Word oder in PowerPoint zu schreiben
- einzuschätzen, wie viel Text auf eine Folie darf, und zu testen, ob deine Folien noch lesbar sind
- Notizen zu den Folien zu schreiben und diese Notizen für dich auszudrucken.

Kapitel 5 — Referate vorbereiten

Organisation ist wichtig

Vor dem Beginn einer Arbeit für ein Referat ist ein wenig Organisation erforderlich. Ohne Planung vergisst du wesentliche Dinge, verlierst den Abgabetermin aus den Augen und findest im entscheidenden Moment wichtige Informationen nicht wieder.

Abgabetermin und Zeitplanung

Unerbittlich und meistens unverrückbar rückt er näher: der Abgabetermin. Im Beruf wirst du später von *Deadlines* sprechen, ein fester und nicht verschiebbarer Termin, zu dem alles fertig sein muss. Auf diesen Termin hin planst du deine Arbeiten. Und das kannst du gleich in PowerPoint erledigen.

Montag 03.04.	Freitag 21.04.	Freitag 28.04.	Montag 02.05.	Freitag 05.05.	Montag 08.05.	Freitag 10.05.
Recherche + Stoffsammlung Lexika, Internet, Bibliothek	Gliederung	Vortragsskript schreiben	Vortragsskript schreiben	Kartei- karten	Kontrolle Rechtschreibung, Fakten	Kontrolle Rechtschreibung, Fakten
			Folien gestalten	Folien gestalten	Folien gestalten	
			Zusammenfassung als Skript	Zusammenfassung als Skript	Zusammenfassung als Skript	
		Bilder sammeln, zeichnen	Bilder sammeln, zeichnen	Bilder sammeln, zeichnen	Quellen- verzeichnis	

Abb. 5.1: Der Terminplan als Tabelle mit den Themen und den Terminen

Organisation ist wichtig

Du kannst einen Terminplan in Form einer Tabelle erstellen und entweder die Themen eintragen oder mit Pfeilen so genannte Meilensteine zeichnen. Die Abbildungen zeigen dir beide Möglichkeiten: eine Tabelle und einen Meilensteinplan (siehe Abbildung 5.2).

Für den Terminplan in Tabellenform brauchst du alle Techniken, die du in Kapitel 4 gelernt hast: Tabellen erstellen, Zellen verbinden und Texte in den Zellen anordnen.

	03.04.	21.04.	28.04.	02.05.	05.05.	08.05.	10.05.
Recherche, Stoffsammlung							
Gliederung							
Vortragsskript							
Karteikarten							
Folien							
Zusammenfassung							
Bilder, Quellen							
Kontrolle							

Abb. 5.2: Der gleiche Plan mit Meilensteinen

Eine Zeitleiste mit Meilensteinen ist etwas anders aufgebaut. Die Termine stehen genauso in der Überschrift einer Tabelle wie im vorhergehenden Beispiel, aber die Themen werden als Beschriftung vor die Zeile geschrieben. Wann etwas fertig sein muss, wird mit Linien und Symbolen über die Tabelle gezeichnet.

Die Grundlage ist eine Tabelle, du brauchst so viele Spalten, wie du Termine vorgeben willst, und so viele Zeilen, wie du Themen hast. Die erste Spalte ist etwas breiter, um die Themen aufzunehmen, ab der Spalte 2 müssen alle Spalten gleichmäßig verteilt werden. Teile deine Termine sinnvoll auf, das können Wochen oder Monate sein.

Kapitel 5 — Referate vorbereiten

Zeichne aus den Formen eine Raute und schiebe sie auf den ersten wichtigen Termin. Kopiere die Raute und ziehe sie auf die nächsten Terminpunkte. Überlege dir, wann du mit den Arbeiten jeweils beginnen kannst. Von diesem Beginn ziehst du jeweils einen geraden Strich auf die Raute zu.

> Es gibt ein paar Tricks für das Kopieren und Verschieben. Einige kennst du schon: [Strg] plus linker Maustaste kopiert eine markierte Form. Wenn du genau nach links oder rechts kopieren willst, drückst du [Strg]+[⇧] beim Ziehen. Etwas ganz verschieben kannst du mit [Strg] und den Pfeiltasten. Und eine gerade Linie erzeugst du, wenn du beim Zeichnen [⇧] gedrückt hältst.

Eine Linie habe ich gestrichelt gezeichnet. Bilder und Quellenangaben für die Literatur muss ich während der ganzen Zeit sammeln. Das soll die gestrichelte Linie darstellen. Findest du das Symbol, um Linien nicht als durchgezogene Striche, sondern gepunktet oder mit Unterbrechungen zu zeichnen? Markiere die Linie und klicke auf ZEICHENTOOLS|FORMAT|FORMKONTUR. Hier findest du die Dicke der Linie unter STÄRKE und die Art der Linie unter STRICHE.

Abb. 5.3:
Verschiedene Stricharten für Linien

Es ist egal, welche Linienart dir besser gefällt – wähle eine aus. Du kannst auch andere Linien mit Punkten oder Strich-Punkt zeichnen.

Fülle jetzt die wichtigsten Rauten in Rot, formatiere eventuell die dazugehörige Linie auch mit roter Farbe. Den Plan druckst du aus und hängst ihn über deinen Schreibtisch. Korrigiere den Plan, wenn du Zeiten nicht einhalten konntest – dann musst du alle nachfolgenden Termine verschieben! Wenn sich der Abgabetermin nicht hinausschieben lässt, müssen die restlichen Arbeiten irgendwie in die verbleibende Zeit passen.

Ordner im Regal und im Computer

Nichts ist lästiger, als ständig nach Informationen suchen zu müssen, die man irgendwo gelesen hat. Halte also Ordnung, sammle alles in Schnellheftern oder Ordnern. Am besten legst du dir zwei Ordner an: einen »echten« für Zeitschriftenartikel, Papierausdrucke oder Fotokopien und einen virtuellen für die elektronischen Dokumente, digitalen Bilder, PDF-Dateien, Auszügen aus Internetseiten und selber geschriebenen Dateien.

Organisation ist wichtig

Es ist wichtig, dass du dir zu jedem Dokument aufschreibst, woher die Information stammt. Eine tolle Zusammenfassung deines Themas in einer Word-Datei nützt dir nicht viel, wenn du nicht mehr weißt, woher sie stammt.

Ich rate dir auch, alle Seiten eines Dokuments zu nummerieren. Schreibe auf die Seite die Seitenzahl und die Gesamtseitenzahl des Textes. Das sieht dann aus wie *Seite 1 von 7*. Wenn du die Seiten einmal herausnimmst oder ausdruckst, können sie nicht durcheinandergeraten.

Je nach Thema, das du bearbeitest, solltest du auf deiner Festplatte nicht nur einen Ordner anlegen, sondern auch Unterordner für Bilder, Berechnungen oder Beispieldateien. Das ist sinnvoll bei allen Referaten zu Kunst, Erdkunde, Biologie oder zu biografischen Themen. Meistens fallen dabei viele Bilder oder Grafiken an, die in einem eigenen Ordner besser aufgehoben sind als in einem großen allgemeinen Ordner.

Wenn du viele Zitate findest, erstelle dir ein eigenes Dokument dafür. Am besten ist Word oder ein anderes Schreibprogramm geeignet. Schreibe das Zitat wörtlich ab, notiere dir die Quelle – wer hat das gesagt, wann hat er es gesagt und zu welcher Gelegenheit, wo hast du das Zitat gefunden.

Findest du im Internet passende Dokumente, speichere sie ab oder kopiere dir die wichtigsten Passagen in ein Dokument. Vergiss nicht, die Homepage zu notieren, auf der du den Text gefunden hast. Am einfachsten ist es, wenn du die Adresse aus der Adressleiste des Browserfensters herauskopierst und in das Dokument einfügst. Einige Programme machen das alleine, wenn du von einer Internetseite einen Auszug einfügst – OneNote zum Beispiel kümmert sich alleine darum.

Vertraue nicht blind der Information, die du im Internet findest. Sei besonders vorsichtig, wenn du auf Hausaufgaben-Seiten oder in Foren etwas zu deinem Thema findest. Ist auch richtig, was der oder die andere da geschrieben hat? Auf solchen Seiten wird in der Regel nicht kontrolliert, ob die veröffentlichten Texte auch korrekt sind. Jeder kann eine Menge Unsinn im Internet veröffentlichen. Vergewissere dich immer durch andere Quellen, dass die Information auch stimmt. Korrekt sind Informationen von öffentlichen Stellen: Universitäten, Ministerien, Institute.

Kapitel 5 — Referate vorbereiten

Übersicht bei den Dateien

Aus den Dateinamen musst du später schnell herausfinden können, worum es in diesem Dokument geht. Versuche also, beim Speichern schon Namen zu vergeben, die viel über den Inhalt verraten. Ganz schlecht ist es, wenn du die Namen übernimmst, die die Programme vorschlagen. Word zum Beispiel schlägt immer den Inhalt der ersten Textzeile vor. Dann hießen deine Dokumente nachher *Notiz.docs* oder *Zeitungsartikel.docx*, weil du das in die erste Zeile als Überschrift geschrieben hast.

Ganz wichtig ist das auch bei Dateien, die du aus dem Internet herunterlädst oder die du von anderen bekommst. Übernimm nicht einfach den Namen, den das Dokument im Internet hatte; das sind häufig nur Nummern. Und was willst du dir später unter *23_05_B17.pdf* vorstellen? Benenne alle Dateien so, dass du sofort etwas mit diesem Dateinamen anfangen kannst.

> Fotos von einer Digitalkamera oder ClipArts aus dem Internet sind ebenfalls immer nummeriert. Du wirst später endlos lange nach dem richtigen Bild suchen, wenn du die Bilder nicht sofort beim Speichern sinnvoll benennst!

Wenn schon beim Schreiben oder Kopieren klar ist, in welchen Punkt deiner Gliederung dieser Text hineinpasst, kannst du das im Dateinamen andeuten. Schreibe zum Beispiel die Überschriftennummer vor den Dateinamen.

Nutze die Möglichkeit, Stichworte und Informationen zu den Dateien aufzuschreiben. Schaue dir zu einem Dokument diese Zusatzinformation an und fülle sie aus:

1. Klicke auf DATEI|INFORMATIONEN.

2. Am rechten Rand werden die Dateieigenschaften angezeigt wie das Datum des letzten Speicherns und Ausdruckens, der Name des Autors, wie viele Seiten die Datei hat und anderes.

3. Die Felder TITEL und KATEGORIEN kannst du hier ausfüllen.

4. Mehr Felder werden gezeigt, wenn du auf ALLE EIGENSCHAFTEN ANZEIGEN klickst.

Organisation ist wichtig

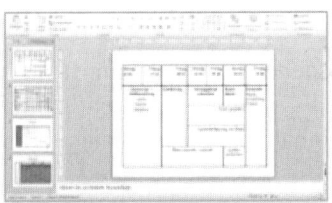

Eigenschaften ▼

Größe	85,0KB
Folien	4
Ausgeblendete Folien	0
Titel	Zeitplan und Meilensteine
Kategorien	Referate
Kategorien	Organisation

Verwandte Datumsangaben

Letzte Änderung	Heute, 12:09
Erstellt	Heute, 12:07
Zuletzt gedruckt	Nie

Verwandte Personen

Autor	Pia Bork
	Autor hinzufügen
Zuletzt geändert von	Pia Bork

Verwandte Dokumente

 Dateispeicherort öffnen

Alle Eigenschaften anzeigen

Abb. 5.4: Dateieigenschaften helfen bei der Ordnung.

Diese Eigenschaften siehst du auch im Windows-Explorer, wenn du Windows Vista oder Windows 7 hast. Klicke eine Datei einmal an und schaue dir am unteren Rand des Bildschirms die Anzeige an.

Ein Blick zurück

Je mehr Ordnung du hältst, umso leichter ist das Ausarbeiten des Referats. Plane rechtzeitig den Ablauf und drucke dir einen Terminplan aus.

◆ Lege dir einen Ordner für die Papierausdrucke an und mindestens einen Ordner auf der Festplatte für deine Dateien.

◆ Speichere alle Dokumente mit aussagekräftigen Namen und verwende die Dateiinformationen für Stichworte.

Kapitel 5 — Referate vorbereiten

Stoffsammlung und Gliederung

Mit diesen Vorüberlegungen kann es losgehen. Zuerst beginnst du mit einer Stoffsammlung. Wenn du nicht weißt, worüber du eigentlich referieren sollst und was das Thema alles beinhaltet, kannst du nicht anfangen.

Vom Thema zu den Quellen

Informiere dich zuerst ganz allgemein: In einem Lexikon findest du die allerersten Informationen und vielleicht schon weitere Stichworte; im Internet kannst du Übersichten finden; der Übersichtskatalog deiner Bibliothek bietet möglicherweise auch schon erste Übersichtswerke.

> Eine gute Anlaufstelle im Internet ist die Wikipedia unter der Homepage-Adresse `http://www.wikipedia.de`. Von dort aus führen weitere Links zu spezielleren Seiten. Du kannst auch ein Stichwort in eine Suchmaschine wie Google oder Yahoo eintippen. Prüfe alle Fundstellen auf Aktualität und Richtigkeit, ziehe auf jeden Fall noch Lexika und Fachbücher hinzu! Schreibe niemals wörtlich ab, ohne das auch so zu kennzeichnen.

Nach dem ersten Überblick geht das Lesen und Schreiben los. Ich empfehle dir, beim Lesen sofort Stichworte zu machen. Fasse in eigenen Worten zusammen, was du liest. Gut geeignet sind Karteikarten, weil du sie später zu Themenblöcken und Kapiteln ordnen kannst. Am Computer kannst du das Programm OneNote verwenden, wenn du Microsoft Office installiert hast. Und vergiss nie, die Quellen aufzuschreiben.

> Spätestens in der gymnasialen Oberstufe sind Fakten, Zahlen und Zitate ohne ganz genaue Quellenangabe wertlos. Du brauchst den Autorennamen, den Buchtitel, den Verlag, das Erscheinungsjahr und die Seitenangabe, wenn du aus einem Buch zitierst. Bei Zeitschriften sind der Name der Zeitschrift, die Ausgabe und der Jahrgang, der Titel des Artikels, der Name des Autors und die Seitenangabe wichtig. Diese Angaben heißen auch *Bibliografie*.
>
> Verwendest du Quellen aus dem Internet, musst du die Seitenadresse (die *URL*) aufschreiben. Falls der Autor der Seite nicht angibt, wann die Seite erstellt wurde, schreibe das Datum auf, wann du die Seite gefunden hast.

Stoffsammlung und Gliederung

Von der Quellen- zur Stoffsammlung

Vor der Gliederung steht die Ordnung des Stoffes. Werde dir zuerst klar, was der Zweck deines Referats ist. Sollst du die Handlung eines Romans erzählen oder ihn mit einem anderen Roman vergleichen? Sollst du am Beispiel dieses Romans den Autor näher vorstellen oder das Typische einer literarischen Gattung herausarbeiten?

1. Formuliere das Ziel des Referats in einem Satz.
2. Schreibe mit je einem Stichwort oder mit einem kurzen Satz die Hauptargumente oder die wichtigsten Gesichtspunkte auf.
3. Stelle für dich die Zusammenhänge dar, indem du gleiche Farben verwendest oder Pfeile zwischen den Gesichtspunkten zeichnest.
4. Fasse das Referat in höchstens drei Sätzen zusammen.

Versuche einmal, das Thema in eine Tabelle zu schreiben. Gehe vom Kernsatz des Referats aus, schreibe daneben die Hauptargumente und daneben die Unterpunkte. Das kann zum Beispiel so aussehen wie in der Abbildung.

Referat Übersicht

Der Mensch hat sich in Afrika entwickelt	Es gibt viele archäologische Beweise	aufrechter Australopithecus aus Äthiopien (Lucy und Ari)
		Olduvai-Schlucht mit Werkzeugen und Fußspuren (Homo habilis)
		Wanderungsbewegung Homo sapiens über Kleinasien
	Die Genetik unterstützt die Aussage	Mitochondrien-DNA zurückzuführen zu einer Ur-Eva
		Mutationsrate gibt Hinweis auf Wanderungsbewegung
		Verwandtschaft zu Menschenaffen in Afrika

Abb. 5.5: Von der Kernaussage zu den Argumenten

In der ersten Spalte steht die Hauptaussage, in der zweiten Spalte können zwei, aber auch drei oder vier Argumente stehen. Es kann auch sein, dass dein Referat eine zeitliche Reihenfolge beschreibt. Dann sind die

Kapitel 5 — Referate vorbereiten

Argumente in der zweiten Spalte vielleicht ein *Vorher* und *Nachher* oder eine Aufteilung in Epochen. Wenn du den Kriegszug Alexander des Großen bearbeitest, wirst du sein Leben in Zeitabschnitte einteilen: erste Eroberungen in Griechenland, der Zug gegen die Perser, Eroberung Ägyptens, der Marsch nach Indien, der Rückmarsch, sein Tod in Babylon. Ein Referat über das Planetensystem wird innere und äußere Planeten getrennt voneinander behandeln. Bestimmt fallen dir zu deinem Thema noch andere Möglichkeiten ein, den Stoff zu gliedern.

> Für dich selber kannst du die Argumente ausformulieren und ganz ausführlich aufschreiben. Das musst du natürlich auch tun, wenn du ein schriftliches Referat abgeben musst. Aber nutze das nicht während eines mündlichen Referats zum Ablesen! Das ist für deine Zuhörer sehr langweilig. Nach dem Ausformulieren musst du auf jeden Fall wieder Stichworte aufschreiben, mit denen du den Vortrag hältst. Du kannst ganz gut die gleiche Tabelle wieder verwenden. Kontrolliere aber gut, ob deine ursprüngliche Planung in dieser Tabelle noch mit deiner endgültigen Gliederung übereinstimmt. Ist das nicht der Fall, korrigiere die Tabelle.

Von der Stoffsammlung zur Gliederung

Aus der Sammlung entsteht die Gliederung. Schreibe die Gliederung am besten in einem Textprogramm, nicht in PowerPoint. Das geht zwar notfalls auch, ist aber so umständlich und so unflexibel, dass ich davon abrate. Beispielsweise kannst du Word verwenden.

Aus dem Kernsatz in der linken Spalte entsteht der Referatstitel, er kommt oben auf die Seite. Damit er gut und deutlich hervorsticht, klickst du auf START|FORMATVORLAGEN und wählst dort die Vorlage TITEL.

Darauf folgt als erster Gliederungspunkt die Einleitung. Der Hauptteil besteht aus den Stichworten der zweiten und der dritten Spalte. Alle Punkte aus Spalte 2 sind Hauptüberschriften, die Punkte aus Spalte 3 sind Unterüberschriften. Der letzte Hauptpunkt der Gliederung ist der zusammenfassende Schluss.

Verwende in Word die Überschriften, um die Ebenen zu kennzeichnen. Am einfachsten ist es, wenn du den Text der Hauptüberschrift schreibst und dann in dieser Zeile [Alt]+[1] drückst. Die Zeile wird dann fett und mit größerer Schrift dargestellt. Das ist die Überschrift erster Ebene oder

Stoffsammlung und Gliederung

kurz ÜBERSCHRIFT1. Drücke nach der Überschrift ⏎ und schreibe deinen Text.

> Formatiere niemals in der Textverarbeitung einen Text *von Hand* als Überschrift. Auch wenn du eine Zeile fett machst und die Schrift vergrößerst, wird daraus keine Überschrift. Nur mit Überschriften entstehen automatische Inhaltsverzeichnisse oder Folien.

Word sorgt dafür, dass nach jeder Überschrift normaler Text geschrieben werden kann und nicht gleich die zweite Überschrift kommt. Du kannst mehrere Absätze schreiben und dazwischen immer wieder ⏎ drücken, um neue Absätze zu beginnen.

Erst wenn du wieder eine Überschrift brauchst, drückst du wieder Alt+1. Eine neue Überschrift der ersten Ebene entsteht. Wenn es eine Unterüberschrift werden soll, drückst du Alt+2 oder Alt+3. Das ergibt eine Überschrift der zweiten oder der dritten Ordnung.

Abb. 5.6: Das Manuskript ENTWICKLUNG DER MENSCHHEIT.DOCX entsteht in Word.

Entwicklung der Menschheit¶

Einleitung¶
Auf der Insel Flores in Indonesien wurden rätselhafte Mini-Menschen-Skelette gefunden. Sie sind so winzig, dass sie den Spitznamen „Hobbits" bekommen haben. Mit den Minis ist die Frage wieder aktuell geworden, ob der Mensch der Jetztzeit in Afrika, in Asien oder in Europa entstanden ist. Oder ob er sich mehrmals entwickelt hat.¶

Archäologische Funde¶
Die ältesten Menschenfunde stammen aus Afrika. Berühmtheiten wie „Lucy" oder der Nussknacker-Mensch wurden in Ostafrika ausgegraben.¶

Äthiopien¶
Aus Äthiopien stammt das fast vollständige Skelett einer Australopithecus-Frau. Sie wurde „Lucy" getauft. Ihr Becken und ihre Fußstellung zeigen, dass sie beinahe so aufrecht ging wie wir. Allerdings waren ihre Arme viel länger als unsere. Ebenfalls aus Äthiopien stammt „Ardi", der 4,4 Millionen Jahre alte Ardipithecus ramidus.¶

Olduvai¶
Im großen ostafrikanischen Graben, der Olduvai-Schlucht, wurden schon tausende von Überresten gefunden. Darunter auch sehr alte Steinwerkzeuge und Fußspuren.¶

Wanderung¶
Jeder neue Menschentyp findet sich als älteste Form in Afrika. Ob es um Australopithecus oder Homo erectus oder dem neuzeitlichen Homo sapiens geht: alle Wanderungen nehmen vermutlich den Ausgang in Afrika.¶

Genetik¶

In der Abbildung siehst du durch die unterschiedlichen Schriftgrößen, was eine Überschrift der ersten und der zweiten Ordnung ist. Das passiert ganz automatisch, du musst dich darum nicht kümmern. Du kannst den Text von der Buch-CD öffnen und ihn ergänzen.

Schreibe deine Gliederung mit den wichtigsten Texten zu den einzelnen Überschriften. Aus der Gliederung entstehen später zwei weitere Dateien: die Präsentation mit den Folien und dein Vorlesungsskript. Die Präsentation soll den Text kurzgefasst, verständlich und gut lesbar darstellen; das Vorlesungsskript besteht aus Stichworten und Hinweisen, die du beim Vortrag brauchst. Eventuell musst du als dritte Datei noch eine Unterlage erstellen, die du deinen Zuhörern austeilst. Ob das gefordert und sinnvoll ist, besprichst du am besten mit deinem Lehrer.

> Speichere deine Dateien häufig. Kopiere sie mindestens jede Woche einmal an eine andere Stelle, am besten auf eine externe Festplatte oder einen USB-Stick. Das sind deine Sicherungskopien. Passiert etwas mit den Dateien auf dem Computer, kannst du auf die Sicherungen zurückgreifen.

Ein Blick zurück

Schreibe nichts auf, wenn du die Quelle nicht weißt! Jede Information muss zugeordnet werden können: Kopiere immer die Internetadresse in das Dokument, schreibe die Bibliografie des Buches oder der Zeitschrift in deinen Text.

Beginne mit der Kernaussage und suche um die Kernaussage herum die Argumente, die Details und die Fakten zusammen. Schreibe eine knappe Übersicht in Form einer Tabelle.

Daraus entsteht eine Gliederung, die du in einer Textverarbeitung wie Word schreibst.

◆ Verwende in Word immer [Alt]+[1] bis [Alt]+[3] für die Überschriften.

◆ Formatiere nie eine Textzeile von Hand als Überschrift.

Folien planen

Sobald die Gliederung fertig ist, kannst du die Folien erstellen. Jede Präsentation besteht aus einer Titelfolie, die das Thema zeigt, einer Inhaltsfolie mit der Kurzfassung der Gliederung, den Detailfolien und einer Schlussfolie. Damit du das Grundgerüst für die Präsentation schnell erstellst, kannst du die Word-Gliederung nach PowerPoint übertragen.

Folien planen

Von der Gliederung zur Folie

Bei sehr einfachen Referaten mit wenigen Überschriften kannst du direkt aus dem Word-Dokument eine Präsentation erstellen. Alle Überschriften werden nach PowerPoint geholt und dort auf die Folie geschrieben. Dabei wird aus jeder Überschrift erster Ebene eine Folienüberschrift; Überschriften der zweiten und dritten Ebene aus Word sind Aufzählungen auf der Folie. Texte, die keine Überschrift sind, werden nicht übertragen.

> Voraussetzung für dieses Vorgehen ist, dass du die Gliederung in Word geschrieben hast und für Überschriften immer die Tasten Alt + 1 bis Alt + 3 gedrückt hast. PowerPoint holt keine normalen Texte aus Word!

Schließe die Word-Datei, starte PowerPoint und erstelle eine neue Präsentation. Jetzt hole die Gliederung in die Präsentation:

1. Klicke im Register START auf den unteren Teil des Symbols NEUE FOLIE.
2. Klicke unten auf den Befehl FOLIEN AUS GLIEDERUNG.
3. Suche nach der Word-Datei mit der Gliederung, markiere sie und klicke auf ÖFFNEN.

Wenn du keine eigene Word-Datei zur Hand hast, nimm den Text ENTWICKLUNG DER MENSCHHEIT.DOCX, der auf der Buch-CD zu diesem Kapitel gespeichert ist. Auch wenn der Text schnell und unkompliziert in eine Präsentation verwandelt wird, darfst du es dabei nicht belassen. Du musst die Präsentation sehr sorgfältig bearbeiten und gut überlegen, welche Gliederungspunkte eine Folie benötigen und welche nicht.

> Du kannst der Präsentation ein Design geben, bevor du die Gliederung übernimmst oder danach. Mache es aber, bevor du die Präsentation weiterbearbeitest.

Beispielsweise wirst du in einem Referat über das Theaterstück *Mutter Courage* erst einmal die Handlung erzählen und im Referat auch darüber schreiben – aber du wirst keine Folie dazu erstellen. Zu einem Referat über die Evolutionstheorie von Charles Darwin gehört auch eine Schilderung der Reise mit dem Schiff *Beagle* – aber das muss nicht auf einer Folie erscheinen.

Kapitel 5

Referate vorbereiten

Andererseits wird ein einziger Gliederungspunkt oft drei, vier oder mehr Folien erfordern, weil du Bilder zeigst. Als Einleitung eines Referats über das Sonnensystem wirst du sicherlich eine Folie mit einer Skizze zeigen, danach die Namen der Planeten und vielleicht von jedem Planeten ein Foto. Ein Gliederungspunkt braucht viele Folien.

Es kann also besser sein, die Folien unabhängig von der Word-Gliederung zu erstellen. Verwende genau so viel Zeit und Mühe auf die Folien wie für das Manuskript. Schreibe nicht einfach die Gliederung auf die Folien – ein gutes Manuskript ist eine schlechte Präsentation, genauso wie eine gute Präsentation ein schlechtes Manuskript ist.

Ein Manuskript ist das Gerüst für deinen Vortrag, es enthält viele Details und ausführliche Darstellungen. Die Folien dürfen nur das Wichtigste zeigen, sie sind Zusammenfassung und Ergänzung deines mündlichen Vortrags.

Gleiches Aussehen für alle Folien

Ob du von der ersten bis zur letzten Folie alle Folien selber gestaltest oder ob du als Grundlage die Gliederung von Word verwendest: Alle Folien müssen gleich gestaltet sein, die gleichen Farben und Schriften verwenden, den gleichen Hintergrund zeigen. Du musst entscheiden, ob du eine der fertigen Designs vom Register ENTWURF verwenden möchtest oder ob du selber etwas gestalten willst.

Am besten fällst du die Entscheidung, sobald du die Präsentation beginnst. Denn wenn du schon viele Folien geschrieben hast und dann das Design änderst, können sich Schriften verschieben oder Farben ganz unpassend werden. Du hast dann viel Arbeit, um die Folien wieder anzupassen.

Ich empfehle dir eine Vorlage, die nicht zu bunt ist, nicht zu viele Bilder und Schmuckelemente auf der Folie und eine deutliche, klare Schrift wie Calibri oder Arial verwendet.

1. Designs mit dunklen Hintergründen wie ELEMENTAR oder IAPETUS sind gut geeignet für eine Darstellung mit Computer und Beamer, aber nicht so gut für den Ausdruck.

2. Designs mit weißen Hintergründen wie LARISSA, ESSENZ oder OKEANOS sind für den Beamer und den Ausdruck gut.

3. Aufwändige Designs wie COUTURE oder SMOKING sind für Referate nicht gut.

Folien planen

Falls du gar nichts findest, was passend ist, suche auf den Internet-Seiten von Microsoft nach neuen Vorlagen.

Microsoft und seine Partner bieten immer wieder neue, kostenlose Vorlagen für PowerPoint auf der Download-Seite an. Dein PC muss einen Internetzugang haben, dann klicke auf DATEI|NEU und in der Rubrik OFFICE.COM-VORLAGEN auf ENTWURFSFOLIEN. Jetzt kannst du aus vielen Themen wählen und mit Klick auf DOWNLOAD die gewählte Vorlage herunterladen.

> Es kommt leider immer wieder mal vor, dass beim Klick auf DOWNLOAD gar nichts passiert. Diese Vorlagen sind entweder für eine andere PowerPoint-Version oder sie sind defekt. Probiere eine andere aus.

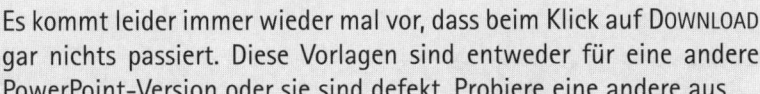

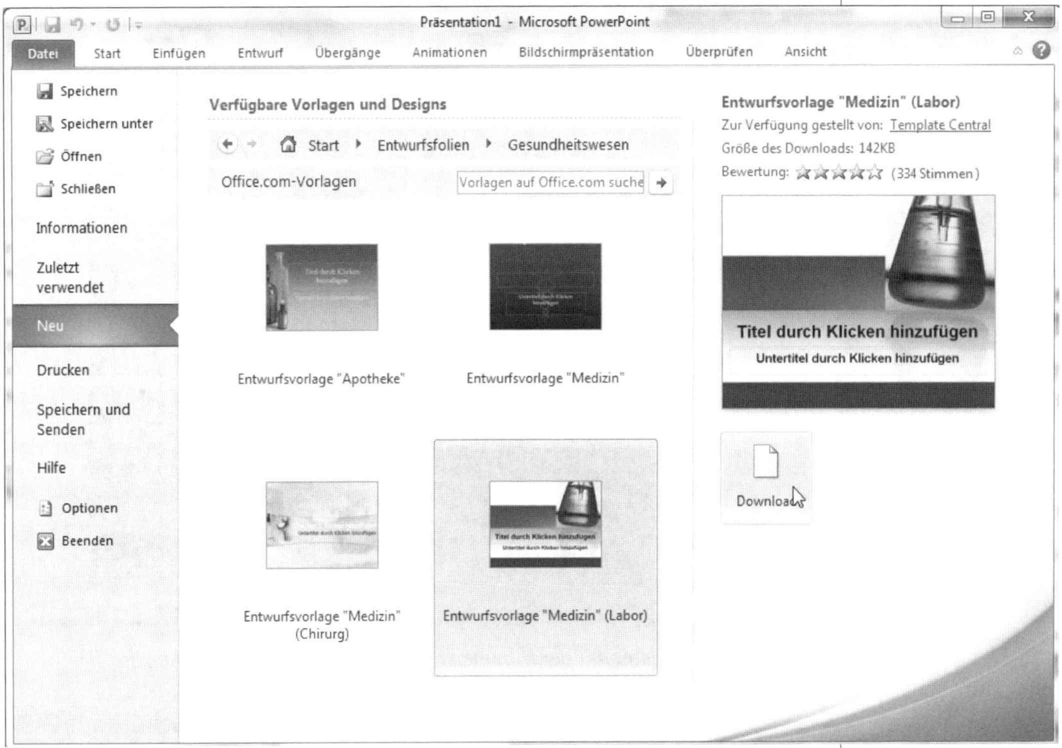

Abb. 5.7: Entwurfsfolien von Microsoft aus der Rubrik »Gesundheitswesen«

Es kann passieren, dass dir eine Vorlage gut gefällt, du sie aber ein wenig anpassen möchtest. Beispielsweise ist die Vorlage NEUE VORLAGEN|SHOWTIME prima für Vorträge über Kunst und Theater, aber die Schriftart Garamond gibt es nicht auf jedem Computer. Besser wäre Cali-

Kapitel 5 — Referate vorbereiten

bri oder Cambria. Um die Schriftart für alle Folien zu ändern, brauchst du den Folienmaster.

1. Lade die Vorlage herunter mit Klick auf DATEI|NEU. Tippe in das Feld VORLAGEN AUF OFFICE.COM SUCHEN das Stichwort Showtime ein und drücke ⏎.

2. Markiere die Vorlage, klicke auf DOWNLOAD und warte, bis die Präsentation erscheint.

3. Klicke auf ANSICHT|FOLIENMASTER, markiere links den Master mit der Ziffer 1.

Abb. 5.8: Der Master mit der Nummer 1 passt die Schrift für alle Folien an.

4. Klicke in der Folie in den Folientitel und ändere die Schrift auf CAMBRIA. Klicke dann das Textfeld darunter an und wähle die Schriftart CALIBRI. Ändere nichts an den Größen der Schrift!

5. Markiere dann die drei Textfelder in der Fußzeile für Datum, Fußzeile und Foliennummer und gib ihnen auch die Schriftart CALIBRI.

6. Zum Schluss klicke auf FOLIENMASTER|MASTERANSICHT SCHLIESSEN und speichere deine Präsentation in deinen Referatsordner.

Folien planen

Du bist wieder auf der Folie zurück und siehst auch gleich, dass sich die Schriften geändert haben. Auch für alle neuen Folien in dieser Präsentation werden jetzt die Schriften Cambria und Calibri verwendet.

> Verwende als Schriften möglichst *Calibri*, *Cambria*, *Arial* oder *Tahoma*. Sie sind gut zu lesen und sie sind auf jedem Windows-Computer vorhanden.
>
> Schmuck- und Sonderschriften wie *Bauhaus*, *Centennial* oder *Berlin* sind nicht auf jedem Computer installiert. Der PC nimmt bei der Vorführung der Präsentation dann irgendeine andere Schrift. Wenn du Pech hast, ist die Ersatzschrift viel breiter als die, die du verwendet hast. Dann stimmt kein Zeilenumbruch mehr!
>
> Schmuckschriften wie Schreibschriften oder verzierte Schriften sind außerdem ganz schlecht lesbar. Vermeide sie!

Mehr über Master und Vorlagen findest du in Kapitel 11.

Foliennummer, Datum und Fußzeile

Für einen Vortrag oder ein Referat ist es üblich, auf jeder Folie die Foliennummer anzugeben. Der Zuschauer kann sich dann merken, zu welcher Folie er am Ende des Vortrags noch etwas fragen möchte. Hin und wieder siehst du auch, dass auf der Folie das aktuelle Datum angezeigt wird.

PowerPoint fasst die Foliennummer, das Datum und ein kleines Feld für Text zur KOPF- UND FUSSZEILE zusammen. Alle drei Angaben werden im gleichen Dialogfenster eingegeben. Du hast gerade im Master gesehen, wo die drei Textfelder bei der Vorlage SHOWTIME stehen: am unteren Rand der Folie.

Um sie auszufüllen, rufst du den Dialog auf:

1. Klicke auf EINFÜGEN|KOPF- UND FUSSZEILE.

2. Klicke vor DATUM UND UHRZEIT, wenn das Datum angezeigt werden soll. Du hast die Wahl zwischen AUTOMATISCH AKTUALISIEREN, wenn immer das aktuelle Datum angezeigt werden soll, und FEST, wenn du ein Datum vorgeben möchtest.

3. Klicke vor FOLIENNUMMER, damit auf jeder Folie die Ziffer angezeigt wird.

4. Klicke in das Feld FUSSZEILE, um einen Text zu schreiben, der auf jeder Folie erscheint.

5. Damit die Fußzeile auf der ersten Folie nicht erscheint, mache ein Häkchen bei AUF TITELFOLIE NICHT ANZEIGEN.

Kapitel 5 — Referate vorbereiten

6. Bestätige mit FÜR ALLE ÜBERNEHMEN.

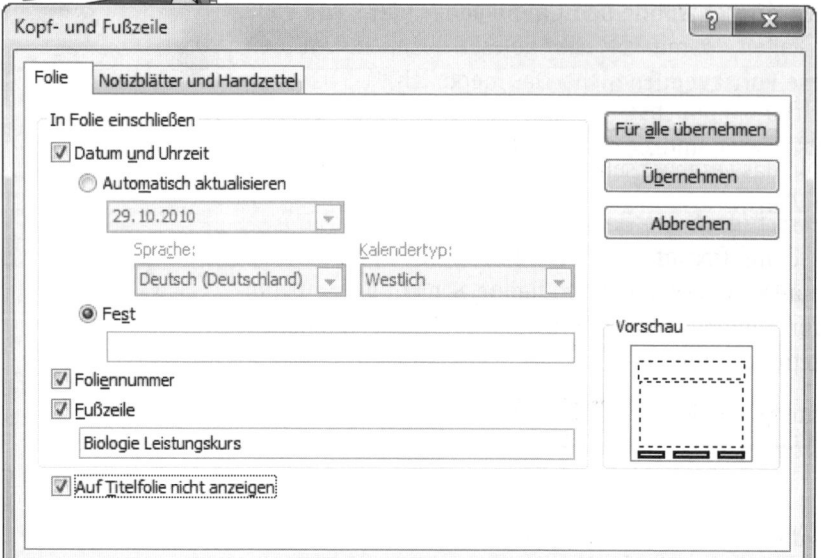

Abb. 5.9: Fußzeilenfelder ab der zweiten Folie

Ab der zweiten Folie wird jetzt am unteren Rand eine Fußzeile eingeblendet. Ganz links steht das Datum, in der Mitte der Text und rechts die Nummer der Folie.

Vielleicht kennst du von Word oder Excel die Möglichkeit, den Dateinamen in die Fußzeile zu schreiben. Das kann PowerPoint nicht und es ist auch nicht sinnvoll. Dein Publikum wird es nicht interessant finden, wo du deine Dateien speicherst.

Auch die Zählung *Folie 2 von 13* kann PowerPoint nicht erstellen. PowerPoint zeigt nur die Foliennummer, nicht aber die Gesamtzahl der Folien an. Auch das ist für deine Zuschauer nicht so wichtig und vielleicht sogar erschreckend. So viele Folien kommen noch!

Die Fußzeile kannst du nur über das Dialogfenster KOPF- UND FUSSZEILE ändern. Versuche einmal, auf eines der Felder in der Folie zu klicken: Weder das Datum noch die Foliennummer oder Text kannst du mit einem Mausklick erreichen.

Gehe nicht in den Master, um die Textfelder für die Fußzeile zu beschriften. Die Gefahr, dass du versehentlich die Platzhalter für Datum und Nummer herauslöschst, ist viel zu groß.

Folien planen

Was lesbar ist und was nicht

Für wen sind die Folien gedacht? Eine seltsame Frage, findest du? Viele Referenten machen Folien, damit sie sie ablesen können. An den Zuschauer denken diese Vortragenden nicht. Das merke ich,

- ◊ weil ich als Zuschauer die Texte nicht gut lesen kann. Die Schriften sind viel zu klein und das Lesen ist sehr anstrengend. Nach 15 Minuten tun mir die Augen weh.

- ◊ weil der Verfasser so viel Text auf die Folien geschrieben hat, dass ich lange brauche, um alles zu lesen. Aber ich habe gar nicht die Zeit zum Lesen, weil der Vortragende ununterbrochen redet. Ich kann nicht lesen und gleichzeitig zuhören.

- ◊ weil der Vortragende genau den Text auf die Folie geschrieben hat, den er vorträgt. Der Vortragende liest den Text der Folien vor. Das langweilt mich.

Wichtig ist also, dass du die Lesbarkeit deiner Folien planst und kontrollierst. Zuerst einmal ist die Schriftgröße wichtig. Als wir gerade den Folienmaster geändert haben, haben wir die Schriftgröße beibehalten. Normalerweise sind die Schriftgrößen in Vorlagen richtig berechnet und sie sollten nicht verändert werden. Prüfe auf dem Master nach:

- ◊ Der Titel der Folie ist 40 pt oder größer.

- ◊ Der Aufzählungstext auf der Folie ist zwischen 20 pt und 32 pt groß.

- ◊ Nur der Text in den drei Feldern der Fußzeile ist mit 12 pt sehr viel kleiner.

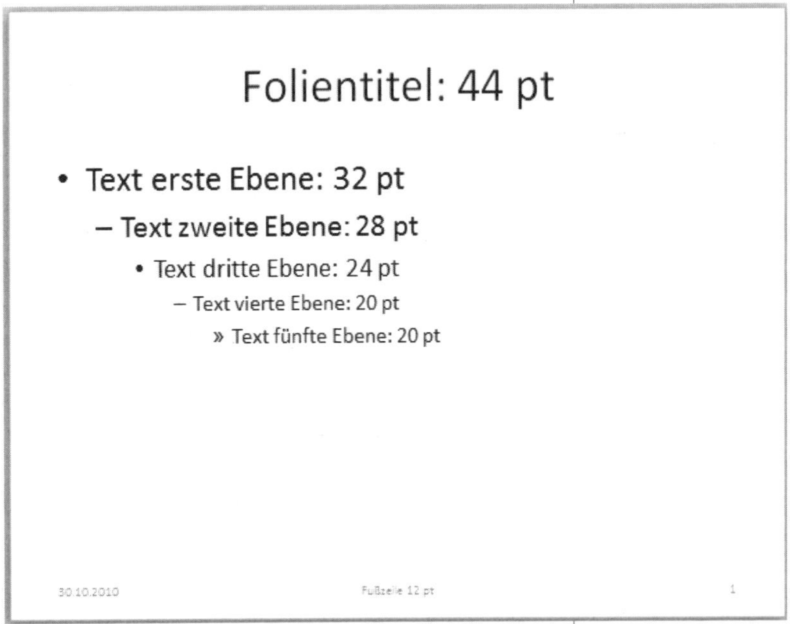

Abb. 5.10:
Die Schrift auf der Folie ist für das Textfeld mindestens 20 pt groß.

Folientitel: 44 pt

- Text erste Ebene: 32 pt
  – Text zweite Ebene: 28 pt
    • Text dritte Ebene: 24 pt
      – Text vierte Ebene: 20 pt
        » Text fünfte Ebene: 20 pt

30.10.2010   Fußzeile 12 pt   1

Kapitel 5 — Referate vorbereiten

Die Schriftgrößen auf der Folie in der Abbildung sind gut lesbar, wenn du den Vortrag im Klassenzimmer hältst. Schriften unter 16 pt sind mühsam zu lesen. Die Fußzeile ist darum für den Zuschauer nicht mehr gut zu lesen, sie ist mit 12 pt sehr klein. Wichtige Informationen solltest du darin nicht unterbringen.

> Eine gute Vorstellung von der Lesbarkeit bekommst du, wenn du auf eine Textfolie gehst und dann BILDSCHIRMPRÄSENTATION|AB AKTUELLER FOLIE einschaltest. Jetzt mache drei große Schritte vom Monitor weg und schaue die Folie an. Kannst du alles noch ohne Anstrengung gut erkennen? Bitte am besten jemanden um die Leseprobe, der den Text noch nicht kennt. Ist alles gut lesbar, wird es auch auf der Leinwand gut erkennbar sein.

Mit der Schriftgröße ergibt sich von ganz alleine eine zweite Faustregel: nicht mehr als fünf Punkte pro Folie. Mit Punkten sind die Aufzählungen gemeint. Du hast einen Folientitel und darunter im Textfeld eine Aufzählung. In diesem Aufzählungsfeld sollten nicht mehr als fünf Aufzählungspunkte sein. Es dürfen auf einer Folie auch mal sechs Punkte sein, aber eben nicht neun oder zehn.

Suchmaschinen

- Vorauswahl durch Menschen
    - Katalog
    - Linkliste
    - Portal
- Keine Vorauswahl durch Menschen
    - Index
    - Volltextsuche

Abb. 5.11:
Zwei Haupt- und insgesamt fünf Unterpunkte sind mehr als genug!

Jede Zeile oder jeder Aufzählungspunkt sollte möglichst wenig Text haben. In der Fachwelt streitet man sich, ob kurze Sätze oder Stichworte besser sind. Ich mag Stichworte lieber, weil mir nicht zu jedem Punkt

Notizenseiten für den Vortragenden

passende kurze Sätze einfallen. Ein kurzer Satz sollte nicht mehr als sieben Wörter haben, das sind also schon sehr kurze Sätze. Entscheide dich für Sätze oder Stichworte und bleibe dann dabei! Wechsle nicht grundlos von Sätzen zu Stichworten oder umgekehrt.

Ein Blick zurück

Mit dem Befehl START|NEUE FOLIE|FOLIEN AUS GLIEDERUNG erstellst du eine Präsentation aus einer Word-Gliederung, die du dann nachbearbeiten kannst.

Entscheide dich so früh wie möglich für das Design der Präsentation. Ändere die Schriftart auf dem Folienmaster, nicht auf jeder Folie. Füge das Datum oder die Foliennummer mit EINFÜGEN|KOPF- UND FUSSZEILE ein.

Achte auf die Schriftgröße und die Lesbarkeit der Folien:

◇ Folientitel sind 40 pt oder größer; Texte sind zwischen 20 pt und 32 pt groß. Die Mindestgröße ist 16 pt.

◇ Schreibe nicht mehr als fünf Punkte pro Folie.

◇ Bilde entweder kurze Sätze oder Stichworte, mische nicht beides auf einer Folie.

Notizenseiten für den Vortragenden

Du hast gelernt, dass die Folien nicht für den Vortragenden gedacht sind. Deine Zuschauer sollen die Folien anschauen, du selber sollst die Folien nicht ablesen. Wohin also mit dem Text, den du erzählen willst? Am besten ist er in deinem Kopf aufgehoben. Aber ich gestehe, dass auch ich hin und wieder Stichworte brauche, um den Faden nicht zu verlieren oder um komplizierte Details, Zahlen oder den genauen Wortlaut eines Zitats wiedergeben zu können.

Karteikarten sind eine Möglichkeit, eine andere sind die Notizen, die du unter den Folien schreiben kannst. Karteikarten haben den Vorteil, dass sie schön klein sind und du sie gut in der Hand halten kannst. Der Nachteil ist, dass du sie mit der Hand schreiben musst und sie nicht fest mit deiner Folie verbunden sind. Notizen unter den Folien lassen sich nur als DIN-A-4-Seite ausdrucken und sind damit unhandlich groß.

Kapitel 5 — Referate vorbereiten

Aber sie können gleich mit der Präsentation erfasst werden und gehen nicht verloren.

Das Schreiben der Notizen ist ganz einfach. Zeige eine Folie an, zu der du Notizen aufschreiben willst. Unter der Folie siehst du ein schmales Fenster, in dem steht KLICKEN SIE, UM NOTIZEN HINZUZUFÜGEN.

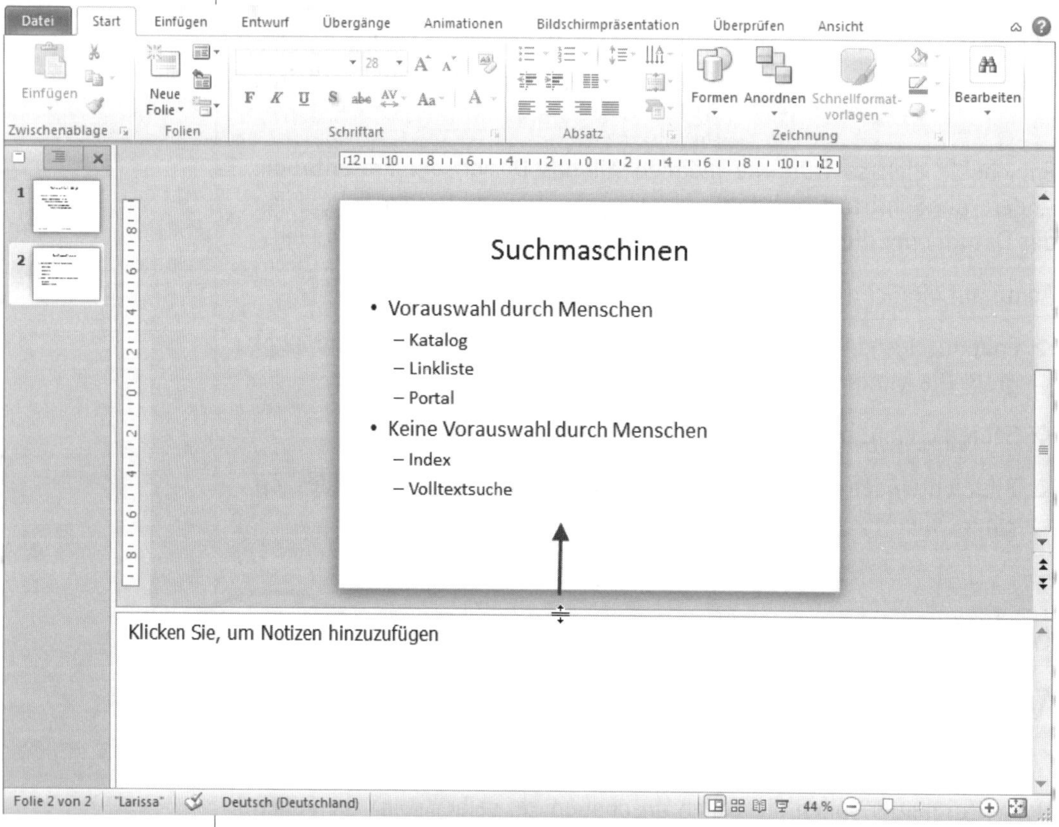

Abb. 5.12: Folie mit dem Notizenbereich darunter

Der Notizenbereich ist sehr schmal, ziehe mit der Maus am grauen Trennstrich zwischen Folie und Notizen den Notizenbereich nach oben größer. Wenn er gar nicht zu sehen ist, dann blende ihn mit ANSICHT|NORMAL ein.

Klicke in den Notizenbereich und beginne zu schreiben. Alle Textformate wie fett oder kursiv kannst du auch in den Notizen verwenden. Auch Aufzählungssymbole oder Absatzausrichtungen kannst du wählen. Du kannst allerdings keine Zeichnungen erstellen und den Text nicht farbig machen.

Notizenseiten für den Vortragenden

Die Notizen werden automatisch mit der Präsentation gespeichert, sie gehören zur jeweiligen Folie. Um die Notizen auszudrucken, wählst du DATEI|DRUCKEN und klickst auf die Schaltfläche GANZSEITIGE FOLIEN. Wähle hier aus NOTIZENSEITEN.

Abb. 5.13: Notizenseiten kannst du auch ausdrucken.

In die Notizen kannst du alles hineinschreiben, was du zu dieser Folie erzählen möchtest. Aber ich rate dir, nur Stichworte aufzuschreiben. Lasse dich nicht dazu verführen, unter die Folie einen kompletten Text zu schreiben! Dann kommst du nur in Versuchung, das auch genauso vorzulesen – und das wird ein ganz schlechter Vortrag. Lies dazu auch Kapitel 7 über Vortragstechnik. Dort findest du noch mehr Tipps zu guten und sinnvollen Notizen.

Kapitel 5 — Referate vorbereiten

Zusammenfassung

Lege einen Ordner an, in dem du alle Dateien zu einem Referat sammelst. Benenne die Dateien so, dass du sie auf Anhieb erkennst, und nutze die Dateiinformationen für weitere Bemerkungen. Schreibe zu allen Informationen die Quellen auf.

- Mit START|NEUE FOLIE|FOLIEN AUS GLIEDERUNG übernimmst du eine Word-Gliederung als Präsentation. Achte darauf, dass alle Überschriften mit den Formatvorlagen ÜBERSCHRIFT formatiert sind.
- Pro Folie sollten nicht mehr als fünf Punkte behandelt werden.
- Bleibe konsequent bei Stichworten oder kurzen Sätzen.
- Nutze die Notizen für deine eigenen Aufzeichnungen, die du während des Vortrags brauchst.

Ein paar Fragen ...

Frage 1: Wie kannst du eine Präsentation aus einer Word-Datei erstellen?

Frage 2: Was musst du tun, um die Schriftart für alle Folien deiner Präsentation auf einmal zu ändern?

Frage 3: Wie kommt die Foliennummer auf jede Folie?

... und ein paar Aufgaben

1. Erstelle eine neue Präsentation mit dem Design ELEMENTAR und ändere die Schrift für alle Folien auf VERDANA.
2. Sorge dafür, dass auf allen Folien die Foliennummer und das aktuelle Datum angezeigt werden.
3. Suche in der Wikipedia oder in einem Lexikon nach der Geschichte von PowerPoint und erstelle eine kleine Präsentation dazu.

6

Informationen spannend darstellen

Was erwartet dich in diesem Kapitel? Der Schwerpunkt liegt darauf, Informationen für ein Referat so aufzubereiten, dass sie für deine Zuschauer verständlich und spannend sind. Mit Grafiken, Ablaufplänen und Diagrammen werden wir Zusammenhänge und Zahlen anschaulich darstellen.

In diesem Kapitel lernst du

- Textfolien so zu gestalten, dass sie deine Zuschauer nicht langweilen
- Fotos, Formen und ClipArts sinnvoll einzusetzen
- Zusammenhänge mit SmartArts darzustellen
- Zahlen mit Diagrammen zu visualisieren

Wichtiger Einstieg: Die Titelfolie

Eine wichtige Folie ist die Startfolie mit dem Referatsthema. Mit ihr stimmst du dein Publikum auf das Thema ein, holst die Aufmerksamkeit

Kapitel 6 — Informationen spannend darstellen

der Zuhörer und weckst ihre Neugierde. Mache dir Mühe mit der ersten Folie und schreibe nicht nur den Titel des Referats darauf.

Eine Möglichkeit, die Zuhörer neugierig zu machen, ist ein aktueller Bezug. Ein Referat über das Sonnensystem könnte zum Beispiel beginnen mit Schlagzeilen zu den neuesten Nachrichten über die vermutete Entdeckung erdähnlicher Planeten.

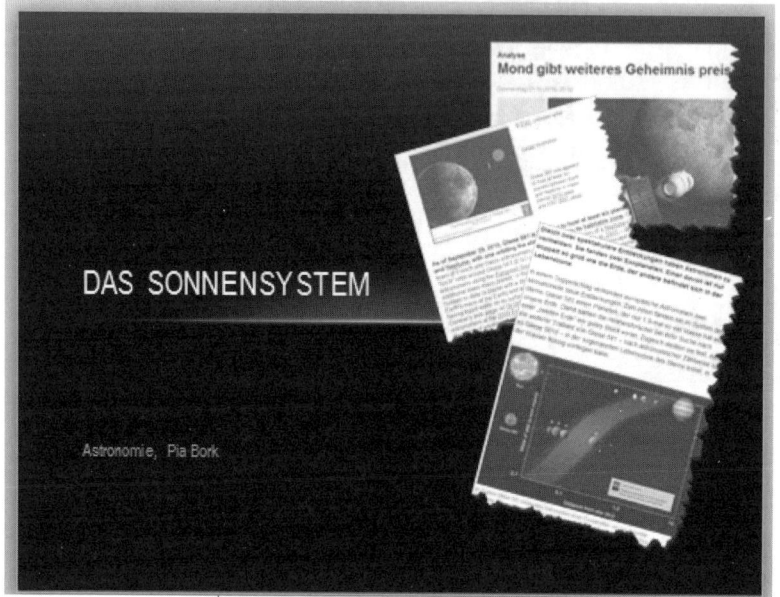

Abb. 6.1: Die Titelfolie stimmt auf das Thema ein.

Ich habe für die Titelfolie dieser Abbildung Zeitungsausschnitte herausgerissen und eingescannt. Die Bilddateien sind dann mit EINFÜGEN|GRAFIK auf die Titelfolie eingefügt worden. Damit sie nicht zu aufdringlich wirken, habe ich die Bilder verkleinert und mit BILDTOOLS|FORMATE|FARBE heller gemacht. Es ist nicht wichtig, dass der Text gelesen werden kann – ich werde darüber kurz erzählen.

Wenn du kein fertiges Bild hast, kannst du in PowerPoint auch selber etwas zeichnen. Für die zweite Titelfolie habe ich unser Sonnensystem aus vielen Kreisen angedeutet – das ist natürlich nicht maßstabsgerecht! Die Sonne ist der größte Kreis und wird gelb oder rot gefüllt, die Planeten sind kleiner und bekommen sinnvolle Farben: die Erde ist blau, der Merkur, Mars und Jupiter sind rot, Uranus ist blau. Denke dir deine Farben aus. Die winzigen Punkte über und neben den Planeten sollen die Monde sein, Saturn hat einen deutlichen Ring und darum einen Strich bekommen. Es kommt hier nicht darauf an, die Planeten und ihre Monde exakt darzustellen. Das musst du auf den folgenden Folien nachholen.

Abb. 6.2: Die Sonne, alle Planeten und Monde sind Kreise mit unterschiedlicher Größe und Füllfarbe.

Ganz ohne Text geht es nicht

Das oberste Gebot einer Präsentation ist es, ein Thema darzustellen, nicht darüber zu schreiben. Mit Farben, Formen, Grafiken, Bildern und Diagrammen soll der gesprochene Text verdeutlicht und erklärt werden. Dennoch geht es nicht ganz ohne Textfolien.

> Du wirst oft das Schlagwort *Visualisieren* hören. Damit ist gemeint, dass ein Thema mit einem Bild veranschaulicht werden soll. Du schreibst dabei gar keinen oder nur sehr wenig Text auf die Folie, sondern stellst den Begriff oder den Vorgang mit einer Zeichnung dar. *Visualisieren* heißt, eine Idee in ein Bild umzusetzen.

Das Ziel der Visualisierung ist, dass sich der Zuschauer etwas vorstellen kann. Das bedeutet nicht, Hunderte von Bildern zu zeigen oder Folien mit Bildchen zu dekorieren. Das Bild zu der Idee muss im Kopf der Zuschauer entstehen. Solche Bilder im Kopf entstehen immer – auch wenn du gar keine Bilder anschaust. Beim Lesen oder Zuhören stellst du dir Bilder vor.

Kapitel 6

Informationen spannend darstellen

Du merkst das, wenn du ein Buch gelesen hast und dir anschließend den Film anschaust. Meist bist du enttäuscht, weil die Bilder in deinem Kopf ganz anders waren als die Kino-Bilder.

Visualisieren bedeutet also, dem Zuschauer ein Bild im Kopf zu geben. Da du in die Köpfe nicht reingucken kannst, weißt du nicht, ob sich deine Zuhörer nicht ganz falsche Bilder machen. Für wichtige Aussagen ist es deshalb notwendig, den Zuschauern eine Bild-Hilfe zu geben. Das kann ein richtiges Bild wie zum Beispiel ein Foto sein, das kann aber auch ein erzähltes Bild sein.

> Zeige nur Bilder, die zu deinem Thema etwas »zu sagen« haben. Jedes Bild auf deinen Folien muss einen Sinn und Zweck haben, es muss das Thema unterstützen, etwas dazu beitragen. Bemühe dich darüber hinaus, in Bildern zu sprechen.

Bei einem Vortrag über das Sonnensystem solltest du die Entfernung zwischen Sonne und den Planeten nicht nur auf einer Folie als Zeichnung zeigen, sondern auch anschaulich zum Beispiel von einem Planetenwanderweg erzählen. Wie groß war die Sonne, wie lange bist du bis zum Pluto gelaufen und wie groß war der?

Erinnere dich noch kurz an das, was du im letzten Kapitel über Schriftgröße und Textmenge gelernt hast:

◇ Folientitel: 40 pt oder größer

◇ Text der Hauptebene: 32 pt

◇ Text der Unterebene: jeweils 4 pt kleiner, also 28 pt, 24 pt, 20 pt

◇ Anzahl der Punkte oder Ebenen: nicht mehr als fünf

◇ Anzahl der Wörter pro Punkt: ungefähr sieben

Orientierung: Inhaltsübersichten

Bei längeren Vorträgen ist der Zuhörer um eine Inhaltsübersicht am Anfang dankbar. Der Zuhörer sieht die Reihenfolge der Themen und weiß, was auf ihn zukommt.

Die einfachste Form einer Inhaltsübersicht ist eine Textfolie mit dem Layout TITEL UND INHALT, auf der du die Hauptpunkte untereinander schreibst.

Ganz ohne Text geht es nicht

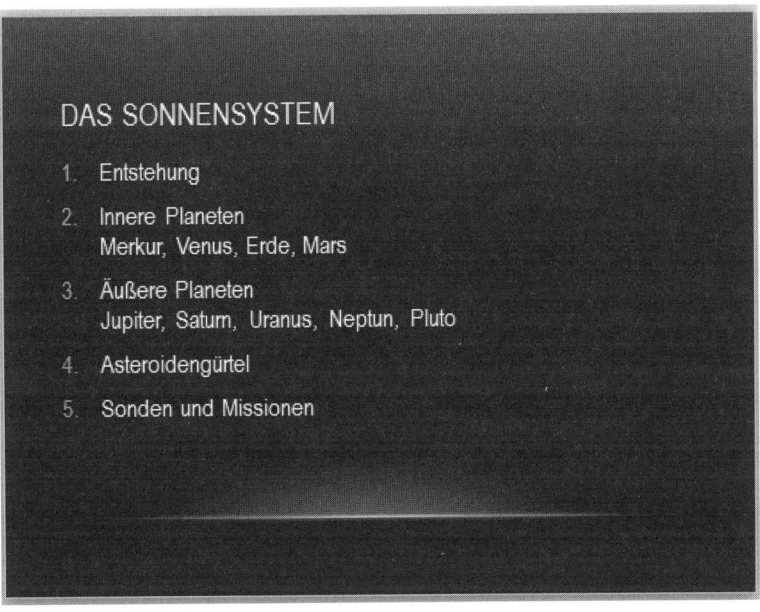

Abb. 6.3: Das Inhaltsverzeichnis sollte nummeriert sein.

Anders als Word kann PowerPoint keine Inhaltsverzeichnisse selber erstellen. Du musst das alleine machen. Erstelle das Verzeichnis ganz zum Schluss, wenn du an den Folientiteln und der Reihenfolge nichts mehr änderst.

Eine Inhaltsübersicht sollte nummeriert sein, das erleichtert die Übersicht. Markiere das gesamte Textfeld und wähle START|NUMMERIERUNG. Klicke auf den Auswahlpfeil neben NUMMERIERUNG und suche aus, ob du lieber Ziffern oder Buchstaben haben möchtest. Ich empfehle Ziffern, weil du leichter sagen kannst *Thema 1 ist die Entstehung des Sonnensystems* als *Thema A ist die Entstehung ....*

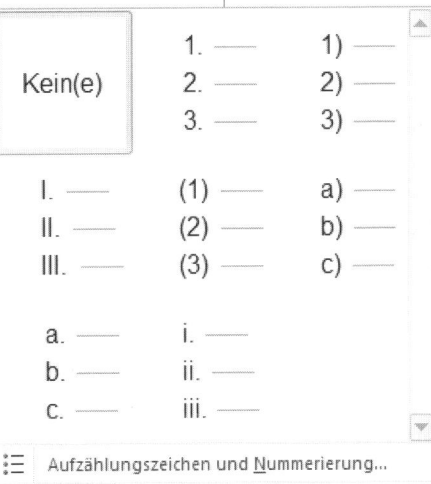

Abb. 6.4:
Verschiedene Nummerierungen für die Aufzählung

Kapitel 6

Informationen spannend darstellen

> Nummerierungen wirken sich immer auf den Absatz aus, in dem dein Cursor steht. Um alle Punkte in einem Textfeld zu nummerieren, muss das gesamte Textfeld markiert sein. Klicke auf den Rand des Textfeldes! Sonst bekommst du die Nummerierung nur für einen Absatz.

Ich empfehle dir, die Inhaltsübersicht zu animieren, damit nicht alle Punkte gleichzeitig zu sehen sind. Absatz für Absatz soll auf Mausklick erscheinen.

1. Markiere das Textfeld und klicke auf ANIMATIONEN.

2. Wähle eine Eingangs-Animation, die nicht zu auffällig ist. Am besten sind WISCHEN, TEILEN oder VERBLASSEN. Wenn du dich für WISCHEN entscheidest, musst du anschließend auf EFFEKTOPTIONEN klicken und die Richtung VON LINKS einstellen.

Kontrolliere anschließend, dass jede Ebene erst mit einem Klick der Maus oder dem Drücken von ⏎ kommt. Lass dir dazu den Animationsbereich anzeigen:

1. Klicke auf ANIMATIONEN|ANIMATIONSBEREICH, damit am rechten Rand der Animationsbereich gezeigt wird.

2. Du siehst die Animation des Textfeldes mit der Ziffer 1, einem Maussymbol und einem grünen Sternchen. Darunter ist ein grauer Balken mit einer doppelten Pfeilspitze nach unten.

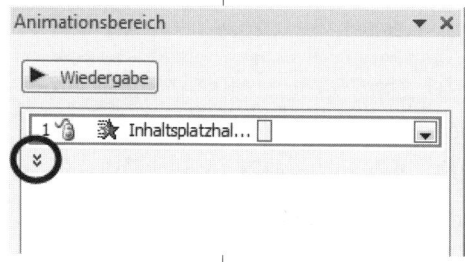

Abb. 6.5:
Die Eingangsanimation für die Inhaltsübersicht

3. Klicke auf die Pfeilspitze, damit dir alle Textebenen angezeigt werden. Vor jeder musst du eine Ziffer, die Maus und den grünen Stern sehen.

Ganz ohne Text geht es nicht

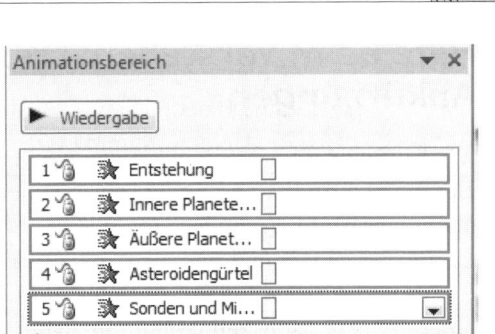

Abb. 6.6:
Der aufgeklappte Animations-
bereich für alle Punkte der
Übersicht

Falls bei einer Ebene die Maus fehlt, klicke den Punkt in der Liste des Animationsbereichs an und wähle ANIMATIONEN|START|BEIM KLICKEN.

> Vermeide es, zu viel Text auf einmal zu zeigen. Deine Zuschauer werden schon den letzten Absatz lesen, während du noch über den ersten Punkt erzählst, und dir nicht mehr zuhören. Besser ist es, wenn die Texte in der Geschwindigkeit aufgedeckt werden, mit der du erzählst. Mit dem Mausklick hast du das im Griff. Du bestimmst, wann der nächste Text angezeigt wird.

Eine Inhaltsübersicht wird mindestens einmal während der Präsentation gezeigt. Bei langen Vorträgen kann es hilfreich sein, wenn du die Folie ungefähr in der Mitte des Vortrags noch einmal zeigst. Du kannst dann zu den bereits besprochenen Themen einen kurzen Rückblick geben und die nächsten Themen vorstellen. Am einfachsten ist es, wenn du die Folie kopierst.

1. Rufe ANSICHT|FOLIENSORTIERUNG auf.
2. Klicke die Übersichtsfolie einmal an und kopiere sie mit dem Symbol KOPIEREN oder mit ⌜Strg⌝+⌜C⌝ in die Zwischenablage.
3. Klicke zwischen die beiden Folien, zwischen denen die Übersichtsfolie ein zweites Mal erscheinen soll, und füge sie mit dem Symbol EINFÜGEN oder mit ⌜Strg⌝+⌜V⌝ ein.

> Du kannst die Folie auch mit der Maus kopieren. Zeige auf die Folie, drücke und halte ⌜Strg⌝ und ziehe mit gedrückter linker Maustaste die Folie zwischen die beiden Folien, zwischen denen die Inhaltsübersicht eingefügt werden soll. Lasse zuerst die Maustaste los und danach ⌜Strg⌝.

Kapitel 6

Informationen spannend darstellen

Hilfe beim Verstehen: Fremdworte und Abkürzungen

Alle Wörter, die für ein Publikum möglicherweise unbekannt sind, solltest du einmal aufschreiben. Es ist sehr schwierig, ein Wort zu verstehen, das man nicht kennt. Wenn es dann noch in einer Fremdsprache ist, kann der Zuhörer es manchmal gar nicht herausfinden. Ich habe mich einmal in einem Vortrag gewundert, dass der Dozent bei der Zeitschrift *Gangster* arbeitet; erst nach zehn Minuten habe ich verstanden, dass die Zeitschrift *Game Star* heißt!

Unbekannte Wörter, Fremdworte und Zungenbrecher musst du also aufschreiben. Wenn von vorneherein klar ist, welche Wörter schwierig sind, kannst du eine Folie vorbereiten. Merkst du das erst während des Vortrages, ist Improvisation gefragt: Schreibe die Wörter auf die Tafel, ein Whiteboard oder ein Flipchart-Blatt.

Eine ganz simple Methode ist eine Folie mit *Vokabeln*, auf der du alle wichtigen Fremdworte aufschreibst. Diese Folie kannst du am Anfang des Vortrages zeigen und auch zwischendrin immer mal wieder einblenden.

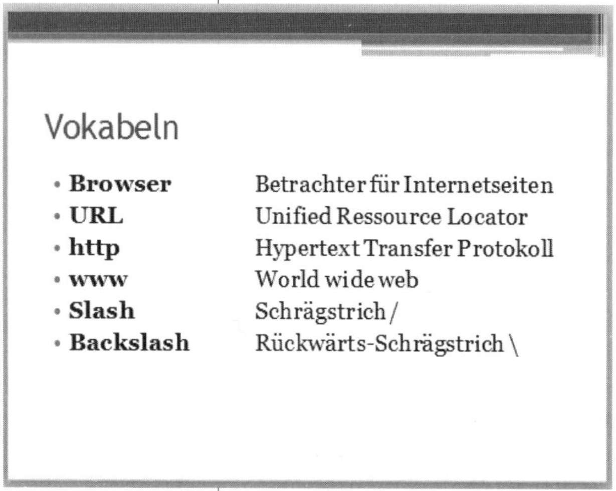

Vokabeln

- **Browser** — Betrachter für Internetseiten
- **URL** — Unified Ressource Locator
- **http** — Hypertext Transfer Protokoll
- **www** — World wide web
- **Slash** — Schrägstrich /
- **Backslash** — Rückwärts-Schrägstrich \

Abb. 6.7:
Eine Vokabel-Folie für Abkürzungen, schwere Wörter und Zungenbrecher

Erstelle eine Folie mit dem Layout TITEL UND TEXT. Damit der Abstand zwischen dem Wort und der Erklärung immer gleich ist, verwendest du einen Tabulatorsprung.

Klicke in das Textfeld und schreibe den ersten Begriff, in meinem Beispiel das Wort Browser. Am Ende des Wortes drückst du einmal die Taste ⇥. Der Cursor springt nicht sehr weit, du brauchst einen Tab-Stopp auf 9 cm.

Ganz ohne Text geht es nicht

1. Kontrolliere, dass du das Lineal über der Folie siehst. Falls es fehlt, klicke auf ANSICHT|LINEAL.

2. Dann klicke mit der Maus im Lineal auf ungefähr 9 cm. Du siehst jetzt einen kleinen schwarzen Winkel im Lineal und die Lücke zwischen dem Wort »Browser« und dem Cursor ist größer geworden.

3. Schreibe den Text Betrachter für Internetseiten. Passt alles? Wenn nicht, ziehe den schwarzen Winkel mit der linken Maustaste nach links oder rechts.

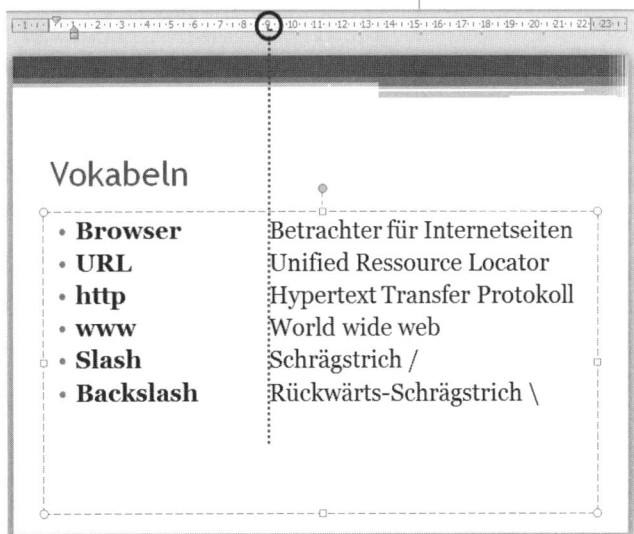

Abb. 6.8:
Ein Tabulator auf 9 cm bestimmt den Textbeginn für alle Erklärungen.

Drücke nach »Betrachter für Internetseiten« ⏎ für den nächsten Punkt. Schreibe URL, drücke ⇥ und schreibe den erklärenden Text. Mache es mit allen Zeilen so.

> Diese Folie kannst du jederzeit während der Bildschirmpräsentation anzeigen. Drücke einfach die Nummer der Folie und dann ⏎. Angenommen, diese Folie ist die dritte Folie deiner Präsentation, dann drückst du ③ und danach sofort ⏎. Das funktioniert aber nur während der Bildschirmpräsentation!

Ganz besonders erklärungsbedürftig sind Abkürzungen! Verwende sie nur, wenn jeder Zuhörer weiß, was sie bedeuten. Stell dir vor, du sitzt in einem Vortrag und auf den Folien steht immer *juv* und *ad*. Wusstest du, dass das für *juvenil (jugendlich)* und *adult (erwachsen)* steht?

Kapitel 6

Informationen spannend darstellen

Manche Abkürzungen sind notwendig, weil sonst die Beschriftungen zu lang werden. Du kannst ja nicht immer *Kilometer* oder *Mega-Byte* ausschreiben, handlicher sind *km* und *MB*. Genauso sagt kein Jurist ständig *Bürgerliches Gesetzbuch*, sondern er nimmt die Abkürzung *BGB*.

Beim ersten Mal musst du die Abkürzung erklären und die Langform aussprechen. Taucht *MHz* das erste Mal in einer Tabelle auf, erkläre mündlich, was diese Abkürzung bedeutet; sprichst du beim Vortrag eine Abkürzung wie *BGB* als Buchstaben, dann sage einmal die lange Form *Bürgerliches Gesetzbuch* dazu.

Viele Abkürzungen kannst du in Form einer Tabelle oder mit dem Layout ZWEI INHALTE oder VERGLEICH zeigen und erklären. Das ist sinnvoll, wenn du Symbole oder schlecht auszusprechende Abkürzungen verwendest. Zeige diese Folie zwischendrin immer mal wieder.

Kommunikation

Smileys		Abkürzungen	
:-)	freundlich	LOL	laughing out loud
;-)	augenzwinkernd	rotfl	rolling over the floor laughing
:-(	traurig	afaik	as far as I know
:-x	Kuss	btw	by the way
:-o	Oh! Schockierend!	fyi	for your information
8-)	Brillenträger	imho	in my humble opinion
:-=	Bartträger		

Abb. 6.9:
Abkürzungen und Symbole mit dem Layout VERGLEICH erklären

Hervorheben: Zitate

Wichtige Zitate solltest du auf eine eigene Folie schreiben. Du zitierst ja diese Textstelle, weil sie etwas Besonderes aussagt oder weil der Ausspruch typisch für einen Menschen ist. Darum sollten deine Zuschauer das Zitat von Anfang bis Ende gut verstehen, sie sollten es in Ruhe überdenken können. Sonst geht es ihnen wie den Spartanern. Die sagten zu einem Gesandten, der eine lange Rede hielt:

Ganz ohne Text geht es nicht

»Den Anfang haben wir vergessen und das Ende haben wir nicht verstanden, weil wir den Anfang vergessen hatten.« (Plutarch)

Schreibe ein Zitat groß und deutlich auf die Folie. Im gedruckten Text ist es üblich, ein Zitat kursiv zu schreiben. Auf einer Folie lassen sich kursiv gestellte Zeichen nur schlecht lesen. Schreibe also das Zitat in normaler Schrift, setze Anführungszeichen davor und danach und gibt an, wer es gesagt oder geschrieben hat.

Abb. 6.10:
Zitate müssen deutlich zu lesen sein.

Das Sparta-Zitat habe ich als Textfeld auf eine sehr auffällige Folie gesetzt. Du kannst für eine einzige Folie ein anderes Design als für den Rest der Präsentation verwenden – hier ist es das Design COUTURE.

1. Erstelle eine Folie und schreibe das Zitat auf die Folie.
2. Klicke auf ENTWURF, suche das passende Design und klicke es mit der rechten Maustaste an.
3. Wähle FÜR AUSGEWÄHLTE FOLIEN ÜBERNEHMEN, jetzt bleibt alles im alten Design, nur diese eine Folie schaut anders aus.

Eine andere Möglichkeit ist, Zitate in Formen zu schreiben. In den Formen gibt es das Symbol GEFALTETE ECKE, das wie ein Notizzettel mit einem kleinen Eselsohr aussieht. Auch Legenden eignen sich. Probiere doch einmal aus, die Zitate von Abraham Lincoln auch so anzuordnen.

Kapitel 6

Informationen spannend darstellen

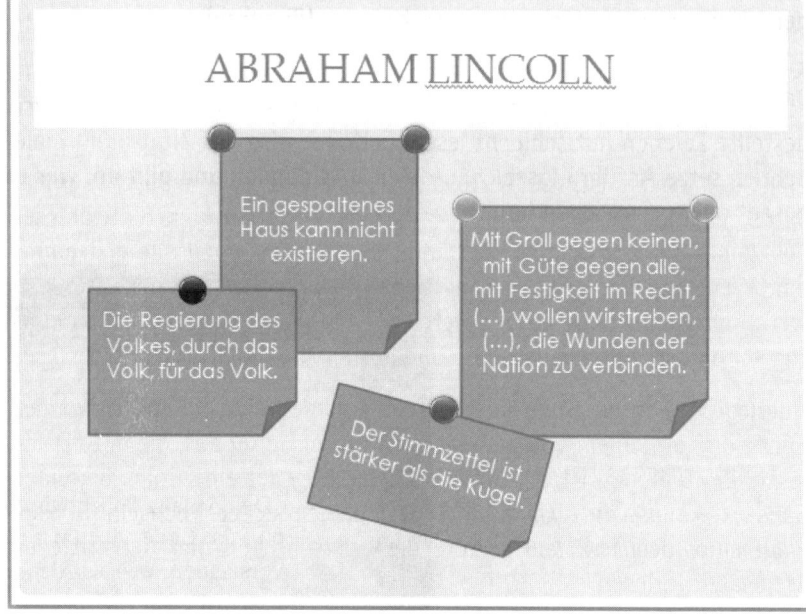

Abb. 6.11: Zitate als Notizzettel mit Befestigungspunkten

So ist diese Folie entstanden:

1. Die Form GEFALTETE ECKE habe ich viermal auf die Folie gezeichnet und mit den Zitaten gefüllt.
2. Dann habe ich die Zettel angeordnet und einen ganz leicht gedreht.
3. Anschließend habe ich einen kleinen Kreis gezeichnet und ihn so oft kopiert, dass ich für jeden Zettel genug »Magnete« hatte. Die Kreise sind mit Schnellformatvorlagen formatiert.

Du kannst die Zettel unterschiedlich einfärben und auch den kleinen Kreisen verschiedene Farben geben. Auf der Buch-CD findest du im Ordner zu diesem Kapitel eine Präsentation ZITATE.PPTX mit verschiedenen Ideen.

Um die Zitate zu lesen, braucht dein Publikum ein wenig Zeit. Mache eine Pause im Vortrag, während die Zuschauer lesen!

Lange Texte: ein paar Ideen

Lange Texte gehören nicht auf eine Folie, die Schrift wird zu klein und der Text kann nicht mehr richtig gelesen werden. Es ist darum keine gute

Ganz ohne Text geht es nicht

Idee, einen Text aus einem Word-Dokument zu kopieren und auf eine Folie einzufügen. Die Schrift in Word ist üblicherweise nur 10 pt oder 12 pt groß; Folien sollen Schriftgrößen von 20 pt und mehr haben. Das ist doppelt so groß! Wenn du auf lange Texte nicht verzichten kannst, musst du dir etwas anderes überlegen.

Eine Möglichkeit ist, die Texte auszudrucken und den Zuschauern als Papierausdruck zu geben. Dann kann jeder den Text vom Blatt ablesen. Für deinen Vortrag ist das allerdings sehr störend, weil alle erst einmal eine Weile mit dem Lesen beschäftigt sind. Einige werden mit Lesen eher fertig sein als die anderen und sich unterhalten. Du kannst den Text einen Tag vor deinem Vortrag verteilen und hoffen, dass ihn alle zu Hause lesen.

Überlege dir, ob du einen langen Text mit mehreren Sprechern vorliest. Suche dir vor deinem Vortrag einen oder zwei Helfer aus, die mit dir vorlesen. Bei Dialogen ist es einfach, da spricht jeder eine Rolle. Bei einem Sachtext kannst du Absatz für Absatz den Sprecher wechseln. Es kann auch einer den Text, der andere die Überschriften und der dritte die Merksätze vorlesen.

Fasse den Text auf einer Folie zusammen. Am besten sind zwei oder drei Merksätze.

Ein Blick zurück

Deine Folien sollen nicht den gesamten Vortrag als Text zeigen. Gib dem Zuhörer eine Orientierungshilfe durch Inhaltsübersichten, schreibe komplizierte Wörter, fremde Begriffe und Abkürzungen auf. Lange Texte müssen zusammengefasst werden, damit die Zuhörer das Wichtigste noch einmal schriftlich sehen.

- ◆ Inhaltsübersichten können nummeriert werden mit START|NUMMERIERUNG.

- ◆ Um eine Folie noch einmal zu zeigen, kopierst du sie in der Ansicht FOLIENSORTIERUNG an die richtige Stelle. Du kannst auch während der Präsentation mit Eingabe der Foliennummer und ⏎ zu einer bestimmten Folie springen.

- ◆ Zitate oder andere besondere Inhalte können ein besonderes Design bekommen, das du mit der rechten Maustaste zuweist. Der Befehl lautet FÜR AUSGEWÄHLTE FOLIEN ÜBERNEHMEN.

Kapitel 6

Informationen spannend darstellen

Vergleiche und Gegenüberstellungen

Sehr viele Referatsthemen setzen sich mit Vergleichen auseinander. Eine Form ist eine Diskussion mit *Pro* und *Kontra*: Was spricht dafür, was dagegen. Eine andere Form kann die Gegenüberstellung zweier Interpretationsansätze sein oder der Vergleich zweier Anschauungen oder auch ein *Früher* und *Heute*. Für diese und ähnliche Themen eignen sich Folien mit einem zweispaltigen Layout.

Passende Folienlayouts: Zwei Inhalte und Vergleich

Es gibt zwei Folienlayouts, die du für Vergleiche und Gegenüberstellungen verwenden kannst.

- ZWEI INHALTE hat einen Folientitel und zwei Textfelder.
- VERGLEICH hat ebenfalls einen Folientitel und zwei Textfelder und zusätzlich jeweils eine Überschriftszeile über jedem Textfeld.

Südpol-Expedition 1911

- **Roald** Amundsen
    - Eskimoschlitten
    - Hunde
    - Skier
    - Eskimobekleidung
    - Vorratslager mit Wegweisern
    - Gesund durch gute Ernährung

- Robert F. Scott
    - Motorschlitten
    - Ponies
    - Keine Skier
    - Armee-Kleidung
    - Vorratslager mit nur einer Kennzeichnung
    - Skorbutkrank durch Mangel an Vitamin C

Abb. 6.12: Gegenüberstellung von Amundsen und Scott

In der Abbildung siehst du einen ersten Entwurf für eine Folie über die Südpol-Expeditionen von Roald Amundsen und Robert F. Scott, die 1911

Vergleiche und Gegenüberstellungen

zur gleichen Zeit zum Südpol aufgebrochen sind. Der Norweger Amundsen war der Erste am Pol und ist mit seiner Mannschaft wohlbehalten zurückgekommen; Scott ist auf dem Rückweg vom Südpol mit seinen Männern in der Antarktis erfroren.

Ich habe das Folienlayout ZWEI INHALTE verwendet. Die beiden Namen stehen in der ersten Zeile. Die Aufzählung der Ausrüstung habe ich in die zweite Gliederungsebene gesetzt. Das geht am einfachsten, wenn du ab der zweiten Zeile das Symbol LISTENEBENE ERHÖHEN anklickst. Wir haben es schon einmal verwendet, du findest es unter START|ABSATZ.

Damit die Unterteilung deutlicher wird, kannst du zwischen die beiden Textfelder einen senkrechten Strich zeichnen. Achte darauf, dass der Strich wirklich senkrecht wird. Halte ⇧ gedrückt, während du den Strich zeichnest.

Du kannst auch die beiden Textfelder mit einem Rahmen versehen. Markiere beide Textfelder und klicke auf START|SCHNELLFORMATVORLAGEN. Suche dir eine Umrandung aus – aber mache es nicht zu dunkel und nicht zu bunt!

Südpol-Expedition 1911

- **Roald Amundsen**
  - Eskimoschlitten
  - Hunde
  - Skier
  - Eskimobekleidung
  - Vorratslager mit Wegweisern
  - Gesund durch gute Ernährung

- **Robert F. Scott**
  - Motorschlitten
  - Ponies
  - Keine Skier
  - Armee-Kleidung
  - Vorratslager mit nur einer Kennzeichnung
  - Skorbutkrank durch Mangel an Vitamin C

Abb. 6.13:
Textfelder mit Rahmen und Füllung aus den SCHNELLFORMATVORLAGEN

Gegenüberstellung: besser mit Animation

Folien mit diesem Aussehen solltest du animieren. Es steht sehr viel Text darauf und das Publikum wird schon die Skorbut-Erkrankung wegen Vitamin-Mangels bei Scott gelesen haben, während du noch über die Eski-

Kapitel 6 — Informationen spannend darstellen

moschlitten von Herrn Amundsen schwärmst. Empfehlenswert ist der Eingangseffekt WISCHEN mit der Richtung VON LINKS.

1. Markiere beide Textfelder und klicke das Register ANIMATIONEN an.
2. Wähle den Eingangseffekt WISCHEN aus.
3. Klicke anschließend auf EFFEKTOPTIONEN und wähle als Richtung VON LINKS.

> Bei zwei Textfeldern nebeneinander musst du unbedingt eine Animation nehmen, die den Text dort beginnen lässt, wo er steht. Es darf nicht passieren, dass der Text aus dem rechten Textfeld über den linken Text bewegt wird.

In der Folie werden neben den Textzeilen Ziffern angezeigt für die Animationsreihenfolge, bei mir steht überall die Ziffer 1.

Südpol-Expedition 1911

- **Roald** Amundsen
  - Eskimoschlitten
  - Hunde
  - Skier
  - Eskimobekleidung
  - Vorratslager mit Wegweisern
  - Gesund durch gute Ernährung

- Robert F. Scott
  - Motorschlitten
  - Ponies
  - Keine Skier
  - Armee-Kleidung
  - Vorratslager mit nur einer Kennzeichnung
  - Skorbutkrank durch Mangel an Vitamin C

Abb. 6.14:
Die erste Version der Animation für die Gegenüberstellung

Kontrolliere in der Ansicht BILDSCHIRMPRÄSENTATION, ob du zufrieden bist. Ich hoffe nicht, denn so haben wir nichts gewonnen: Der Text erscheint nicht nacheinander, sondern es kommt alles auf einmal! Wir müssen also nacharbeiten.

1. Markiere beide Textfelder und klicke auf ANIMATIONEN|ANIMATIONSBEREICH.

Vergleiche und Gegenüberstellungen

2. Zuerst sorge dafür, dass alle Zeilen mit einem Mausklick kommen. Stelle bei ANIMATIONEN|START ein BEIM KLICKEN. Kontrolliere in der Folie, dass jetzt vor jeder Zeile eine andere Ziffer steht. In meinem Beispiel geht es jetzt von 1 bis 14.

Das ist schon etwas besser. Kontrolliere wieder in der Bildschirmpräsentation, wie die Animation aussieht. Jetzt wird zuerst das linke Textfeld Zeile für Zeile animiert, wenn du nach jeder Zeile ↵ drückst. Anschließend kommt das rechte Textfeld an die Reihe und wird auch Zeile für Zeile gezeigt.

Noch besser wäre es, wenn die Gegenüberstellung Zeile für Zeile passieren würde. Zuerst der Name von Roald Amundsen, daneben der Name von Robert F. Scott. Dann der erste Punkt des linken Feldes und anschließend der erste Punkt des rechten Feldes. Das ist viel Arbeit, aber es ist machbar und die Arbeit lohnt sich.

Die nächsten Schritte sind eine ziemliche Fummelei. Arbeite genau nach meiner Anweisung und mache alles schön langsam. Speichere deine Arbeit jetzt und zwischendrin auch immer dann, wenn du ein paar Schritte gemacht hast.

1. Klicke im ANIMATIONSBEREICH auf den grauen Balken mit der Doppelpfeilspitze unter den beiden Bezeichnungen INHALTSPLATZHALTER. Jetzt siehst du alle Textzeilen, wie in der Abbildung.

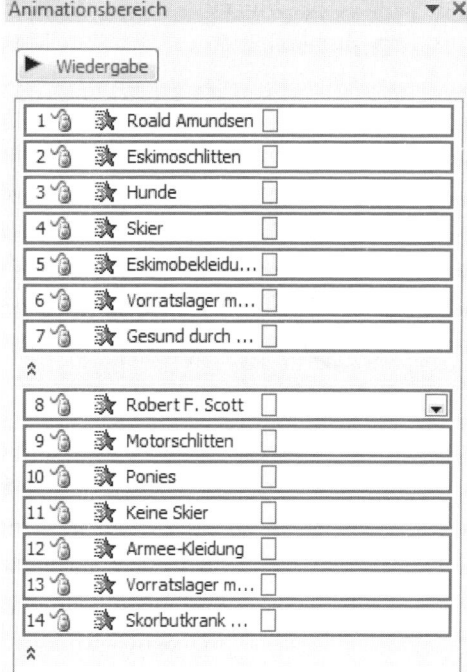

Abb. 6.15:
Die aufgeklappte Animation für alle Zeilen auf der Folie

Kapitel 6 — Informationen spannend darstellen

2. Klicke auf *8 Robert F. Scott*, jetzt ist nur diese Zeile mit einem Rahmen markiert.

3. Klicke ganz unten im Animationsbereich auf den grünen Pfeil nach oben REIHENFOLGE ÄNDERN. Die Zeile *8 Robert F. Scott* springt jetzt eine Zeile nach oben. Klicke so oft, bis sie direkt unter *1 Roald Amundsen* steht.

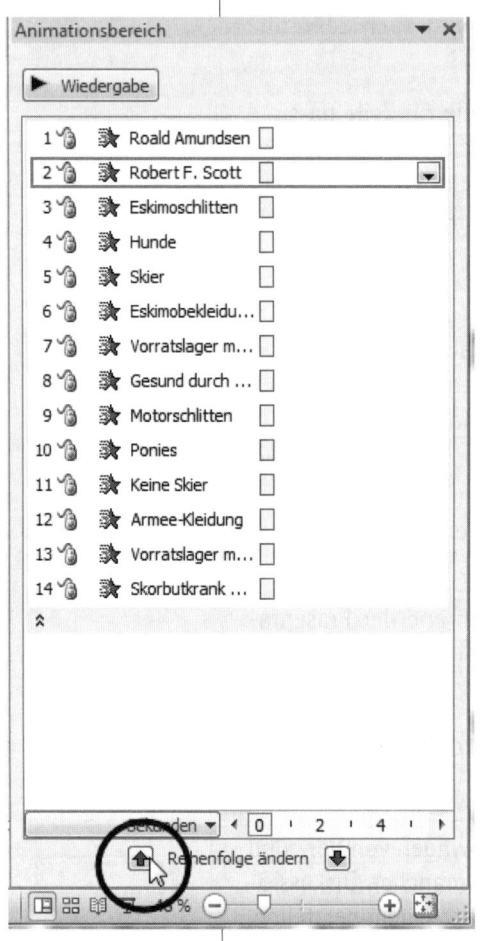

Abb. 6.16:
Die Zeile Robert F. Scott ist bereits unter Roald Amundsen verschoben.

4. Klicke dann auf die Zeile *Motorschlitten* und bringe sie unter *Eskimoschlitten*. Und so machst du es mit allen Zeilen. Immer eine Zeile Amundsen, eine Zeile Scott.

Du kannst die Zeile im Animationsbereich auch mit gedrückter linker Maustaste nach oben schieben. Sei aber vorsichtig, dass du sie nicht zu weit schiebst!

Vergleiche und Gegenüberstellungen

Zum Schluss muss es so aussehen wie in meiner Abbildung.

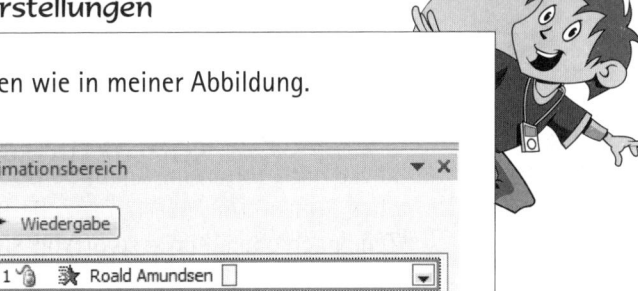

Abb. 6.17:
Auf eine Zeile vom linken Feld folgt immer eine Zeile vom rechten Feld.

Du siehst auch in der Folie, dass die Ziffern sich immer abwechseln: links die 1, rechts die 2, dann wieder links die 3 und rechts die 4.

Jetzt hast du eine sinnvolle Gegenüberstellung. Während der Präsentation kannst du Punkt für Punkt vergleichen.

Pro und Kontra: Aufzählungszeichen verwenden

Eine besondere Art der Gegenüberstellung ist das Abwägen von Vor- und Nachteilen, Dafür und Dagegen, Pro und Kontra. Bei manchen Diskussionen lässt sich jedem Argument ein Gegenargument gegenüberstellen. Dann ist die Darstellung bis hin zur Animation ähnlich wie im vorherigen Abschnitt. Genauso oft sind es aber ganz unterschiedliche Vor- und Nachteile, dann eignet sich zwar der zweispaltige Text, nicht aber die Animation des vorherigen Abschnittes.

Üblich ist die Gegenüberstellung in zwei Feldern, aber hier wählst du besser das Layout VERGLEICH, damit du auch Überschriften über die beiden Textfelder schreiben kannst.

Kapitel 6

Informationen spannend darstellen

Kontaktlinsen

Pro	Kontra
• Scharfes Sehen zur Seite	• Strikte Hygiene nötig
• Beschlagen nicht	• Aufwändige Pflege
• Keine Bildveränderungen	• Gehen schnell verloren
• Gleichen komplizierte Brechungsfehler aus	• Müssen angepasst werden
• Guter Ausgleich bei Unterschieden der Augen	• Bei zu langem Tragen Sauerstoffmangel der Hornhaut

Abb. 6.18: Pro und Kontra mit dem Layout VERGLEICH

Damit das *Dafür* und *Dagegen* deutlicher wird, kannst du besondere Aufzählungszeichen verwenden. Auf der *Pro*-Seite dicke Pluszeichen und auf der *Kontra*-Seite dicke Minusstriche.

1. Markiere das ganze linke Textfeld und wähle START|ABSATZ|AUFZÄHLUNGSZEICHEN. Klicke den Pfeil neben dem Symbol an.

2. Klicke unten auf den Befehl NUMMERIERUNGS- UND AUFZÄHLUNGSZEICHEN.

Abb. 6.19: Auswahl eines anderen Aufzählungszeichens mit der Schaltfläche ANPASSEN

Vergleiche und Gegenüberstellungen

3. Klicke jetzt auf die Schaltfläche ANPASSEN. Du siehst eine Menge sonderbarer Symbole, Buchstaben und Zahlen. Rolle mit dem Schieberegler am rechten Rand ganz nach oben. In der ersten Zeile findest du ein Pluszeichen, markiere es und klicke auf OK.

4. Jetzt bist du wieder in dem Dialogfenster AUFZÄHLUNGSZEICHEN. Stelle hier noch ein GRÖSSE: 120 % VON TEXT. Dann klicke auf OK.

5. Markiere jetzt das rechte Textfeld und mache alles genauso, aber wähle statt des Pluszeichens ein Minuszeichen. Du findest es auch ganz oben in der Liste, nahe beim Pluszeichen.

Statt Plus- und Minuszeichen kannst du andere Zeichen wählen. Gehe bis zu dem Dialogfenster, in dem die Buchstaben und Zeichen erscheinen. Oben steht die Schriftart, zum Beispiel CALIBRI oder ARIAL. Wähle stattdessen die Schriftart WINGDINGS. Suche dann für *Pro* nach einem Pfeil nach oben, der Hand mit dem Daumen nach oben oder einem Kästchen mit Häkchen; für *Kontra* nimmst du Pfeil nach unten, Hand mit Daumen nach unten oder ein Kästchen mit Kreuzchen.

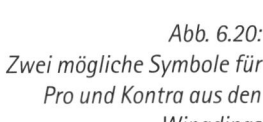

Abb. 6.20:
Zwei mögliche Symbole für Pro und Kontra aus den Wingdings

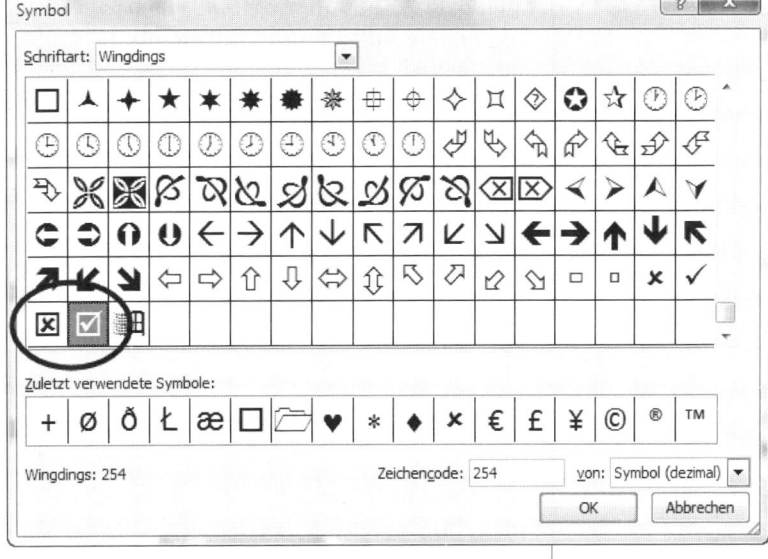

Wenn du ein Aufzählungszeichen ausgesucht und mit OK bestätigt hast, kannst du im Dialog NUMMERIERUNGS- UND AUFZÄHLUNGSZEICHEN nicht nur die Größe, sondern auch die Farbe ändern. Die Größe ist immer mit 100 % eingestellt. Ein größerer Wert lässt das Zeichen über den Text hinauswachsen, ein kleinerer Wert lässt es schrumpfen.

Kapitel 6

Informationen spannend darstellen

Die Farbe wählst du mit dem Auswahlpfeil neben FARBE. Für die *Pro*-Seite kannst du Grün verwenden und für die *Kontra*-Seite Rot.

> Wenn die Präsentation nicht auf deinem Computer vorgeführt wird, darfst du nur Symbole und Schriften verwenden, die auf dem anderen Computer installiert sind. Falls du unsicher bist, bette die Schriften besser ein. Klicke auf DATEI|OPTIONEN|SPEICHERN und dann auf SCHRIFTARTEN IN DER DATEI EINBETTEN. Lasse den Punkt in der ersten Zeile stehen, damit nur die verwendeten Zeichen eingebettet werden. Klicke dann auf OK. Damit hast du sichergestellt, dass alle Zeichen auch dargestellt werden, die du verwendet hast.
>
> Falls du dann beim Speichern eine Warnmeldung bekommst, dass einige Schriften nicht eingebettet werden dürfen, musst du andere Zeichen aussuchen. Nicht jede Schrift darf man auf einem anderen PC einsetzen.

Ein Blick zurück

Gegenüberstellungen sollten animiert werden, damit der Zuschauer nicht zu viele Informationen auf einen Blick sieht. Verwende Farben oder besondere Aufzählungssymbole für die Argumente dafür und dagegen.

◇ Animationen kannst du so verschieben, dass die Zeilen links und rechts im Wechsel erscheinen.

◇ Andere Aufzählungssymbole findest du unter START|AUFZÄHLUNGSZEICHEN.

◇ Besondere Schriften oder Symbole musst du vor dem Speichern einbetten mit DATEI|OPTIONEN|SPEICHERN|SCHRIFTARTEN IN DER DATEI EINBETTEN

Grafiken einsetzen

Referate über Länder, Städte, Tiere oder Pflanzen lassen sich gut bebildern. Du kannst Fotos einsetzen, Landkarten zeigen oder eine Skizze anfertigen. Ein Geschichtsthema lässt sich zwar auch mit Grafiken auflockern, aber hier sind die Bildmotive nicht so naheliegend. Du brauchst ein wenig Fantasie: Eine Fotografie des Geburtshauses von Alexander von Humboldt oder von der Reiterstatue von Wilhelm I. kannst du verwenden, wenn du über diese Person referierst. Als Symbol für eine Epoche kann das Foto eines bekannten Bauwerks aus dieser Zeit dienen: Barockzeitalter mit der Wieskirche, Gotik mit dem Ulmer Münster.

Grafiken einsetzen

Bei allen Fotos, Grafiken und Bildern musst du die Copyright-Bestimmungen beachten. Du darfst Fotos aus dem Internet nicht einfach weiterverwenden. Im privaten Bereich und in der Schule darfst du ein Bild nehmen, wenn du genau die Quelle angibst. Aber wenn das Referat vor einem großen Publikum gezeigt wird oder professionell gedruckt werden soll, musst du die Erlaubnis des Fotografen einholen. Das gilt auch für Landkarten. Sicher gehst du nur mit eigenen Kreationen.

Ein Hinweis zu den Bildern und Zeichnungen auf der Buch-CD: Alle Fotos, Zeichnungen und Bilder darfst du verwenden.

Fotos: mit Layouts arbeiten

Willst du auf einer Folie Bilder und Texte unterbringen, eignen sich alle Folienlayouts mit zwei Bereichen. Beispielsweise kannst du bei den Layouts ZWEI INHALTE oder VERGLEICH, die du schon für die Vergleiche kennen gelernt hast, in einen der beiden Platzhalter ein Foto einfügen. Steht das Bild im Vordergrund, sind auch INHALT MIT ÜBERSCHRIFT und BILD MIT ÜBERSCHRIFT geeignet.

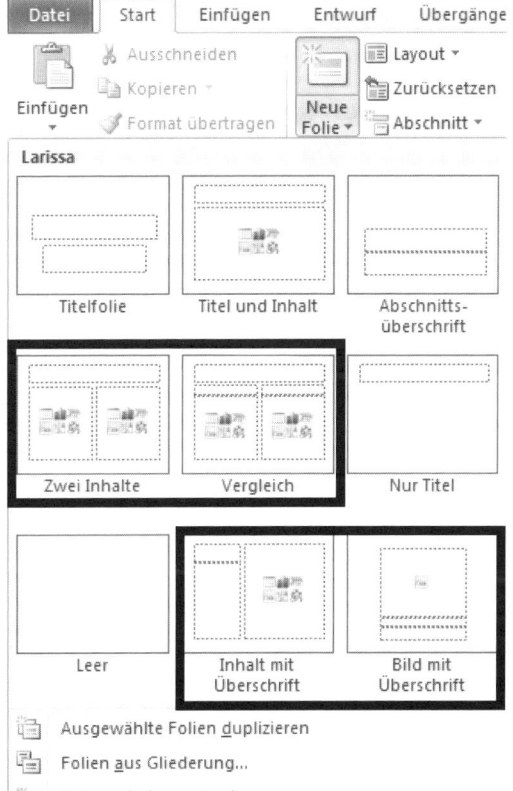

Abb. 6.21:
Die umrandeten Layouts eignen sich besonders gut für Folien mit Text und Bild.

Kapitel 6 — Informationen spannend darstellen

Eine Folie soll auf der rechten Seite einen erklärenden Text und auf der linken Seite ein Foto haben. Wähle das Layout ZWEI INHALTE. Schreibe als Folientitel Nassreisanbau, schreibe in das rechte Textfeld die drei Arbeitsgänge, die für den Nassreisanbau notwendig sind – den Text siehst du auf der Abbildung. Die Folien sind übrigens mit dem Design RASTER entstanden, du kannst jedes andere Design verwenden, dann sehen deine Folien etwas anders aus.

NASSREISANBAU

Arbeitsgänge:
- Aussaat auf trockenem Pflanzfeld
- Wässerung des Reisfeldes
- Umsetzen der Setzlinge in das Reisfeld

Abb. 6.22:
Text und Bild auf einer Folie

Im linken Platzhalter hast du jetzt viele Möglichkeiten, einen Inhalt zu erstellen. Du kannst Text schreiben, indem du einfach in das Feld klickst und losschreibst. Du kannst aber auch auf eines der sechs blassen Symbole klicken und eine Tabelle oder ein Diagramm oder ein Bild einfügen. Fahre mit der Maus über die Symbole und schaue dir die Erklärungen am Mauszeiger an. In der unteren Reihe das linke Symbol steht für GRAFIK AUS DATEI EINFÜGEN und das brauchst du jetzt. Das passende Bild für diese Folie findest du auf der CD zum Buch in diesem Kapitel, es heißt BALI_NASSREIS.JPG.

PowerPoint verkleinert ein zu großes Foto automatisch so, dass es in den Platzhalter passt. Ein Foto im Hochformat ist am besten geeignet, weil der Platzhalter auch Hochformat hat. Das Bild im Querformat wird entsprechend angepasst.

Grafiken einsetzen

Einen ganz anderen Effekt bekommst du, wenn du das Folienlayout BILD MIT ÜBERSCHRIFT oder INHALT MIT ÜBERSCHRIFT nimmst. Jetzt steht das Bild im Vordergrund und du hast wenig Platz für den Text.

Mit einem digitalen Fotoapparat kannst du zu vielen Referatsthemen passende Fotos machen. Aber verfalle nicht in den Fehler, unbedingt auf jeder Folie ein Foto zeigen zu wollen. Das ist weder notwendig noch sinnvoll. Fotos helfen, wenn man sich etwas schwer vorstellen kann. Wer noch nie eine Reisterrasse gesehen hat, braucht ein Foto. Referierst du dagegen über den Kartoffelanbau in Erding, brauchst du nur dann ein Foto, wenn deine Zuhörer aus der Großstadt kommen und nur selten einen Kartoffelacker gesehen haben.

Abb. 6.23: Das Folienlayout BILD MIT ÜBERSCHRIFT bietet wenig Platz für den Text und viel für das Bild.

Kapitel 6  Informationen spannend darstellen

Landkarten: Quellen und Tipps

Landkarten sind geschützt und dürfen nicht so ohne Weiteres kopiert werden. Du darfst eine Landkarte herzeigen, wenn du den Atlas herumgehen lässt; aber du darfst aus dem Atlas nichts einscannen und verwenden. Im kleinen, privaten Kreis ist das noch erlaubt – aber sobald du vor einem großen Publikum referierst oder dein Referat im Internet zur Verfügung stellen willst, musst du dich beim Hersteller der Landkarte erkundigen, ob du die Karte benutzen darfst.

Eine gute Quelle für Aufnahmen der Erde ist natürlich das Internet. Du kennst bestimmt Google Earth oder Bing Maps. Eine gute Quelle ist auch *http://www.mygeo.info*. Im Referat für die Schule darfst du die Karten verwenden, wenn du das Copyright-Zeichen sichtbar darauf lässt. Was du nicht machen darfst: dein Referat verkaufen, Eintritt für den Vortrag nehmen, es in einem Buch veröffentlichen oder im Internet zur Verfügung stellen.

Abb. 6.24: Auf die Landkarte zeichnest du einen weißen Kreis, um das Land hervorzuheben.

Grafiken einsetzen

Im Vortrag über den Reisanbau auf Bali muss eine Landkarte her, es weiß gewiss nicht jeder, wo Bali liegt. Zuerst zeigst du eine grobe Einordnung. Bali ist eine indonesische Insel, sie liegt nördlich von Australien und südlich von Borneo.

1. Starte mit dem Folienlayout INHALT MIT ÜBERSCHRIFT.

2. Füge im linken Platzhalter das Bild BALI_KARTE1.JPG ein. Schreibe daneben die Überschrift und den Text.

3. Zeichne auf die Karte einen Kreis. Klicke auf ZEICHENFORMAT|TOOLS|FÜLLEFFEKT und wähle KEINE FÜLLUNG. Jetzt ist der Kreis durchsichtig.

4. Klicke direkt unter FÜLLEFFEKT auf FORMKONTUR und wähle die Linienfarbe Weiß. Anschließend klickst du auf STÄRKE|6 PT.

ClipArts: kleine Bilder, große Wirkung

Mit Microsoft Office wird eine Sammlung von kleinen Bildern installiert, den ClipArts. Weitere ClipArts kannst du von der Microsoft-Seite im Internet beziehen.

> Wenn du keinen Internet-Zugang hast, findest du nur sehr wenig ClipArts auf deinem PC. Bitte dann jemanden mit einem Internet-Anschluss, für dich nach den passenden ClipArts zu suchen und sie dir herunterzuladen. Beachte aber, dass auch ClipArts nicht einfach so verwendet werden dürfen – nur privat, im kleinen Kreis und in der Schule darfst du sie benutzen. Willst du dein Referat im Internet veröffentlichen, dann nimm nur die ClipArts, die du bei Microsoft herunterladen konntest.

Für den Bali-Vortrag wäre die Flagge von Indonesien ein schöner Zusatz. Du kannst danach suchen und sie einfügen. Gehe auf die Folie mit der Landkarte von Bali.

1. Klicke auf EINFÜGEN|CLIPART. Tippe am rechten Rand in das Feld SUCHEN NACH das Stichwort flagge indonesien ein.

Kapitel 6   Informationen spannend darstellen

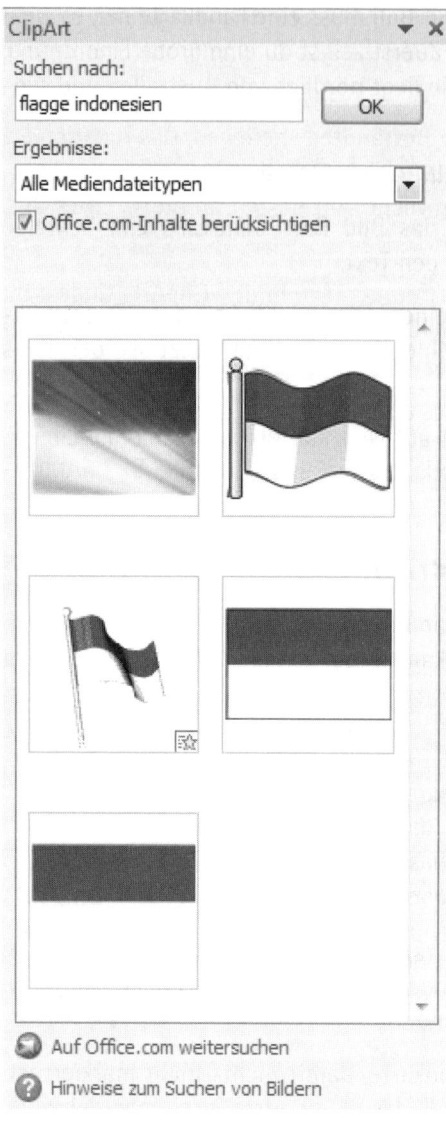

Abb. 6.25:
ClipArts werden auf deinem Computer und im Internet gesucht.

2. Achte darauf, dass die Option OFFICE.COM-INHALTE BERÜCKSICHTIGEN angehakt ist, sonst findest du nichts. Die Flaggen sind nicht auf deinem Computer gespeichert, sondern im Internet.

3. Klicke eine der Flaggen an. Ein kleines gelbes Sternchen in der unteren rechten Ecke zeigt dir, dass diese ClipArt animiert ist, sie wird sich auf der Folie bewegen.

4. Schiebe die Flagge auf der Folie an die richtige Stelle, zum Beispiel über den Text am rechten Rand.

Grafiken einsetzen

Bewegt sich nichts? Die Flagge wird nur bewegt, wenn du die Bildschirmpräsentation anschaust. Während der Bearbeitung sind auch animierte ClipArts ganz unbeweglich.

Einige ClipArts lassen sich in ihre Bestandteile zerlegen. Das funktioniert für die meisten ClipArts, die wie Zeichnungen oder Comicfiguren aussehen. Für Fotos geht das Zerlegen nicht. Am besten probierst du es aus. Erstelle eine Folie mit dem Layout LEER.

1. Suche nach dem Stichwort indonesien. In den ClipArts findest du unter anderem eine Landkarte der indonesischen Inseln. Füge sie auf die Folie ein.

2. Vergrößere die ClipArt so, dass sie die ganze Folie einnimmt.

3. Markiere die Inselgruppe auf der Folie und wähle START|ANORDNEN|GRUPPIERUNG AUFHEBEN.

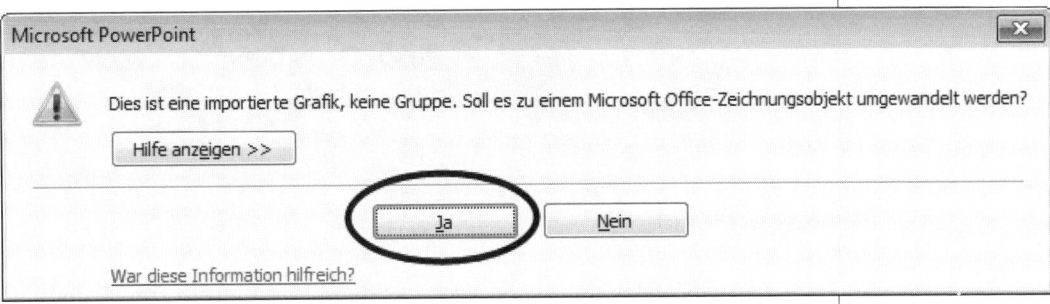

Abb. 6.26: Bestätige die Umwandlung in eine Office-Zeichnungsgruppe mit JA.

4. Bestätige die Frage, ob die Grafik umgewandelt werden soll, mit JA. Klicke direkt anschließend noch einmal auf GRUPPIERUNG AUFHEBEN. Jetzt sind alle Einzelteile markiert.

5. Klicke einmal neben die Landkarte, damit nichts mehr markiert ist. Klicke jetzt vorsichtig auf Bali, das ist die erste Insel nach der langgestreckten Insel. Färbe Bali rot ein: ZEICHENTOOLS|FORMAT|FÜLLEFFEKT.

Sei beim Anklicken vorsichtig, dass du die Inseln nicht durch die Gegend schiebst! Du hast es einfacher, wenn du den Zoom unten rechts auf 150 % ziehst. Falls du irrtümlich etwas verschoben hast, mache es schnell rückgängig.

Kapitel 6

Informationen spannend darstellen

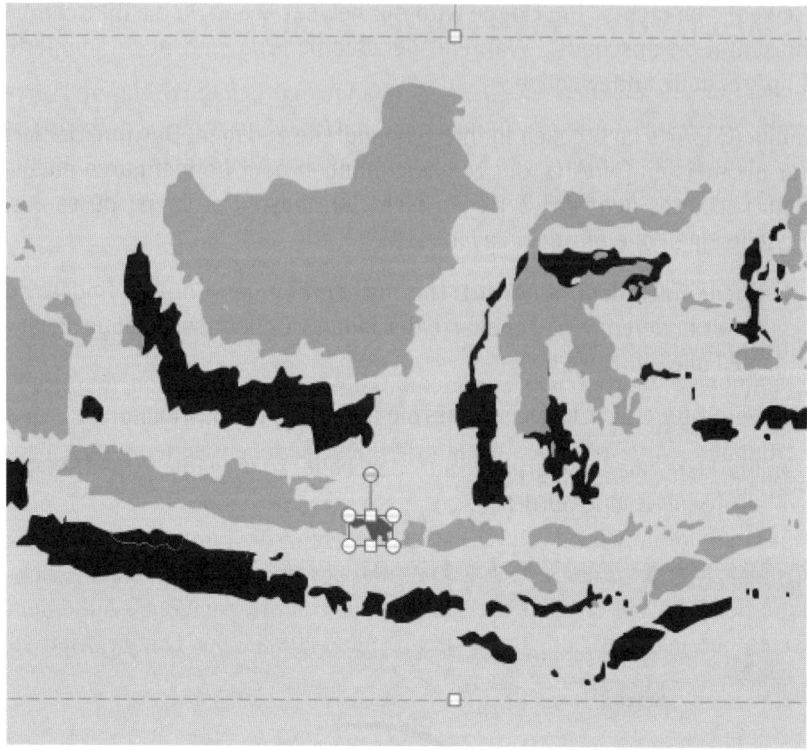

Abb. 6.27: Bali ist markiert und wird rot eingefärbt.

Sicherheitshalber solltest du jetzt aus der ganzen Inselkette wieder eine Gruppe machen. Dann passiert später mit deinen Inseln nichts.

1. Fahre mit gedrückter linker Maustaste von unten rechts nach oben links über alle Inseln, so dass alle Inseln in dem Rechteck sind. Markiere den Titel der Folie nicht mit!

2. Klicke auf START|ANORDNEN|GRUPPIERUNG WIEDERHERSTELLEN.

Ein Blick zurück

Bilder und Grafiken zeigst du, damit der Zuschauer sich etwas vorstellen kann. Sie sind keine Dekoration auf deinen Folien. Verwende Bilder, um Unbekanntes zu zeigen oder auf ein Detail aufmerksam zu machen. Das Bild muss klar und einfach zu erkennen sein.

> Beachte überall das Copyright-Recht: bei allen Bildern, Fotos, Landkarten und ClipArts, die du aus dem Internet verwendest. Ganz sicher bist du nur bei selber gemachten Fotos und eigenen Zeichnungen.

Zusammenhänge zeigen

In der Sprache machen wir Zusammenhänge deutlich durch unsere Wortwahl: Als Erstes kommt A, darauf folgt B. Nur wenn A bereits vorhanden ist, kann B gemacht werden. Auf einer Folie werden solche Zusammenhänge mit Linien, Pfeilen oder Farben dargestellt.

Hierarchisch: Organigramm

Ein Organigramm hast du schon in Kapitel 4 kennen gelernt, als du den Stammbaum für ein Baby gezeichnet hast. Ausgehend von dem Baby wurden Eltern, Großeltern und Urgroßeltern eingezeichnet und mit Linien verbunden. Mit Farben kann man die verschiedenen Generationen hervorheben.

Das Organigramm wird immer eingesetzt, wenn Abstammungen deutlich gemacht werden sollen: die Abstammung der Pferdeartigen, die Entwicklung der Menschheit oder die Stammesgeschichte der Vögel. Außerdem ist es gut geeignet, um den Aufbau einer Firma oder Organisation zu erklären.

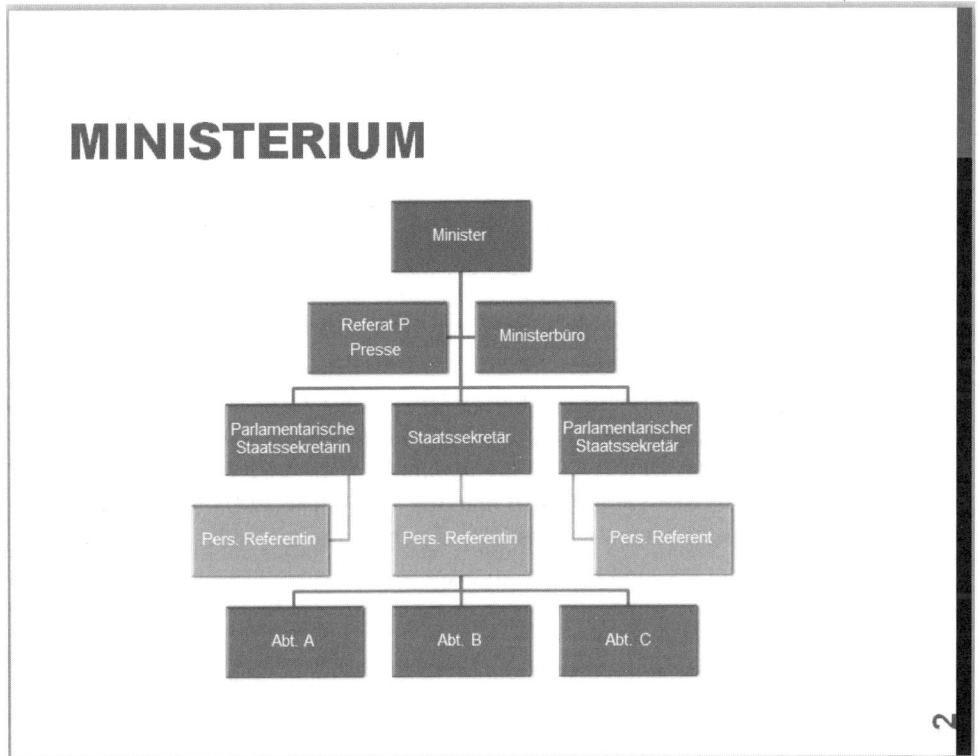

Abb. 6.28: Das fertige Organigramm

Kapitel

6

Informationen spannend darstellen

In der Abbildung siehst du die Organisation eines Ministeriums. Ganz oben steht der Minister, direkt darunter sind zwei Assistenten oder Stabsstellen. Das sind Mitarbeiter, die dem Minister direkt unterstellt sind, aber nicht wie Abteilungsleiter dargestellt werden. Darunter folgen die Abteilungsleiter mit ihren Mitarbeitern oder Abteilungen.

1. Starte mit dem Folienlayout TITEL UND INHALT, die Überschrift soll sein »Ministerium«.

2. Klicke in der Folie auf das Symbol für SMARTART-GRAFIK EINFÜGEN.

3. Wähle die Rubrik HIERARCHIE und dort das erste Symbol ORGANIGRAMM.

Beginne oben mit dem Minister und schreibe die erste Stabsstelle Referat P, Presse in das Assistentenfeld. Drücke nach Referat P ⏎ für eine neue Zeile. Füge noch eine weitere Stabsstelle hinzu:

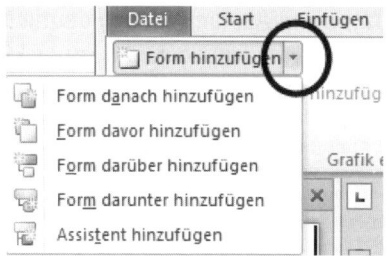

Abb. 6.29:
Mit der Auswahlliste kannst du unterschiedliche Formen in das Organigramm einfügen.

1. Markiere das Feld des Ministers und klicke auf SMARTART-TOOLS|ENTWURF.

2. Klicke neben FORM HINZUFÜGEN auf den Auswahlpfeil.

3. Wähle ASSISTENT HINZUFÜGEN.

Trage die zweite Stabsstelle und die drei Abteilungsleiter ein. Klicke nacheinander alle drei Abteilungsleiter-Kästchen an und wähle jeweils FORM HINZUFÜGEN|FORM DARUNTER HINZUFÜGEN. Jetzt hat jeder ein Kästchen für einen Mitarbeiter, fülle die Kästchen aus. Ganz zum Schluss soll noch das mittlere Kästchen drei weitere Stellen bekommen. Markiere das mittlere untere Kästchen und wähle einmal FORM HINZUFÜGEN|FORM DARUNTER HINZUFÜGEN. Lasse die Form markiert und klicke zweimal direkt auf FORM HINZUFÜGEN. Jetzt sieht das Organigramm aus wie in der Abbildung.

Zusammenhänge zeigen

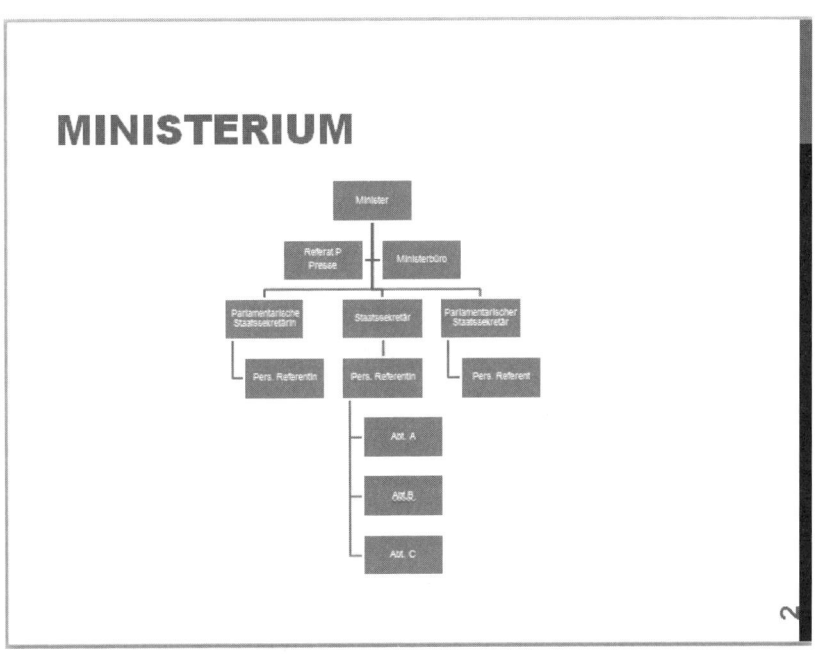

Abb. 6.30: Die erste Fassung des Organigramms vor der richtigen Anordnung

Die letzten drei Kästchen sind alle untereinander. Das ist nicht besonders günstig, weil jetzt alles sehr verkleinert wird. Besser wäre es, die drei letzten Kästchen stehen nebeneinander.

1. Markiere das Kästchen, von dem die drei untersten ausgehen.

2. Wähle dann SMARTART-TOOLS|ENTWURF|ORGANIGRAMMLAYOUT. Das Symbol steht in der Gruppe GRAFIK ERSTELLEN.

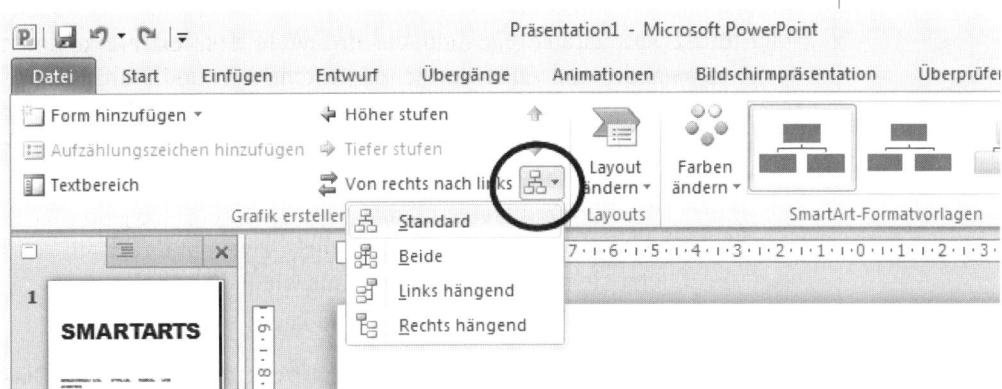

Abb. 6.31: Das Symbol ORGANIGRAMMLAYOUT wechselt die Ausrichtung der Kästchen.

3. Du brauchst die Ausrichtung STANDARD, dann stehen die Kästchen nebeneinander.

Kapitel 6 — Informationen spannend darstellen

Probiere die Änderung der Ausrichtung gleich noch einmal für das ganz linke Feld »Parlamentarische Staatssekretärin«. Markiere das Kästchen und wähle LINKS HÄNGEND. Dann zeigt das Kästchen darunter nicht nach rechts, sondern nach links.

Wenn alles fertig ist, kannst du dich an die Feinarbeit machen.

> Achte darauf, dass dein SmartArt-Diagramm markiert ist. Nur dann erscheint das Kontextregister SMARTART-TOOLS mit den beiden Registern ENTWURF und FORMAT.

Wähle aus SMARTART-TOOLS|ENTWURF eine Farbe und eine SmartArt-Formatvorlage, die dir gefällt. Achte aber darauf, dass die Beschriftungen noch zu lesen sind. Bei allen 3D-Darstellungen wird das schwierig und du solltest solche gekippten und gedrehten Ansichten vermeiden.

Rundherum: Zyklusdiagramm

Ein Organigramm zeigt eine Hierarchie: Oben steht der Chef, unten die Angestellten. Abläufe oder Prozesse haben selten solch eine Gliederung. Zum Beispiel ist ein Recyclingprozess oder der Teufelskreis der Armut ein ständiger Kreislauf ohne Anfang und Ende.

Du kannst genauso wie beim Organigramm mit einem Zyklusdiagramm beginnen und die Texte in die Kästchen schreiben. Aber du kannst auch PowerPoint diese Arbeit erledigen lassen. Darum fangen wir dieses Mal anders an.

1. Beginne mit einer Folie mit dem Layout TITEL UND INHALT. Der Folientitel ist Teufelskreis der Armut und in das Textfeld kommen untereinander die Stichworte: Unterernährung, Krankheitsanfälligkeit, Geringe Belastbarkeit, Niedrige Arbeitsleistung und Geringes Einkommen. Nach jedem Stichwort drücke ⏎.

2. Markiere den Text im Textfeld, klicke mit der rechten Maustaste in den markierten Text und wähle IN SMARTART KONVERTIEREN.

3. Suche das SmartArt EINFACHER KREIS und klicke es an.

4. Klicke in der Folie auf den Rand des SmartArts, damit das ganze Diagramm markiert ist. Wähle bei START|SCHRIFTART die Schriftgröße 16 PT. Klicke in die Wörter und setze an die richtigen Stellen einen Bindestrich, damit PowerPoint die Wörter trennt.

Zusammenhänge zeigen

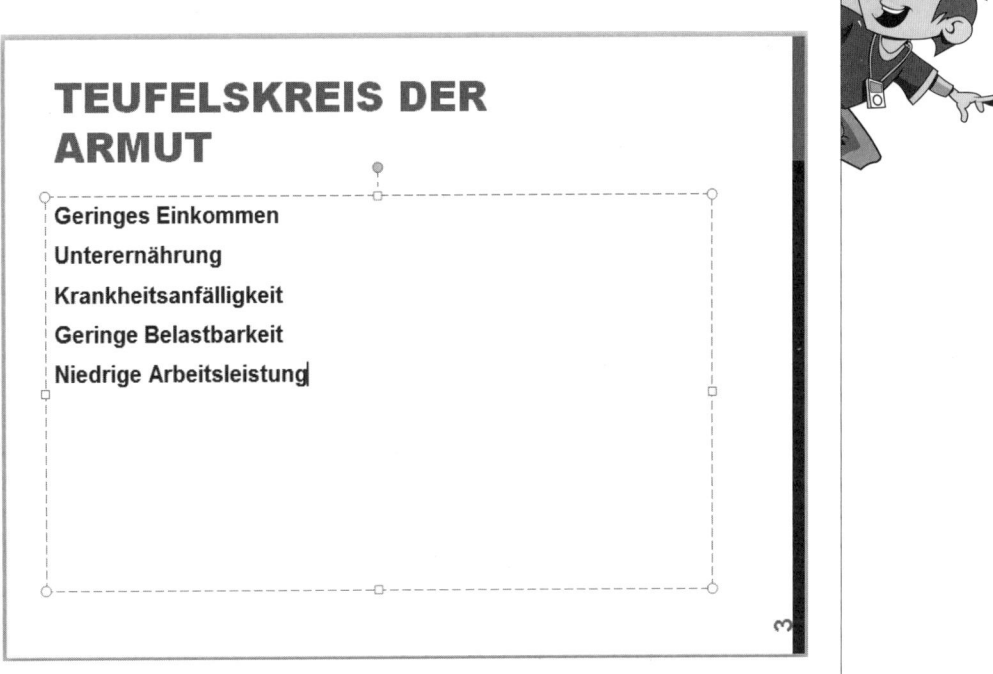

Abb. 6.32: Aus dieser Textliste entsteht das Zyklusdiagramm.

Wenn die Wörter trotzdem nicht in die Kreise passen, vergrößere das ganze SmartArt. Ziehe an den Ecken des Rahmens nach außen, bis es passt.

Abb. 6.33: Das fertige Zyklusdiagramm

Kapitel 6

Informationen spannend darstellen

Probiere aus, ob eine andere Form des Zyklusdiagramms besser aussieht. Das Zyklusdiagramm muss markiert sein! Dann klicke auf SMARTART-TOOLS|ENTWURF|LAYOUT ÄNDERN. Fahre mit der Maus über die anderen Darstellungen und schaue auf die Folie, wie sich dein Zyklusdiagramm verändert. Gefällt dir eines davon besser? Klicke es an und schon sieht die Folie anders aus.

> Mit jeder Änderung des Layouts ändern sich auch die Umbrüche der Wörter. Kontrolliere immer, ob jetzt die Trennungen noch stimmen, und lösche überflüssige Bindestriche oder setze neue.

Feinarbeit kommt wieder ganz zum Schluss. Weise Farben und Formatvorlagen zu – du hast das schon beim Organigramm gemacht. Findest du es noch? Wenn nicht, dann lies das Ende des letzten Abschnittes noch einmal durch.

Von der Mitte: Radialdiagramm

Als Nächstes stellen wir dar, dass sich viele Themen um eine gemeinsame Mitte gruppieren. Beispielsweise lassen sich die Teilbereiche, die zu einem Fach gehören, so darstellen – Physik besteht aus Optik, Mechanik, Akustik, Elektrodynamik und anderen Teilbereichen. Dieses Mal beginnst du wieder direkt mit dem SmartArt.

1. Erstelle eine Folie mit dem Layout TITEL UND INHALT, klicke das SmartArt-Symbol an und wähle wieder ZYKLUS.

2. Wähle den RADIALKREIS. Von der letzten Folie ist noch der Textbereich am linken Rand des SmartArts übrig geblieben. Tippe in die erste Zeile Physik, das ist die Beschriftung für den Kreis in der Mitte.

3. Gehe mit [Pfeil ↓] in die nächste Zeile und tippe den ersten Teilbereich.

4. Verwende so lange [Pfeil ↓], bis du das letzte Aufzählungszeichen erreicht hast. Ab jetzt drückst du [↵] nach jedem Punkt. [↵] erstellt einen neuen Aufzählungspunkt und damit ein neues Kästchen.

> Das Textfeld am linken Rand des SmartArts kannst du immer einblenden mit SMARTART-TOOLS|ENTWURF|TEXTBEREICH. Damit blendest du den Bereich auch aus. Im Textbereich erzeugt [↵] immer einen neuen Aufzählungspunkt und gleichzeitig ein neues Kästchen. [Pfeil ↓] springt nach unten auf einen vorhandenen Aufzählungspunkt.

Zusammenhänge zeigen

Du wirst einige lange Namen trennen müssen. Das kannst du in den Kreisen tun, indem du dort einen Bindestrich tippst. Oder du machst es in der Textliste, dann must du einen Bindestrich und ⇧+↵ tippen. Das erzeugt eine neue Zeile im gleichen Feld.

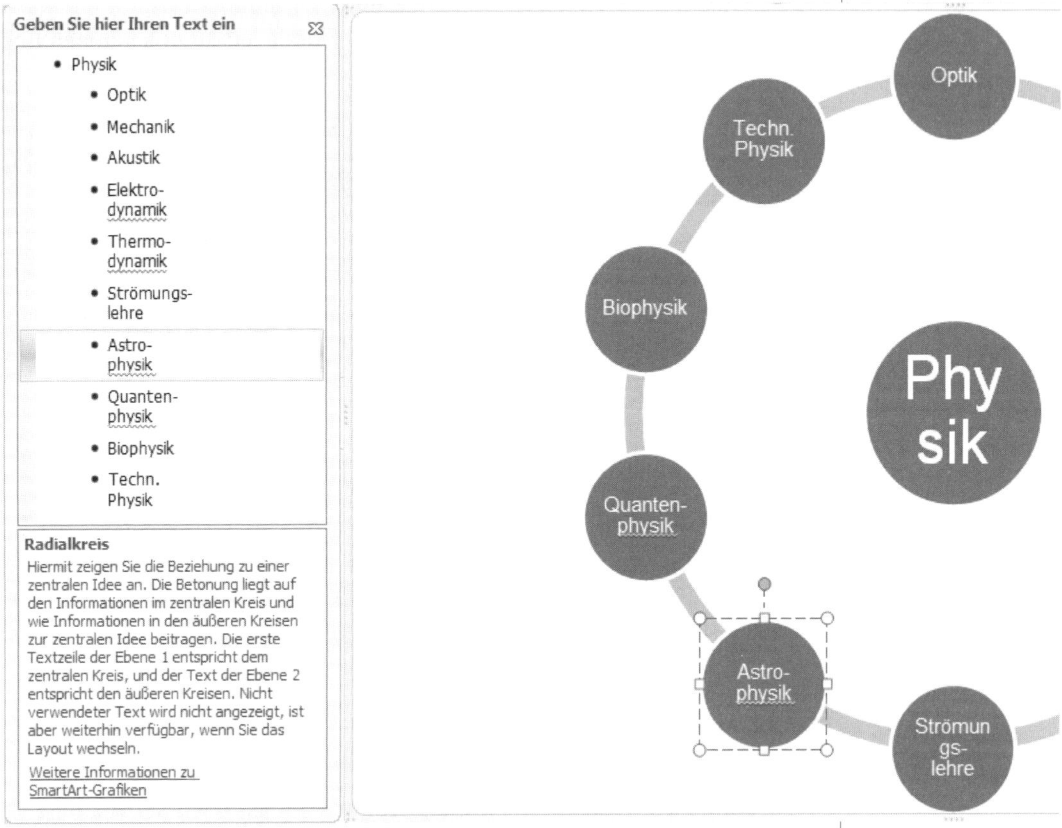

Abb. 6.34: Textliste und Radialdiagramm auf einen Blick

Vergrößere das SmartArt wieder, damit es die Folie gut ausfüllt. Markiere es und vergrößere die Schrift. Passt noch alles in die Kreise? Wenn nicht, ist vielleicht ein anderes Layout besser geeignet. Probiere wieder aus: SMARTART-TOOLS|ENTWURF|LAYOUTS. Was hältst du von dem RADIALVENN? Und die letzte Handlung ist wieder der Feinschliff: Farbe und Formatvorlage.

Aufeinander aufbauen: Pyramide

Pyramiden gibt es viele, nicht nur die von Gizeh! Das Schulsystem ist beispielsweise wie eine Pyramide aufgebaut. Alle Schüler besuchen die Grundschule, dann folgen die weiterführenden Schulen bis zur neunten

Kapitel 6 — Informationen spannend darstellen

Klasse. Viele machen die zehnte Klasse und einige noch das Abitur nach der Klasse 12 oder 13. Nicht alle Abiturienten studieren. Nach oben hin wird somit die Zahl der Schüler immer kleiner, genauso wie die Stufen einer Pyramide nach oben immer schmaler werden.

Ebenfalls eine Pyramide ist die empfohlene Zusammensetzung der Nahrung. Meist wird empfohlen, dass wir viel Flüssigkeit zu uns nehmen und sehr wenig Fett und Süßes.

Los geht es: Folie mit TITEL UND INHALT, das Symbol SMARTART-GRAFIK EINFÜGEN anklicken und die PYRAMIDE aussuchen. Nimm erst einmal die EINFACHE PYRAMIDE.

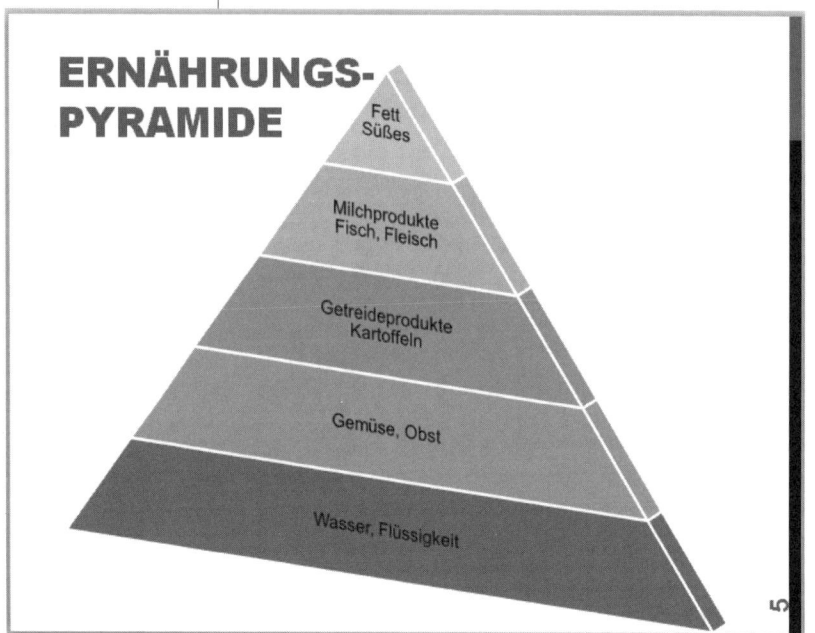

Abb. 6.35:
Die fertig formatierte Pyramide

Sie hat drei Stufen, du brauchst aber fünf. Gehe gleich auf SMARTART-TOOLS|ENTWURF und klicke zweimal auf FORM HINZUFÜGEN.

Wo möchtest du lieber schreiben, im Textfeld oder direkt in die Pyramide? Beides ist möglich. Mache bei den langen Einträgen eine Zeilenschaltung mit ⇧+↵. Ziehe die fertige Pyramide wieder größer und sorge für die richtige Schriftgröße. Die Spitzen von Pyramiden lassen sich immer schwer beschriften, weil sie so klein sind. Entweder verkleinerst du nur für dieses Feld die Schrift oder du lässt sie ganz leer und schreibst den Text mit einer Legende daneben.

Zusammenhänge zeigen

> Bei der Wahl eines anderen SmartArt-Layouts musst du jetzt vorsichtig sein. Infrage kommt nur PYRAMIDENLISTE. Eine INVERTIERTE PYRAMIDE, die auf dem Kopf steht, stellt auch die Aussage auf den Kopf! Wir sollen nicht viel mehr Fett und Süßes essen als trinken.

Nicht immer können alle Beschriftungen in der Pyramide untergebracht werden, die notwendig sind. Dann musst du mit Tricks arbeiten. Einer besteht darin, zwei Pyramiden direkt nebeneinanderzustellen. In der Abbildung siehst du in der linken Pyramide die Systematik des Tierreichs und in der rechten die Systematik der Honigbiene.

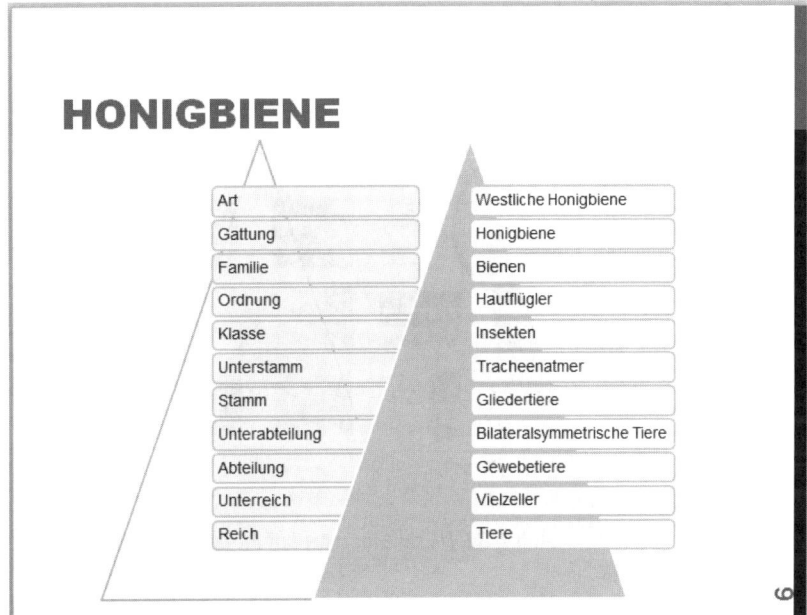

Abb. 6.36:
Zwei Pyramiden nebeneinander

1. Erstelle zuerst eine Pyramide, sie hat insgesamt elf Stufen. Verkleinere sie, dass zwei von der gleichen Größe gut nebeneinander auf die Folie passen. Schiebe sie nach links.

2. Markiere die gesamte Pyramide und wähle START|ABSATZ|LINKSBÜNDIG, damit die Texte nicht zentriert werden.

3. Kopiere diese Pyramide mit ⌈Strg⌉+⌈⇧⌉ und gedrückter Maustaste nach rechts. Beschrifte beide Pyramiden.

4. Formatiere die Pyramiden etwas unterschiedlich. Die linke kann die Farbe FARBIGE KONTUR bekommen und die rechte FARBIGE FÜLLUNG.

Kapitel 6 — Informationen spannend darstellen

Mehr Ideen: weitere SmartArts

Es gibt so viele SmartArt-Grafiken, dass ich sie dir nicht alle vorstellen kann. Auf der Buch-CD findest du in diesem Kapitel die Datei SMART-ARTS.PPTX mit ein paar Ideen.

Es gibt SmartArts, in die du Bilder einfügen kannst. Du erkennst das immer daran, dass kleine Platzhalter für Bilder vorgesehen sind. Meistens wird auch schon in der Beschreibung darauf hingewiesen, dass ein Smart-Art Bilder aufnehmen kann.

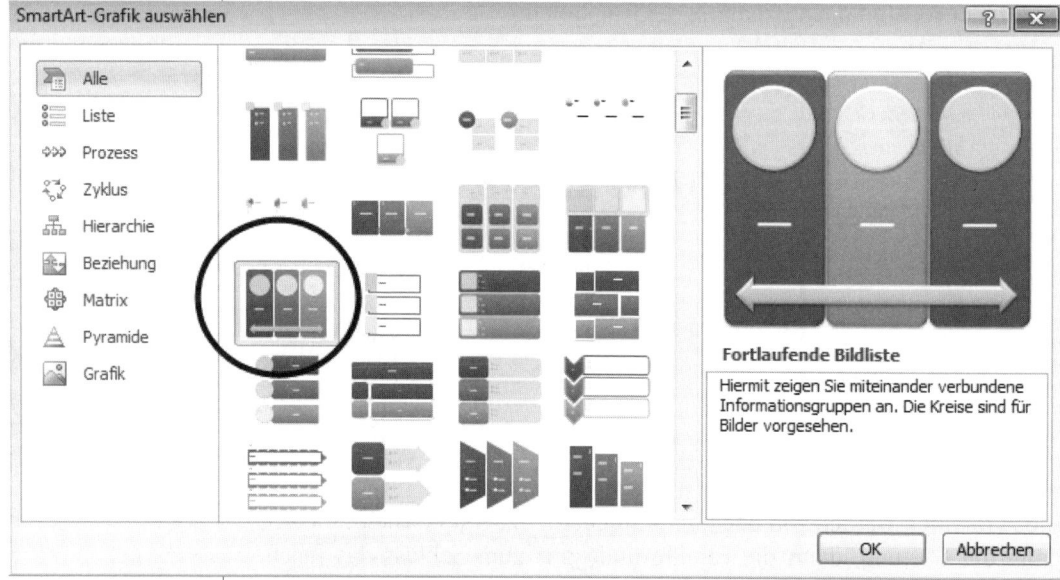

Abb. 6.37: Dieses SmartArt hat Platz für Bilder in den Kreisen.

Wenn du das SmartArt eingefügt hast, klicke auf den Platzhalter für die Bilder und suche nach dem Bild, das du einfügen möchtest.

Animation: Informationen gezielt anzeigen

Alle SmartArts lassen sich animieren und das solltest du auf jeden Fall nutzen. Schau dir das Beispiel mit den beiden Pyramiden an. Wenn du das auf einer Folie zeigst, sind alle ganz erschlagen von den vielen Informationen. Sehr viel einfacher ist es für die Zuschauer, wenn sich die Pyramiden Stück für Stück aufbauen.

Markiere zuerst die linke Pyramide und rufe das Register ANIMATIONEN auf.

1. Wähle einen Eingangseffekt wie TEILEN oder WISCHEN.

Zusammenhänge zeigen

2. Klicke anschließend auf EFFEKTOPTIONEN und wähle NACHEINANDER.

3. Mache es genauso für die rechte Pyramide. Zum Schluss musst du in der Folie ganz viele Zahlen stehen haben – von 1 bis 24. So oft musst du mit der Maus klicken oder ⏎ drücken, damit alles erscheint.

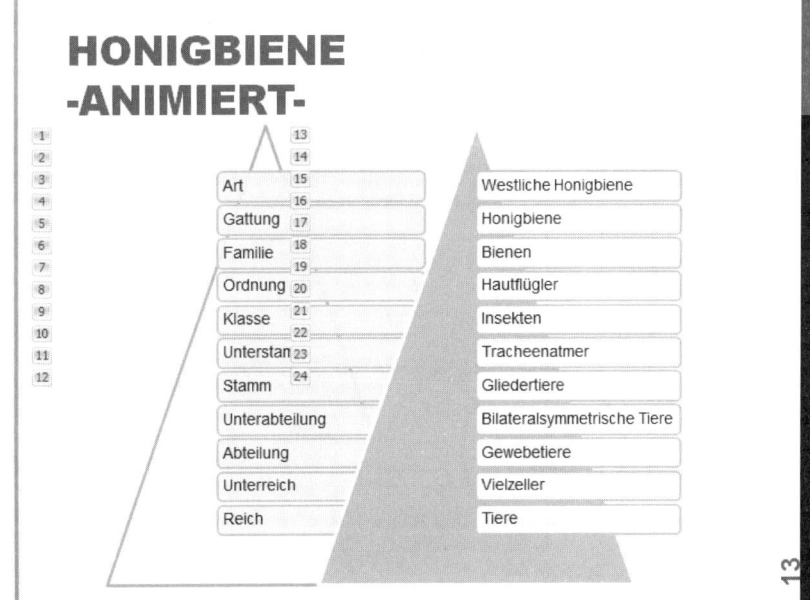

Abb. 6.38:
24 Mausklicks sind nötig, um alle Elemente der beiden Pyramiden anzuzeigen.

Die Pyramiden werden von oben her aufgebaut – zuerst erscheint die Art, dann die Gattung, dann die Familie und ganz zum Schluss das Reich. Möchtest du lieber von unten anfangen? Dann kehre die Animationsreihenfolge um:

1. Blende mit ANIMATIONEN|ANIMATIONSBEREICH den Aufgabenbereich am rechten Rand ein.

2. Klicke auf die erste Zeile INHALTSPLATZHALTER und klicke dann auf den Auswahlpfeil rechts davon. Wähle EFFEKTOPTIONEN, klicke dann auf die Registerkarte SMARTART-ANIMATION.

3. Klicke vor UMGEKEHRTE REIHENFOLGE, so dass dort ein Häkchen angezeigt wird. Bestätige das Dialogfenster mit OK.

4. Für die zweite Pyramide stellst du genau das Gleiche ein. Wiederhole alle Schritte!

Alle SmartArts werden genauso animiert. Das kannst du für die Organigramme genauso einstellen wie für Zyklus- und Radialdiagramme oder Zeitleisten. Das Vorgehen ist immer das Gleiche.

Kapitel 6 — Informationen spannend darstellen

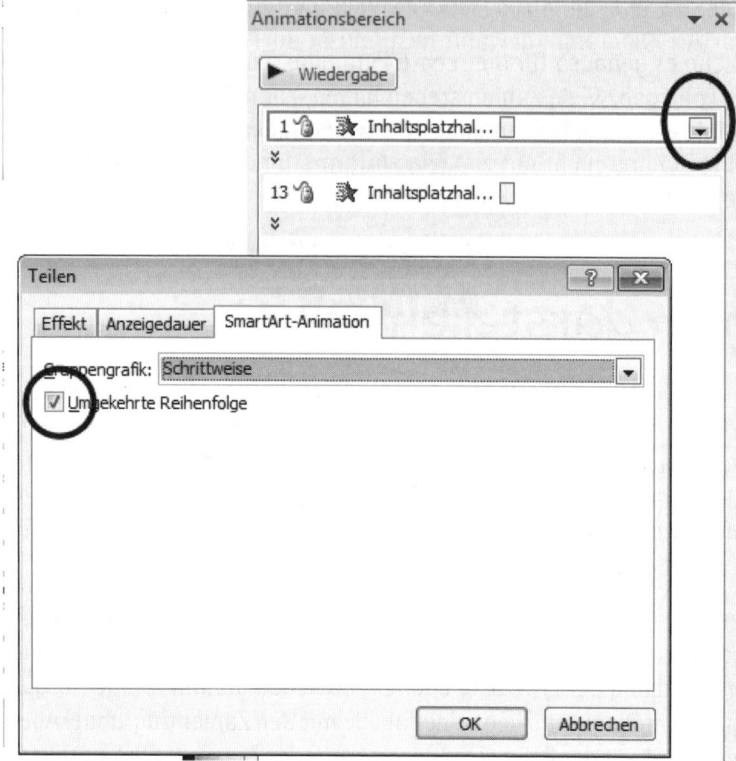

Abb. 6.39: Stelle in den EFFEKTOPTIONEN die UMGEKEHRTE REIHENFOLGE ein.

Verwende keine Animationen, bei denen der Text über die gesamte Folie bewegt wird. Du hast ja auf der Folie schon Text stehen oder es gibt Zeichnungen, der nächste Text würde dann mit der Animation darüberbewegt werden – das sieht unschön aus. Verwende immer Animationen, die den Text an Ort und Stelle animieren. Dabei wandert der Text nicht über die Folie, sondern wird direkt dort aufgebaut, wo er steht. Beispiele dafür sind WISCHEN, TEILEN, FORM und viele andere.

Ein Blick zurück

SmartArts sind für Zusammenhänge, Strukturen und Hierarchien da.

1. Du kannst die Texte direkt in die SmartArt-Felder schreiben.

2. Beginnst du mit einer Textauflistung, wandle sie mit der rechten Maustaste in ein SmartArt-Diagramm um.

3. Den Textbereich kannst du ein- und ausblenden mit SMARTART-TOOLS|ENTWURF|TEXTBEREICH.

4. Wenn du mit SMARTART-TOOLS|ENTWURF|LAYOUT ÄNDERN ein anderes SmartArt-Diagramm gewählt hast, musst du Textumbrüche kontrollieren.

SmartArt-Grafiken sollten möglichst animiert gezeigt werden. Überfordere deine Zuhörer nicht mit zu vielen Informationen auf einmal. Präsentiere die Informationen so, wie du darüber redest.

Zahlen darstellen

Zahlen sind der schwierigste Teil bei der Präsentation. Sie sind trocken, nüchtern und nur wenige Menschen können sich etwas darunter vorstellen. Suche nach treffenden Vergleichen, finde Beispiele, vergleiche mit bekannten Dingen. Wenn du eine Fläche angeben willst, rechne sie in Fußballfelder oder in Schwimmbecken um. Als Vergleich für Gewichte gib an, wie viele Schüler so viel wiegen würden.

So oft es geht, sollst du Zahlen als Diagramm darstellen. Das können Liniendiagramme bei einem Temperaturverlauf, ein Kreisdiagramm für die Zusammensetzung der Erdkruste oder ein Balkendiagramm für die Ausgaben sein. Jedem Diagramm liegt eine Tabelle mit den Zahlen zugrunde. Aber die Tabelle wird auf der Folie nicht gezeigt, nur das Diagramm ist zu sehen.

Die einfachste Variante: eine Tabelle

Die einfachste Form, Zahlen zu präsentieren, sind natürlich Tabellen. Sie sind geeignet, wenn es nur wenige Zahlen sind. Für umfangreiche Tabellen gilt das Gleiche wie für lange Texte: Sie haben auf der Folie nichts zu suchen und sollten besser ausgedruckt verteilt werden.

Abb. 6.40:
Tabelle für die Temperatur der Sterne

Sterne – Farbe und Temperatur

Farbe	Temperatur
blauweiß	20.000 °C
weiß	10.000 °C
gelb	6.000 °C
orange	4.500 °C
rot	3.000 °C

Kapitel 6

Informationen spannend darstellen

Schreibe Zahlen immer rechtsbündig untereinander. Du kannst in der Tabelle gut sehen, dass immer die Tausenderpunkte, die letzten Stellen der Zahlen und die Einheit °C untereinander stehen.

> Zahlen mit mehr als drei Ziffern sollten durch einen Tausenderpunkt aufgeteilt werden: 20.000 ist schneller zu lesen als 20000. Nachkommastellen werden nur angegeben, wenn sie sehr wichtig sind. Die Fiebertemperatur zwischen 38,2 °C und 39,5 °C braucht die Nachkommastellen; bei Geldbeträgen zwischen 10.000 € und 50.000 € sind sie überflüssig.
>
> Jahreszahlen schreibt man nicht mit einem Tausenderpunkt!
>
> Benennungen wie die Währung €, die Temperatur °C oder Gewichte wie kg stehen rechts von der Zahl und werden immer durch einen Leerschritt von der Zahl getrennt.

Große Zahlen über eine Million sind nur noch schlecht zu überblicken. Die meisten Menschen haben ein Problem, diese Zahl auf Anhieb richtig zu lesen. Besser ist es dann, wenn du die Zahl verkürzt schreibst: 1,5 Millionen oder 1,5 Mio. ist einfacher zu lesen als 1.500.000.

Die Beschriftung *Mio.* kannst du auch als Anmerkung in die Überschrift der Spalte schreiben. Dann musst du die Einheit nicht in jeder Zeile wiederholen.

Entwicklung der Weltbevölkerung

Zeit	Anzahl (in Millionen)
6000 v. Chr.	10
0	300
1650	500
1750	800
1850	1.250
1900	1.650
1950	2.486
1960	3.014
1970	3.683
1985	4.842
1989	6.000

Abb. 6.41:
Große Zahlen werden abgekürzt, die Einheit steht in der Überschrift.

Zahlen darstellen

Tabellen mit mehr als fünf Zeilen sollten grundsätzlich abwechselnd farbig gefüllt werden. PowerPoint macht das automatisch bei den meisten Designs. Wenn das einmal nicht passiert, gehe zu TABELLENTOOLS|ENTWURF und verwende eine der TABELLENFORMATVORLAGEN, die wechselweise farbig sind.

Wald in Deutschland: Säulendiagramm

Zu viele Zahlen lassen sich nicht mehr sinnvoll mit einer Tabelle präsentieren. Das Publikum ist verwirrt von der Informationsfülle und kann sich das Wichtigste nicht so schnell merken.

Bundesland	Anteil an der Landesfläche in %
Rheinland-Pfalz	42,10
Hessen	41,70
Baden-Württemberg	39,00
Saarland	38,30
Bayern	36,30
Brandenburg	35,90
Thüringen	32,00
Sachsen	27,80
Nordrhein-Westfalen	26,00
Niedersachsen	24,30
Sachsen-Anhalt	24,10
Mecklenburg-Vorpommern	23,10
Berlin	16,30
Schleswig-Holstein	10,30
Bremen	8,20
Hamburg	4,60

Abb. 6.42:
Viele Zahlen lassen sich besser als Diagramm darstellen.

Würdest du diese Tabelle deinen Zuschauern zeigen wollen? Ich hoffe nicht. Bis alle die Zahlen gelesen haben, wäre viel Zeit vergangen. Besser ist es, daraus ein Diagramm zu machen.

> Bei der jetzt folgenden Erklärung gehe ich davon aus, dass du nicht nur PowerPoint installiert hast, sondern das gesamte Office-Paket. PowerPoint verwendet Excel, um die Tabellen zu einem Diagramm zu erstellen. Wenn bei dir Excel nicht installiert ist, sehen die folgenden Bildschirme ein bisschen anders aus. Das Vorgehen ist aber grundsätzlich das Gleiche.

Kapitel 6 — Informationen spannend darstellen

Erstelle eine neue Folie mit dem Layout TITEL UND INHALT. Klicke in der Folie auf das Symbol DIAGRAMM EINFÜGEN.

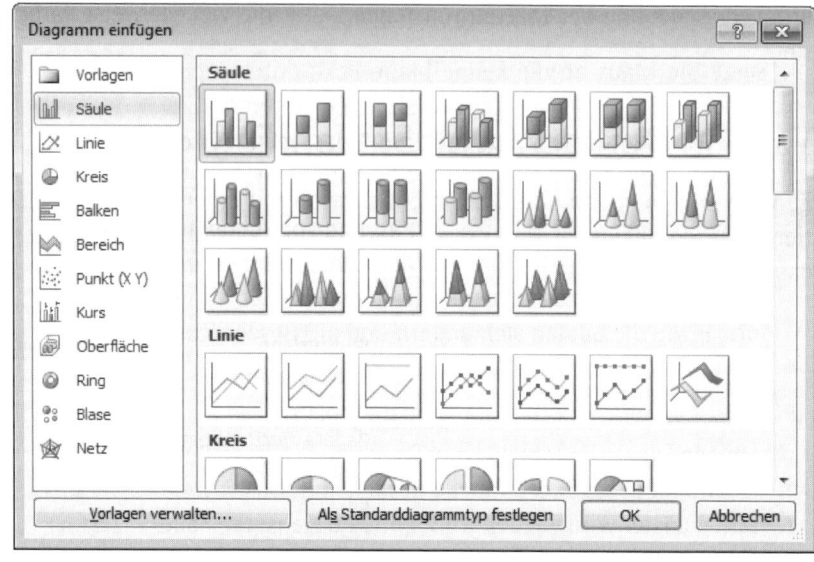

Abb. 6.43: Verschiedene Diagrammtypen werden angeboten.

1. Wähle in der Rubrik SÄULE das erste Symbol, GRUPPIERTE SÄULEN, und klicke auf OK.

2. Du siehst jetzt zwei Fenster nebeneinander: auf der einen Seite PowerPoint mit der Folie und einem Diagramm; auf der anderen Seite Excel mit einer Tabelle, in der Beispielzahlen stehen. Klicke in die Tabelle.

	A	B	C	D	E	F
1		Datenreihe 1	Datenreihe 2	Datenreihe 3		
2	Kategorie 1	4,3	2,4	2		
3	Kategorie 2	2,5	4,4	2		
4	Kategorie 3	3,5	1,8	3		
5	Kategorie 4	4,5	2,8	5		

Abb. 6.44: Auf dieser Excel-Tabelle basiert dein Diagramm.

3. Die Spalten C und D brauchen wir nicht. Fahre mit gedrückter linker Maustaste über die beiden Buchstaben C und D, so dass die beiden

Zahlen darstellen

Spalten markiert werden. Klicke in die Markierung mit der rechten Maustaste und wähle ZELLEN LÖSCHEN. Jetzt hast du nur noch die DATENREIHE 1. Lösche auch den Text in der achten Zeile, indem du in der Zelle B8 `Entf` drückst.

4. Setze die Maus an die kleine blaue Ecke unten rechts am blauen Rahmen und ziehe sie nach unten bis zur Zeile 17. Wenn eine Meldung kommt, dass es ungültige Bezüge in der Arbeitsmappe gibt, klicke auf OK.

5. Schreibe in die Zelle B1 Bewaldung und von A2 anfangend nach unten die Namen der Bundesländer und daneben die Prozentzahlen. Du siehst im Diagramm sofort, wie die Säulen sich ändern und die Beschriftungen ergänzt werden.

6. Wenn du alle Länder und Zahlen eingetragen hast, schließe Excel. Die Tabelle ist in PowerPoint gespeichert, sie wird nicht als Excel-Tabelle gespeichert. Das Power-Point-Fenster wird wieder größer und du siehst die Folie mit dem Diagramm.

	A	B
1		Bewaldung
2	Rheinland-P	42,1
3	Hessen	41,7
4	Baden-Württ	39
5	Saarland	38,3
6	Bayern	36,3
7	Brandenburg	35,9
8	Thüringen	32
9	Sachsen	27,8
10	Nordrhein-W	26
11	Niedersachs	24,3
12	Sachsen-Anh	24,1
13	Mecklenburg	23,1
14	Berlin	16,3
15	Schleswig-H	10,3
16	Bremen	8,2
17	Hamburg	4,6
18		

Abb. 6.45: Die fertige Tabelle in Excell

> Es ist nicht wichtig, dass du die Namen der Bundesländer komplett sehen kannst. Im Diagramm werden sie ausgeschrieben. Du kannst aber auch wie in einer PowerPoint-Tabelle die Spalten breiter ziehen. Ziehe mit der Maus zwischen den Spaltenbuchstaben A und B den schwarzen Strich etwas nach rechts.

Du kannst jederzeit wieder in die Excel-Tabelle zurückkehren. Klicke das Diagramm an und wähle DIAGRAMMTOOLS|ENTWURF|DATEN BEARBEITEN. Sofort wird die Tabelle wieder eingeblendet, du kannst Zahlen und Texte ändern, neue Länder hinzufügen oder andere löschen.

Das Diagramm musst du noch nachbearbeiten, denn so ist es nicht besonders schön. Der Diagrammtitel mit dem Wort *Bewaldung* ist genauso überflüssig wie die Legende, in der noch einmal *Bewaldung* steht. Wir haben das alles im Folientitel stehen. Die Beschriftung unter der Säule ist schwer zu lesen. Es ist nicht erkennbar, dass die Zahlen Prozente sein sollen; wir brauchen eine Beschriftung für die Zahlenachse.

Kapitel

Informationen spannend darstellen

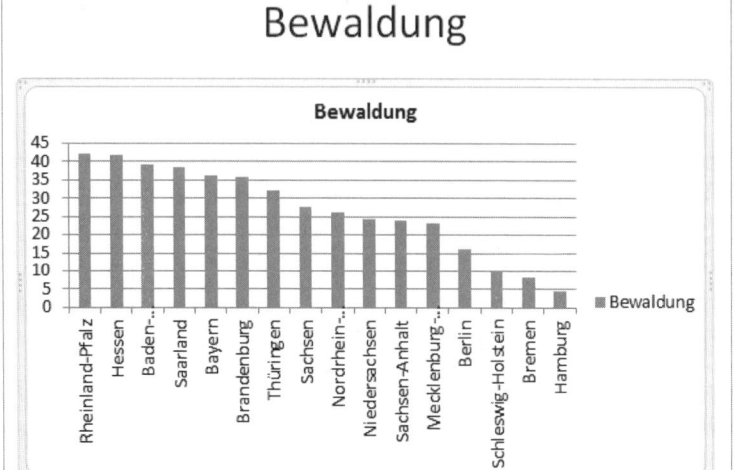

Abb. 6.46: Die erste Version des Diagramms muss noch nachbearbeitet werden.

Auf der Buch-CD findest du in diesem Kapitel die Präsentation DIAGRAMME.PPTX. Auf den ersten beiden Folien nach der Titelfolie sind die Bestandteile eines Diagramms erklärt.

1. Markiere das Diagramm und klicke auf DIAGRAMMTOOLS|LAYOUT.

2. Klicke zuerst DIAGRAMMTITEL an und wähle KEINE. Klicke dann auf LEGENDE, wähle auch KEINE.

3. Markiere die Ländernamen, indem du sie einmal anklickst, und wähle auf dem Register START eine Schriftgröße von 14 PT aus.

Das Diagramm wird schon besser, aber vermutlich werden bei dir die Ländernamen nicht alle angezeigt oder sie stehen schräg und sind schlecht lesbar. Eine andere Anordnung wird uns helfen. Alle vorhandenen Diagrammtypen findest du unter DIAGRAMMTOOLS|ENTWURF|DIAGRAMMTYP ÄNDERN. Markiere den Diagrammtyp BALKEN|GRUPPIERTE BALKEN und bestätige die Auswahl mit OK.

Säulen- oder Balkendiagramme verwendest du für Zahlen aus verschiedenen Ländern, Städten oder Firmen. Die Zahlen von Berlin und Bremen stehen als Vergleich nebeneinander, sie haben aber nichts miteinander zu tun. Du vergleichst mit diesem Diagramm Werte aus verschiedenen Bereichen.

Zahlen darstellen

Aus den stehenden Säulen sind liegende Balken geworden und die Ländernamen sind besser zu lesen. Du kannst das Diagramm noch ein wenig vergrößern, indem du den grauen Rand des Diagramms nach außen ziehst.

Es fehlt nur noch die Beschriftung der Zahlenachse, damit jeder erkennt, dass es sich um Prozentzahlen handelt.

1. Klicke auf DIAGRAMMTOOLS|LAYOUT|ACHSENTITEL.
2. Wähle TITEL DER HORIZONTALEN PRIMÄRACHSE und klicke dort auf TITEL UNTER ACHSE.
3. Setze den Cursor in das Textfeld und lösche das Wort *Achsentitel* heraus, schreibe stattdessen in Prozent.

Schau dich noch auf dem Register DIAGRAMMTOOLS|ENTWURF um und wähle verschiedene DIAGRAMMFORMATVORLAGEN. Welche gefällt dir am besten?

Sobald du eine Diagrammformatvorlage zuweist, ändert sich die Schriftgröße der Beschriftung wieder! Du musst dann noch mal auf das START-Register wechseln und die Schriftgröße wieder auf 14 pt stellen.

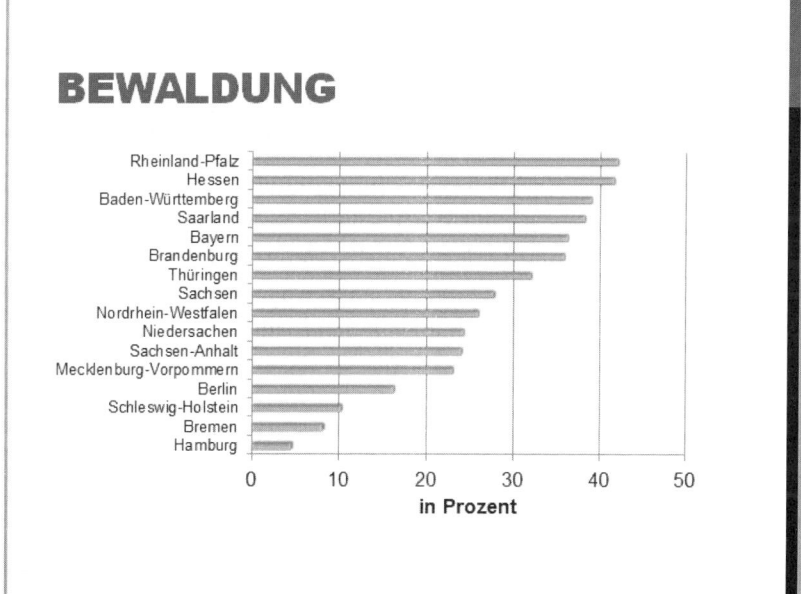

Abb. 6.47:
Die endgültige Fassung
des Diagramms

Kapitel 6

Informationen spannend darstellen

Entwicklung der Weltbevölkerung: Liniendiagramm

Als Säulendiagramm kann man auch das Wachsen der Weltbevölkerung darstellen, aber noch besser ist ein Liniendiagramm geeignet, weil hier eine zeitliche Entwicklung stattfindet. Die Bevölkerungszahlen steigen von Jahrhundert zu Jahrhundert an.

Erstelle wieder eine Folie mit dem Layout TITEL UND INHALT und klicke auf das Diagrammsymbol.

	A	B
1	Zeit	in Mio
2	6000 v. Chr.	10
3	0	300
4	1650	500
5	1750	800
6	1850	1250
7	1900	1650
8	1950	2486
9	1960	3014
10	1970	3683
11	1985	4842
12	1999	6000

Abb. 6.48:
Zahlen für das Liniendiagramm

Trage in das Datenblatt die Jahreszahlen und die Zahlen ein, wie es in der Abbildung zu sehen ist. Lösche die überflüssigen Spalten. Schließe Excel danach. Die Daten werden wieder als Säulendiagramm angezeigt.

1. Wechsle den Diagrammtyp mit DIAGRAMMTOOLS|ENTWURF|DIAGRAMMTYP ÄNDERN zu LINIENDIAGRAMM. Wähle dabei das vierte Diagramm aus, LINIE MIT DATENPUNKTEN.

2. Um den Diagrammtitel zu löschen, klicke auf das Register LAYOUT und wähle DIAGRAMMTITEL|KEINE.

3. Schreibe die Einheit in Mio. für die Zahlenachse hinzu: Klicke auf LAYOUT|ACHSENTITEL|TITEL DER VERTIKALEN PRIMÄRACHSE und wähle GEDREHTER TITEL. Lösche das Wort *Achsentitel* aus dem Textfeld und schreibe stattdessen in Mio..

Zahlen darstellen

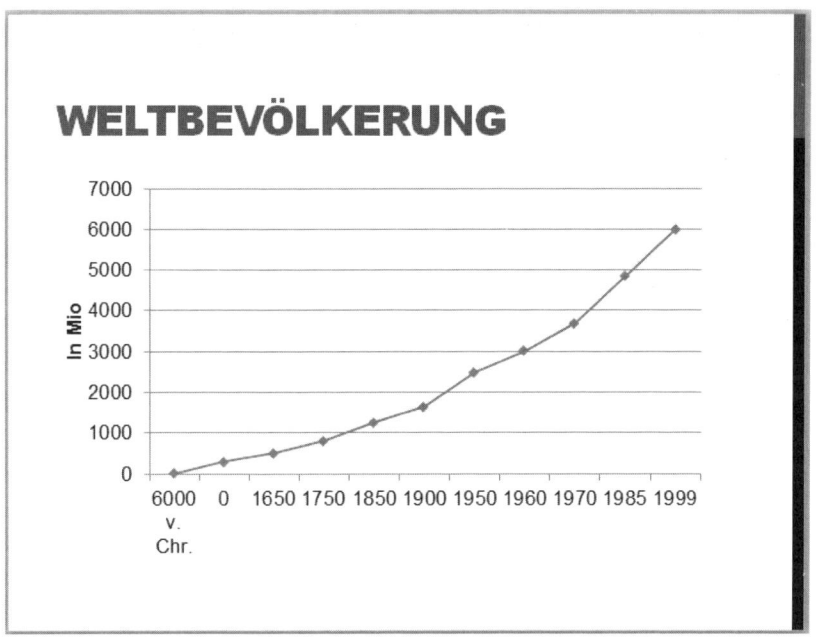

Abb. 6.49: Das fertige Liniendiagramm für die Entwicklung der Weltbevölkerung

Anstelle eines Liniendiagramms kannst du auch ein Bereichsdiagramm verwenden. Es sieht aus wie eine Linie, die unten farbig gefüllt ist. Probiere es aus und suche dir in DIAGRAMMTOOLS|ENTWURF|DIAGRAMMTYP eines der Bereichsdiagramme aus.

> Linien- oder Bereichsdiagramme verwendest du, um zeitliche Abfolgen zu zeigen. Die Entwicklung der Bevölkerung über die Jahrhunderte, den Umsatz der letzten zehn Jahre, Temperaturen von Januar bis Dezember. Die Werte hängen voneinander ab, sie haben etwas miteinander zu tun. Verwende keine Liniendiagramme, um die Werte von Ländern oder Firmen zu vergleichen!

Anteile am Kuchen: Kreisdiagramm

Eine häufige Diagrammform ist das Kreisdiagramm. Es zeigt ein Verhältnis an, zum Beispiel zeigt man, wie viel Prozent bei einer Wahl auf die einzelnen Parteien entfallen sind. Oder eine Firma zeigt, wie viel Umsatz sie mit ihren verschiedenen Produkten gemacht hat.

Praktisch ist, dass das Kreisdiagramm die Prozente selber ausrechnet. Du sparst dir eine Menge Rechenarbeit. Erstelle ein Diagramm und trage in die Tabelle die Größen der Kontinente ein:

Kapitel 6

Informationen spannend darstellen

Kontinent	Fläche in Mio. km²
Afrika	30,3
Antarktis	14
Asien	44,4
Australien, Ozeanien	8,9
Europa	10,5
Nord-Amerika und Mexiko	23,5
Süd- und Mittelamerika	17,7

Du erhältst zuerst wieder ein Säulendiagramm. Ändere das Diagramm auf den Typ KREIS|3D-KREIS. Jetzt kommt wieder die Feinarbeit – der Diagrammtitel ist überflüssig, die Legende soll unter dem Kreis stehen und im Kreis sollen die Prozentzahlen angezeigt werden.

1. Lösche den Diagrammtitel.
2. Klicke auf LAYOUT|LEGENDE und wähle LEGENDE UNTEN ANZEIGEN.
3. Klicke im gleichen Register auf DATENBESCHRIFTUNG und wähle ENDE INNERHALB. Jetzt stehen die Prozentzahlen im Kreis.

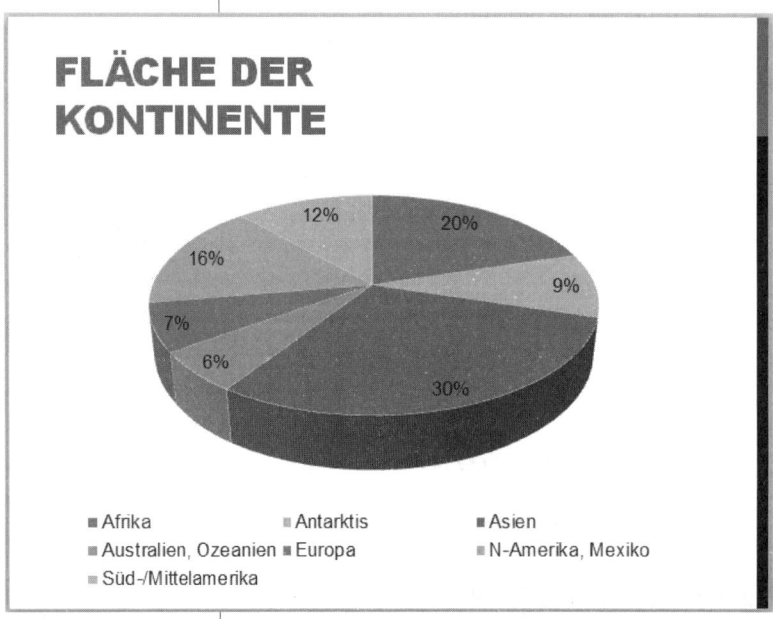

Abb. 6.50:
Ein Kreis zeigt die Verhältnisse der Kontinente zueinander an.

Du kannst die *Torte* dicker und dünner machen und auch drehen. Das größte Tortenstück ist Asien und es wird vorne angezeigt, Europa steht weit links. Ich hätte Europa gerne unten, also drehe ich den Kreis und das geht so:

Zahlen darstellen

1. Klicke im Register DIAGRAMMTOOLS|LAYOUT auf 3D-DREHUNG.

2. Schiebe das Dialogfenster DIAGRAMMBEREICH FORMATIEREN so auf die Seite, dass du den Kreis im Hintergrund gut sehen kannst. Ändere jetzt den Wert bei DREHUNG X:, indem du auf den Pfeil daneben klickst. Wenn Europa weit genug vorne steht, hörst du auf.

3. Probiere gleich noch aus, wie sich der Kreis ändert, wenn du bei PERSPEKTIVE den Wert nach oben oder unten änderst. Siehst du, wie der Kreis dicker und dünner wird?

4. Klicke auf SCHLIESSEN, um die Einstellung zu übernehmen.

Abb. 6.51:
Mit den 3D-Einstellungen lässt sich der Kreis drehen.

Kreise zeigen einen Anteil am Gesamtkuchen. Besonders praktisch sind sie, wenn du Prozente ausrechnen und zeigen möchtest. In einem Kreis kann entweder eine Spalte mit vielen Zeilen oder eine Zeile mit vielen Spalten dargestellt werden.

Kapitel 6

Informationen spannend darstellen

Informationen Stück für Stück: Animation

Schon bei den SmartArts hast du gesehen, dass eine Animation sinnvoll ist. Das Gleiche gilt für Diagramme. Auch hier ist der Zuschauer oft ganz erschlagen von der Fülle der Informationen und es ist gut, das Diagramm so langsam aufzubauen, wie du erzählst. Das ist besonders wichtig, wenn du viele Säulen, Balken oder Linien darstellst.

Erstelle zuerst das Diagramm mit den Zahlen für die Zusammensetzung der Erdkruste, schließe Excel und erstelle den Diagrammtyp SÄULE|GRUPPIERTE SÄULE.

Element	Kontinental	Ozeanisch
O	44,5	43,4
Si	26,8	23,1
Al	8,4	8,5
Fe	7,1	8,2
Ca	5,3	8,1
Mg	3,2	4,6
Na	2,3	2,1
Ka	0,9	0,1
Ti	0,5	0,9
Sonst	1	1

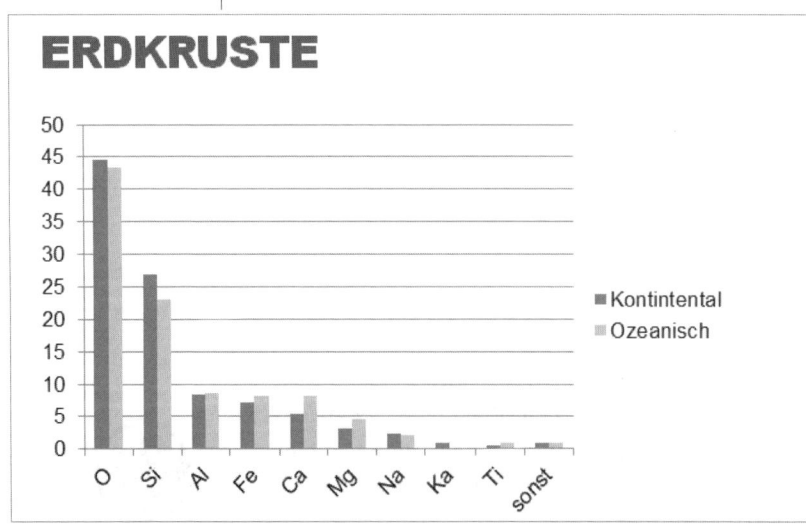

Abb. 6.52: Diagramm zur Zusammensetzung der Erdkruste

Zahlen darstellen

Dieses Diagramm kannst du auf zwei verschiedene Arten erklären. Entweder erzählst du zuerst über die kontinentale Kruste und stellst alle Elemente vor – zuerst Sauerstoff, dann Silizium und so weiter. Wenn du mit allen Elementen durch bist, beginnst du mit der ozeanischen Kruste und fängst wieder beim Sauerstoff an.

Oder du sprichst zuerst über das Element Sauerstoff und erläuterst sein Vorkommen in der kontinentalen und in der ozeanischen Kruste. Dann gehst du zum zweiten Element, dem Silizium.

In beiden Fällen stört es, wenn alle Säulen auf einmal gezeigt werden. Hier hilft die Animation.

1. Markiere das Diagramm und rufe das Register ANIMATIONEN auf.

2. Wähle den Eingangseffekt WISCHEN, er soll VON UNTEN kommen.

3. Wenn du zuerst die kontinentale und dann die ozeanische Kruste behandeln willst, wählst du NACH ELEMENT IN DATENREIHE. Willst du zuerst über Sauerstoff, dann über Silizium und so weiter reden, verwendest du NACH ELEMENT IN KATEGORIE.

> PowerPoint stellt die Animation so ein, dass die nächste Säule beim Mausklick kommt. Da du nicht weißt, wie schnell du später redest, solltest du das auch so lassen. Wenn der Start NACH VORHERIGEM ist, musst du vielleicht ganz schnell reden, um mit deiner Folie mitzuhalten.

Ein Blick zurück

Tabellen sind nur zur Darstellung weniger Zahlen geeignet. Große Tabellen solltest du ausdrucken und verteilen.

◆ Achte auf die rechtsbündige Anordnung der Zahlen, damit immer die letzten Ziffern untereinander stehen.

◆ Verwende Tausenderpunkte, um große Zahlenkolonnen zu gliedern, oder kürze die Zahlen und schreibe `in Millionen` dahinter.

So oft es geht, stelle die Zahlen besser in einem Diagramm dar.

◆ Säulen- und Balkendiagramme zeigen die Zahlen für Vergleiche zwischen Ländern, Städten oder Firmen an.

◆ Linien- und Bereichsdiagramme eignen sich für zeitliche Abfolgen wie Temperaturlinien, Wachstum oder Umsatz.

Kapitel 6 — Informationen spannend darstellen

◇ Kreise stellen Anteile an einer Gesamtmenge dar, sie eignen sich für Angaben in Prozent.

Diagramme mit vielen Datenpunkten solltest du animieren. Der Zuschauer kann dann Punkt für Punkt betrachten und muss nicht von Anfang an mit einer verwirrenden Fülle von Werten kämpfen.

Zusammenfassung

Erleichtere deinen Zuhörern das Zuhören und Behalten mit den Hilfsmitteln von PowerPoint:

◇ Erstelle eine Inhaltsfolie und zeige sie während des Vortrages immer mal wieder.

◇ Folien mit viel Text solltest du animieren, damit nicht zu viele Informationen auf einmal kommen.

◇ Verwende für Gegenüberstellungen ein zweispaltiges Folienlayout, weise Farben zu oder arbeite mit unterschiedlichen Aufzählungssymbolen.

◇ Zeige Zusammenhänge, Hierarchien oder Strukturen mit SmartArts. Animiere die SmartArts, damit die Informationen sich langsam aufbauen.

◇ Stelle Zahlen möglichst in einem Diagramm dar. Nimm Säulendiagramme für Vergleiche, Liniendiagramme für eine zeitliche Abfolge und Kreisdiagramme für Anteile.

Ein paar Fragen ...

Frage 1: Was musst du beachten, wenn du in einer Präsentation Aufzählungssymbole aus einer besonderen Schrift verwendest?

Frage 2: Wie kannst du aus einer Textauflistung ganz schnell ein SmartArt erstellen?

Frage 3: Welche Diagrammart eignet sich, um Temperaturen der letzten zwölf Monate in deiner Stadt darzustellen?

… und ein paar Aufgaben

1. Öffne die Präsentation FRAGEN UND AUFGABEN.PPTX zu diesem Kapitel und gehe auf die Folie *ClipArts*. Ändere die beiden oberen ClipArts so, dass sie wie die beiden ClipArts unter *Ziel* aussehen.

2. Erstelle aus der Textliste von der Folie *Animationen* ein SmartArt.

3. Ändere auf der Folie *Temperatur in München* das Säulendiagramm zu einem Liniendiagramm.

7
Referate präsentieren

Was erwartet dich in diesem Kapitel? Nachdem das Referat geschrieben ist, musst du es halten. Dafür brauchst du zwei gedruckte Formen: eine für dich und eine für deine Zuhörer. Wenn die Präsentation mit Laptop und Beamer gezeigt wird, musst du sicher sein, dass du die Show starten, vorwärts- und rückwärtsblättern und schnell zu einer bestimmten Folie springen kannst. Neben der Technik musst du noch ein bisschen darüber wissen, wie du dich als Vortragender verhalten solltest.

In diesem Kapitel lernst du

- Handzettel für deine Zuhörer und Notizenseiten für dich zu drucken
- eine Bildschirmpräsentation zu starten und dich darin zu bewegen
- deinen Laptop an einen Beamer anzuschließen
- als Vortragender vor der Klasse zu stehen

Ausdrucke für dich und andere

Du hast zwei Dateien erstellt: eine Word-Datei als Manuskript und eine PowerPoint-Präsentation für die Vorführung. Drucke das Manuskript aus, lese es mehrmals durch und nimm es mit zum Vortrag. Aber packe es am besten gar nicht erst aus, du sollst nicht vorlesen, sondern frei vortragen. Das Manuskript ist für den Notfall gedacht. Wenn du gar nicht mehr weiterweißt, kannst du nachschauen.

Kapitel 7 — Referate präsentieren

Was du unbedingt brauchst, sind deine Stichworte auf Karteikarten oder als PowerPoint-Notizen sowie die Gliederung deines Vortrages.

Im Kapitel 5 hast du schon gesehen, dass du zu jeder Folie Notizen eingeben kannst. Dazu dient das Notizenfenster unterhalb der Folie. Schreibe dir alles auf, was du zu dieser Folie sagen möchtest; bleibe dabei möglichst bei Stichworten. Ganz Sätze solltest du nur aufschreiben, wenn du auf eine bestimmte Formulierung großen Wert legst. So musst du beispielsweise ein Zitat wörtlich wiedergeben. Auch wenn du es auswendig gelernt hast, solltest du den exakten Wortlaut dabeihaben.

Ausdrucken: direkt mit PowerPoint

Im Notizenfenster stehen dir nur einige wenige Formatierungen für die Schrift zur Verfügung. Du kannst Wörter fett oder kursiv machen oder sie unterstreichen. Du kannst auch Aufzählungssymbole oder Nummerierungen verwenden. Die Größe und die Farbe der Schrift kannst du auch verändern, nur siehst du das hier nicht! Erst im Ausdruck kannst du erkennen, was du eingestellt hast.

Diese Notizen kannst du gemeinsam mit der Folie ausdrucken.

1. Klicke auf DATEI|DRUCKEN.

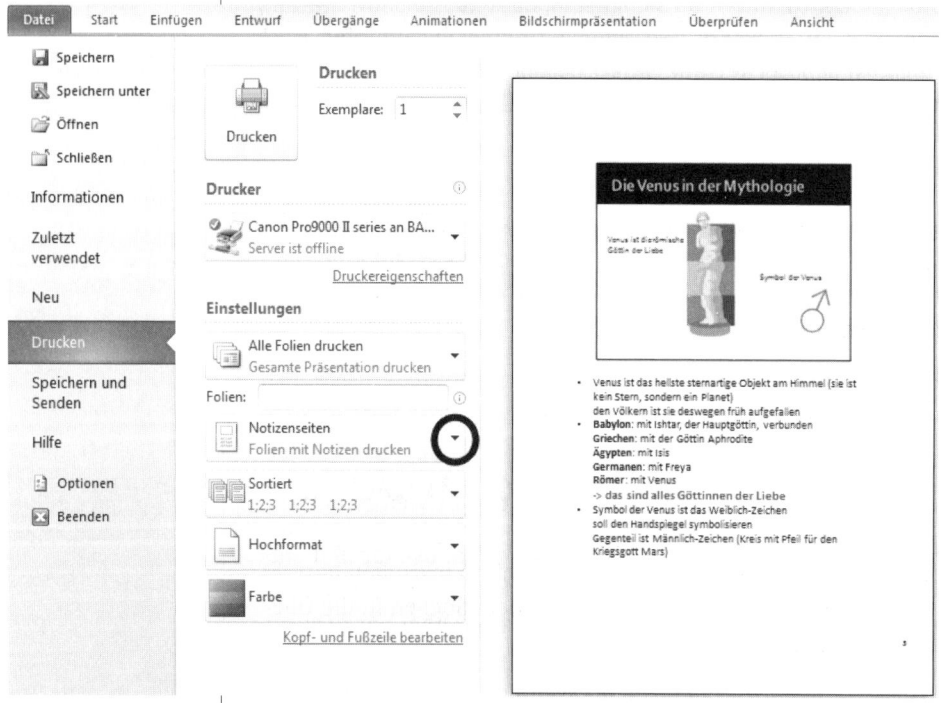

Abb. 7.1: Wähle NOTIZENSEITEN zum Ausdrucken.

Ausdrucke für dich und andere

2. Anstelle von GANZSEITIGE FOLIEN wähle NOTIZENSEITEN. Sofort siehst du rechts die Ansicht der Folie mit den Notizen darunter.

3. Klicke dann auf die Schaltfläche DRUCKEN oben.

Ausdrucken: Komfort mit Word

Etwas flexibler bist du, wenn du die Präsentation an Word sendest und von dort ausdruckst. Word bietet dir viel mehr Möglichkeiten, die Notizen zu formatieren.

Wähle DATEI|SPEICHERN UND SENDEN. Klicke dort auf HANDZETTEL ERSTELLEN und dann rechts wieder auf HANDZETTEL ERSTELLEN.

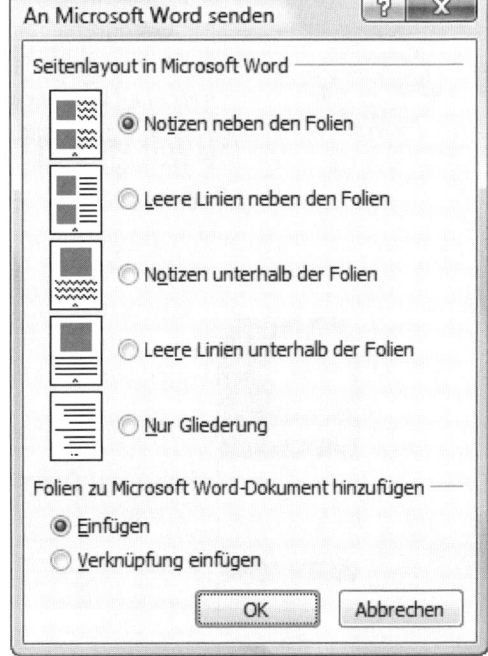

Abb. 7.2: Sende die Präsentation an Word, um mehr Formatierungsmöglichkeiten für die Notizen zu bekommen.

Du hast jetzt fünf Wahlmöglichkeiten:

◇ NOTIZEN NEBEN DEN FOLIEN oder LEERE LINIEN NEBEN DEN FOLIEN erzeugen immer sehr kleine Folienbilder, von denen drei oder vier auf eine DIN-A4-Seite passen. Neben den kleinen Bildern können die Notizen stehen oder es werden leere Linien gedruckt.

◇ NOTIZEN UNTERHALB DER FOLIEN oder LEERE LINIEN UNTERHALB DER FOLIEN erzeugt einen Ausdruck ähnlich wie in PowerPoint. Oben auf der Seite steht die Folie, darunter sind entweder die Notizen oder leere Linien.

◇ NUR GLIEDERUNG druckt gar keine Folienbilder aus. Es werden nur die Folientitel und die Texte aus den Platzhalterfeldern an Word geschickt. Das ist eine gute Übersicht, wenn du hauptsächlich Textfolien hast. Es werden aber weder Diagramme noch Bilder oder Tabellen in die Gliederung übernommen.

Kapitel 7 — Referate präsentieren

Probiere es einfach aus. Auf der Buch-CD findest du zu diesem Kapitel eine Präsentation über die Venus, die auch viele Notizen unter den Folien hat. Wenn dir nicht gefällt, was in Word ankommt, schließt du die Word-Datei, ohne sie zu speichern. Dann kannst du aus PowerPoint einen neuen Versuch starten.

> Ich verwende sehr oft die Option NOTIZEN NEBEN DEN FOLIEN. Das hat für mich mehrere Vorteile: Die Folien sind nummeriert und ich kann in der Präsentation sehr schnell eine bestimmte Folie noch einmal zeigen; die Notizen stehen direkt neben den Folien und ich weiß sofort, was ich dazu sagen will; Folien ohne Notizen brauchen nicht viel Platz, weil nur die kleine Folie gezeigt wird.

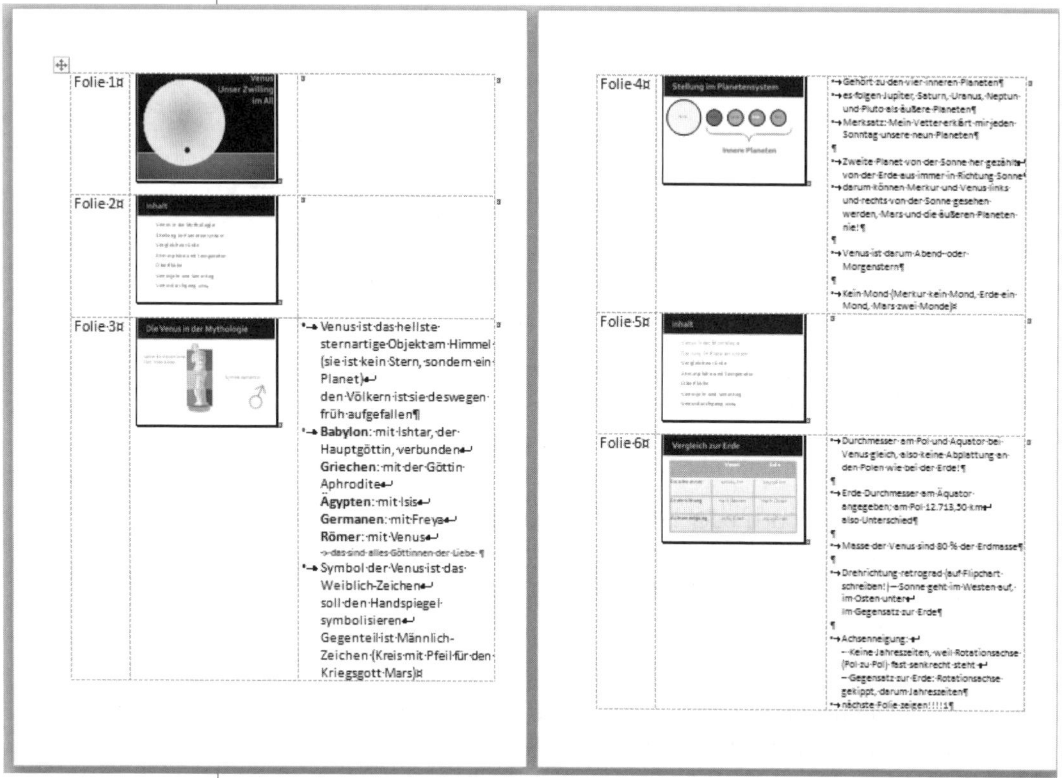

Abb. 7.3: Word erstellt eine Tabelle aus den Folien und den Notizen.

Du siehst in der Abbildung, dass Word bei der Option NOTIZEN NEBEN DEN FOLIEN eine dreispaltige Tabelle erstellt.

Ausdrucke für dich und andere

- ◇ Ganz links steht die Nummer der Folie.
- ◇ In der Mitte wird die Folie in Kleinformat gedruckt.
- ◇ Rechts außen stehen die Notizen.

Einmal in Word angekommen, kannst du alle Formatierungen aus Word verwenden. Farbige Schriften oder das Hervorheben mit dem Markerstift sind besonders wichtig für deinen Vortrag.

> Spare beim Ausdruck für dich selber nicht mit Papier! Die Schrift für die Notizen muss so groß sein, dass du sie ganz leicht ablesen kannst. Nutze Schriftfarben, farbige Markerstifte und Fettdruck, um die wichtigen Stichworte deutlich hervorzuheben. Denke immer daran, dass du während des Referats nervös bist und dankbar sein wirst, wenn du alles ganz schnell findest.

Zeit, Zeit, Zeit

Der Ausdruck ist auch ein gutes Hilfsmittel, um Zeitmarken an den Rand zu schreiben. Schätze ungefähr ab, wie lange du über die einzelnen Themen sprechen wirst, und rechne aus, nach wie viel Minuten du beispielsweise mit Folie 4 aufhören musst. Mache dir nach jedem Themenwechsel auf das Blatt eine deutliche Markierung und schreibe eine Uhrzeit oder eine Minutenangabe daneben.

Während des Vortrags brauchst du dann nur noch eine Uhr, die du gut ablesen kannst. Vergleiche immer deine Zeitmarken auf dem Blatt mit der aktuellen Uhrzeit. Liegst du noch gut in der Zeit oder brauchst du viel länger als geplant? Dann solltest du vielleicht auf die eine oder andere Folie verzichten oder einige Zusatzbemerkungen auf das Ende verschieben. Vielleicht hast du dann noch Zeit, um diese Informationen unterzubringen.

> Wenn du Folien überspringen musst, weil die Zeit nicht reicht, dann tue das kommentarlos. Gehe einfach zur übernächsten Folie weiter und kommentiere nicht die Folien, die du nicht zeigst.

Bist du dagegen zu schnell, bremse dich. Springe langsamer, erzähle ausführlicher und gehe mehr auf die Details ein, zeige die Folien länger.

Kapitel 7 — Referate präsentieren

Ausdruck: eine eigene Fassung für den Zuhörer

Wenn du die Folien für deine Zuhörer ausdrucken möchtest, kannst du sie aus PowerPoint ausdrucken oder mit Word. Aus PowerPoint kannst du entweder die Folien drucken oder Handzettel.

◆ Folien sind immer genau eine DIN-A4-Seite groß, jede Folie ein Blatt Papier.

◆ Handzettel können eine oder mehrere Folien pro A4-Seite haben.

Gehe auf DATEI|DRUCKEN und klicke auf die Schaltfläche GANZSEITIGE FOLIEN. Dort hast du gerade auch die Notizenseiten eingestellt. Du findest in der Auswahlliste noch Handzettel – mit einer Folie, mit zwei, drei oder mehr Folien pro Seite. Maximal neun Folien lassen sich auf eine A4-Seite drucken. Aber neun Folien pro Seite sind schon sehr winzig, dann musst du auch gleich Lupen verteilen. Damit du dir das besser vorstellen kannst, zeigt PowerPoint sofort eine Vorschau an, wenn du eine Auswahl triffst.

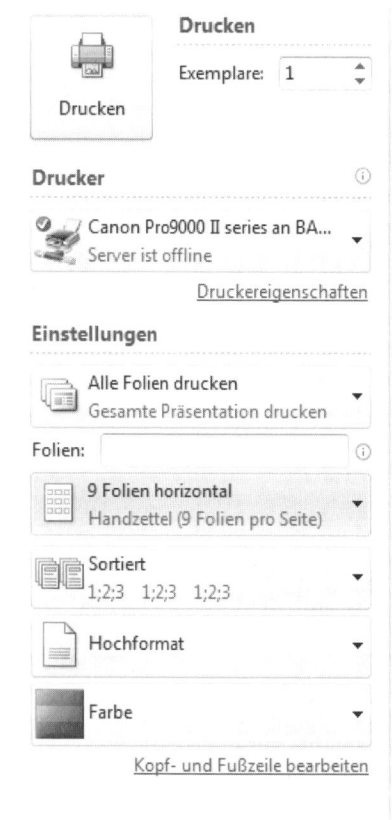
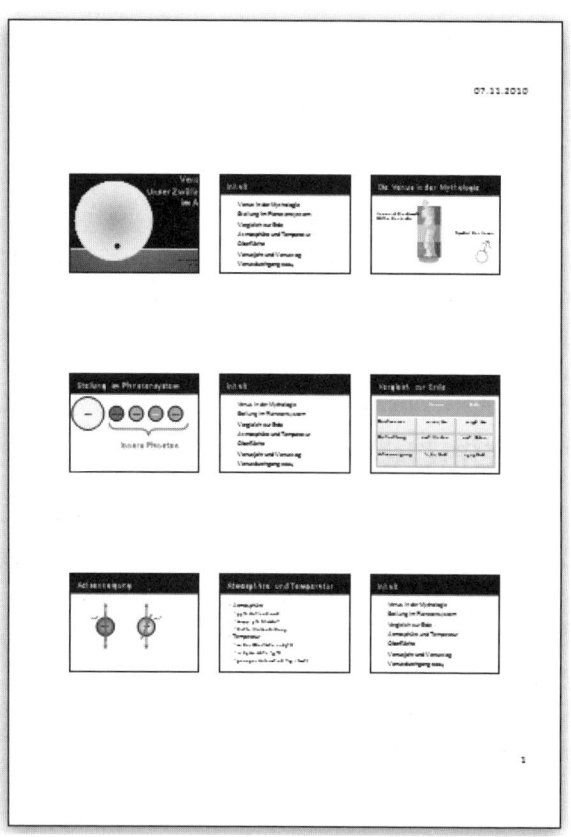

Abb. 7.4: Neun Folien kannst du maximal auf eine Seite drucken.

Präsentieren mit dem Beamer

Die andere Möglichkeit ist wieder der Ausdruck mit Word, wie du ihn gerade schon für die Notizenseiten gesehen hast. Praktisch ist es, wenn du für die Zuhörer die Folien mit Leerzeilen neben oder unter den Folien ausdruckst. Dann kann jeder seine eigenen Notizen zu den Folien schreiben.

Es ist nicht sinnvoll, wenn du für die Zuhörer deine eigenen Notizen ausdruckst. Du hast ja nur Stichworte erfasst und damit kann niemand etwas anfangen.

Sehr aufwändig, aber auch sehr hilfreich ist es, wenn du für die Zuhörer eigene Notizen verfasst. Denke dir zu jeder Folie eine Zusammenfassung aus und schreibe das in Word unter oder neben die Folien.

1. Sende die Folien an Word und wähle NOTIZEN UNTERHALB DER FOLIEN.
2. Lösche in Word alle Notizen. Das sind ja nur deine Vortragsnotizen, die sich für deine Zuhörer nicht eignen.
3. Schreibe unter jede Folie in Word eine neue Zusammenfassung, die nur für die Zuhörer gedacht ist.
4. Speichere das Word-Dokument, drucke es so oft aus, wie du Zuhörer erwartest.

Ein Blick zurück

Ausdrucken kannst du deine Präsentation als Folien, als Handzettel und als Notizenseiten. Dazu verwendest du den Druck-Befehl aus PowerPoint oder du sendest die Präsentation an Word. Der Befehl dazu lautet DATEI|SPEICHERN UND SENDEN|HANDZETTEL ERSTELLEN.

Präsentieren mit dem Beamer

Ein Beamer oder Videoprojektor zeigt den Bildschirm des Computers vergrößert auf einer Leinwand. Der Beamer muss an den PC oder Laptop angeschlossen werden und zeigt dann dasselbe Bild, das du auf dem Computermonitor auch siehst.

Du startest deine Bildschirmpräsentation und blätterst ganz normal mit ↵ oder ⇆ durch die Präsentation. Der Beamer wird immer dieselben Folien zeigen wie dein Computer-Monitor.

Kapitel 7 — Referate präsentieren

Sei früh genug im Vortragszimmer, damit du alles vorbereiten kannst. Stelle den Beamer und den Laptop auf, schließe alles an, kontrolliere das Bild von der letzten Sitzreihe aus.

Mache dich vor deinem Vortrag mit dem Anschluss von Beamer und Laptop vertraut. Du bist vor deinem Vortrag nervös und aufgeregt – dann solltest du die Technik beherrschen!

Technik: der Beamer

Der Beamer hat ein Stromkabel und ein Verbindungskabel zum Computer, viele Beamer haben eine Fernbedienung und natürlich gibt es eine Bedienungsanleitung! Die solltest du lesen, damit du weißt, wie der Beamer bedient wird. Ich kann dir hier nur ganz allgemeine Hinweise geben, weil jeder Beamer anders funktioniert.

Wenn du einen Beamer im Sekretariat oder bei der EDV ausleihst, kontrolliere sofort, ob alle Kabel dabei sind! Es ist eine Katastrophe, wenn du erst fünf Minuten vor Beginn des Referats feststellst, dass das Verbindungskabel zum Computer fehlt. Kontrolliere auch, ob das Verbindungskabel zum Anschluss deines Laptops oder Computers passt.

Ein Laptop hat an der Rückseite oder seitlich mehrere Anschlussmöglichkeiten: für die Maus, für eine andere Tastatur, für einen Drucker, einen zweiten Monitor oder andere Geräte. Der Monitoranschluss ist entweder blau oder weiß, an ihn musst du den Beamer anschließen.

Abb. 7.5: Dieser Beamer hat nur einen Monitor-Anschluss, es ist der zweite von rechts.

Stecke das Beamerkabel in den Monitoranschluss des Laptops. Suche am Beamer einen Anschluss mit *RGB*, *PC Out* oder *Monitor Out*. Es kann am Beamer mehrere Ausgänge geben, die nummeriert sind – am besten nimmst du die Nummer 1, weil der in der Regel schon voreingestellt ist.

Präsentieren mit dem Beamer

Abb. 7.6: Links ist der Beamer, rechts der Laptop.

Laptop und Beamer müssen an das Stromnetz angeschlossen werden. Ziehe die Schutzkappe von der Linse des Beamers, schalte ihn ein und anschließend schaltest du den Laptop ein und fährst ihn hoch. Der Laptop erkennt den Beamer und verwendet ihn als zweiten Monitor.

Möglicherweise musst du auf dem Laptop noch einstellen, dass du das Bild sowohl auf dem Beamer als auch auf dem Laptop sehen willst. Dafür brauchst du zwei Tasten: eine mit der Aufschrift »Fn«, das ist die Abkürzung für *Funktionen*, und eine mit einem Monitorsymbol. [Fn] ist meistens unten links in der Ecke oder rechts von der Taste [Strg], das Monitorsymbol kann auf der Taste [F4] oder [F8] liegen. Du musst nach einer Taste suchen, auf der ein kleines blaues Monitorsymbol zu sehen ist. Bei meinem Laptop ist es [F4].

Abb. 7.7: Laptop-Tastatur mit den Tasten [Fn] und [F4]

Kapitel **7** Referate präsentieren

Die Kombination aus beiden Tasten schaltet zwischen den verschiedenen Anzeigen hin und her. Drücke `Fn` und die Taste mit dem Monitor und warte jeweils fünf Sekunden. Es gibt folgende Einstellungen:

◇ Nur der Beamer zeigt ein Bild, der Laptop bleibt dunkel.

◇ Nur der Laptop zeigt ein Bild, der Beamer bleibt dunkel.

◇ Laptop und Beamer bleiben beide dunkel.

◇ Laptop und Beamer zeigen beide ein Bild.

Drücke die Tasten, warte ein wenig und kontrolliere, wo du jetzt etwas siehst. Du musst zum Schluss auf dem Beamer und auf dem Laptop ein Bild sehen.

 Nach jedem Drücken der Tasten musst du unbedingt ein paar Sekunden warten. Das Umschalten des Bildes dauert eine Weile!

Damit das Bild scharf wird, kannst du an der Linse des Beamers den Ring so lange drehen, bis du auf der Leinwand alles scharf sehen kannst. Der zweite, hintere Ring an der Linse vergrößert und verkleinert das Bild. Kontrolliere von einem Platz hinten im Vortragsraum, ob das Bild scharf ist und ob es groß genug gezeigt wird.

Abb. 7.8:
Mit dem Ring an der Linse des Beamers stellst du das Bild schärfer ein.

Präsentieren mit dem Beamer

Achte darauf, dass der Beamer gerade steht, sonst ist das Bild verzerrt. Je weiter entfernt von der Leinwand du den Beamer aufstellst, desto größer wird das Bild.

Ein Beamer ist ein sehr empfindliches Gerät und muss mit viel Vorsicht behandelt werden. Du darfst nie die Lüftungsschlitze des Beamers abdecken. Das Gerät wird sehr heiß und schaltet sich aus, wenn es überhitzt ist. Es dauert bis zu einer Stunde, bis sich der Beamer wieder einschalten lässt.

Fasse nie vorne auf die Linse. Schaue nie direkt in das Licht des Beamers, du bist für einige Sekunden völlig blind, weil das Licht so grell ist. Ziehe niemals das Stromkabel einfach heraus, während der Beamer noch läuft! Beachte, was ich zum Ausschalten des Beamers schreibe.

Nachdem du kontrolliert hast, dass Beamer und Laptop dasselbe Bild zeigen und dass das Bild auf der Leinwand scharf ist, kannst du den Beamer auf Stand-by schalten, bis du mit deinem Vortrag beginnst. Schalte ihn keinesfalls sofort wieder aus! Wenn der Beamer keinen Stand-by-Schalter hat, drücke die Tastenkombination `Fn` und die Taste mit dem Monitorsymbol, bis das Beamer-Bild dunkel ist. Jetzt kannst du in Ruhe deine Präsentation öffnen.

Noch mehr Technik: Beamer ausschalten

Vorsichtig musst du beim Ausschalten des Beamers sein. Seine Lampe wird bis zu 900 °C heiß! Darum haben die Beamer einen Lüfter, den du deutlich hören kannst. Wenn dein Vortrag beendet ist, schaltest du den Beamer nur in den Stand-by-Modus. Der Lüfter muss danach noch weiterlaufen. Vom Stromnetz darfst du den Beamer erst trennen, wenn der Lüfter nicht mehr zu hören ist – dann ist die Lampe gut genug abgekühlt.

Merke dir: Erst wenn der Lüfter nicht mehr zu hören ist, darfst du das Stromkabel abziehen oder den Netzschalter drücken. Keinesfalls vorher!

Verpacke den Beamer erst dann in seine Transporttasche, wenn er etwas abgekühlt ist. Am besten machst du es so wie ich:

Kapitel 7 — Referate präsentieren

1. Schalte den Beamer auf Stand-by.

2. Räume auf, packe deine Sachen zusammen. Irgendwann ist der Lüfter ausgegangen und du ziehst das Stromkabel ab.

3. Verpacke zuerst alles in die Tasche: die Fernbedienung, die Kabel. Fahre dann deinen Laptop herunter, packe ihn ein – also mache alles, was zu tun ist.

4. Und als Allerletztes packst du den Beamer ein.

In der Präsentation: Vorwärts- und rückwärtsblättern

Aber vor dem Ausschalten des Beamers hältst du natürlich erst einmal deine Präsentation. Du kennst schon die Wege, wie man sie startet:

1. Von der ersten Folie beginnen immer der Befehl BILDSCHIRMPRÄSENTATION|VON BEGINN AN und die Taste [F5].

2. Der Klick unten rechts auf das Symbol BILDSCHIRMPRÄSENTATION, der Befehl BILDSCHIRMPRÄSENTATION|BILDSCHIRMPRÄSENTATION AB AKTUELLER FOLIE und die Tasten [⇧]+[F5] starten immer mit der aktuell sichtbaren Folie.

Beendet wird die Präsentation, indem du bis zur letzten Folie blätterst oder an jeder Stelle mit [Esc].

In der Ansicht BILDSCHIRMPRÄSENTATION kannst du einen Schritt weiter- oder zurückblättern, das haben wir schon oft gemacht. Diese Tasten kennst du schon:

- ◆ Vorwärts mit [↵], [↹], [Bild ↓], [Pfeil →] oder [Pfeil ↓]
- ◆ Rückwärts mit [←], [Bild ↑], [Pfeil ←] oder [Pfeil ↑]

Diese Tasten gehen entweder eine Folie oder einen Animationsschritt weiter bzw. zurück. Es geht auch mit der Maus, das ist besonders praktisch, wenn du eine Funkmaus besitzt. Mit der Funkmaus in der Hand kannst du ein paar Schritte vom Computer weggehen.

- ◆ Die linke Maustaste blättert immer vorwärts.

- ◆ Damit die rechte Maustaste zurückblättert, musst du zuerst ein Häkchen herausnehmen: DATEI|OPTIONEN|ERWEITERT, blättere nach unten bis zur Kategorie BILDSCHIRMPRÄSENTATION und nehme das Häkchen heraus bei MENÜ BEIM KLICKEN MIT DER RECHTEN MAUSTASTE ANZEIGEN.

Und es gibt noch ein paar Möglichkeiten, zu springen und zu blättern:

Präsentieren mit dem Beamer

- ◆ auf die erste Folie mit [Pos1]
- ◆ auf die letzte Folie mit [Ende]
- ◆ zu einer bestimmten Folie mit der Foliennummer und [↵], beispielsweise springt [6]+[↵] auf die sechste Folie.

Wenn du den Bildschirm einmal dunkel schalten möchtest, weil sich Fragen ergeben oder weil die Diskussion länger dauert, drückst du den Buchstaben [B] wie *Black*, also *Schwarz*. Mit dem gleichen Tastendruck wird das Bild wieder angezeigt. Oder du drückst [Fn] und die Taste mit dem Monitorsymbol, bis der Beamer dunkel ist.

> Alle diese Tastenkürzel funktionieren nur in der Ansicht BILDSCHIRM-PRÄSENTATION, nicht in der Normalansicht von PowerPoint. Nur [Fn] und die Monitor-Taste funktionieren in jeder Ansicht.

PowerPoint-Versionen: Stimmen sie überein?

Mit welchem Computer erstellst du deine Präsentation und mit welchem wirst du sie vorführen? Wenn das derselbe Computer ist, brauchst du dir um nichts Gedanken zu machen, und kannst diesen Abschnitt überspringen.

Was aber passiert, wenn du daheim auf deinem Computer die Präsentation erstellst und mit dem Computer in der Schule vorführst? Dann musst du vorher erkunden, welche PowerPoint-Version auf den Computern jeweils installiert ist. Da du ein Buch über PowerPoint 2010 liest, hast du zu Hause PowerPoint 2010 oder vielleicht 2007 installiert. Wenn der Computer in der Schule auch PowerPoint 2010 oder 2007 hat, ist wieder alles einfach und du musst auf nichts achten.

> So findest du heraus, welche Version installiert ist: Starte PowerPoint und klicke auf DATEI|HILFE. Bei PowerPoint 2007 findest du die Version mit dem OFFICE-Menü in den POWERPOINT-OPTIONEN|RESSOURCEN|INFO. In älteren PowerPoint-Versionen klickst du in der Menüleiste auf das Fragezeichen und dort auf den Befehl INFO.

Wenn der Computer, auf dem du präsentieren wirst, PowerPoint 2003 installiert hat, musst du aber einiges vorbereiten.

Kapitel 7

Referate präsentieren

1. Frage nach, ob auf dem Computer das Konverter-Pack für Office 2010 installiert ist. Damit kann auch ein älteres PowerPoint die neuen Dateien öffnen und zeigen. In diesem Fall musst du keine weiteren Vorbereitungen treffen.

2. Ist das nicht der Fall und kann der Konverter auch nicht installiert werden, musst du deine Präsentation im alten Format speichern. Klicke dazu auf DATEI|SPEICHERN UND SENDEN und wähle DATEITYP ÄNDERN. Klicke dann rechts auf POWERPOINT 97-2003-PRÄSENTATION. Am Ende der Liste findest du die Schaltfläche SPEICHERN UNTER, klicke sie an.

Mit dem Speichern im alten Format bekommt deine Datei die Dateiendung PPT und nicht PPTX wie bisher immer. Es werden auch einige Befehle blockiert, weil die im alten PowerPoint noch nicht bekannt waren. Es kann auch sein, dass du Hinweise bekommst, dass einige Features nicht unterstützt werden. Das wird dann nur auf deinem Computer gezeigt, nicht aber auf dem PC, auf dem du vorführst.

Oh je – die Farben stimmen nicht!

Erschrick nicht, wenn die Farben auf der Leinwand ganz anders aussehen, als du sie auf dem Bildschirm siehst. Nein, keine Sorge! Es wird nicht Blau als Rot angezeigt, aber eine gelbe Sonne kann schon mal einen leichten Grünstich bekommen oder ein schönes Rosa wird auf dem Beamer gar nicht mehr gezeigt. Und leider zeigt jeder Beamer die Farben etwas anders.

Sicher sind kräftige, dunkle Farben wie Blau, Grün, Rot und natürlich Schwarz und Weiß. Das stellen alle Beamer genauso dar. Kritische Farben sind Gelb und Orange sowie alle Pastellfarben wie Rosa oder Hellblau. Vermeide diese Farben oder probiere vor deinem Vortrag aus, was der Beamer daraus macht. Dann kannst du die Farben so lange ändern, bis es auf dem Beamer gut aussieht.

Ein Blick zurück

Der Beamer wird über den Monitoranschluss mit dem Laptop verbunden. Du siehst auf dem Beamer genau das Gleiche wie auf dem Laptop-Moni-

Du bist der Vortragende

tor. Manchmal musst du erst mit einer Tastenkombination umschalten, um die Bilder identisch zu bekommen.

> Schalte einen Beamer niemals aus, wenn er noch heiß ist! Lass ihn immer abkühlen und warte, bis der Lüfter nicht mehr zu hören ist.

Zum Blättern in der Präsentation verwendest du

- ⮐, ⇆, Bild ↓, Pfeil ↓ oder Pfeil → für Weiter
- ←, Bild ↑, Pfeil ↑ oder Pfeil ← für Zurück
- die Foliennummer und ⮐, um direkt zu einer bestimmten Folie zu springen

Du bist der Vortragende

Die Hauptsache bei jedem Vortrag ist die Person, die vorne steht: du selber! Sicher bist du nervös und aufgeregt, das ist ganz normal und passiert auch den Profis noch. Wichtig ist, dass du dich gut vorbereitest, damit du auch mit dem Lampenfieber fertig wirst.

Vor dem Vortrag

Du hast alles vorbereitet und eingesteckt: das ausgedruckte Manuskript als Sicherheit, deine Stichworte als Notizen oder als Karteikärtchen, die Ausdrucke für das Publikum, deine Präsentation auf einer CD oder einem USB-Stick oder auf deinem Laptop. Gehe alles noch einmal durch, hast du nichts vergessen?

Im Klassenzimmer baust du alles auf, was du brauchst. Schließe den Laptop an den Beamer an. Lege deine Notizen bereit, stelle eine Uhr gut sichtbar auf. Brauchst du einen Stift, um auf die Tafel oder das Flipchart zu schreiben? Dann lege ihn jetzt zurecht. Kontrolliere, dass das Beamerbild scharf und groß genug ist.

Schalte den Beamer wieder auf Stand-by und suche auf dem Laptop in Ruhe deine Präsentation. Öffne sie und schalte die Ansicht BILDSCHIRM-PRÄSENTATION ein. Sobald dein Vortrag beginnt, schaltest du die Ansicht so ein, dass du am Beamer und am Laptop dasselbe Bild siehst.

Kapitel 7 — Referate präsentieren

Das Referat: der wichtige Anfang

Vor einem unbekannten Publikum muss der Vortragende sich vorstellen. Ich begrüße meine Zuschauer zum Vortrag oder zum Seminar und sage meinen Namen. Dann erzähle ich in zwei Sätzen, wie lange ich schon Computer-Trainerin bin, dass ich Computer-Bücher schreibe und mit welchen Programmen ich Erfahrungen habe.

So eine ausführliche Vorstellung ist vor deinen Klassenkameraden nicht nötig, wenn du aber auf einem Schulfest sprichst und dich viele nicht kennen, musst du dich auch vorstellen. Wie heißt du, wie alt bist du, in welche Klasse gehst du. Dann zeigst du die Titelfolie und stellst dein Thema vor, sagst den Titel des Referats und erzählst in ein oder zwei Sätzen, worum es geht. Wenn die Zeitdauer nicht von vorneherein fest vorgegeben ist, sage auch den Zeitrahmen. Wirst du eine halbe oder eine ganze Stunde sprechen?

> Dürfen deine Zuhörer zwischendrin Fragen stellen oder ist es dir lieber, wenn alle Fragen erst am Ende gestellt werden? Das musst du gleich am Anfang sagen. Sonst wirst du mitten im Vortrag unterbrochen und kommst aus dem Konzept. Oder du bist verwundert, dass niemand etwas fragt. Sage also klar und deutlich, wenn du die Fragen erst am Schluss des Referats beantworten möchtest. Bitte darum, dass jeder seine Fragen aufschreibt und auch die Folie notiert, zu der die Frage gestellt wird. Plane dann am Ende des Vortrages Zeit ein, um die Fragen zu beantworten.

Nach dieser Vorinformation zeigst du die Folie mit dem Inhaltsverzeichnis. Frage jetzt deine Zuschauer, ob alle gut sehen können, ob das Bild scharf genug ist und ob nichts blendet. Frage auch, ob du laut genug redest und ob dich alle verstehen können. Erst danach erklärst du anhand der Inhaltsfolie den Aufbau und die Gliederung deines Referats. Gehe hier aber noch nicht in die Details, das kommt ja alles noch später!

Das Referat: So hältst du es gut

Ja – und dann geht es los. Sprich laut genug, deutlich und langsam, betone deine Wörter und Sätze, verschlucke die Endungen der Wörter nicht – und vergiss nicht, Luft zu holen! Deine Sprache und deine Stimme

Du bist der Vortragende

sind ab sofort das wichtigste Werkzeug, das Publikum muss aus deiner Stimme hören, ob etwas wichtig oder unwichtig ist.

> Schau dir die Zuhörer an, du siehst, ob sie dich verstehen oder nicht. Wenn die Zuhörer unruhig werden, kann es daran liegen, dass du zu leise, zu schnell oder zu undeutlich sprichst. Alles führt dazu, dass die Zuhörer nicht gut verstehen: weil sie dich nicht hören, weil sie nicht so schnell folgen können oder weil sie deine Aussprache nicht verstehen.

Aus diesem Buch kannst du nicht lernen, wie du ein guter Vortragender wirst. Das geht nur durch Üben. Je mehr Referate du hältst und je mehr *Feedback* du eingeholt hast, desto besser wird es. Ich habe aber ein paar ganz wichtige Tipps für dich:

- ◇ Sprich laut, aber schreie nicht. Sprich deutlich und langsam, betone die Sätze.

- ◇ Lies nicht ab, sondern sprich frei. Lies nur dann vom Blatt, wenn du etwas wörtlich zitieren möchtest. Wenn du dich beim freien Sprechen verhaspelst, fange den Satz einfach noch mal von vorne an.

- ◇ Schaue immer in das Publikum, gucke nicht nach hinten auf deine Folie. Du sollst nicht der Wand etwas erzählen, sondern den Zuhörern.

- ◇ Stehe nicht im Lichtkegel des Beamers. Ein Folientitel auf deinem Pullover sieht lustig aus, ist aber schlecht zu lesen. Außerdem blendet es dich sehr.

- ◇ Wenn du auf der Folie etwas zeigen möchtest, nimm die Maus und zeige auf der Folie an deinem Computer. Falls du lieber auf der Leinwand zeigst, dann besorge dir vorher einen Laserpointer. Aber übe vorher, damit etwas zu zeigen, ohne dass der rote Punkt hin und her tanzt wie ein Mückenschwarm.

- ◇ Versuche, ruhig zu stehen und ruhige Gesten zu machen. Du darfst mit Händen und Füßen reden, wenn das deine Art ist – aber fuchtle nicht herum, spiele nicht mit dem Kugelschreiber, wippe nicht auf den Fußballen auf und ab und zupfe nicht ständig an deinem Ohr. Kurz, vermeide alles, was auf Dauer nervt.

- ◇ Vergrabe die Hände nicht in den Hosentaschen, betrachte nicht die ganze Zeit deine Schuhspitzen und verstecke dich nicht hinter dem Computer. Stelle dich seitlich vom Computer, gucke die Zuschauer an

Kapitel 7 — Referate präsentieren

und lächle. Nimm die Hände, um etwas zu unterstreichen und zu betonen.

> Suche dir auf jeder Seite des Klassenzimmers einen Kameraden aus, der bestimmt zurücklächelt. Schau von Zeit zu Zeit den einen, dann den anderen an. Es tut gut, wenn dich jemand anlächelt.

- ◇ Schau die Zuhörer an. Mal den einen, mal den anderen und nicht immer denselben. Gucke nicht über sie hinweg, schau ihnen in die Augen. Stell dir vor, du erzählst jeweils einen Satz für einen ganz bestimmten Zuschauer. Dann gehen die Augen zum nächsten, erzähle ihm den nächsten Satz.
- ◇ Zeige deine Begeisterung. Du hältst ein Referat hoffentlich, weil dir das Thema Spaß macht. Das sollen die anderen sehen und spüren. Verkaufe das Thema wie ein guter Verkäufer, nur ein begeistertes Publikum wird dich gut bewerten.

Das Referat: Komme zum Ende

Zum Schluss fasst du dein Referat zusammen. Manche Themen kannst du in einen Merksatz fassen, für andere Themen brauchst du ein paar Sätze. Wichtig ist, dass du noch einmal dem Publikum vor Augen führst, was sie jetzt eigentlich von dir gelernt haben.

Hast du am Anfang versprochen, dass du Fragen zum Schluss beantwortest? Dann musst du jetzt das Publikum auffordern, die Fragen zu stellen. Sei nicht entsetzt, wenn du die Fragen nicht beantworten kannst. Selbst bei guter Vorbereitung kannst du nicht alles zu einem Thema wissen. Sage ehrlich, dass du das nicht weißt. Versuche nie, dir etwas zusammenzureimen, wenn du es nicht sicher weißt. Die Gefahr, dass du etwas Falsches sagst, ist viel zu groß. Schreibe die Frage auf und versprich, dass du es nachschlägst – und dann musst du es auch nachschlagen und die Antwort nachreichen!

Bei einem Vortrag vor Menschen, die dir nicht so gut bekannt sind wie deine Klassenkameraden, bedankt sich der Dozent am Ende für die Aufmerksamkeit des Publikums. Mein Schlusssatz ist zum Beispiel: »Ich hoffe, dass mein Vortrag für alle ein Gewinn war, dass Sie etwas Neues gelernt haben und dass ich niemanden langweilen musste.« Dann

Zusammenfassung

bekommt das Publikum noch Gelegenheit, mir zu sagen, ob es zufrieden war oder nicht.

> Frage deine Klassenkameraden oder deine Freunde, ob sie deinen Vortrag spannend oder langweilig gefunden haben. Lasse dir sagen, wie du wirkst. Frage nach, ob du langsam und deutlich genug sprichst, ob deine Sätze vollständig und verständlich waren, ob dein Vortrag logisch und zusammenhängend gewirkt hat. Nur so kannst du lernen!

Geschafft! Hoffentlich mit Applaus und einer guten Note. Nutze die Gelegenheit zu Referaten, übe deinen Stil. Gute Vortragende sind überall gerne gesehen.

Zusammenfassung

Drucke für dich und deine Zuschauer unterschiedliche Fassungen der Präsentation – für dich mit Notizen und für die Zuschauer als Handzettel. Verwende den Befehl DATEI|SPEICHERN UND SENDEN|HANDZETTEL ERSTELLEN, um die Präsentation an Word zu senden und dort zu bearbeiten.

Wenn du mit einem Beamer arbeitest, kontrolliere vor dem Vortrag, dass du das Bild auf dem Laptop und dem Beamer siehst. Erkundige dich nach der Tastenkombination, mit der du die Anzeige für Laptop und Beamer umschalten kannst. Merke dir die Tastenkürzel, um vorwärts- und rückwärtszublättern!

- ◊ ⏎ , ⇥ , Bild ↓ , Pfeil ↓ oder Pfeil → für Weiter
- ◊ ← , Bild ↑ , Pfeil ↑ oder Pfeil ← für Zurück
- ◊ die Foliennummer und ⏎ , um direkt zu einer bestimmten Folie zu springen

Ein paar Fragen ...

Frage 1: Welche Möglichkeiten fallen dir ein, die Präsentation auszudrucken?

Frage 2: Welche Taste springt während der Präsentation schnell zur ersten Folie? Es gibt zwei Möglichkeiten!

Kapitel 7 — Referate präsentieren

Frage 3: Was musst du tun, wenn du auf dem Laptop die Präsentation siehst, der angeschlossene Beamer aber kein Bild zeigt?

... und ein paar Aufgaben

1. Erkundige dich, welche Tastenkombinationen bei deinem Laptop, beim Laptop deiner Eltern und beim Laptop in der Schule gedrückt werden müssen, um zwischen den Ansichten Laptop und Beamer hin- und herzuschalten.

2. Starte bei einer Präsentation die Bildschirmpräsentation und drücke dann F1. Schreibe dir die Tastenkombinationen auf, die du für wichtig hältst.

3. Vergleiche die PowerPoint-Version, die du einsetzt, mit der bei deinen Freunden und in der Schule.

8

Multimedia mit einer Fotoshow

Was erwartet dich in diesem Kapitel? Dieses Kapitel gibt einen ganz kurzen Einblick in die Welt der Töne und der Musik: Hintergrundgeräusche, Musik und eine Erzählung sollen zu einer Fotoshow kombiniert werden. Diese Show werden wir verfilmen und alles zusammen wird zum Schluss auf eine DVD gebrannt.

In diesem Kapitel lernst du

◉ eine Show mit Musik und einer gesprochenen Erzählung aufzunehmen

◉ Folien als Bildershow zu speichern

◉ eine Präsentation zu verfilmen und auf DVD zu speichern

Fotoshow mit Musik und Erzählung

In Kapitel 3 hast du das Verpacken einer Bildschirmpräsentation für eine CD bereits kurz gesehen. Du hast dort gelernt, dass eine Präsentation so auf eine CD gebrannt werden kann, dass sie automatisch abläuft.

Kapitel 8 — Multimedia mit einer Fotoshow

Das waren die Voraussetzungen:

1. Du hast Windows XP, Vista oder ein neueres Betriebssystem.
2. Du hast einen CD-Brenner installiert.

Mit diesen Voraussetzungen kannst du den Befehl verwenden DATEI|SPEICHERN UND SENDEN|BILDSCHIRMPRÄSENTATION FÜR CD VERPACKEN. Bilder, die du in deine Präsentation eingebettet hast, werden damit mitgebrannt. Aber was ist mit anderen Dateien? Du kannst beispielsweise Folienübergänge mit Geräuschen verbinden oder Musik abspielen. Diese Geräusche und die Musik müssen auch auf die CD. Wir werden im Folgenden noch eine Erzählung aufnehmen – auch die soll zum Schluss auf die CD.

Eingebettet oder verknüpft?

In Kapitel 3 habe ich beschrieben, dass Bilder und Fotos eingebettet oder verknüpft werden können. Alle Bilder, die du mit dem Befehl EINFÜGEN|GRAFIK einfügst, sind eingebettet und werden immer mit der Präsentation gespeichert. Diese Bilder werden garantiert so auf die CD gebrannt, dass sie in der Präsentation immer zu sehen sind.

Anders ist es, wenn du die Bilder nicht einfügst, sondern verknüpfst. Der Befehl EINFÜGEN|GRAFIK findet sich neben der Schaltfläche EINFÜGEN. Klicke den kleinen Pfeil an, dann kannst du zwei weitere Befehle sehen:

1. MIT DATEI VERKNÜPFEN bedeutet, dass das Bild nicht in der Präsentation gespeichert ist und beim Vorführen erst von der Festplatte geholt werden muss.
2. EINFÜGEN U. VERKNÜPFEN verknüpft das Bild ebenfalls, speichert aber gleichzeitig eine Kopie in der Präsentation. Wenn während der Präsentation das Bild nicht auf der Festplatte gefunden wird, nimmt PowerPoint die Kopie.

Was sind die Vor- und Nachteile dieses Vorgehens? Verknüpfte Bilder sind nicht in der Präsentation gespeichert, die Präsentation bleibt also viel kleiner. Der Nachteil ist aber gravierend, wenn die Bilder nicht in der Präsentation gespeichert sind. Gibst du die Präsentation weiter oder zeigst du sie auf einem anderen Computer, sind die Bilder nicht dabei. Statt der Bilder werden leere Kästchen angezeigt.

Verwende den Befehl MIT DATEI VERKNÜPFEN nur, wenn die Präsentation nicht auf einem anderen Computer gezeigt werden soll. Sicherheitshalber solltest du EINFÜGEN U. VERKNÜPFEN verwenden.

Fotoshow mit Musik und Erzählung

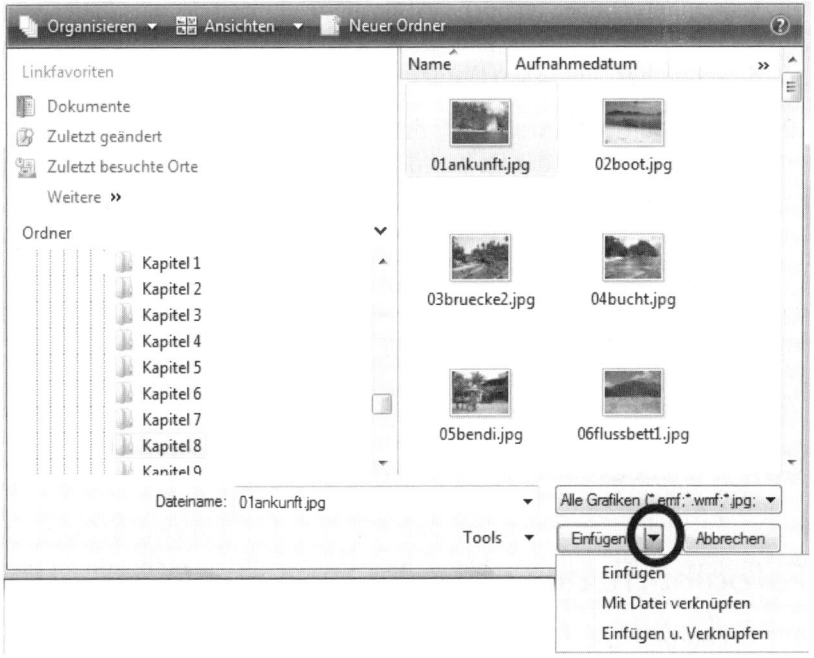

Abb. 8.1: Beim Verknüpfen wird das Bild nicht in die Präsentation eingebettet.

Die gleiche Frage stellt sich dir auch später, wenn du eine Musikdatei einfügst – einfügen oder verknüpfen? Ich wähle für meine Präsentationen immer EINFÜGEN, dann bin ich auf der sicheren Seite.

PowerPoint 2010 komprimiert die eingefügten Bilder automatisch, du musst also keine Angst haben, dass die Präsentation riesig groß wird!

Vorbereitung: alle Dateien sammeln

In diesem Kapitel soll eine Präsentation entstehen, die viele Bilder enthält, Geräusche und Musik. Wenn du ein wenig Zeit in die Vorbereitung steckst, hast du es nachher einfacher.

> Audio, Video, Multimedia – weißt du, was diese Fremdworte bedeuten? Alle drei Wörter kommen aus dem Lateinischen. Audio kommt von *audire* und heißt *hören*. Audiodateien sind also Dateien mit Ton wie Musik, Geräusch oder Sprache. Video stammt von *video*, was *ich sehe* bedeutet. Videos sind Filmdateien. Multimedia bedeutet *viele Medien*, ein Medium ist ein Mittel zur Darstellung – Bilder sind genauso Medien wie Filme oder Hörspiele oder Bücher.

Kapitel 8 — Multimedia mit einer Fotoshow

1. Lege einen Ordner auf der Festplatte an, in den du alle Bilder und Audiodateien speichern kannst. Verschiebe alle Bilder und Audios, die du schon hast, in diesen Ordner.

2. Benenne die Bilddateien so, dass du sie gut wiedererkennst, oder nummeriere sie in der Reihenfolge, in der du sie in der Präsentation haben möchtest. Damit die Sortierung nachher klappt, müssen die Nummern mit einer 0 anfangen – zum Beispiel *01ankunft.jpg*, *02ausladen.jpg* und so weiter.

3. Wenn du Audiodateien einsetzen möchtest, benenne sie so, dass du weißt, welches Geräusch oder welche Musik das ist.

4. Du kannst die Präsentation auch in diesen Ordner speichern, das muss aber nicht sein.

5. Lege einen CD-Rohling bereit.

Fotoalbum: der schnelle Weg zur Diashow

Alles ist vorbereitet, dann ist das Fotoalbum schnell erstellt. Erstelle eine neue Präsentation und klicke gleich auf den Befehl EINFÜGEN|FOTOALBUM.

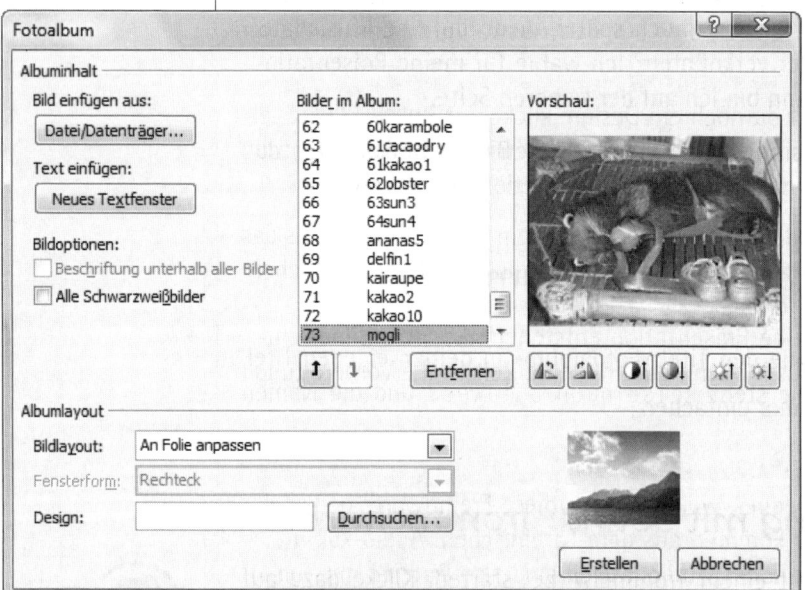

Abb. 8.2: Alle Einstellungen für das Fotoalbum kannst du in diesem Dialogfenster machen.

Du machst alle Einstellungen in diesem Dialogfenster. Gehen wir es Stück für Stück durch:

➢ Suche mit Klick auf DATEI/DATENTRÄGER nach dem Ordner, in dem deine Bilder gespeichert sind. Wenn der Ordner geöffnet ist, markiere alle

Fotoshow mit Musik und Erzählung

Bilder, die du in das Fotoalbum übernehmen willst, und klicke auf EINFÜGEN.

≫ Klicke in der Liste BILDER IM ALBUM ein Bild nach dem anderen an und entscheide, ob es übernommen werden soll. Wenn nicht, klicke auf ENTFERNEN. Falls ein Bild falsch herum steht, klicke unter dem Bild auf das erste oder zweite Symbol von links; die beiden Symbole kippen das Bild um. Heller oder dunkler machst du die Bilder am besten in der Präsentation, da siehst du besser, was du einstellst.

≫ Ändere die Reihenfolge, wenn das nötig ist, mit Klick auf einen der beiden Pfeile unter der Liste. Das verschiebt das markierte Bild entweder nach oben oder nach unten.

≫ Gehe jetzt zur Rubrik ALBUMLAYOUT und klappe die Liste neben BILDLAYOUT auf. Wähle aus, wie viele Bilder pro Folie gezeigt werden sollen.

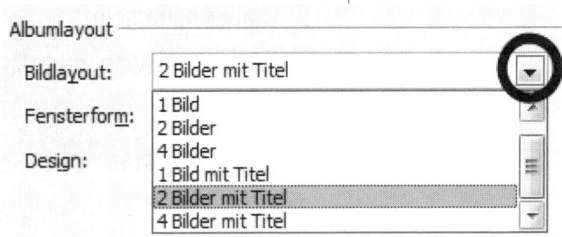

Abb. 8.3:
Wähle bei BILDLAYOUT aus, wie viele Fotos pro Folie gezeigt werden.

≫ Nachdem die Anzahl gewählt ist, kannst du eine Form für die Bilder wählen. Klicke bei FENSTERFORM auf den Auswahlpfeil und suche dir eine Form aus.

≫ Zum Schluss wählst du noch ein Design, klicke auf DURCHSUCHEN. Leider werden die Designs hier nur auf Englisch gezeigt. Aber wenn du dich vertan hast, kannst du später das Design jederzeit ändern.

Wenn du sehr viele Bilder hast, dauert es jetzt ein paar Sekunden, bis das Fotoalbum gezeigt wird. Sobald alle Folien angezeigt werden, speichere das Fotoalbum das erste Mal.

Ändere auf der Titelfolie den Titel »Fotoalbum« in deinen eigenen Titel, auf meiner ersten Folie steht Reise nach Sulawesi und die Namen aller Reisenden.

Folienübergang mit Sound: Trommelwirbel

Die erste Folie soll mit einem Trommelwirbel starten. Klicke dazu auf ÜBERGÄNGE und wähle dir einen schönen Folienübergang aus. Den Trommelwirbel findest du neben SOUND.

Diese Auswahl musst du nirgendwo bestätigen oder abschließen. Sie gilt sofort für diese Folie. Klicke bitte nicht auf FÜR ALLE ÜBERNEHMEN! Sonst hast du den Trommelwirbel für jede Folie, das wäre ein bisschen viel des Guten.

Kapitel 8

Multimedia mit einer Fotoshow

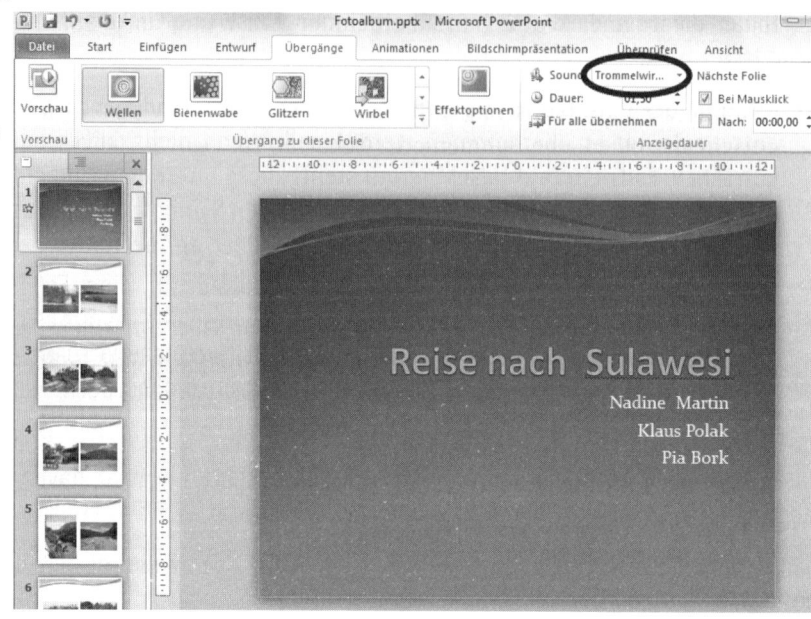

Abb. 8.4: Wähle einen Folienübergang und einen passenden Sound.

Möchtest du lieber einen eigenen Sound für den Folienübergang verwenden? Das geht auch. Klappe neben SOUND die Liste auf. Ganz unten gibt es den Befehl ANDERER SOUND. Jetzt kannst du nach dem Ordner suchen, in dem du die Sounddatei gespeichert hast.

> Sound für Folienübergänge darf nur vom Format WAV sein. Andere Formate wie zum Beispiel MP3 sind hier leider nicht erlaubt.

Fotoalbum nachbearbeiten

Das Fotoalbum solltest du Folie für Folie anschauen und nachbearbeiten. Sonst sieht es zu gleichförmig und langweilig aus. Alle Folien sind ja auf die gleiche Art aufgebaut.

> Möchtest du das Fotoalbum grundsätzlich anders aufbauen? Beispielsweise hast du beim Erstellen gewählt, dass zwei Fotos auf alle Folien kommen. Jetzt möchtest du doch lieber nur ein Foto pro Folie haben. Dann wähle EINFÜGEN|FOTOALBUM und klicke auf die untere Hälfte. Klicke auf FOTOALBUM BEARBEITEN. Jetzt kannst du alle Einstellungen verändern.

Fotoshow mit Musik und Erzählung

Ein paar Vorschläge, wie du das Fotoalbum ein wenig interessanter gestalten kannst:

◆ Formatiere einige Fotos mit BILDTOOLS|FOTOS|BILDFORMATVORLAGEN und weise unterschiedliche Rahmen oder Schatten zu.

◆ Besonders schöne Bilder müssen alleine auf der Folie stehen. Lösche das zweite Bild von der Folie.

◆ Verwende die besten Bilder als Folienhintergrund für eine Folie. Erstelle in der Präsentation eine neue Folie und weise das Layout LEER zu. Gehe dann auf ENTWURF|HINTERGRUNDFORMATE|HINTERGRUND FORMATIEREN und klicke auf FÜLLUNG|BILD- UND TEXTURFÜLLUNG|EINFÜGEN AUS DATEI.

Lasse nicht alle Fotos gerade stehen, drehe und kippe ein paar davon. Aber mache es nicht für alle Fotos!

Schreibe Texte auf die Folien, wenn es sinnvoll ist oder wenn du einen besonders lustigen Spruch zu einem Bild findest.

Mache dir Gedanken über Animationen – die Fotos können animiert werden, die Folien können Folienübergänge bekommen.

Untermalung mit Musik: MP3 und andere Formate

Nach dem Trommelwirbel sollen die Zuschauer Musik hören, die zu den Bildern passt. Musikdateien können viele verschiedene Formate haben. Du kennst sicherlich MP3-Dateien, die hast du auf dem MP3-Player; dann gibt es noch Wave-Dateien mit der Endung WAV, die haben wir gerade beim Folienübergang schon gesehen; in den ClipArts findest du auch noch WMA-Dateien. Es gibt noch viele andere, die aber keine so große Rolle spielen.

Zuerst brauchst du die Musik. Vielleicht hattest du fertige Musikstücke und hast sie in deinem Ordner schon gespeichert. Wer keine Musik hat, kann sich bei den ClipArts bedienen.

Die ClipArts kennst du schon, wir haben in Kapitel 6 die Flagge von Indonesien dort gesucht. Genauso suchst du jetzt auch nach einer Musik.

1. Wähle das Register EINFÜGEN und klicke ganz rechts auf den unteren Teil des Symbols AUDIO.

2. Klicke auf CLIPART-AUDIO.

Kapitel 8 — Multimedia mit einer Fotoshow

3. Der Aufgabenbereich CLIPART öffnet sich am rechten Rand. Lasse das Feld SUCHEN NACH am besten leer, damit alle Musikstücke angezeigt werden.

> Wenn du keine Internet-Verbindung hast oder wenn du nicht erlaubst, dass Office.com-Inhalte aus dem Internet mit durchsucht werden, wirst du nur ganz wenige Audio-ClipArts finden.

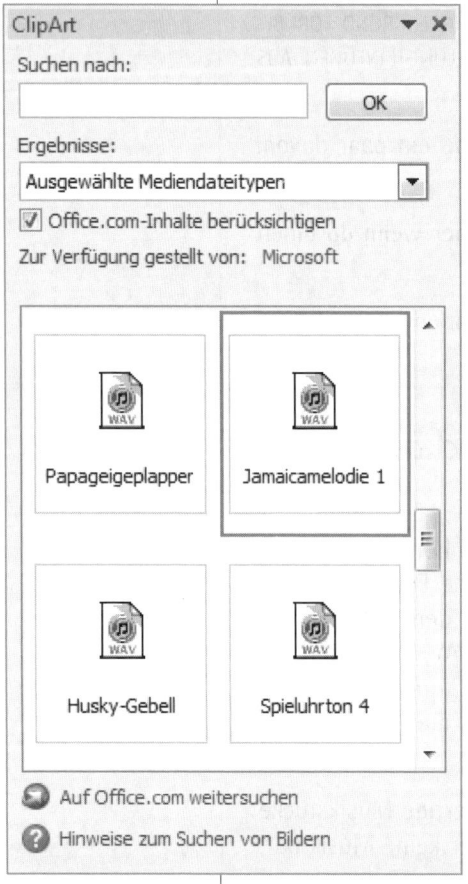

Zu meiner Folie über die Ankunft auf der Insel passt die *Jamaicamelodie*. Siehst du sie in deiner ClipArt-Liste? Dann klicke das Symbol einmal an.

Die ClipArt wird mitten auf die Folie gesetzt, was nicht sehr schön aussieht. Außerdem startet die Musik nicht automatisch. Das musst du ändern.

Zuerst einmal sorge dafür, dass das graue Lautsprechersymbol während der Präsentation nicht über den Fotos angezeigt wird.

1. Markiere das Lautsprechersymbol, das auf der Folie eingefügt wurde.
2. Klicke im Kontextregister AUDIOTOOLS auf das Register WIEDERGABE.
3. Klicke an: BEI PRÄSENTATION AUSBLENDEN.

Abb. 8.5: Die Audio-ClipArts werden mit einem Mausklick auf die Folie eingefügt.

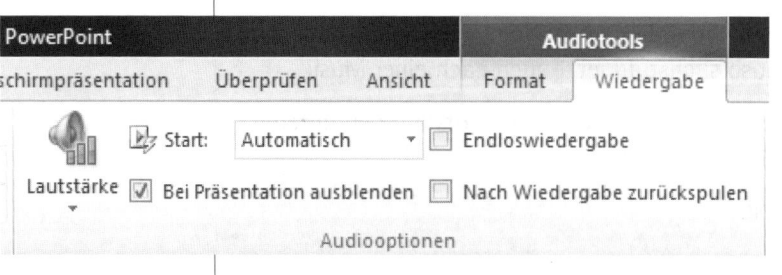

Abb. 8.6: Das Lautsprechersymbol wird während der Präsentation ausgeblendet.

Fotoshow mit Musik und Erzählung

Jetzt siehst du das Lautsprechersymbol nur während der Folienbearbeitung; wenn du in die Ansicht BILDSCHIRMPRÄSENTATION wechselst, verschwindet es.

Als Nächstes schaltest du ein, dass die Musik automatisch spielt, wenn die Folie angezeigt wird. Das findest du auch unter AUDIOTOOLS|WIEDERGABE. Klicke neben START und wähle AUTOMATISCH.

> Du kannst natürlich nicht nur Audios aus den ClipArts verwenden, das geht mit jeder anderen Musik auch. Ich zeige es dir mit den ClipArts, weil du die ganz bestimmt verwenden und weitergeben darfst. Bei anderer Musik ist das nicht so.
>
> Musik von einer CD oder Musikstücke, die du heruntergeladen hast, darfst du nicht so ohne Weiteres kopieren und weitergeben. Auch wenn es technisch möglich ist, ist es verboten. Meist ist die Musik auch so geschützt, dass du sie nur auf deinem eigenen Computer spielen kannst.

Der Sound aus den ClipArts ist so kurz, dass er nur während einer Folie spielt. Ein längeres Musikstück könnte über mehrere Folien weiterspielen. Das musst du aber einrichten, sonst hört die Musik mit dem Ende der Folie einfach auf.

Füge zuerst das Musikstück ein. Klicke auf EINFÜGEN und auf den unteren Teil des Symbols AUDIO. Wähle AUDIO AUS DATEI und suche nach der Musikdatei, füge sie ein. Sobald das Symbol auf der Folie eingefügt ist, mache diese Einstellungen auf dem Register AUDIOTOOLS|WIEDERGABE:

1. Bei START wähle aus FOLIENÜBERGREIFENDE WIEDERGABE.

2. Das Lautsprechersymbol soll während der Präsentation unsichtbar sein, also BEI PRÄSENTATION AUSBLENDEN.

Abb. 8.7:
Eine Musikdatei spielt nach Ende der Folie weiter mit der FOLIENÜBERGREIFENDEN WIEDERGABE.

Kapitel 8 Multimedia mit einer Fotoshow

Sound aufnehmen: deine Erzählung zur Präsentation

Hast du ein Mikrofon, das du am Computer anschließen kannst? Dann kannst du zu den Folien auch einen Kommentar sprechen. Am besten ziehst du dich in ein ruhiges Zimmer zurück, schließt die Türe und schreibst dir vorher auf, was du sagen möchtest. Übe es vor der Aufnahme ein paar Mal.

 Jedes Geräusch in deiner Umgebung wird aufgenommen. Schalte also dein Handy aus, stelle die Musik ab und sage allen, sie sollen nicht mit den Türen schlagen. Bereite deinen Text vor und schreibe dir auf, was du sagen möchtest, sonst kommst du später ins Stottern.

Schließe das Mikrofon an den Computer an und mache zuerst einen Test, ob es funktioniert und ob du nicht zu laut und nicht zu leise sprichst.

1. Gehe zu der Folie, zu der du den ersten Text aufnehmen möchtest.

2. Gehe auf die Registerkarte EINFÜGEN und klicke auf den unteren Teil von AUDIO.

3. Wähle AUDIOAUFNAHME, tippe für diesen Text einen Namen ein und klicke auf das Symbol mit dem roten Punkt für den Beginn der Aufnahme. Jetzt kannst du deinen Text sprechen.

4. Wenn du fertig bist, klickst du auf das mittlere Symbol mit dem blauen Quadrat, um die Aufnahme zu beenden. Anschließend bestätigst du mit Klick auf OK, dass die Aufnahme abgeschlossen ist.

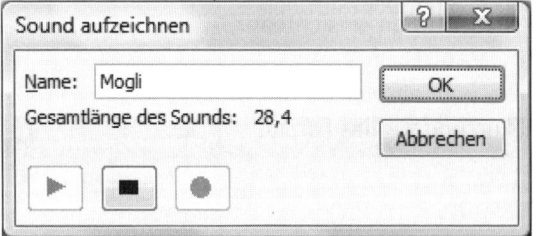

Abb. 8.8:
Klicke auf das mittlere Symbol, um die Aufnahme zu stoppen.

Klicke einmal in die Folie, damit das Lautsprechersymbol angezeigt wird. Höre dir an, ob die Aufnahme gelungen ist. Klicke das Lautsprechersymbol an und dann auf den Pfeil ganz links. Wenn du zufrieden bist, kannst du für die anderen Folien auch jeweils einen Kommentar sprechen. Wenn sich der Ton zu leise anhört oder es zu viele Hintergrundgeräusche gibt,

Fotoshow mit Musik und Erzählung

musst du vielleicht näher an das Mikrofon herangehen oder du musst für mehr Ruhe im Zimmer sorgen.

Genauso wie bei Geräusch und Musik solltest du auch für die Erzählung wieder einstellen, dass das Lautsprechersymbol während der Präsentation nicht angezeigt wird und dass die Erzählung automatisch startet. Du findest beide Befehle auf dem Register AUDIOTOOLS|WIEDERGABE.

Ein Blick zurück

Viele Bilder fügst du am schnellsten ein, wenn du EINFÜGEN|FOTOALBUM verwendest. Audiodateien kannst du anschließend einfügen:

◇ Sound für einen Folienübergang muss immer im Format WAV sein.

◇ Musikdateien können in vielen Formaten wie *MP3* eingefügt werden. Erzählungen nimmst du mit EINFÜGEN|AUDIO|AUDIOAUFNAHME auf.

◇ Auf dem Register AUDIOTOOLS|WIEDERGABE stellst du ein, dass das Lautsprecher-Symbol bei der Präsentation ausgeblendet wird und dass der Sound automatisch startet.

Filme: das schwierige Thema

Es gibt sehr viele verschiedene Filmformate, die nicht alle von PowerPoint verwendet werden können. Viele Filmformate können auch nur auf einem Computer abgespielt werden, auf dem ein bestimmtes Programm installiert ist, das mit der Filmkamera mitgeliefert wird.

Aus diesem Grund kann ich dir leider keine Ratschläge geben, die immer funktionieren. Es kann sein, dass genau der Film, den du gerne in der Präsentation zeigen möchtest, nicht in PowerPoint läuft oder nicht auf deinem PC abgespielt werden kann.

PowerPoint kann folgende Filmformate erkennen und abspielen: *AVI*, *MPEG*, *WMV* und meistens auch *QT*. *QT* ist die Abkürzung für das Format *Apple QuickTime*.

Leider kannst du aus der Dateiendung nicht immer darauf schließen, welcher Film tatsächlich vorhanden ist. Ein Film mit der Endung AVI kann eigentlich ein QuickTime-Film oder etwas anderes sein. Du kannst das nicht direkt sehen. Darum musst du alle Filme zuerst ausprobieren, ob sie auch wirklich in der Präsentation spielen.

Kapitel 8 — Multimedia mit einer Fotoshow

Um einen Film einzufügen, klickst du auf EINFÜGEN|VIDEO. Suche nach der Filmdatei, markiere sie und klicke auf EINFÜGEN. Der Film wird als Bild auf der Folie eingefügt. Kontrolliere zuerst direkt auf der Folie, ob er gespielt wird. Klicke dazu auf den Pfeil nach links unten im Filmbild. Starte dann die Bildschirmpräsentation und warte, bis die Symbole unter dem Film gezeigt werden. Starte ihn erneut. Läuft alles?

Genauso wie für Musik kannst du für Filme auch einstellen, dass der Film während der Präsentation nicht erst nach einem Mausklick startet, sondern automatisch. Der Befehl ist der gleiche wie bei einem Musikstück.

Für Bilder, Audio- und Videodateien gilt auch immer, dass die Dateien eingefügt oder verknüpft werden können. Ich empfehle dir, alle Dateien einzufügen. Beim Verknüpfen besteht immer die Gefahr, dass du später vergisst, die verknüpften Dateien auch mitzunehmen.

> Vergrößere das Filmbild nicht, die Qualität wird dadurch sehr schlecht. Einzelheiten werden ganz verschwommen dargestellt. Ein Film sieht am schärfsten in der Größe aus, in der das Filmfenster eingefügt wurde.

Speichern mit Audio und Video

Präsentationen mit Audio- und Videodateien können sehr groß werden, weil die Audio- und Videodateien so groß sind. Du hast schon beim Einfügen von Bildern gelernt, dass die Bilder komprimiert werden. Komprimieren bedeutet, dass die Dateien verkleinert werden und dabei ein wenig an Qualität verlieren.

Für Audio- und Videodateien musst du bestimmen, dass sie komprimiert werden. PowerPoint macht das nicht automatisch. Speichere zuerst deine Präsentation und gehe dann so vor:

1. Klicke auf DATEI|INFORMATIONEN.

2. Wenn Audio- oder Videodateien in die Präsentation eingefügt wurden, hast du ganz oben einen Befehl MEDIEN KOMPRIMIEREN. Gibt es weder Audios noch Videos in der Präsentation, fehlt diese Schaltfläche.

3. Wähle PRÄSENTATIONSQUALITÄT, damit die Dateien nicht zu viel Qualität verlieren. Nur wenn du ganz viel Platz sparen musst, wähle INTERNETQUALITÄT. Die Option GERINGE QUALITÄT rate ich dir nicht.

Fotoshow mit Musik und Erzählung

Mediengröße und -leistung
Sparen Sie Platz auf dem Datenträger, und verbessern sei die Wiedergabeleistung, indem Sie Ihre Mediendateien komprimieren. Die Medienqualität kann durch Komprimierung

Präsentationsqualität
Sparen Sie Platz, bei weitgehender Bewahrung der Audio- und Videoqualität.

Internetqualität
Die Qualität ist mit Medien vergleichbar, die über das Internet gestreamt werden.

Geringe Qualität
Verwenden Sie dieses Format, wenn nur eingeschränkt Platz verfügbar ist, etwa beim Senden von Präsentationen per E-Mail.

Rückgängig
Der vorhergehende Komprimierungsvorgang kann rückgängig gemacht werden.

Abb. 8.9: Verwende MEDIEN KOMPRIMIEREN, um Audios und Videos zu verkleinern.

Du kannst jetzt beobachten, wie die einzelnen Dateien verkleinert werden. Manche Formate werden nicht unterstützt, das zeigt PowerPoint in dem Fenster an. Das ist nicht tragisch, diese Dateien bleiben einfach so groß, wie sie waren. Manche Filme sind bereits komprimiert und können nicht weiter verkleinert werden. Zum Schluss kannst du unter der Liste sehen, wie viel Megabyte eingespart wurden.

> Falls keine Datei verkleinert werden konnte, bleibt deine Präsentation so groß wie vorher. Dann hilft es auch nichts, wenn du die ganze Datei anschließend komprimieren willst. Kein *ZIP*-Programm wird die Präsentation verkleinern können, wenn nichts komprimiert werden kann.

Ein Blick zurück

Als Videodateien solltest du AVI, MPEG oder WMV verwenden, alle anderen Formate können möglicherweise nicht überall abgespielt werden.

- Filme werden über EINFÜGEN|VIDEO|VIDEO AUS DATEI in die Präsentation eingebettet.

- Für Filme und Sound kannst du auf dem Kontextregister WIEDERGABE einstellen, wie sie starten: mit Mausklick oder automatisch.

- Bilder werden automatisch komprimiert, Audios und Videos nur auf Anforderung. Klicke auf DATEI|INFORMATIONEN|MEDIEN KOMPRIMIEREN. Wähle möglichst PRÄSENTATIONSQUALITÄT.

Weitergeben als Diashow oder Film

Eine Präsentation kannst du auf viele Arten für die Weitergabe vorbereiten:

◆ Du speicherst eine normale Präsentation mit der Dateiendung *PPTX* oder eine Bildschirmpräsentation mit der Endung *PPSX*, die automatisch abläuft. Beide Dateien können automatisch auf eine CD gebrannt werden.

◆ Du kannst auch jede Folie als Bild abspeichern lassen und daraus eine Diashow für den Fernseher machen.

◆ Oder du verfilmst die Präsentation mit Musik und Ton und zeigst sie auf dem Fernseher oder dem Computer.

Wie du eine Präsentation als Bildschirmpräsentation speicherst, hast du schon gesehen. Am einfachsten geht es, wenn du auf DATEI|SPEICHERN UND SENDEN|DATEITYP ÄNDERN klickst und dort den Dateityp PRÄSENTATIONSDATEI auswählst.

Für CD verpacken

Alle Dateien, die für eine Präsentation notwendig sind, kann PowerPoint automatisch so zusammenpacken, dass alles zusammen auf eine CD gebrannt werden kann. Was brauchst du alles?

◆ Verknüpfte Bilder, Audios oder Videos

◆ Schriften, die nicht auf jedem Computer vorhanden sind

◆ Andere Dateien, die du nur verknüpft hast

◆ Ein Programm, mit dem jeder die Präsentation anschauen kann, auch wenn er gar kein PowerPoint installiert hat.

Um all diese Dinge kümmert sich der Befehl BILDSCHIRMPRÄSENTATION FÜR CD VERPACKEN. Lege einen CD-Rohling bereit, damit du gleich loslegen kannst. Öffne die Präsentation, die du auf eine CD brennen möchtest.

> Voraussetzung für die folgenden Schritte ist, dass du Windows XP oder ein neueres Windows hast (beispielsweise Windows Vista oder Windows 7). Außerdem brauchst du ein Laufwerk, mit dem du CDs brennen kannst.

Weitergeben als Diashow oder Film

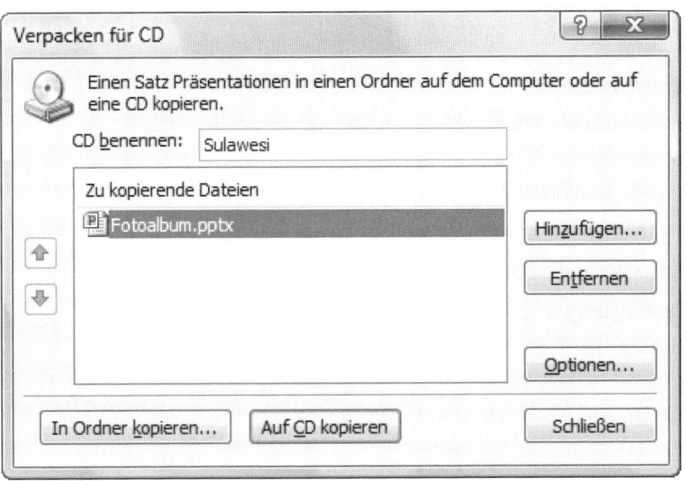

Abb. 8.10: Der Name der CD muss nicht mit dem Namen der Präsentation übereinstimmen.

1. Wähle den Befehl DATEI|SPEICHERN UND SENDEN und klicke dort auf BILDSCHIRMPRÄSENTATION FÜR CD VERPACKEN.

2. Im rechten Fenster siehst du eine kleine Erklärung, was mit diesem Befehl gemacht wird. Klicke dort auf VERPACKEN FÜR CD.

3. Im Fenster ZU KOPIERENDE DATEIEN wird die Datei angezeigt, die geöffnet ist. Falls das nicht die richtige Präsentation ist, klicke auf ENTFERNEN und suche mit HINZUFÜGEN nach der richtigen Datei.

4. Im Feld CD BENENNEN tippst du den Namen ein, den die CD später anzeigt, wenn sie im Windows-Explorer angezeigt wird. Das muss nicht der Name der Präsentation sein. Halte den Namen kurz und verwende keine Leerschritte. Nicht überall können lange Namen gezeigt werden.

Wenn du keine besonderen Dinge einstellen möchtest, kann du jetzt sofort auf AUF CD KOPIEREN klicken. Das Brennen startet dann sofort. Aber es gibt einige Dinge, die du dir anschauen solltest, bevor du loslegst.

Mit dem Befehl HINZUFÜGEN kannst du noch weitere Präsentationen auf dieselbe CD brennen. Die Präsentationen werden dann später eine nach der anderen gezeigt, so wie du sie in dem Fenster aufgelistet siehst. Um die Reihenfolge zu verändern, markierst du eine Datei und klickst dann auf die Pfeilsymbole links neben der Liste.

> Wenn das Brennen einmal abgeschlossen ist, kannst du keine weiteren Dateien mehr auf die CD brennen. Du musst dir also jetzt überlegen, was du alles auf dieselbe CD brennen willst!

Kapitel 8 — Multimedia mit einer Fotoshow

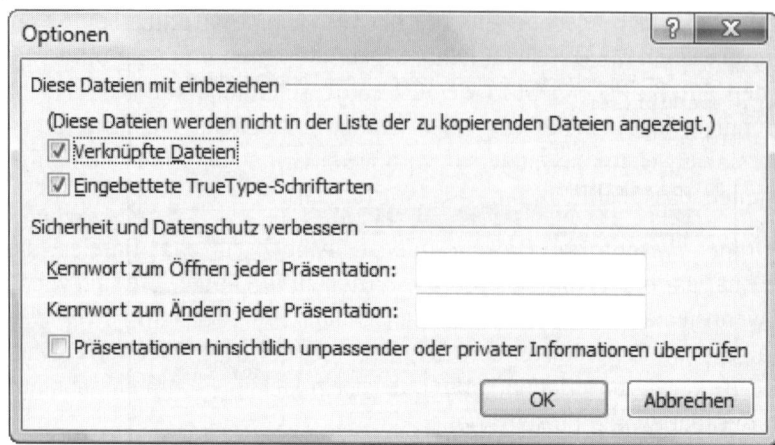

Abb. 8.11: Vergib ein Kennwort, wenn die Präsentation nicht von jedem verändert werden darf.

Manchmal möchtest du nicht, dass deine Präsentation von anderen verändert werden kann. Wenn du dir viel Arbeit mit einem Referat gemacht hast und es den Zuschauern auf einer CD zur Verfügung stellst, willst du vielleicht nicht, dass jeder deine Arbeit verwenden kann. Dann kannst du ein Kennwort vergeben:

1. Klicke auf die Schaltfläche OPTIONEN.

2. Tippe ein Kennwort ein. Das KENNWORT ZUM ÖFFNEN JEDER PRÄSENTATION muss jeder eintippen, der die Präsentation auf der CD anschauen möchte. Das KENNWORT ZUM ÄNDERN JEDER PRÄSENTATION braucht nur derjenige, der die Präsentation abspeichern will.

3. Bestätige das Kennwort mit Klick auf OK. Du musst dasselbe Kennwort anschließend noch einmal eingeben und wieder mit OK bestätigen.

> Kennworte sind kein absoluter Schutz, es gibt immer böswillige Menschen, die auch ein Kennwort *knacken* können. Wer ein Kennwort vergibt, möchte nicht, dass jeder diese Arbeit verwendet. Du selber solltest das respektieren und Passworte nicht mit Tricks umgehen. Sprich mit dem Autor und frage, ob du aus seiner Präsentation Folien oder Bilder verwenden darfst.

Jetzt kannst du die Präsentation auf die CD brennen. Klicke einfach auf die Schaltfläche AUF CD KOPIEREN und warte ab.

Weitergeben als Diashow oder Film

Was befindet sich anschließend auf der CD? Zuerst natürlich deine Präsentation, dann die Dateien, die nur verknüpft waren und eine Datei, die für den automatischen Start der CD sorgt. Allerdings kannst du nicht bestimmen, dass deine CD auf jedem Computer tatsächlich ganz automatisch startet, wenn sie eingelegt wird. Jeder kann für seinen Computer einstellen, dass nichts automatisch starten darf!

Im Ordner *Presentation Package* findest du noch ein paar Dateien, die scheinbar gar nichts mit deiner Präsentation zu tun haben. Sie sind wichtig, wenn jemand die Präsentation anschauen will, der kein PowerPoint installiert hat. Dann startet eine Seite, von der der Zuschauer den PowerPoint Viewer herunterladen kann. Das ist ein kleines Programm, das nur zum Anschauen von Präsentationen da ist.

Diashow: jede Folie als Bild speichern

Der DVD-Player am Fernsehen kann mit einer PowerPoint-Präsentation nichts anfangen. PowerPoint ist ein Computer-Programm und auf den DVD-Player kannst du kein Computer-Programm installieren. Der DVD-Player kann aber Bilder und Filme anzeigen. Du musst also die Präsentation in Bilder verwandeln und dann eine Diashow daraus machen.

Was brauchst du dazu?

◆ Deine Präsentation, aus der du von PowerPoint Bilder machen lässt.

◆ Ein Programm, das Bilder so brennen kann, dass man sie mit dem DVD-Player des Fernsehers zeigen kann.

◆ Natürlich einen DVD-Rohling und einen Brenner.

Der erste Schritt ist, die Folien als einzelne Bilder abzuspeichern. Da du die Präsentation ein bisschen bearbeiten musst, um sie tauglich für die Diashow zu machen, speichere deine Präsentation vorsichtshalber unter einem anderen Namen ein zweites Mal.

Sichte zuerst deine Folien, sollen alle Folien als Bild für die Diashow mitgenommen werden? Lösche diejenigen, die du nicht haben willst. Kontrolliere die Beschriftungen – sind sie alle groß genug, so dass die Zuschauer das auch auf einem Fernsehbildschirm lesen können? Entferne die Lautsprechersymbole von den Folien.

> Du musst die Audiodateien nicht löschen, du kannst das Lautsprechersymbol einfach in den grauen Randbereich um die Folie schieben. Dann erscheinen sie später nicht auf den Bildern.

Kapitel 8 — Multimedia mit einer Fotoshow

Sorge dafür, dass keine wichtigen Bilder oder Texte nahe am Rand stehen. Der Fernseher zeigt in den Randbereichen nicht so scharfe Bilder wie der Computerbildschirm.

Jetzt werden die einzelnen Bilder gespeichert:

1. Klicke auf DATEI|SPEICHERN UND SENDEN|DATEITYP ÄNDERN.

2. Wähle BILD-DATEITYPEN: PNG oder JPG und klicke auf die Schaltfläche SPEICHERN UNTER.

3. Als Erstes gibst du an, in welchem Ordner ein Unterordner für die Bilder angelegt wird und wie der heißen soll. PowerPoint schlägt den Namen der Präsentation vor und das kannst du auch so bestätigen.

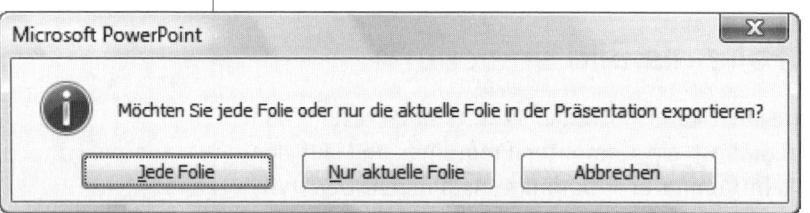

Abb. 8.12:
Alle Folien werden als Bild gespeichert, wenn du JEDE FOLIE anklickst.

4. PowerPoint fragt anschließend, ob du alle Folien oder nur die aktuelle als Bild speichern möchtest. Wähle JEDE FOLIE aus.

5. Jetzt musst du einige Sekunden warten, bis alle Bilder gespeichert sind.

> Verliere nicht die Geduld und drücke nicht die Taste [Esc]! Das Speichern von 30 oder mehr Folien als Bild kann eine Minute dauern.

Wenn PowerPoint fertig ist, bekommst du eine Meldung, dass jetzt alle Folien als Bild gespeichert sind. Gehe im Windows-Explorer in den Ordner und kontrolliere, ob auch alle Bilder da sind. Du musst genauso viele Bilder wie Folien haben.

> Für das spätere Einfügen der Bilder in die Diashow ist es wichtig, dass du die Nummerierung korrigierst. Es muss heißen *Folie01.png* und *Folie02.png*. Jeder Ziffer unter 10 musst du eine Null voranstellen! Nur dann sortieren die Programme für das Brennen der CD die Folien richtig.

Weitergeben als Diashow oder Film

 Folie01.PNG    Folie02.PNG    Folie03.PNG

 Folie04.PNG    Folie05.PNG    Folie06.PNG

Abb. 8.13: Die als Bilder im Format PNG gespeicherten Folien

Die Bilder auf eine DVD brennen

Jetzt brauchst du ein Brennprogramm, das die Bilder im Fernsehformat auf eine DVD brennt. Ich zeige es dir am Beispiel von Nero Vision Essentials.

> In deinem Brennprogramm heißen die Befehle vermutlich anders und sind an anderen Stellen zu finden. Du musst suchen, ob du ähnliche Befehle findest. Die Schritte sind in den meisten Brennprogrammen sehr ähnlich.

In *Nero Vision Essentials* geht es so:

1. Klicke auf ERSTELLEN UND BEARBEITEN und dann auf DIASHOW ERSTELLEN.

2. Im nächsten Fenster klickst du auf NACH MEDIEN SUCHEN, suchst den Ordner mit den Bildern und markierst darin die Bilder. Klicke auf ÖFFNEN, jetzt werden die Bilder übertragen.

3. Klicke auf die Schaltfläche ZUM PROJEKT HINZUFÜGEN, um die Bilder zu übernehmen. Bei Nero ist das ein Pluszeichen in einem Kreis.

Nero zeigt dir die Bilder jetzt in einer Leiste nebeneinander an. Zwischen den Bildern gibt es Symbole für den Übergang von Bild zu Bild. Klicke eines der Symbole an und wähle dann im Fenster darüber aus, welchen

Kapitel 8 — Multimedia mit einer Fotoshow

Übergang du haben möchtest. Die Übergänge sind bei *Nero* auf dem zweiten Reiter ÜBERGÄNGE ANZEIGEN. Es gibt zum Beispiel verschiedene Übergänge in der Kategorie EIN-/AUSBLENDEN oder 3D. Für jedes Bild kannst du einen anderen Übergang verwenden.

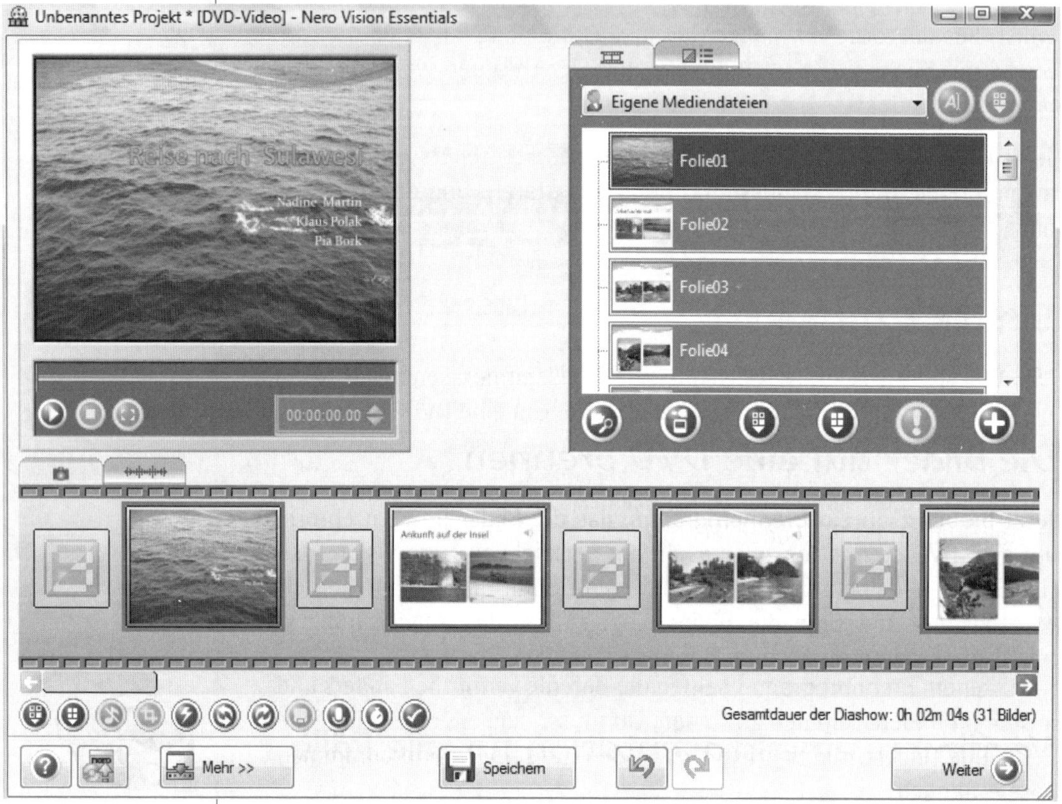

Abb. 8.14: Übernehme die Bilder für die Diashow mit Nero Vision Essentials.

Mit gedrückter linker Maustaste kannst du in der unteren Leiste die Bilder auch noch nach links oder rechts verschieben. Bilder kannst du auch noch hier löschen. Eines der Symbole unter der Leiste erlaubt dir, die Zeitdauer einzustellen, während der das markierte Bild zu sehen ist.

> Die vielen Symbole unter der Bilderleiste erklären sich, wenn du mit der Maus darüber zeigst. Schaue einfach durch, was die Symbole bedeuten!

Wenn du fertig bist, klickst du auf WEITER. Der nächste Schritt ist das Erstellen eines Menüs für den Start der DVD. Wenn du möchtest, kannst

Weitergeben als Diashow oder Film

du hier die Hintergrundfarbe oder die Schrift anpassen. Klicke wieder auf WEITER. Jetzt siehst du eine Vorschau der Diashow, wenn du auf EINGEBEN klickst.

Noch einmal WEITER und du landest in den Brennoptionen. Normalerweise musst du hier gar nichts verändern. Wenn du etwas verstellen willst, lies dir vorher gründlich durch, was die neue Einstellung bewirkt. Starte mit Klick auf BRENNEN das Brennen der DVD und warte ab, bis der Vorgang beendet ist.

Jetzt kannst du die DVD zum DVD-Player des Fernsehers tragen und sie ausprobieren. Die DVD muss mit dem Menü starten und dann die Bilder anzeigen.

Ein Blick zurück

Mit VERPACKEN FÜR CD erstellst du eine Bildschirmpräsentation, die auf einem Computer automatisch gestartet wird. Um eine DVD am Fernseher zu zeigen, benötigst du ein Brennprogramm wie *Nero*.

1. Speichere die Folien mit DATEI|SPEICHERN UND SENDEN|DATEITYP ÄNDERN als Bildformat PNG oder JPG.
2. Suche in deinem Brennprogramm den Befehl für das Erstellen einer Diashow und füge die Bilder hinzu. Folge den Anweisungen des Brennprogramms bis zum Brennen der DVD.

Verfilmen: eine Präsentation für alle Fälle

Präsentationen, die Bilder und Audiodateien enthalten, mit aufwändigen Animationen versehen sind oder einem großen Publikum zur Verfügung gestellt werden sollen, kannst du auch verfilmen. Ein Film hat den Vorteil, dass jeder diesen Film anschauen kann, auch wenn er kein PowerPoint installiert hat.

> Diese Möglichkeit gibt es erst mit PowerPoint 2010. Wenn du noch PowerPoint 2007 hast, kannst du Präsentationen nicht verfilmen! Diesen Befehl gab es dort noch nicht.

Bevor du eine Präsentation verfilmen kannst, musst du einige Vorarbeiten machen. Stelle dir vor, dass im Computer die ganze Präsentation abgefilmt wird, während sie abläuft. Damit das gut wird, musst du vorher

Kapitel 8 — Multimedia mit einer Fotoshow

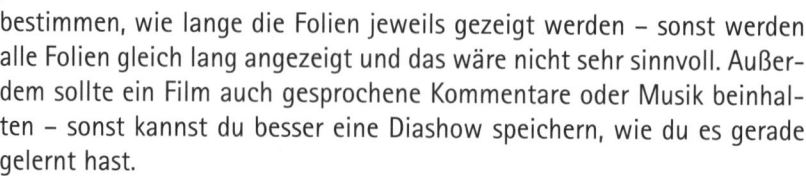

bestimmen, wie lange die Folien jeweils gezeigt werden – sonst werden alle Folien gleich lang angezeigt und das wäre nicht sehr sinnvoll. Außerdem sollte ein Film auch gesprochene Kommentare oder Musik beinhalten – sonst kannst du besser eine Diashow speichern, wie du es gerade gelernt hast.

Bereite alles so vor:

1. Richte auf den Folien Animationen für die Bilder und die Texte ein.
2. Stelle Folienübergänge zwischen den Folien ein.
3. Sprich Kommentare zu den Folien, wie du es am Anfang des Kapitels gesehen hast. Wenn du Musik einfügen möchtest, muss sie das Format MP3 oder WMA haben.
4. Teste die Anzeigedauer der Folien und speichere sie. Das hast du in Kapitel 3 bereits einmal verwendet. Den Befehl findest du unter BILDSCHIRMPRÄSENTATION|BILDSCHIRMPRÄSENTATION AUFZEICHNEN.

Möchtest du auf bestimmte Details auf den Folien aufmerksam machen? Dann zeige doch mit deinem Maus-Laserpointer darauf. Drücke während der Bildschirmpräsentation [Strg] und die linke Maustaste und dein Mauszeiger wird zu einem leuchtend roten Punkt, mit dem du etwas umkreisen oder auf etwas deuten kannst. Achte darauf, dass du bei der Aufzeichnung den Laserpointer mit aufzeichnest. Du stellst das im Dialog BILDSCHIRMPRÄSENTATION AUFZEICHNEN ein.

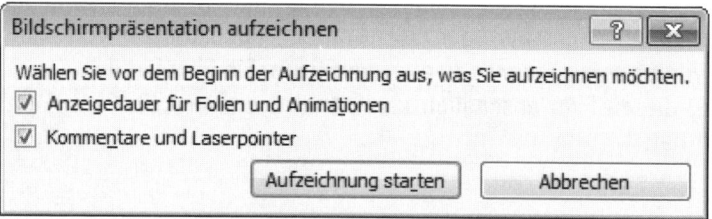

Abb. 8.15: Zeichne den Laserpointer mit auf, wenn du auf den Folien etwas zeigen möchtest.

Kontrolliere gut, ob alle Folien lange genug gezeigt werden und ob deine gesprochenen Kommentare gut zu verstehen sind. Am besten stellst du die Ansicht auf BILDSCHIRMPRÄSENTATION|BILDSCHIRMPRÄSENTATION EINRICH-

Weitergeben als Diashow oder Film

TEN|ANSICHT AN EINEM KIOSK. Dann starte die Präsentation und schaue dir alle Folien an.

> Sound für Folienübergänge wird nicht in den Film übernommen. Verwende ihn deswegen nicht. Auch Musik im Format MIDI findet sich nicht im Film wieder. Musik muss MP3 oder WMA als Format haben.

Wenn das alles vorbereitet ist, kann es an das Verfilmen gehen.

1. Klicke auf DATEI|SPEICHERN UND SENDEN und wähle VIDEO ERSTELLEN.

Abb. 8.16:
Verwende die aufgezeichnete Dauer und die Kommentare für den Videofilm.

Video erstellen

Erstellen Sie ein Video aus dieser Präsentation in voller Qualität, das mithilfe von Datenträgern, per Web oder per E-Mail verbreitet werden kann.

- Schließt alle aufgezeichneten Zeitabläufe, Kommentare und Laserpointerbewegungen ein.
- Enthält alle Folien, die in der Bildschirmpräsentation nicht ausgeblendet sind.
- Alle Animationen, Übergänge und Medien werden beibehalten.

Der Zeitaufwand für das Erstellen eines Videos hängt von der Länge und Komplexität der Präsentation ab. Sie können weiter mit PowerPoint arbeiten, während das Video erstellt wird.

 Hilfe zum Brennen des Videos der Bildschirmpräsentation auf DVD oder zum Hochladen ins Web anfordern

 Computer- und HD-Anzeigen
Für die Anzeige auf einem Computermonitor, einem Projektor oder einer hochauf...

 Aufgezeichnete Zeitabläufe und Kommentare verwenden
Für Folien, für die keine Zeitabläufe festgelegt sind, wird die unten festgelegte Sta...

Sekunden, die jede Folie angezeigt werden soll: 05,00

Video erstellen

2. Willst du den Film später auf dem Computer anzeigen, dann lasse die Einstellung COMPUTER- UND HD-ANZEIGEN. Willst du den Film im Internet zur Verfügung stellen, dann wähle an dieser Stelle INTERNET UND DVD.

3. Lasse die Einstellung AUFGEZEICHNETE ZEITABLÄUFE UND KOMMENTARE VERWENDEN, sonst wird jede Folie in gleicher Länge ohne die gesprochenen Kommentare gezeigt.

Kapitel 8 — Multimedia mit einer Fotoshow

4. Klicke auf VIDEO ERSTELLEN, gib dem Video einen Namen und warte dann ab, bis die Anzeige in der Statusleiste verschwunden ist!

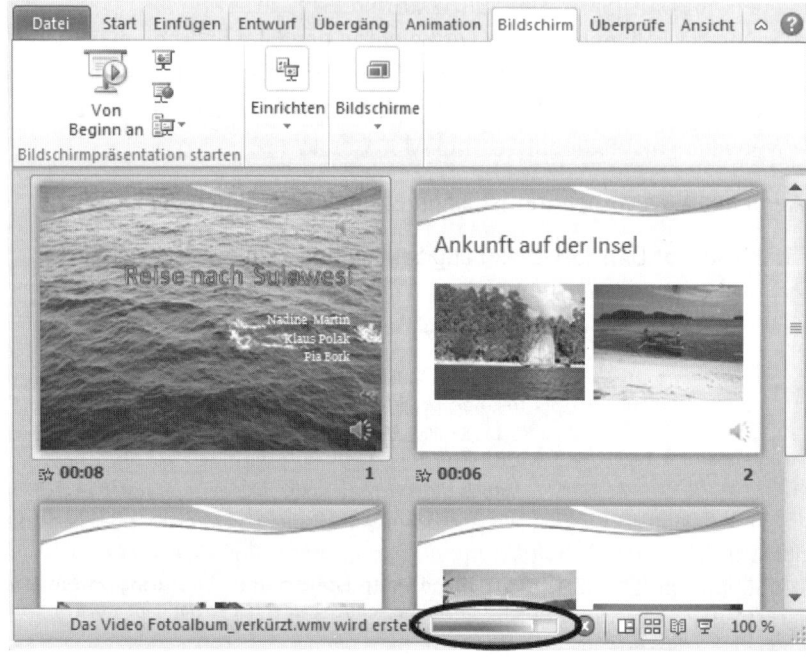

Abb. 8.17: Brich die Erstellung des Videos nicht ab! Warte, bis diese Anzeige verschwunden ist.

Erst wenn der grüne Balken ganz durchgelaufen und die Anzeige verschwunden ist, ist das Video erstellt. Jetzt kannst du im Windows-Explorer das Video öffnen und mit dem Windows-Media-Player oder einem ähnlichen Programm abspielen.

> Das Video hat das Dateiformat WMV, das steht für Windows-Media-Video. Es gibt auch das Format WMA für Audiodateien: Windows-Media-Audio. Ein WMV-Film kann auf jedem Windows-Computer abgespielt werden. Es ist nicht notwendig, dass PowerPoint installiert ist.

Der Film beinhaltet alle Animationen und Folienübergänge, Musik im Formt MP3 und WMA sowie die gesprochenen Kommentare.

Zusammenfassung

Ein Blick zurück

Du kannst aus deiner Präsentation einen Videofilm im Format WMV machen mit DATEI|SPEICHERN UND SENDEN|VIDEO ERSTELLEN.

- Zeichne zuerst eine Bildschirmpräsentation mit Zeiten und Kommentaren auf.
- Verwende als Audiodateien nur MP3 und WMA.
- Verwandle mit Strg und linker Maustaste den Mauszeiger in einen Laserpoint, um auf wichtige Details aufmerksam zu machen.
- Starte dann die Verfilmung und warte ab, bis die Anzeige verschwunden ist.

Zusammenfassung

Um viele Bilder in einer Präsentation zusammenzufassen, verwendest du EINFÜGEN|FOTOALBUM. Sound- und Filmdateien fügst du mit EINFÜGEN|SOUND und EINFÜGEN|VIDEO ein. Bilder, Sound und Film können eingebettet oder verknüpft sein.

Bilder werden beim Speichern automatisch komprimiert, für Sound und Film musst du das unter DATEI|INFORMATIONEN|MEDIEN KOMPRIMIEREN einstellen.

Wenn du eine Präsentation weitergeben möchtest, kannst du eine CD erstellen. Verwende den Befehl DATEI|SPEICHERN UND SENDEN|BILDSCHIRMPRÄSENTATION FÜR CD VERPACKEN. Du kannst auch jede Folie als Bild speichern und dann mit einem Brennprogramm eine Diashow für den Fernseher erstellen. Als letzte Möglichkeit kannst du die Präsentation verfilmen mit dem Befehl DATEI|SPEICHERN UND SENDEN|VIDEO ERSTELLEN.

Ein paar Fragen …

Frage 1: Kannst du den Unterschied zwischen einem eingefügten und einem verknüpften Bild erklären?

Frage 2: Wie lassen sich die Folien als Bilder im Format JPG speichern?

Frage 3: Musikdateien werden als grauer Lautsprecher auf der Folie angezeigt – wie kannst du ihn während der Bildschirmpräsentation ausblenden?

Kapitel 8

... und ein paar Aufgaben

1. Auf der Buch-CD findest du zu diesem Kapitel einen Unterordner AUFGABEN mit Bildern. Erstelle ein Fotoalbum daraus.

2. Ergänze das Fotoalbum um eine weitere Folie, auf der du ein Bild deiner Wahl einfügst. Schneide das Bild auf eine Sternform zu.

3. Weise jeder Folie einen Folienübergang zu und stelle für die Folienübergänge einen Sound ein.

9
It's Partytime!

Was erwartet dich in diesem Kapitel? Nach den vielen ernsten und technischen Themen rund um Referate und Multimedia wird es jetzt wieder entspannter. Zuerst wirst du lernen, wie du einen interaktiven Lageplan zeichnest: Auf Mausklick verrät jedes Zimmer, was dort stattfindet. Dann zeige ich dir, wie sich etwas auf der Folie an einer Linie entlangbewegt und wie von Geisterhand wieder verschwindet. Und zum Schluss ein paar Ideen zu Partyspielen und einen Countdown.

In diesem Kapitel lernst du

◎ Interaktion auf Folien einzubauen

◎ Texte und Bilder auf Pfaden zu bewegen und zu animieren

◎ Ratespiele selber zu erstellen

◎ einen Countdown bis Mitternacht vorzubereiten

Lageplan mit Selbsterklärung

Eine große Party ist angesagt, im ganzen Haus und im Garten gibt es Spiele, Tanz, Musik, Bar und Büfetts. Wie wäre es mit einem Lageplan auf dem PC, auf dem genau zu sehen ist, was wo stattfindet?

Kapitel 9

It's Partytime!

Interaktion: Ein Lageplan zum Anklicken

Zeichne zuerst den Lageplan für Haus und Terrasse. Die Zimmer des Hauses sind Rechtecke aus den Formen, die Terrasse und der Grill sind abgerundete Rechtecke. Formatiere die Formen passend – fülle beispielsweise die Terrasse mit Granitboden und mache den Grill schön feurig.

Einfacher wird das Anordnen der Räume, wenn du dir das Raster anzeigen lässt. Entweder mit START|ANORDNEN|AUSRICHTEN|RASTERLINIEN ANZEIGEN oder schneller mit ⇧ + F9 .

1. Markiere zuerst die Form für die Terrasse und wähle ZEICHENTOOLS|FORMAT|FÜLLEFFEKT|STRUKTUR. Für die Terrasse nimmst du GRANIT.

2. Markiere einen Raum nach dem anderen und wähle jeweils eine passende Struktur.

3. Für den Grill wählst du FÜLLEFFEKT|FARBVERLAUF|WEITERE FARBVERLÄUFE. Klicke auf FÜLLUNG|FARBVERLAUF und wähle dann bei VOREINGESTELLTE FARBEN den Verlauf FEUER. Nimm als TYP: PFAD. Mit SCHLIESSEN übernimmst du die Einstellung.

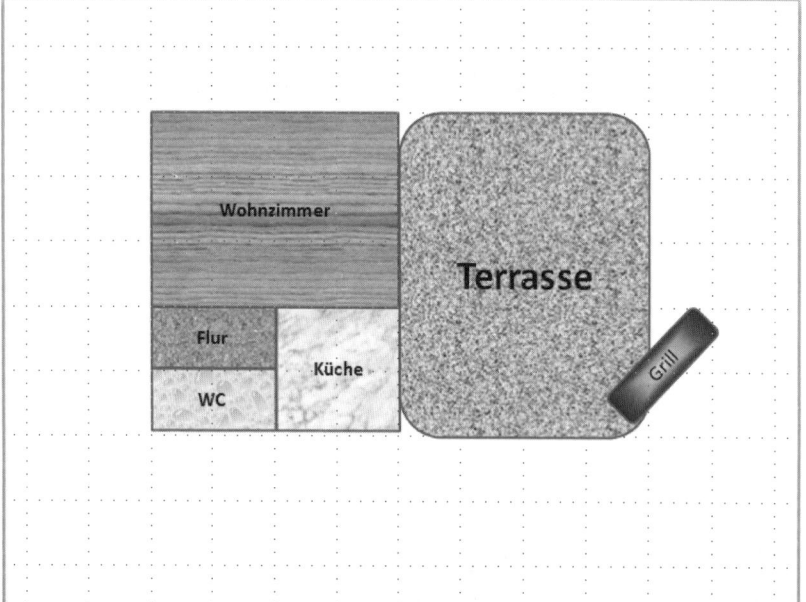

Abb. 9.1:
Ich habe die Räume beschriftet, das musst du nicht machen.

An den oberen Rand kommt jetzt die Legende: eine Liste mit allen Aktivitäten deiner Party. Klickt der Gast darauf, soll der entsprechende Raum aufblinken. Zum Beispiel gibt es das Büfett in der Küche, beim Klick auf

Lageplan mit Selbsterklärung

Büfett soll also die Küche blinken. Auf der Terrasse gibt es die Bar, im Wohnzimmer Spiele, den Grill im Garten und um Mitternacht sollen sich alle auf der Terrasse einfinden. Außerdem soll jeder schnell das stille Örtchen finden.

Zeichne ein Rechteck ganz an den linken Rand der Folie. Das Rechteck soll 1,4 cm hoch und 4 cm breit sein. Du kannst die Größe sehr gut sehen, wenn du auf ZEICHENTOOLS|FORMAT klickst. Ganz rechts wird die Größe angezeigt. Sie kann hier auch verändert werden.

1. Formatiere das Rechteck nach deinem Geschmack – verwende aus ZEICHENTOOLS|FORMAT, was dir gefällt.

2. Kopiere das erste Rechteck fünfmal nach rechts. Achte darauf, dass sie alle dicht aneinander anschließen und die Oberkante ganz gleich ist.

3. Tippe in die Rechtecke von links nach rechts die Texte: Bar, Büfett, Spiele, Grill, Mitternacht und WC. Wenn du die Rechtecke versehentlich verschiebst, dann ordne sie wieder an. Das hast du in Kapitel 4 schon gelernt.

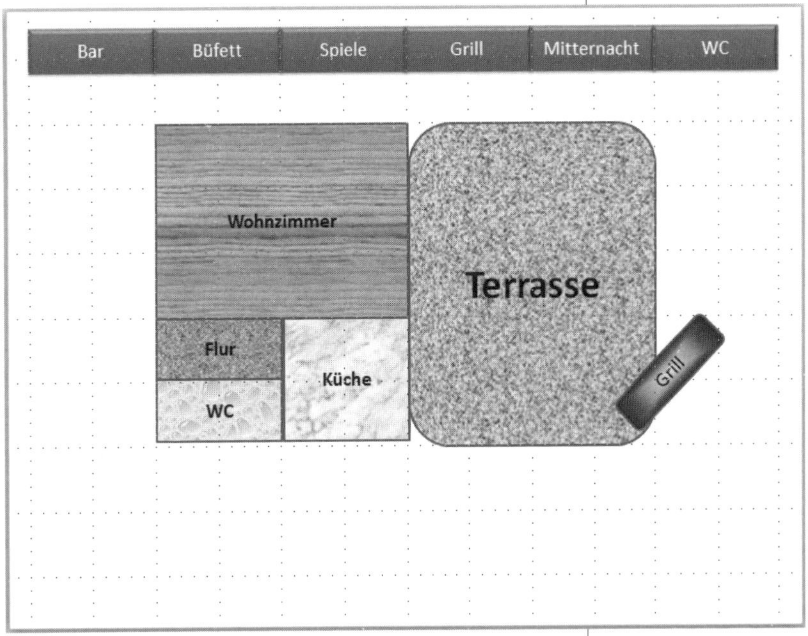

Abb. 9.2:
Die Legende am oberen Rand soll ganz gerade angeordnet sein.

Erinnerst du dich an das Kopieren? [Strg] plus linker Maustaste kopiert eine Form, hältst du dabei noch [⇧] fest, steht die zweite Form gerade neben der ersten. Achte beim Kopieren auch auf die Linien, die dir PowerPoint anzeigt! Sie zeigen die Kanten oder Mittellinien der Formen an.

Kapitel It's Partytime!

Trigger: Blinken beim Klicken

Mit einem Klick auf das Rechteck *Bar* soll die Terrasse blinken, genau das Gleiche soll mit Klick auf das Rechteck *Büfett* mit der Küche passieren. Jeder Rahmen soll das entsprechende Gegenstück im Lageplan zum Blinken bringen.

Zwei Dinge brauchen wir dafür: die Animation BLINKEN für den Raum im Lageplan und die Anweisung, dass das Blinken nur mit Klick auf das passende Rechteck startet. Diese Anweisung ist ein *Trigger*. Ein Trigger ist ein Auslöseknopf, der Klick auf das Rechteck löst das Blinken aus.

> *Trigger* ist Englisch und bedeutet *Auslöser*. Vielleicht kennst du jemanden, der niederdeutsches Platt spricht? Dort verwendet man den Ausdruck *trecken* für *ziehen*. Beide Worte sind verwandt: Der Trigger zieht eine Aktion nach sich wie ein Traktor oder Trecker einen Anhänger.

Wir werden mit der Terrasse beginnen, sie soll blinken, wenn jemand auf *Bar* klickt. Markiere die Terrasse auf dem Lageplan und rufe das Register ANIMATIONEN auf.

1. Klicke neben den Effekten auf den Auswahlpfeil und wähle dann WEITERE HERVORHEBUNGSEFFEKTE.

2. Suche den Effekt BLINKEN, markiere ihn und bestätige mit OK.

Abb. 9.3:
Der Effekt BLINKEN gehört zu den Hervorhebungseffekten.

Jetzt blinkt die Terrasse einmal, wenn du irgendwo auf die Folie klickst. Wir müssen also noch mehr einstellen. Zuerst einmal soll die Terrasse fünfmal blinken:

Lageplan mit Selbsterklärung

1. Klicke auf ANIMATIONEN|ANIMATIONSBEREICH, damit der Aufgabenbereich für die Animation rechts angezeigt wird.
2. Rechts neben der Anzeige der Animation für das Rechteck ist ein kleiner Auswahlpfeil, klicke ihn an und wähle ANZEIGEDAUER.
3. Stelle bei WIEDERHOLEN die Zahl »5« ein und bestätige das mit OK.

Der nächste Schritt ist, dass das Blinken nicht beginnen darf, wenn man irgendwo auf die Folie klickt. Nur der Klick auf *Bar* soll das Blinken starten. Du musst also den Trigger einstellen. Aber bevor wir das machen können, brauchen wir noch etwas. Bisher weiß PowerPoint nicht, welches Rechteck für das Wohnzimmer oder die Terrasse steht. PowerPoint kennt nur Rechteck Nummer 1, Rechteck Nummer 2 und so weiter. Du musst also PowerPoint eine Liste geben, welches Rechteck was ist.

1. Gehe auf START und klicke auf MARKIEREN|AUSWAHLBEREICH.
2. Am rechten Rand siehst du jetzt eine Liste mit allen Rechtecken deiner Folie. Klicke das Rechteck *Bar* an, es wird jetzt rechts markiert.
3. Klicke in der Liste das markierte Rechteck an, so dass der Cursor dort blinkt. Lösche den Text und schreibe stattdessen Bar. Mache das für alle Rechtecke der Legende.

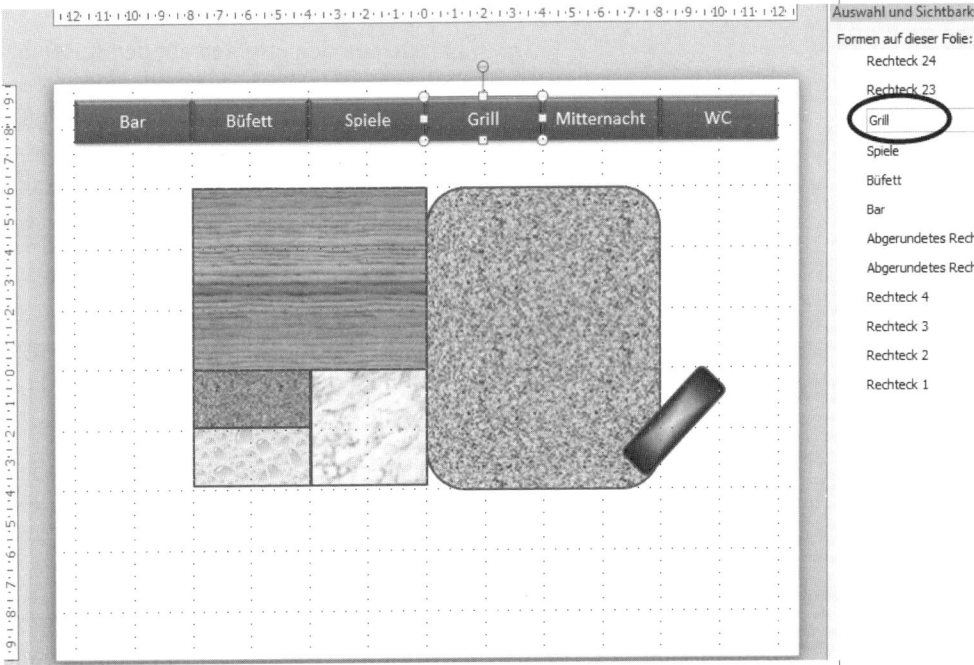

Abb. 9.4: Die Rechtecke bekommen Namen, hier wird gerade der Grill benannt.

Kapitel 9 — It's Partytime!

Fertig mit allen Rechtecken der Legende? Die übrig gebliebenen Rechtecke sind die Rechtecke für die Räume, sie bekommen keinen Namen. Schließe den Aufgabenbereich AUSWAHL UND SICHTBARKEIT wieder; er hat oben rechts ein Kreuz zum Schließen. Gehe wieder auf die Registerkarte ANIMATIONEN.

1. Markiere die Terrasse und klicke auf das Symbol TRIGGER.

2. Wähle aus BEIM KLICKEN AUF und suche dann das Wort BAR aus.

Das muss jetzt für alle Räume so gemacht werden: Animation BLINKEN aussuchen, auf fünfmal Blinken stellen und dann den Trigger zuweisen. Du kannst dir viel Arbeit sparen, wenn du die Animation überträgst – dann sind fünfmal Blinken schon eingestellt und du musst nur den Trigger einstellen. Lass es uns für das Wohnzimmer noch zusammen machen, dann kannst du es für alle anderen Räume alleine. Das Wohnzimmer soll fünfmal blinken, wenn jemand auf »Spiele« klickt.

1. Markiere die Terrasse und klicke auf ANIMATIONEN|ANIMATION ÜBERTRAGEN.

2. Klicke auf das Wohnzimmer. Jetzt ist die Animation FÜNFMAL BLINKEN übertragen.

3. Klicke auf TRIGGER|BEIM KLICKEN AUF und wähle SPIELE.

Ganz schnell lassen sich Animationen übertragen, wenn du das Symbol ANIMATION ÜBERTRAGEN doppelt anklickst. Jede Form, die du anschließend anklickst, bekommt die gleiche Animation – so lange, bis du noch einmal auf ANIMATION ÜBERTRAGEN klickst. Jetzt ist das Übertragen ausgeschaltet. Vergiss aber nicht, für alle Formen auch den richtigen Trigger einzustellen!

Ein Raum kann übrigens nicht zwei Trigger bekommen: Die Terrasse blinkt entweder bei Klick auf die Bar oder auf den Mitternachtstreff. Entscheide dich dafür, dass die Terrasse die Bar als Trigger bekommt.

Kontrolliere auf der Folie, ob alle Formen ein Animationssymbol haben. Alle Räume haben einen Blitz als Zeichen für den Trigger. Wenn du den Animationsbereich einblenden lässt, siehst du die Animationen noch einmal ganz übersichtlich.

Jetzt wird es Zeit, dass du deine Animation ausprobierst. Rufe die Bildschirmpräsentation auf und klicke auf die Legendensymbole oben. Blinkt immer das richtige Zimmer?

Lageplan mit Selbsterklärung

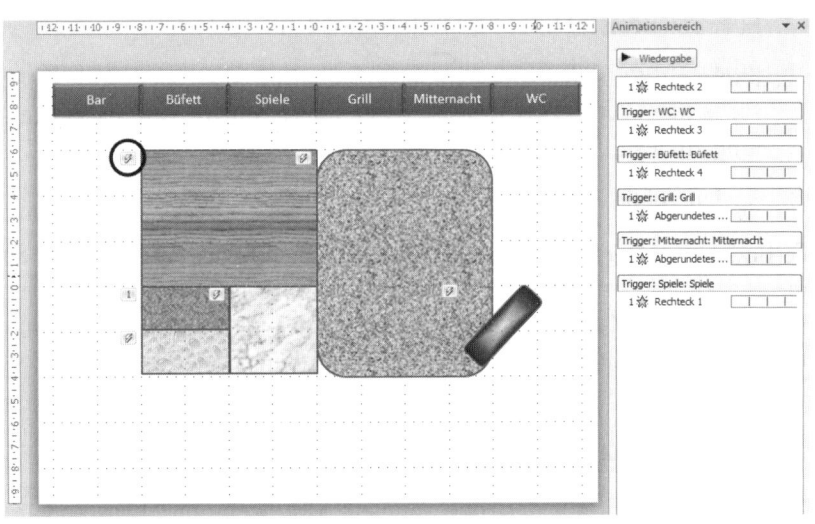

Abb. 9.5: Der Blitz zeigt an, dass diese Form durch einen Trigger aufgerufen wird.

Ansicht an einem Kiosk: Niemand darf die Show beenden

Damit deine Gäste die Präsentation nicht versehentlich beenden, richtest du die Präsentation am besten als ANSICHT AN EINEM KIOSK ein. Du stellst damit sicher, dass ein Klick auf die Folie selber die Präsentation nicht beendet. Die Gäste sollen nur auf die Legende klicken, um eine Animation zu sehen. Der Klick auf die Folie bewirkt gar nichts.

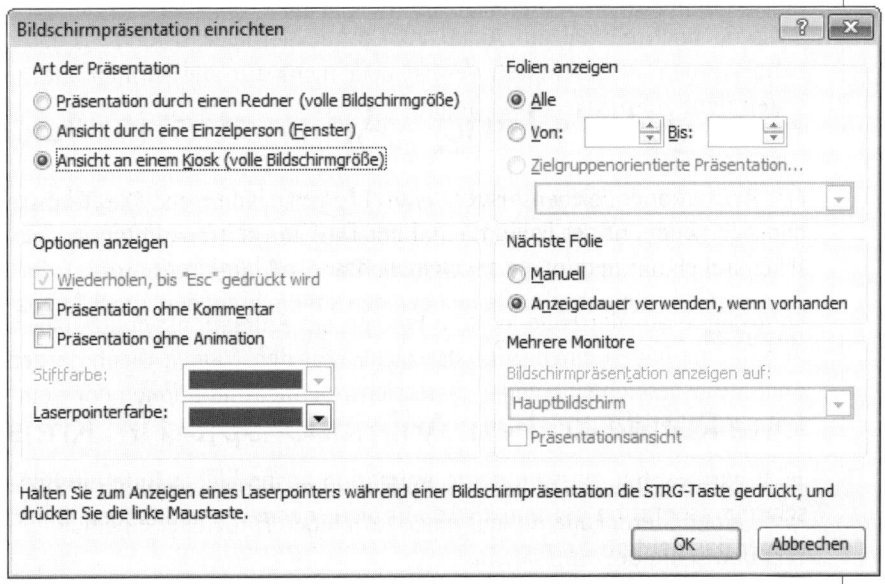

Abb. 9.6: Der Kioskmodus verhindert, dass die Show versehentlich beendet wird.

1. Rufe das Register BILDSCHIRMPRÄSENTATION auf.
2. Klicke auf BILDSCHIRMPRÄSENTATION EINRICHTEN und aktiviere ANSICHT AN EINEM KIOSK (VOLLE BILDSCHIRMGRÖSSE). Klicke auf OK, um die Einstellung zu bestätigen.
3. Speichere die Präsentation noch einmal.

Fertig ist der interaktive Lageplan! Kurz vor Beginn der Party startest du die Präsentation auf einem Computer, der für alle gut erreichbar ist. Wenn die Präsentation gestartet ist, kannst du die Tastatur abziehen – nur eine Maus ist nötig.

Ein Blick zurück

Damit ein Element auf der Folie animiert wird, wenn du etwas anderes anklickst, verwendest du einen Trigger.

1. Markiere das Element, das animiert werden soll – hier ein Raum, der blinken soll. Weise eine Animation zu.
2. Klicke dann auf TRIGGER|BEIM KLICKEN AUF und suche das Element aus, das die Animation startet.

Bekommen viele Elemente die gleiche Animation, überträgst du die Animation; ein Doppelklick auf ANIMATION ÜBERTRAGEN schaltet ein dauerhaftes Übertragen ein.

Damit die Anwender nur auf die Trigger klicken können, richtest du die Bildschirmpräsentation als ANSICHT AN EINEM KIOSK ein.

Hier geht's lang – Animationspfad

Alle Animationen, die wir bisher benutzt haben, sind sehr starr, sie bewegen sich kaum auf der Folie hin und her. Das Objekt bleibt immer an dem Platz stehen, an dem du es gezeichnet hast, und blinkt oder rotiert dort. Elemente, die sich über die Folie bewegen sollen, brauchen einen Animationspfad.

Eine Runde drehen: Animationspfad im Kreis

Eine einfache Bewegung geht im Kreis herum. Zeichne oberhalb der Terrasse einen Stern. Fülle ihn mit einer auffälligen Farbe oder einem Fülleffekt und schreibe Tanz hinein.

Hier geht's lang – Animationspfad

1. Markiere den Stern und rufe die Registerkarte ANIMATIONEN auf.

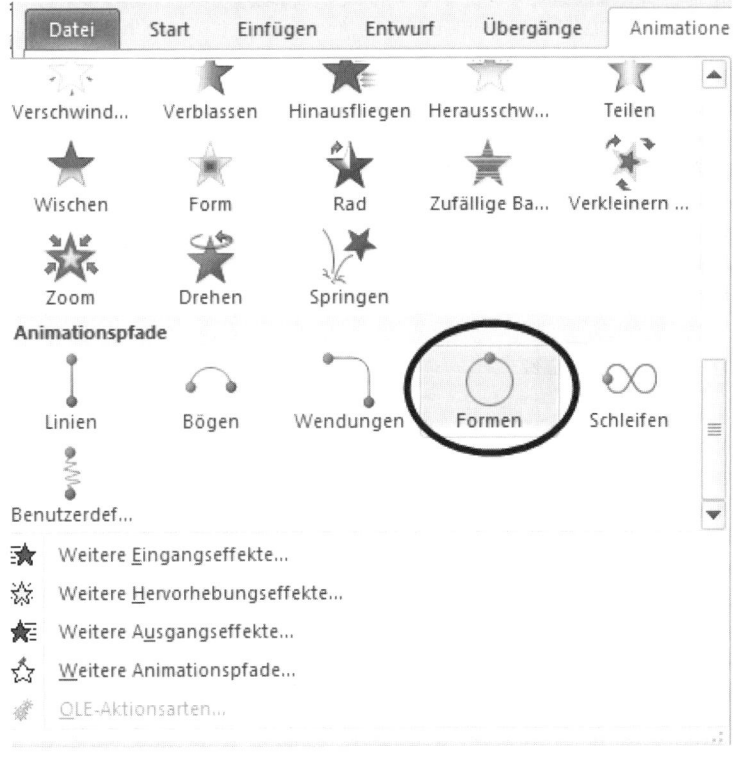

Abb. 9.7: Wähle aus den ANIMATIONSPFADEN die FORMEN für die kreisförmige Bewegung.

2. Klappe die Animationen auf und blättere nach unten zu den ANIMATIONSPFADEN.

3. Suche den Pfad FORMEN und klicke ihn an.

Mit einer dünnen, gestrichelten Linie wird am Stern die Kreisbewegung gezeigt. Die Bewegung wird sofort ausgeführt, wenn du während der Präsentation irgendwo auf die Folie klickst. Probiere es aus: Rufe die Ansicht BILDSCHIRMPRÄSENTATION auf und klicke auf die Folie. Der Stern zieht einen Kreis auf der Terrasse.

> Du kannst die Animationssymbole auf der Folie nur sehen, wenn du die Registerkarte ANIMATIONEN angeklickt hast. Weder die Blitze für den Trigger noch den Kreis für den Animationspfad siehst du, wenn andere Registerkarten gewählt sind.

Kapitel 9 — It's Partytime!

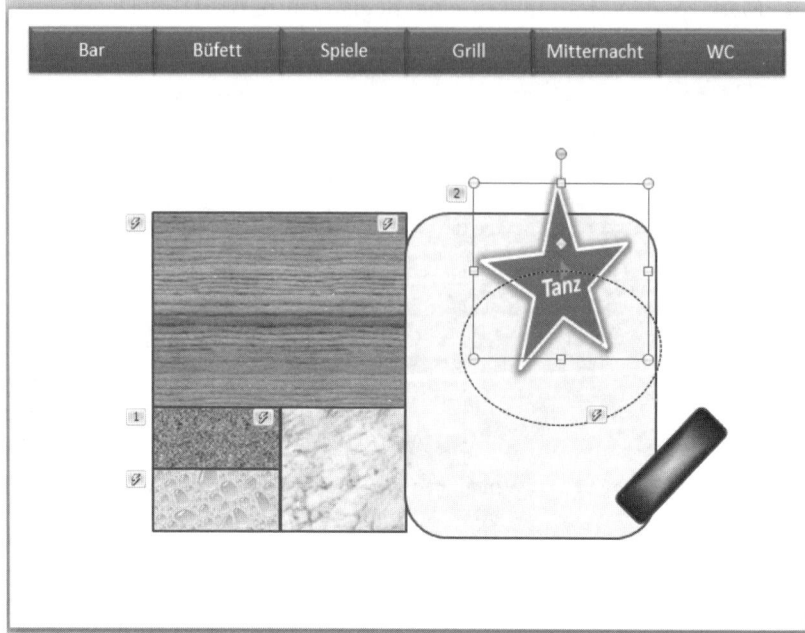

Abb. 9.8: Ein Stern bewegt sich kreisförmig auf der Terrasse.

Der Stern soll nur kreisen, wenn auf den Stern selber geklickt wird. Du kennst schon den Trigger: Sobald du auf *Spiele* klickst, blinkt das Rechteck für *Wohnzimmer*. Jetzt soll der Stern kreisen, wenn auf den Stern geklickt wird – der Stern ist ein Trigger für sich selber.

1. Markiere den Stern und rufe die Registerkarte ANIMATIONEN auf.

2. Klicke auf TRIGGER und wähle BEIM KLICKEN AUF. Suche jetzt deinen Stern. Mein Stern heißt STERN MIT 5 ZACKEN 1, das bedeutet, es ist der erste Stern mit fünf Zacken, den ich gezeichnet habe.

Möchtest du den Stern mehr als einmal kreisen lassen? Dann brauchst du den ANIMATIONSBEREICH. Klicke auf den Auswahlpfeil neben der Animation für den Stern, wähle ANZEIGEDAUER und trage neben WIEDERHOLUNG ein, wie oft er seine Kreise ziehen soll.

> Soll die Kreisbewegung größer werden? Markiere den Stern, so dass du den Kreis für den Animationspfad siehst. Er hat Größenänderungspunkte wie jede Form. Ziehe an dem unteren weißen Punkt nach unten, um die Kreisbewegung über die ganze Terrasse zu ziehen.

Hier geht's lang – Animationspfad

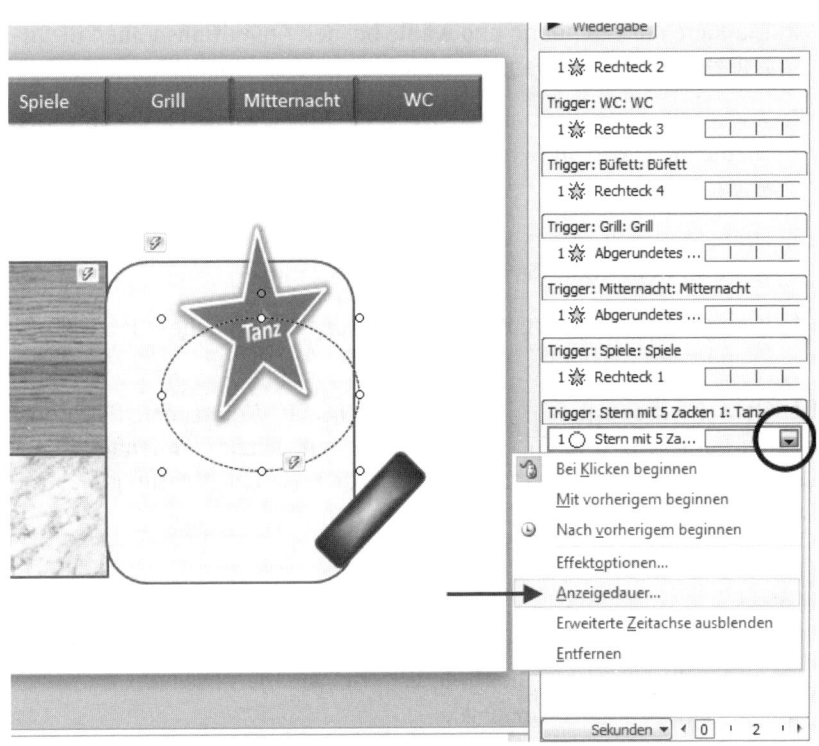

Abb. 9.9: In der Anzeigedauer stellst du die Anzahl der Wiederholungen für den Kreis ein.

Benutzerdefiniert: von Raum zu Raum

Du kannst deinen Gästen auch einen Weg durch eine Party empfehlen, der durch den Flur ins Wohnzimmer führt, dann auf die Terrasse zur Bar und anschließend zum Grill.

Zeichne links vor den Flur einen Kreis oder ein kleines Männchen aus einem Kreis für den Kopf, zwei Strichen für die Beine und einem Strich für die Arme. Markiere alle Teile und füge sie mit START|ANORDNEN|GRUPPIEREN zu einer Gruppe zusammen, sonst bewegt sich nachher der Kopf unabhängig von den Beinen und Armen!

Abb. 9.10:
Ein Kreis für den Kopf, zwei Striche für die Beine und einer für die Arme – fertig ist der Besucher.

Jetzt geht es wieder zur Registerkarte ANIMATIONEN. Du musst einen eigenen Pfad durch die Räume zeichnen. Lies dir zuerst durch, wie das gemacht wird, bevor du es versuchst.

Kapitel 9 — It's Partytime!

1. Markiere die Zeichnung und wähle bei den Animationspfaden BENUTZERDEFINIERT. Der Mauszeiger ändert sich zu einem dünnen Kreuz.
2. Klicke die Figur einmal an, lasse die Maus wieder los. Führe den Mauszeiger jetzt in den Flur, klicke einmal und lasse die Maustaste wieder los.
3. Fahre vom Flur in das Wohnzimmer, mache wieder einen Klick und fahre weiter auf die Terrasse. Auch dort: Einmal klicken.
4. Weiter zum Grill fahren und einen Doppelklick machen. Jetzt ist die Wanderung beendet.

Der Besucher bewegt sich jetzt vom Flur in das Wohnzimmer, von dort auf die Terrasse und stoppt am Grill. Er bewegt sich immer genau auf der gezeichneten Linie entlang. Jeder Mausklick ist ein Richtungswechsel. Alles klar? Dann zeichne jetzt den Animationspfad.

Richtungswechsel kannst du immer nach jedem Mausklick machen. Klicken, dann die Maus in die neue Richtung ziehen und wieder klicken für den nächsten Richtungswechsel. Um den Pfad abzuschließen, machst du einen Doppelklick.

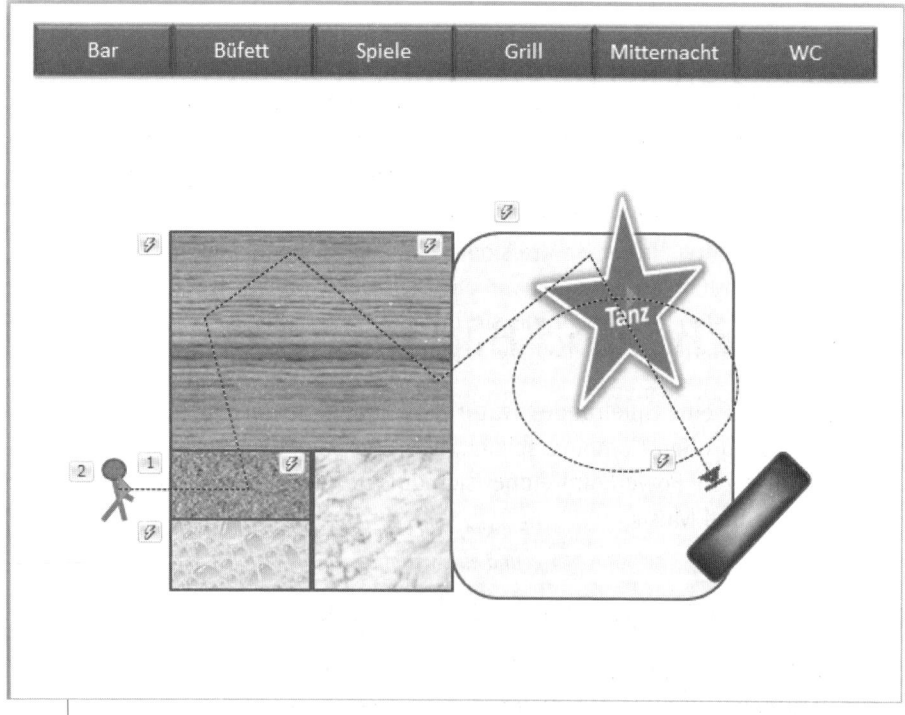

Abb. 9.11: Der Animationspfad vom Flur ins Wohnzimmer über die Terrasse zum Grill

Geräusche und Bilder raten

Wann soll die Animation starten? Im Moment wird der Besucher in Bewegung gesetzt, sobald du irgendwo auf die Folie klickst. Nimm als Trigger das Männlein selber:

1. Markiere die Figur und wähle ANIMATIONEN|TRIGGER.
2. Stelle ein BEIM KLICKEN AUF und suche in der Liste der Elemente nach deiner Figur, bei mir heißt sie GRUPPIEREN 26.

> Erinnerst du dich, dass wir anfangs den Legenden Namen gegeben haben? Das kannst du natürlich für das Männlein auch machen. Gehe auf START|MARKIEREN|AUSWAHLBEREICH und markiere das Männchen auf der Folie, die zugehörige Gruppe wird rechts im Aufgabenbereich auch markiert. Klicke sie an und schreibe zum Beispiel Besucher in das Feld.

Ganz zum Schluss überlegst du dir noch, was um Mitternacht passieren soll. Beispielsweise kannst du auf die Terrasse ganz viele Männchen zeichnen, die mit Klick auf die Schaltfläche MITTERNACHT eingeblendet werden. Oder du fügst eine ClipArt mit einem Feuerwerk ein und lässt es einblenden, wenn auf MITTERNACHT geklickt wird.

Ein Blick zurück

Auf Animationspfaden bewegst du Elemente über die Folie. Es gibt vorgegebene Pfade wie eine kreisförmige Bewegung oder selber gezeichnete. Bei eigenen Pfaden machst du für jede Richtungsänderung einen Mausklick, mit einem Doppelklick beendest du den Pfad.

Geräusche und Bilder raten

Hast du Lust auf eine Spielrunde? Natürlich können wir hier nicht mithalten mit den großen Computerspielen, aber ein paar Ideen kannst du durchaus umsetzen. PowerPoint eignet sich gut für Ratespiele, Spiele mit Bildern, Tönen und Musik.

Spiel mit Tönen: Geräusche raten

Einige Radiosender spielen dieses Spiel: Es wird ein Geräusch aus dem Alltag vorgespielt und die Mitspieler müssen erraten, welches Geräusch

Kapitel   It's Partytime!

9

es ist. Als Voraussetzung brauchst du ein paar Töne aus deiner Umgebung, die du auf dem Computer gespeichert hast. Du kannst Töne direkt aufnehmen, das hast du bei dem Kommentar zum Fotoalbum schon gemacht. Du kannst auch Töne aus der ClipArt-Sammlung verwenden.

Klicke auf EINFÜGEN|AUDIO|CLIPART-AUDIO und klicke den Sound an, den du verwenden möchtest. Wenn du einen Internetzugang hast, klicke an OFFICE.COM-INHALTE BERÜCKSICHTIGEN, sonst findest du nur wenige Geräusche.

Abb. 9.12: Einige Töne findest du unter den ClipArts.

Du kannst auch selber Geräusche aufnehmen, wenn du auf EINFÜGEN|AUDIO|AUDIOAUFNAHME klickst. Tippe in das Feld NAME ein, was du aufnimmst. Starte die Aufnahme mit einem Klick auf den roten Punkt und beende sie mit einem Klick auf das blaue Rechteck.

Geräusche und Bilder raten

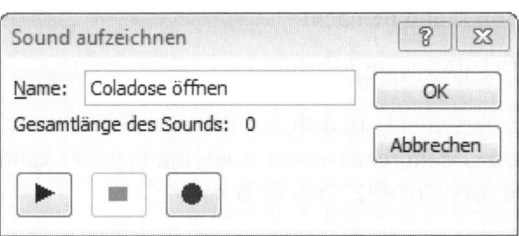

Abb. 9.13: Die Aufnahme startet mit dem rechten Symbol und wird mit dem mittleren Symbol beendet.

Nimm verschiedene Geräusche auf oder suche sie dir aus den ClipArt-Geräuschen aus: Wasser in ein Glas gießen, eine Flasche öffnen, Papier zerreißen, eine Tür aufschließen, auf der Tastatur schreiben. Achte darauf, dass die Geräusche laut genug sind. Gib jedem Sound einen Namen, beende jede Aufnahme mit Klick auf das blaue Rechteck und bestätige sie mit OK. Aber bevor du jetzt loslegst, lies dir den nächsten Absatz noch durch!

Sounds, die du selber aufnimmst, bekommen den Namen, den du vergeben hast. ClipArt-Audios heißen oft sonderbar, so musst du später selber raten, was dieses Geräusch bedeutet. Für das spätere Bearbeiten ist es einfacher, wenn du diesen Tönen einen richtigen Namen gibst.

Abb. 9.14: Das Husky-Gebell hat keinen sinnvollen Namen für das Lautsprecher-Symbol.

Kapitel 9 — It's Partytime!

Wir haben das beim Lageplan schon gemacht:

1. Klicke auf START|MARKIEREN|AUSWAHLBEREICH.

2. Markiere das Lautsprechersymbol, im Aufgabenbereich AUSWAHL UND SICHTBARKEIT wird der dazu gehörende Name auch markiert. Er kann sehr sonderbar sein wie *MS90074822.wav* oder so ähnlich.

3. Tippe einen Namen ein, unter dem du dir später etwas vorstellen kannst, beispielsweise schreibst du `Hundegebell`.

Du siehst jetzt auf der Folie die Lautsprechersymbole mit den Schaltflächen für das Abspielen darunter. Im Aufgabenbereich siehst du die Namen. Der Sound spielt auf der Folie, wenn du unter dem Lautsprecher auf das WIEDERGABE-Symbol klickst. Während der Bildschirmshow erscheinen die Wiedergabesymbole, wenn du auf den Lautsprecher zeigst.

WELCHES GERÄUSCH

Abb. 9.15:
Während der Bildschirmpräsentation erscheint das WIEDERGABE-Symbol, wenn du auf den Lautsprecher zeigst.

Starte die Bildschirmpräsentation und klicke ein Lautsprechersymbol an. Wenn alle genug über das Geräusch nachgedacht haben und vielleicht jeder eine Lösung gerufen hat, sollte die richtige Lösung eingeblendet werden. Du brauchst dazu für jedes Geräusch eine Form, in die du die Lösung schreibst – allerdings soll die Lösung erst eingeblendet werden, wenn du darauf klickst.

1. Zeichne unter den ersten Lautsprecher ein Rechteck und schreibe die Lösung hinein.

2. Formatiere die Schrift in derselben Farbe, mit der das Rechteck gefüllt ist. Die Schrift darf nicht mehr zu sehen sein!

Geräusche und Bilder raten

Abb. 9.16: Die Schrift verschwindet, wenn du ihr dieselbe Farbe gibst, die das Rechteck hat.

3. Klicke auf ANIMATIONEN und klicke die Liste der Animationen auf. Gehe nach unten bis in die Rubrik BETONT und klicke SCHRIFTFARBE an.

4. Anschließend wählst du EFFEKTOPTIONEN und klickst auf die Farbe SCHWARZ.

Was hast du jetzt eingestellt? Die unsichtbare Schrift wird nach einem Mausklick auf das Rechteck schwarz gefärbt. Probiere es aus! Starte die Bildschirmpräsentation – das Rechteck wird ohne Schrift gezeigt. Klicke den Lautsprecher für das Geräusch an und nach ein paar Sekunden klickst du auf das Rechteck. Jetzt wird die Schrift schwarz gefärbt und ist sichtbar.

> Manchmal siehst du den gewünschten Effekt nicht sofort in der Liste. Klicke dann am unteren Rand der Liste auf WEITERE EINGANGSEFFEKTE oder WEITERE HERVORHEBUNGSEFFEKTE, je nachdem, aus welcher Rubrik du einen Effekt suchst.

Abb. 9.17: Wähle unter den EFFEKTOPTIONEN die Schriftfarbe nach einem Klick auf das Rechteck.

Kapitel 9 — It's Partytime!

Wiederhole das für jedes Geräusch, das erraten werden soll. Am einfachsten geht es so:

1. Zeichne das erste Rechteck für das erste Geräusch, schreibe den Namen des Geräusches hinein. Lasse die Schriftfarbe so, dass du den Text noch lesen kannst.

2. Kopiere das Kästchen unter die anderen Lautsprecher, schreibe für jedes die richtige Beschriftung.

Wenn du nicht mehr weißt, welches Geräusch dieser Lautsprecher abspielt, blende START|MARKIEREN|AUSWAHLBEREICH ein. Jetzt siehst du zu dem markierten Lautsprecher den Namen, den du eingetippt hast. Du kannst hier auch immer sehen, welches Rechteck du gerade markiert hast.

3. Markiere das erste Rechteck und weise die Animation HERVORHEBUNGSEFFEKT|SCHRIFTFARBE zu. Unter ANIMATIONSEFFEKT wählst du die Schriftfarbe Schwarz.

4. Klicke auf TRIGGER|BEIM KLICKEN AUF und wähle das Rechteck.

5. Kopiere diese Animation auf die anderen Rechtecke.

6. Markiere wieder das erste Rechteck und gib der Schrift dieselbe Farbe wie die Füllung des Rechtecks. Kopiere das Format auf alle anderen Rechtecke.

Animationen kopierst du mit ANIMATIONEN|ANIMATION ÜBERTRAGEN; alle anderen Formate wie Füllfarbe oder Schriftfarbe kopierst du mit START|ZWISCHENABLAGE|FORMAT ÜBERTRAGEN. Klicke die Symbole für das Übertragen einfach an, wenn du die Animation oder das Format nur auf ein anderes Objekt übertragen möchtest. Mache einen Doppelklick auf das Symbol, wenn du auf viele Objekte übertragen möchtest. Sobald du fertig bist, klickst du das Übertragen-Symbol noch einmal an.

Bist du noch dabei? Es ist eine Menge Stoff gewesen und du musst so eine knifflige Präsentation nicht in einem Rutsch fertigstellen. Das tue ich auch nicht. Wenn du solch ein Spiel planst, dann lasse dir viel Zeit. Sammle zuerst die Geräusche, benenne die Sounds auf der Folie immer sofort im AUSWAHLBEREICH. Speichere die Präsentation oft, damit du nicht versehentlich etwas verlierst. Probiere dann die Animation für die

Geräusche und Bilder raten

Lösungskästchen für ein einziges Geräusch aus. Erst wenn das ganz gut klappt, überträgst du es auf die anderen Rechtecke.

Weitere Ideen mit Tönen: Musik erraten

Mit der gleichen Technik kannst du auch Musik oder gesprochene Texte erraten lassen. Du brauchst dann Teile aus Liedern oder aufgenommene Sätze. Kann dein MP3-Player auch Geräusche aufnehmen? Dann bist du mobil und kannst überall kleine Sounddateien aufzeichnen.

> Was eignet sich alles? Du kannst von einem bekannten Lied nur ein paar Takte aufzeichnen und raten lassen, welcher Song das ist. Es ist auch ganz lustig, wenn du von sehr bekannten Gruppen oder Sängern alte oder ganz unbekannte Stücke anspielst und raten lässt, wer das wohl singt. Oder nimm deine Freunde auf: Jeder sagt einen kurzen Satz. Dann müssen die anderen raten, wessen Stimme das ist. Oder lies aus einem Märchen den Anfangssatz vor – welches Märchen ist das?

Solange du am Computer etwas aufnimmst, klickst du immer auf EINFÜGEN|AUDIO|AUDIOAUFNAHME. Diese Audiodateien sind immer sofort in deiner Präsentation gespeichert.

Sounds aus anderer Quelle speicherst du auf deinem Computer ab. Verwende zum Speichern die Formate MP3 oder WMA oder WAV. Dann wählst du EINFÜGEN|AUDIO|AUDIO AUS DATEI. Um aus einem Lied ein Stück herauszuschneiden, musst du die Datei beschneiden.

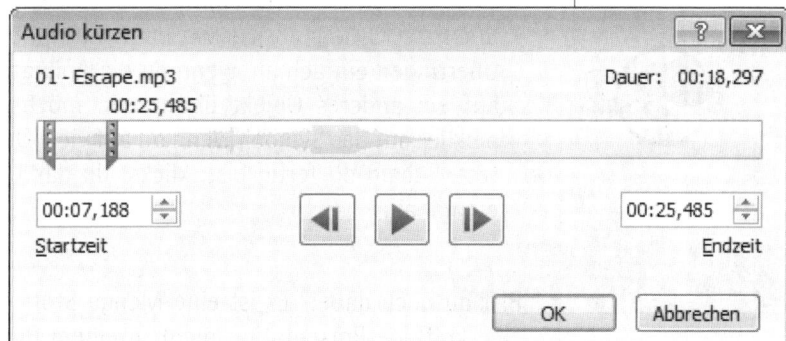

Abb. 9.18:
Ein langes Musikstück
wird beschnitten.

1. Füge die Audiodatei auf der Folie ein und markiere das Lautsprechersymbol.
2. Klicke auf AUDIOTOOLS|WIEDERGABE|AUDIO BESCHNEIDEN.

Kapitel 9 — It's Partytime!

3. Die grüne Markierung ist der Anfang und die rote das Ende des Musikstückes. Ziehe sie beide so, dass du einen kurzen Ausschnitt bekommst. Zur Kontrolle klickst du auf das mittlere Symbol WIEDERGABE.

4. Mit Klick auf OK wird das Musikstück in der verkürzten Version in der Präsentation gespeichert.

Spiel mit Bildern: Verdeckte Bilder raten

Das nächste Ratespiel dreht sich um Bilder. Sie sind verdeckt und werden Stück für Stück aufgedeckt. Die Gäste sollen raten, was es darstellt – gar nicht so einfach, wenn man nur einen winzigen Ausschnitt sieht! Es wird noch schwieriger, wenn das Bild selber ungewöhnlich ist: der Kühler eines Autos, Orangenschalen, eine Bohrmaschine, ein Paar Turnschuhe ...

Erstelle zuerst eine leere Folie und weise das Rate-Bild als Hintergrund zu. Das geht mit ENTWURF|HINTERGRUNDFORMATE|HINTERGRUND FORMATIEREN, dort auf BILD- ODER TEXTURFÜLLUNG klicken und mit EINFÜGEN AUS DATEI nach dem Bild suchen. Wenn es mehr Folien in deiner Präsentation gibt, achte darauf, dass du zum Schluss nur auf SCHLIESSEN klickst! Mit der Schaltfläche FÜR ALLE ÜBERNEHMEN wird das Bild für alle Folien verwendet.

Abb. 9.19:
Noch ist das Ratemotiv zu sehen ...

Das Bild für den Hintergrund muss querformatig sein, sonst wird es ganz verzerrt. Dann kann bestimmt niemand mehr erraten, was das ist!

Geräusche und Bilder raten

Sobald das Bild als Folienhintergrund zu sehen ist, musst du es abdecken. Die Abdeckung soll später Stück für Stück aufgedeckt werden, die Teile dürfen also nicht so groß sein. Zeichne auf das Bild in die obere linke Ecke ein Rechteck und kopiere es so oft, bis das ganze Bild verdeckt ist.

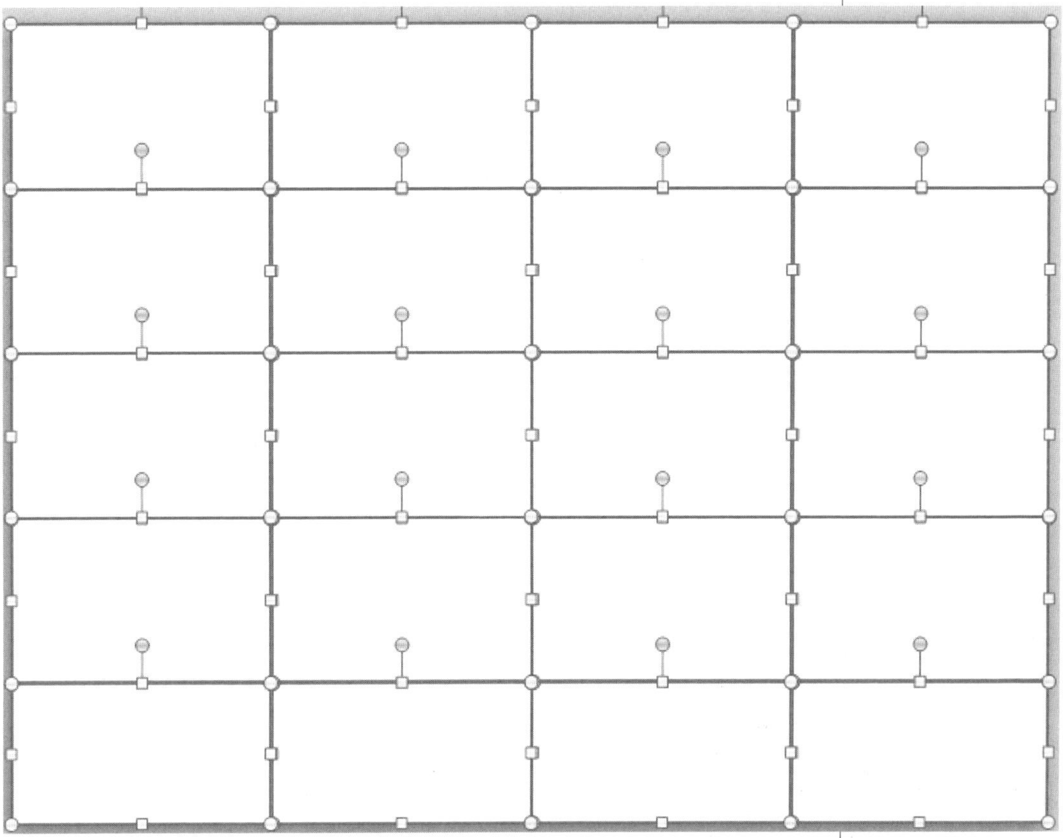

Abb. 9.20: ... und abgedeckt ist das ganze Bild.

Mit einer Animation sorgst du dafür, dass die Rechtecke auf Mausklick ausgeblendet werden. Damit lernst du die letzte Animationsart kennen: Eingangs- und Hervorhebungseffekt hast du schon kennen gelernt, genauso wie den Animationspfad. Jetzt lassen wir etwas verschwinden.

1. Markiere alle Rechtecke. Am schnellsten geht das mit Strg + A.

2. Klicke auf ANIMATIONEN und klappe die Liste mit den Animationen auf. Klicke ganz unten WEITERE AUSGANGSEFFEKTE an und suche dir einen Effekt aus wie beispielsweise SPROSSENRAD oder ZOOM EINFACH. Bestätige das mit OK.

Lasse noch alles markiert und klicke auf ANIMATIONSBEREICH. Erkennst du, dass alle Kästchen mit einem Mausklick verschwinden würden? An jedem

Kapitel 9 — It's Partytime!

Kästchen steht die gleiche Ziffer und im ANIMATIONSBEREICH wird nur für das oberste Rechteck das Maussymbol gezeigt. Das soll natürlich nicht so sein.

Klicke im Register ANIMATIONEN neben START auf BEIM KLICKEN. Jetzt muss jede Zeile ein Maussymbol bekommen haben und auf der Folie geht die Zählung von 1 bis ungefähr 20 oder 30 oder mehr, je nachdem, wie groß deine Rechtecke sind.

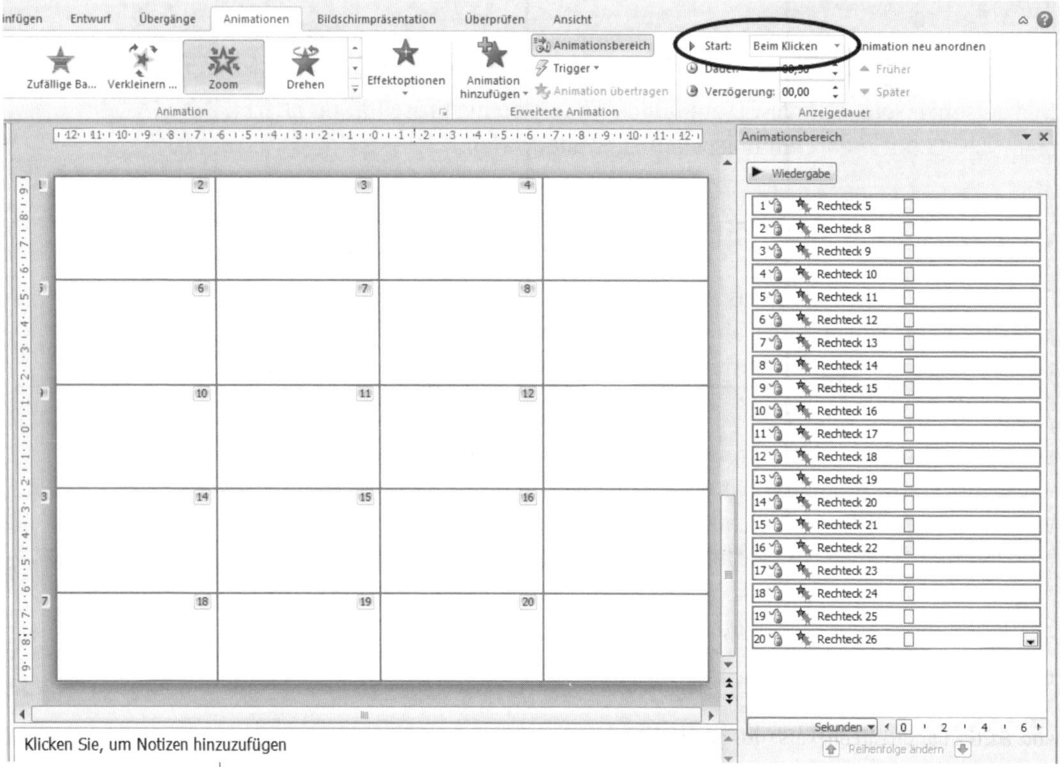

Abb. 9.21: Jedes Rechteck hat seine eigene Animation, die erst mit einem Klick startet.

Probiere es aus! Starte die Bildschirmpräsentation und klicke irgendwo auf die Folie. Das erste Rechteck, das du gezeichnet hast, verschwindet. Mit dem zweiten Klick wird das nächste ausgeblendet und so fort.

Interessanter wird es, wenn das Aufdecken nicht von links nach rechts und von oben nach unten geht, sondern kreuz und quer durch das Bild läuft. Dafür gibt es zwei Methoden.

1. Sortiere die Animationen um. Schiebe im Aufgabenbereich die Animationen mit der Maus an eine andere Stelle. Dann deckt der zweite Mausklick nicht das zweite, sondern ein anderes Rechteck auf.

Geräusche und Bilder raten

2. Weise den Animationen einen Trigger zu. Dann kannst du mit Klick auf das Rechteck genau dieses Rechteck ausblenden.

> Denke daran, dass du eine Animation kopieren kannst. Nur ein Kästchen muss animiert werden, wie du es möchtest. Dann klicke ANIMATIONEN ÜBERTRAGEN doppelt an und klicke auf jedes Kästchen, das die gleiche Animation bekommen soll.

Du musst übrigens nicht unbedingt Rechtecke verwenden. Auch andere Formen sind möglich, sie müssen sich nur überlappen. Es darf nichts vom Bild zu sehen sein. Auf der CD zum Buch findest du die Präsentation SPIELEABEND.PPTX mit mehreren Beispielen zum Bilderraten.

Countdown bis Mitternacht

Die letzten zehn Sekunden bis zur Eröffnung der Bar oder bis Mitternacht kannst du von PowerPoint zählen lassen. Du musst nur die Präsentation zum richtigen Zeitpunkt starten. Dann läuft der Countdown und endet mit einem Sound.

Du brauchst dazu so viele Kreise, wie du Sekunden oder Minuten zählen willst. Als Erstes probieren wir einen Countdown mit fünf Sekunden. Wir werden also fünf Kreise zeichnen, in jeden Kreis kommt eine Ziffer: von eins bis fünf. Die Kreise werden genau übereinander gelegt und so animiert, dass im Sekundentakt zuerst die 1, dann die 2 und nach fünf Sekunden die 5 angezeigt wird.

Beginnen wir mit dem ersten Kreis:

1. Zeichne einen großen Kreis auf die Folie, schreibe eine 1 hinein und formatiere die Zahl so groß wie möglich. Ich habe die Schriftgröße 300 pt gewählt und die Formatierung FETT.

> Die Schriftgröße 300 pt wird gar nicht angeboten, aber du kannst eine Zahl einfach in das Feld der Schriftgröße hineinschreiben und mit ↵ bestätigen.

2. Lasse den Kreis markiert und wähle aus den ANIMATIONEN den Eingangseffekt ERSCHEINEN. Nimm keine andere Animation, weil das die Zeit verzögern kann, und dann hast du keine genaue Zählung der Sekunden mehr.

3. Lasse den ANIMATIONSBEREICH anzeigen, klappe neben ELLIPSE 1 den Auswahlpfeil auf und wähle ANZEIGEDAUER.

Abb. 9.22: Jeder Kreis erscheint eine Sekunde nach dem vorhergehenden.

4. Stelle ein STARTEN: NACH VORHERIGER und VERZÖGERUNG: 1 SEKUNDE.

5. Klicke auf das Register EFFEKT und wähle einen Sound aus. Bestätige beide Einstellungen mit OK.

Formatiere den Kreis noch auffällig mit einer Füllfarbe oder einem Fülleffekt. Dann kopiere ihn vier Mal, zum Schluss musst du fünf Kreise auf der Folie haben. Es ist ganz wichtig, dass du den Kreis kopierst – nur so sind alle gleich groß und bekommen die gleichen Einstellungen für die Farbe und die Animation.

Ziehe die Kreise etwas auseinander, damit du die Ziffern ändern kannst. Du brauchst am Ende fünf Kreise mit den Ziffern 1 bis 5. Alle Kreise müssen genau übereinander stehen. Markiere die fünf Kreise.

1. Klicke auf START|ANORDNEN|AUSRICHTEN. Wähle zuerst HORIZONTAL ZENTRIEREN. Lasse die Kreise markiert.

2. Gehe erneut in AUSRICHTEN und wähle dieses Mal VERTIKAL ZENTRIEREN.

Die Kreise stehen jetzt exakt übereinander, der fünfte ist oben. Starte die Bildschirmpräsentation und schaue zu, wie die Kreise nacheinander erscheinen. Sie müssen ohne jeden Mausklick mit der *1* beginnen und mit der *5* aufhören.

Geräusche und Bilder raten

Abb. 9.23: Die Kreise sind markiert, aber noch nicht ausgerichtet.

Unser Countdown ist nur fünf Sekunden lang. Für mehr Sekunden musst du mehr Kreise kopieren. Jede Sekunde braucht einen Kreis. Soll PowerPoint nicht die Sekunden, sondern die Minuten zählen, stellst du als Verzögerung nicht eine Sekunde, sondern 60 Sekunden ein. Dann springt die nächste Zahl erst nach einer Minute um.

Weitere Countdown-Ideen findest du auf der Präsentation COUNTDOWN.PPTX zu diesem Kapitel

Ein Blick zurück

Du kennst jetzt alle Animationsarten:

◆ EINGANG: Die Form oder der Text erscheint erst auf Mausklick. Das kann der Klick auf die Folie sein oder ein Klick auf eine bestimmte Form, dazu nimmst du die Funktion TRIGGER.

◆ HERVORHEBUNG: Eine Form oder ein Text verändert seine Farbe oder blinkt.

◆ ANIMATIONSPFAD: Ein Objekt bewegt sich auf einem gezeichneten Pfad über die Folie.

◆ BEENDEN: Eine Form wird auf Mausklick ausgeblendet. Das ist wie bei der Eingangsanimation entweder der Klick auf die Folie oder der Trigger.

Zusammenfassung

Es gibt folgende Arten, eine Animation zu starten:

◇ BEIM KLICKEN: Du klickst irgendwo auf die Folie, um die nächste Animation zu starten.

◇ MIT VORHERIGER: Gleichzeitig mit der vorhergehenden Animation startet diese.

◇ NACH VORHERIGER: Mit dem Ende der letzten Animation startet diese.

◇ Mit dem TRIGGER: Ein ganz bestimmtes Element muss angeklickt werden, damit diese Animation startet.

Wenn du in einer Präsentation verhindern möchtest, dass man etwas anderes anklickt als die Trigger, schaltest du die ANSICHT AN EINEM KIOSK ein.

Um schnell die gleiche Animation für andere Elemente zu übernehmen, kannst du die ANIMATION ÜBERTRAGEN.

Ein paar Fragen …

Frage 1: Auf einer Folie sind ein Stern und ein Kreis gezeichnet. Der Stern soll blinken, wenn der Kreis angeklickt wird. Für welche Form musst du die Animation einstellen TRIGGER: BEIM KLICKEN AUF?

Frage 2: Im AUSWAHLBEREICH kannst du jedem Element einen Namen geben. Damit ist es einfacher, Animationen dem richtigen Element zuzuweisen. Mit welchem Befehl schaltest du den AUSWAHLBEREICH ein?

Frage 3: Ein benutzerdefinierter Animationspfad kann sich beliebig über die Folie schlängeln. Wie änderst du die Richtung und wie beendest du den Pfad?

... und ein paar Aufgaben

1. Öffne die Präsentation FRAGEN UND AUFGABEN.PPTX zu diesem Kapitel von der Buch-CD. Auf der zweiten Folie gibt es ein Bild mit vielen Luftballons und einen Pfeil nach oben. Die Luftballons sollen sich nach oben bewegen, wenn auf den Pfeil geklickt wird.

2. Auf der Folie *Stimmungsbarometer* sollen die Smileys so animiert werden, dass sie erscheinen, wenn auf das Plus- oder Minuszeichen darüber geklickt wird. Ein Klick auf die zwei Pluszeichen ganz links soll den strahlenden Smiley erscheinen lassen, der Klick auf das einzelne Pluszeichen den lächelnden Smiley und so weiter.

3. Lasse auf der Folie *Länder* die Landkarten verschwinden, wenn du auf den Ländernamen klickst. Benenne zuerst alle Länder und alle Kreise mit den Ländernamen, damit du dich bei der Animation leichter tust.

10

Deine eigene Vorlage

Was erwartet dich in diesem Kapitel? Ich werde dir zeigen, was eine Vorlage und was ein Master ist. Du kannst anschließend eine eigene Entwurfsvorlage entwerfen, die sonst niemand hat.

In diesem Kapitel lernst du

- für alle Folien einer Präsentation die Schrift und die Aufzählungssymbole zu ändern
- eine Vorlage zu entwerfen, sie abzuspeichern und zu verwenden
- eigene Folienlayouts zu gestalten

Folienmaster

Erstelle eine neue Präsentation mit zwei Folien: mit der Titelfolie, die automatisch erscheint, und zusätzlich einer Folie mit dem Folienlayout TITEL UND INHALT. Schreibe in beide Folien Text und schaue dir die Schriftart und die Schriftgröße an. Welche Schriftart, welche Schriftgröße und

Kapitel 10 — Deine eigene Vorlage

welche Aufzählungszeichen verwendet PowerPoint? Speichere die Präsentation, wir brauchen sie bis zum Ende dieses Kapitels.

Egal, wie viele Folien du einfügst, PowerPoint wird immer dieselbe Schriftart verwenden, immer dieselben Aufzählungszeichen benutzen. Du kannst sogar zu dieser Schrift zurückkehren, wenn du von Hand etwas geändert hast. Markiere auf der Titelfolie den Titel und verändere ihn: Formatiere ihn fett und kursiv.

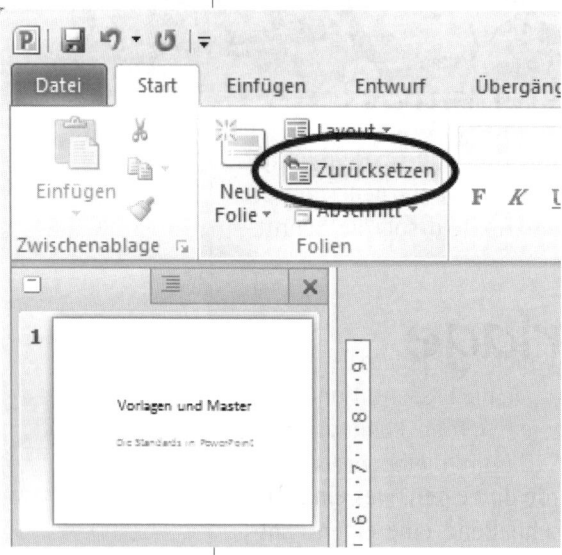

Abb. 10.1:
Formatänderungen auf der Folie lassen sich zurücksetzen.

Klicke anschließend auf START|ZURÜCKSETZEN und alles sieht so aus, wie es vor deiner Änderung war.

> Eine Formatierung, die du direkt im Text der Folie vornimmst, nennt man eine *manuelle* oder *direkte* Formatierung. Sie wird unterschieden von der Formatierung, die von der Vorlage gekommen ist.

Woher weiß das Programm den Unterschied zwischen deiner manuellen Formatierung und den Formaten, die von der Vorlage stammen? PowerPoint orientiert sich am Folienmaster, der für die ganze Präsentation vorgibt, wie die Folien auszusehen haben. Es gibt so viele verschiedene Master in deiner Präsentation, wie du Folienlayouts hast. Klicke auf START|LAYOUT und zähle einmal die Folienlayouts. Für das Design LARISSA sind es neun Folienlayouts – du hast also neun Layoutmaster.

Folienmaster

Die Layoutmaster bestimmen:

◇ die Schriftart und die Schriftgröße für die Platzhalter, also für den Titel der Folie und das Textfeld

◇ die Aufzählungssymbole im Textfeld

◇ den Abstand zwischen dem Aufzählungssymbol und dem Text

◇ die Anordnung der Felder für die Fußzeile (Datum, Foliennummer und Fußzeile) und die Schrift.

Schrift verändern: den Master anpassen

Beginnen wir mit der Schrift für die Platzhalter Titel und Textfeld. In der gesamten Präsentation soll auf allen Folien die Schrift für den Titel fett werden und die Schriftfarbe soll blau sein; im Textfeld soll die Schriftgröße verändert werden.

Es ist schlecht, Schriften zu verwenden, die nicht auf jedem Computer vorhanden sind. Sonderschriften musst du in die Präsentation einbetten, damit sie auf anderen PCs angezeigt werden können, und nicht für jede Schriftart ist das erlaubt. Darum bleibe bei einer Schrift, die überall vorhanden ist – Arial, Calibri oder Tahoma sind sicher.

Rufe ANSICHT|FOLIENMASTER auf – und bevor du irgendetwas veränderst, lies erst den nächsten Absatz durch!

Du siehst am linken Rand die verschiedenen Master für die einzelnen Folienlayouts. Ganz oben steht der *Super-Master*, was du dort veränderst, wirkt sich auf alle Folienmaster aus. Änderst du auf dem *Super-Master* den Folientitel von der Farbe Schwarz zu Blau, werden alle Folientitel in allen anderen Mastern auch blau. Änderst du auf einem Master darunter die Farbe, gilt es nur dort.

Schreibe keine Texte in die Master! Du darfst hier nur die Formate ändern, also die Schriftgröße anpassen, eine andere Schriftfarbe aussuchen, den Folientitel fett machen oder andere Aufzählungszeichen zuweisen. Aber du darfst in die Platzhalter nichts hineinschreiben und auch nichts herauslöschen!

Kapitel 10 — Deine eigene Vorlage

Abb. 10.2: Links am Rand stehen die Master, der umrandete ist der »Super-Master«.

In der Abbildung habe ich um den *Super-Master* ganz oben einen Rahmen gezeichnet. Die Master für die Folienlayouts stehen darunter, sind ein bisschen kleiner und etwas eingerückt. Der Master oben ist markiert und wird im Folienbereich angezeigt. Beginne mit ihm, klicke ihn an.

1. Klicke in das Platzhalterfeld TITELMASTERFORMAT DURCH KLICKEN BEARBEITEN, du siehst den Cursor blinken. Es ist nicht notwendig, den ganzen Text zu markieren.

2. Mache den Titel fett und verwende die Schriftfarbe Blau. Achte darauf, wie sich in den Mastern darunter sofort der Titel verändert; auch er wird fett und blau.

3. Klicke auf den Rand des Platzhalters für das Textfeld, dieses Mal soll kein Cursor zu sehen sein. Der Platzhalter bekommt einen dicken Rand.

4. Verkleinere die Schrift um 2 pt, verwende dazu das Symbol START| SCHRIFTGRAD VERKLEINERN. Weil der ganze Platzhalter markiert ist, werden die Schriften für alle Ebenen jeweils um 2 pt verkleinert.

Die erste Veränderung des Masters ist jetzt beendet. Klicke auf das Register FOLIENMASTER und dort auf MASTERANSICHT SCHLIESSEN. Was hat sich alles in der Präsentation verändert? Für beide Folien muss der Folientitel jetzt fett und blau sein, die Schrift im Textfeld muss kleiner geworden sein. Erzeuge eine neue Folie und schau sie auch an – sie hält sich genau an die Vorgabe des Masters.

Probiere noch eine Änderung aus: Rufe mit ANSICHT|MASTER den Folienmaster auf. Klicke den *Super-Master* ganz oben an und ändere die Aus-

Folienmaster

richtung des Folientitels von zentriert zu linksbündig. Wähle anschließend START|SCHRIFTART|KAPITÄLCHEN. Beende die Bearbeitung des Masters mit FOLIENMASTER|MASTERANSICHT SCHLIESSEN.

Aufzählungszeichen: für alle Folien verändern

Was für die Schrift geht, funktioniert auch für die Aufzählungszeichen. Du kannst für alle Folien deiner Präsentation vorgeben, welche Aufzählungszeichen du für jede Ebene verwenden willst. Das ist praktisch, weil du nicht auf jeder Folie erneut die Aufzählungssymbole anpassen musst.

1. Lasse dir den Folienmaster anzeigen. Achte darauf, dass du im ersten Master bist, dem *Super-Master*.
2. Klicke in das Textfeld und stelle den Cursor in die erste Ebene; der Cursor muss in der Zeile TEXTMASTERFORMAT BEARBEITEN blinken.

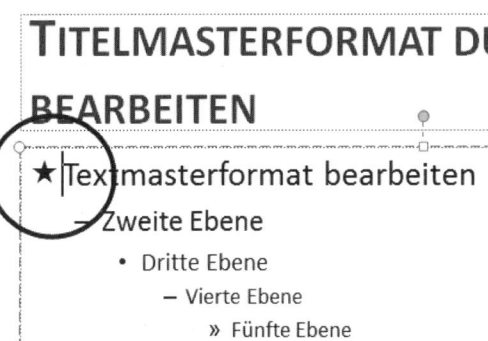

Abb. 10.3:
Ein Sternchen aus den Wingdings als Aufzählungszeichen

3. Wähle START|ABSATZ und klicke neben dem Symbol AUFZÄHLUNGSZEICHEN auf den Auswahlpfeil. Wähle entweder eines der Aufzählungssymbole, die du sehen kannst, oder klicke auf NUMMERIERUNG UND AUFZÄHLUNGSZEICHEN|ANPASSEN und suche aus der Schriftart WINGDINGS ein schönes Symbol. Bestätige alles mit OK.

4. Schließe die Masteransicht wieder.

> Aufzählungszeichen sind Zeichen einer Schrift, genauso wie ein Buchstabe. Verwende entweder Wingdings oder die Zeichen der Standardschriften Arial, Calibri und so fort. Andere Schriften sind möglicherweise nicht auf anderen Computern vorhanden und anstelle deiner Aufzählungszeichen siehst du sonderbare Symbole.

Kapitel 10 — Deine eigene Vorlage

Schau dir wieder deine Folien an – haben sich die Aufzählungszeichen in der zweiten Folie verändert? Füge noch eine weitere Folie hinzu, verwende jetzt das Folienlayout ZWEI INHALTE und schreibe in jedes der beiden Textfelder etwas Text. Auch hier müssen jetzt die anderen Aufzählungszeichen verwendet werden.

Absatzeinrückung: Abstand zwischen Stern und Text korrigieren

Bei manchen Aufzählungssymbolen wird der Abstand zwischen dem Symbol und dem Text zu eng. Das sieht nicht schön aus. Korrigiere es im Folienmaster.

1. Rufe den Folienmaster auf. Denke daran, dass du im *Super-Master* ganz oben arbeiten musst, klicke ihn an. Setze dann den Cursor in das Textfeld in die Ebene mit dem neuen Aufzählungssymbol.

2. Siehst du am oberen Rand der Folie ein Lineal? Wenn nicht, musst du es mit ANSICHT|LINEAL erscheinen lassen.

3. Im Lineal werden zwei Dreiecke gezeigt. Sie sind Symbole für die Absatzeinrückung. Das obere Dreieck bestimmt, wo das Aufzählungszeichen sitzt; das untere Dreieck bestimmt, wo der Text beginnt.

4. Zeige mit der Maus in das untere Dreieck und ziehe es ein Stück nach rechts. Während du ziehst, zeigt eine graue Linie an, wo der Text jetzt beginnen wird. Lasse die Maus los.

> Setze die Spitze des Mauszeigers ganz exakt in das untere Dreieck! Du darfst nicht in das kleine Kästchen darunter zeigen, sonst verschiebst du den Textbeginn und das Aufzählungszeichen.

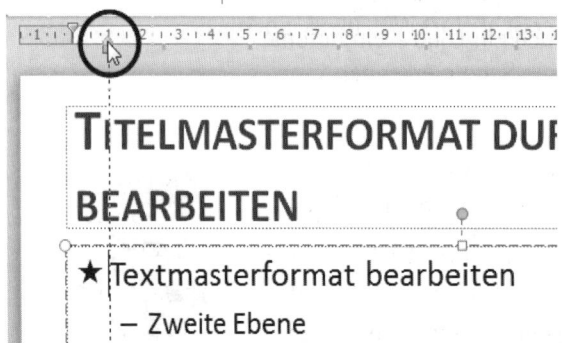

Abb. 10.4:
Platziere den Mauszeiger ganz genau im unteren Dreieck.

Folienmaster

Falls du versehentlich das untere Kästchen erwischt hast und jetzt Aufzählungssymbol und Text verschoben sind, mache schnell rückgängig und versuche es noch einmal.

Der Abstand zwischen dem Aufzählungssymbol und dem Text muss jetzt größer geworden sein. Wenn du den Abstand sehr groß machst, musst du in den nächsten Ebenen die Abstände auch noch ändern. Zum Schluss soll immer das nächste Aufzählungssymbol unter dem Text der vorherigen Ebene stehen.

Ist dir das zu mühsam? Dann verwende besser das Menü START|ABSATZ. Du kannst bei EINZUG genau einstellen, wo das Aufzählungssymbol steht und wo der Text beginnt. Für alle Ebenen gleich ist die Einstellung HÄNGEND, die Maße unterscheiden sich. Damit du es besser ausprobieren kannst, habe ich dir die Maße für die Ebenen aufgeschrieben:

Ebene	Vor Text	Innerhalb von
Ebene 1	1,5 cm	1,5 cm
Ebene 2	2,5 cm	1,0 cm
Ebene 3	3,5 cm	1,0 cm
Ebene 4	4,5 cm	1,0 cm
Ebene 5	5,5 cm	1,0 cm

Klicke auf FOLIENMASTER|MASTERANSICHT SCHLIESSEN, um wieder in die normale Folienbearbeitung zurückzukehren.

Logos: Dein Erkennungszeichen

Firmen haben als Erkennungszeichen ein Logo, das auf Briefpapier, Broschüren und im Internet überall auftaucht. Daran erkennt man eine Firma. Dieses Buch hat sogar drei Logos: Nele, Tim und Buffy, sie begleiten dich durch alle Seiten. Vielleicht hat deine Schule auch ein Logo – ein besonderer Schriftzug oder ein Bild, an dem jeder deine Schule erkennen kann.

Auf der CD zu diesem Buch findest du im Ordner zu Kapitel 10 Bilder, die sich als Logo eignen. Unter anderem findest du auch die Bilder von Nele, Tim und Buffy.

Logos und Sinnbilder werden auch auf den Präsentationsfolien eingefügt. Es wäre nicht sinnvoll, ein Logo auf jeder Folie erneut einzufügen. Erstens

Kapitel 10 — Deine eigene Vorlage

ist das viel Arbeit und zweitens würden so viele Bilder die Präsentation riesig groß machen. Logos werden darum auf dem Folienmaster eingefügt.

1. Lasse dir wieder den Folienmaster anzeigen und gehe auf den *Super-Master*.

2. Wähle EINFÜGEN|GRAFIK und suche nach einem Bild, beispielsweise von der CD das Bild TIM.PNG. Klicke es doppelt an. Das Bild wird mitten auf der Folie eingefügt.

3. Schiebe das Bild nach oben rechts in die Folienecke und verkleinere es so, dass es nicht in das Textfeld hineinragt.

Abb. 10.5: Tim als Logo auf der Folie, das Bild darf nicht zu groß sein.

Beende wieder die Bearbeitung des Masters mit FOLIENMASTER|MASTERANSICHT SCHLIESSEN. Auf jeder Folie muss das Logo zu sehen sein – auch auf neuen Folien in dieser Präsentation. Denke daran, die Präsentation zu speichern, denn wir arbeiten bis zum Kapitelende damit.

Ein Blick zurück

Um für alle Folien in einer Präsentation ein Format zu ändern, nimmst du die Änderung auf dem Folienmaster vor. Du kannst auf dem Master die Schriftart und -farbe anpassen, Aufzählungszeichen verändern und ein Logo einfügen.

Folienlayouts

Denke daran, dass

- ⬥ Änderungen für alle Folien auf dem *Super-Master* gemacht werden, der ganz oben über den anderen Mastern steht.
- ⬥ keine Texte in die Master geschrieben werden dürfen.
- ⬥ nach der Änderung immer die Masteransicht geschlossen werden muss.

Folienlayouts

Bis jetzt haben wir die Formatänderungen immer auf dem *Super-Master* gemacht – er steht ganz oben über allen anderen Mastern und Änderungen wirken sich auf die anderen Master sofort aus.

Titelmaster: ein eigener Master für die Titelfolie

Die nächste Änderung am Format soll nur für einen bestimmten Master gelten: Auf dem Master für die Titelfolie soll ein zweites Logo eingefügt werden. Nur die Titelfolie soll Tim und Nele zeigen, alle anderen Folien sollen nach wie vor nur Tim als Logo haben.

Du brauchst zuerst wieder die Ansicht für den Folienmaster so wie gerade auch. Aber klicke dieses Mal nicht auf den obersten Master, sondern auf den direkt darunter. Dieser Master ist nur für die Titelfolie da. Im großen Folienfenster wird dir jetzt der Titelmaster angezeigt.

Füge mit EINFÜGEN|GRAFIK die Grafik NELE.PNG von der Buch-CD ein. Verkleinere das Bild und schiebe es so nach unten links, dass kein Textfeld verdeckt wird.

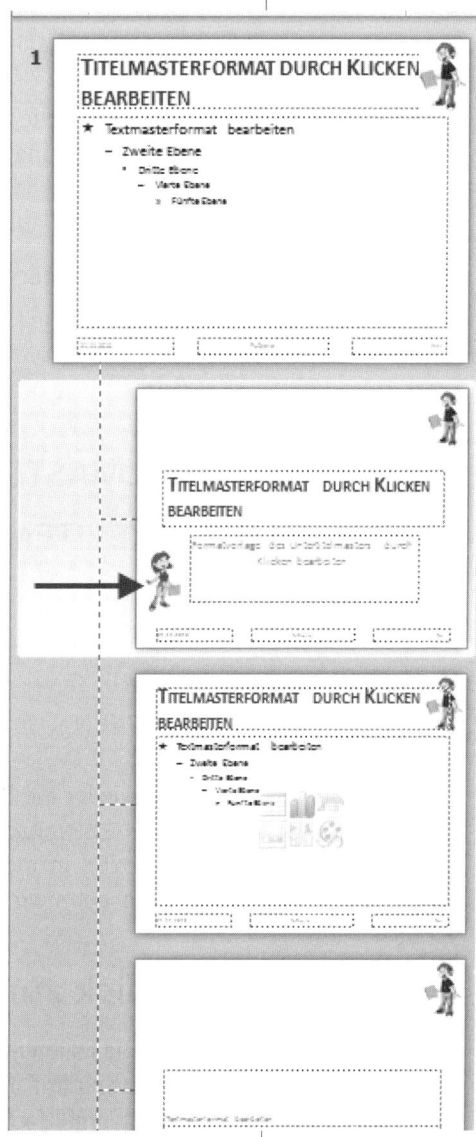

Abb. 10.6:
Nur auf dem Master für die Titelfolie
gibt es Tim und Nele.

Kapitel   Deine eigene Vorlage

10

Schaue dir im Vorschaubereich links die anderen Master an. Sie haben sich dieses Mal nicht verändert – nur der Titelmaster hat zwei Logos, auf allen Mastern ist nur Tim zu sehen.

Beende wieder die Bearbeitung des Masters und kehre zurück zur Folienansicht. Kontrolliere deine Folien, welche haben sich verändert? Nur auf der Titelfolie siehst du Nele, auf allen anderen ist nur Tim zu sehen.

Vergleiche: die Überschriften anpassen

Es gibt eine Folie mit dem Layout VERGLEICH, sie hat zwei Textfelder nebeneinander und über jedem Textfeld eine Überschrift. In unserem Beispiel ist es passend, wenn diese beiden Überschriften in der Schriftfarbe Blau wären und auch Kapitälchen hätten.

Gehe auf den Folienmaster und blättere in der Vorschau am linken Rand ein bisschen nach unten, bis du den Master für dieses Folienlayout siehst.

Abb. 10.7: Der Master für das Folienlayout VERGLEICH

Folienlayouts

Klicke in das linke Textfeld TEXTMASTERFORMAT BEARBEITEN und wähle START|SCHRIFTART|KAPITÄLCHEN und im selben Dialog die Schriftfarbe Blau. Bestätige die Auswahl. Formatiere das rechte Textfeld für die Überschrift genauso.

> Du kannst einen Befehl wiederholen, wenn du F4 drückst. Formatiere zuerst die linke Überschrift und bestätige den Dialog. Klicke dann in das rechte Textfeld und drücke F4. Es wird alles genauso eingestellt.

Vergiss nicht, die Masteransicht wieder zu schließen! Kontrolliere jetzt, ob die Änderung zu sehen ist. Füge eine neue Folie ein und verwende das Layout VERGLEICH. Sind die Überschriften links und rechts in blauer Schrift und in Kapitälchen? Wenn nicht, dann schau dir den Master für dieses Layout noch einmal genau an.

Folie für Bilder: ein eigenes Folienlayout

Du kannst eigene Folienlayouts erstellen und in der Präsentation speichern. Sie werden dann beim Erstellen einer neuen Folie genauso angezeigt wie die Layouts, die standardmäßig dabei sind.

Für viele Referate brauchst du Folien mit einem Bild und einem erklärenden Text daneben. Dafür brauchst du auf der Folie einen Platzhalter für das Bild und einen Platzhalter für den Text.

Abb. 10.8: Ein eigener Layoutmaster für ein Bild mit einem Textfeld daneben

Kapitel 10 — Deine eigene Vorlage

Wechsle in die Masteransicht und suche zuerst den Master für das Layout NUR TITEL, wir wollen ihn kopieren. Klicke den Layoutmaster NUR TITEL mit der rechten Maustaste an und wähle den Befehl LAYOUT DUPLIZIEREN; du siehst jetzt den gleichen Layoutmaster zweimal direkt untereinander. Klicke auf den unteren wieder mit der rechten Maustaste und wähle jetzt den Befehl LAYOUT UMBENENNEN. Nenne ihn BILD UND TEXT.

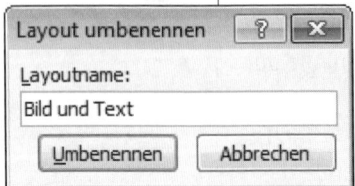

Abb. 10.9:
Jeder Layoutmaster hat einen Namen, benenne deine auch!

Klicke ihn an, damit du den Layoutmaster im großen Folienfenster sehen kannst. Er besteht aus dem Titel der Folie, der leeren Folie und den drei Feldern für die Fußzeile.

Füge jetzt zuerst den Platzhalter für das Textfeld ein, danach den Platzhalter für das Bild:

1. Klicke auf FOLIENMASTER|PLATZHALTER EINFÜGEN und wähle TEXT.

2. Zeichne mit gedrückter linker Maustaste auf die linke Seite der Folie die Größe des Textfeldes, so als ob du eine Form zeichnest. Das Textfeld sollte ungefähr die Hälfte der Folie einnehmen, daneben muss noch Platz für das Bild sein.

3. Wähle anschließend im selben Auswahlmenü BILD und zeichne den Platzhalter für das Bild auf die rechte Seite Folie neben das Textfeld.

Du siehst auf der Folie zwei Platzhalter: einen für den Text und einen für das Bild. Schließe die Masteransicht. Verwende jetzt dein neues Folienlayout. Klicke auf START|NEUE FOLIE – verwende dabei den unteren Teil des Symbols! Suche nach deinem Layout BILD UND TEXT und klicke es an. Damit hast du dein eigenes Folienlayout für die Folie verwendet.

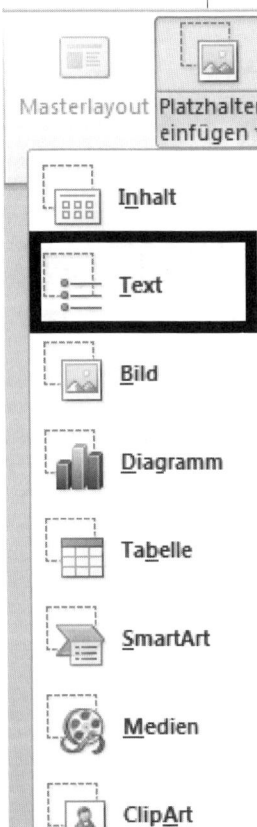

Abb. 10.10:
Wähle den Platzhalter für TEXT und danach den Platzhalter für BILD.

Ein eigenes Design

Ein Blick zurück

Jedes Folienlayout hat seinen eigenen Layoutmaster. Der oberste Master bestimmt das Aussehen aller Folien, die Layoutmaster das Aussehen eines ganz bestimmten Folienlayouts.

Du kannst eigene Layoutmaster anlegen:

1. Dupliziere einen vorhandenen Master.
2. Füge mit FOLIENMASTER|PLATZHALTER EINFÜGEN die Platzhalter ein, die du brauchst, und ordne sie auf der Folie an.

Ein eigenes Design

Du hast jetzt in einer Präsentation den Folienmaster bearbeitet, ein Logo hinzugefügt und einen eigenen Layoutmaster für Bilder erstellt. Das alles befindet sich im Moment nur in einer einzigen Präsentation. Aus dieser Präsentation kannst du dir auch ein eigenes Design erstellen, die du später über das Register ENTWURF genauso verwenden kannst wie die von Microsoft mitgelieferten Designs.

> In einer Firma oder in einem Verein erstellt man immer ein eigenes Design mit dem Firmen- oder Vereinslogo, den Aufzählungszeichen und den Farben. Dann muss niemand beim Erstellen einer Präsentation überlegen, welche Farben richtig sind, und niemand muss erst mühsam das Logo einfügen.

Farben: eine eigene Farbzusammenstellung

Zum Design gehört das Logo, das hast du schon in den Folienmaster eingefügt. Ein weiterer Bestandteil eines Designs sind die Farben. Hast du die Präsentation noch geöffnet, in die du die Bilder von Tim und Nele als Logo eingefügt hast? Wenn nicht, öffne sie jetzt.

Rufe das Register ENTWURF auf und klicke auf FARBEN. Wähle ganz unten den Befehl NEUE DESIGNFARBEN ERSTELLEN.

Kapitel 10 — Deine eigene Vorlage

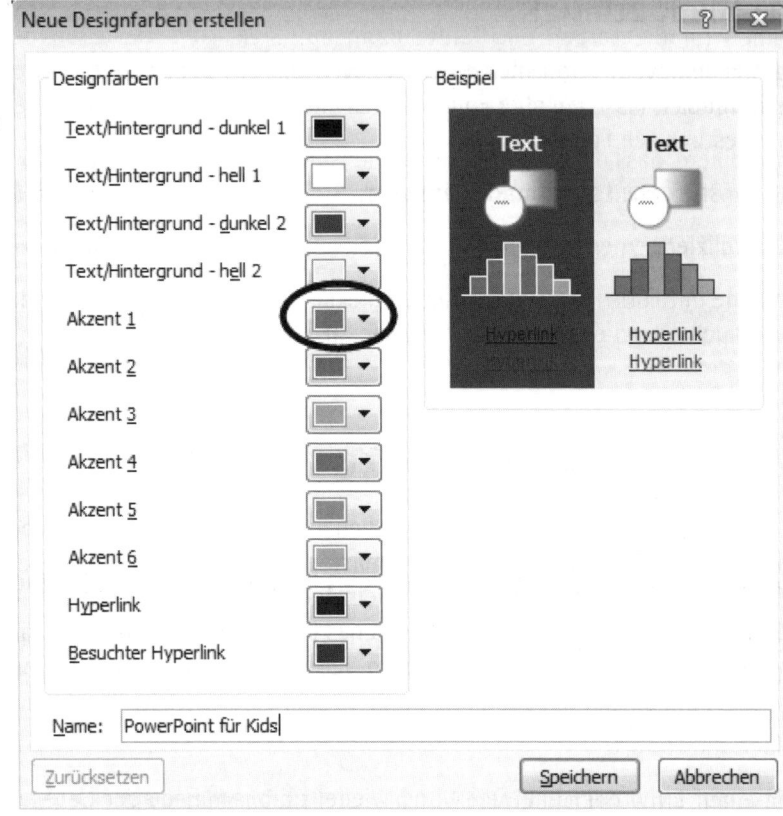

Abb. 10.11: Die Farben AKZENT 1 bis AKZENT 6 kannst du für deine Farben verwenden.

Es ist am besten, wenn du nur die Akzent-Farben veränderst und die Farben für Text und Hintergrund so belässt. Sonst kannst du nachher den Text auf deiner Folie nicht mehr gut lesen.

Du hast sechs Farben, die du für deine eigenen Farben verwenden kannst: AKZENT 1 bis AKZENT 6. Klicke auf die Schaltfläche neben AKZENT 1 und wähle eine Farbe aus. Du kannst eine Farbe aus den Designfarben nehmen oder mit WEITERE FARBEN eine ganz andere Farbe aussuchen. Dann gehe zu AKZENT 2, wähle eine Farbe und so fort.

Mische die Farben nicht zu kunterbunt durcheinander. Die Farben sollten zueinander passen und sie müssen sich unterscheiden. Stell dir vor, du würdest sechs Kästchen auf die Folie malen und jedes mit einer deiner Akzent-Farben füllen – sähe das noch gut aus?

Ein eigenes Design

Wenn du alle Farben ausgesucht hast, tippst du bei NAME noch einen Namen für die Farben ein. Klicke dann auf SPEICHERN. Merke dir den Namen, den werden wir gleich auch verwenden, um das ganze Design so abzuspeichern.

Kontrolliere, dass die neue Farbzusammenstellung unter FARBEN|BENUTZERDEFINIERT angezeigt wird.

Abb. 10.12:
Deine Farbpalette findest du im Bereich BENUTZERDEFINIERT.

Schriften: eigene Schriftzusammensetzung

Als Nächstes legst du fest, welche Schriften das Design für Überschriften und Texte verwendet. Mit Überschriften sind die Folientitel gemeint. Texte sind alles andere: Textplatzhalter, beschriftete Formen, Fußzeilenfelder und so fort.

Klicke auf ENTWURF|SCHRIFTARTEN und wieder ganz am Ende der Liste auf NEUE DESIGNSCHRIFTARTEN ERSTELLEN. Du kannst eine Schriftart wählen für die Überschriften und eine für den Textkörper.

> Verwende keine Schriften, die schlecht lesbar sind wie zum Beispiel Schreibschriften. Auch Schmuckschriften wie Algerian sind nicht gut geeignet. Ich rate dir auch von Schriften ab, die du zusätzlich gekauft hast – wenn du deine Präsentation an andere weitergibst, musst du diese Schrift mitgeben. Das ist nicht immer erlaubt.

Abb. 10.13:
Die Designschriftarten werden für Überschriften und Texte bestimmt.

349

Kapitel 10

Deine eigene Vorlage

Vergib wieder einen Namen für deine Schriftauswahl, am besten nimmst du den gleichen wie gerade für die Farben. Klicke auf SPEICHERN.

In den Designschriftarten kannst du nur die Schriftart bestimmen. Die Schriftgröße hast du auf den Folienmastern festgelegt. Kontrolliere gleich einmal alle Folien in deiner Präsentation! Wie sehen die Folientitel jetzt aus und wie die Texte? Zeichne einen Kreis – welche Füllfarbe hat er bekommen? Wenn du immer alles gespeichert hast, müssen sich die Schriftarten verändert haben und der Kreis muss die Farbe AKZENT 1 bekommen haben.

Design: alle Vorgaben speichern

Dein Design besteht jetzt aus den Farben, den Designschriftarten und den Einstellungen auf den Folienmastern wie zum Beispiel dem Logo und den Aufzählungssymbolen. Das alles zusammen wird jetzt als neues Design gespeichert.

Klappe im Register ENTWURF die Anzeige der Designs auf und klicke ganz unten in der Liste auf AKTUELLES DESIGN SPEICHERN.

Abb. 10.14:
Das Design mit Farben, Schriftarten und Logo wird gespeichert.

Ein eigenes Design

Wähle als Dateinamen den gleichen Namen, den schon deine Farben und die Designschriftarten bekommen haben. Verändere nicht den Speicherort, den PowerPoint dir angibt, und ändere auch nicht den Dateityp! Klicke auf SPEICHERN.

> Designs heißen auf Englisch *Themes*, darum bekommt eine Designdatei die Dateiendung *thmx*. Sie werden in den Ordner DOCUMENT THEMES gespeichert.

Speichere und schließe jetzt deine Präsentation. Nun kannst du ausprobieren, ob dein Design auch verfügbar ist.

1. Erstelle eine neue Präsentation und klicke auf ENTWURF.
2. Klappe die Liste der Designs auf. In der Rubrik BENUTZERDEFINIERT muss jetzt dein Design angezeigt werden. Zeige mit der Maus darauf, damit du den Namen deines Designs siehst. Klicke es an, um es zuzuweisen.

> Mit dem Design hast du jetzt immer alles zur Verfügung, was du angelegt hast: die Farben, die beiden Schriftarten, die Logos auf den Folien und das neue Folienlayout BILD UND TEXT. Ab sofort kannst du immer auf dasselbe Aussehen und dieselben Farben zurückgreifen.

Du kannst dein eigenes Design auch zum Standard machen. Dann verwendet PowerPoint es immer, wenn du eine neue Präsentation erstellst. Klicke auf dem Register ENTWURF das Vorschaubild für dein Design mit der rechten Maustaste an und wähle ALS STANDARDDESIGN FESTLEGEN.

Ein Blick zurück

Im Design werden die Layoutmaster mit dem Logo und den Aufzählungszeichen gespeichert. Außerdem gehören die Farben und die Schriftarten dazu. Ein Design wird in einem besonderen Ordner mit der Endung *.thmx* abgelegt.

Eigene Designs weist du über ENTWURF|BENUTZERDEFINIERT zu. Mit der rechten Maustaste kannst du den Befehl ALS STANDARDDESIGN wählen, wenn dein Design für jede neue Präsentation gelten soll.

Kapitel 10

Deine eigene Vorlage

Zusammenfassung

Einstellungen für alle Folien einer Präsentation werden auf dem Folienmaster gemacht. Dazu gehören beispielsweise die Schriftgröße, die Aufzählungszeichen oder ein Logo. Die Master werden angezeigt, wenn du auf ANSICHT|FOLIENMASTER klickst.

Eigene Layoutmaster legst du in der Masteransicht an. Am besten kopierst du einen vorhandenen Layoutmaster und veränderst ihn.

Speichere deine Formate und Layoutmaster in einem eigenen Design, wenn du sie immer wieder verwenden möchtest. Der Befehl dazu lautet ENTWURF|AKTUELLES DESIGN SPEICHERN.

Ein paar Fragen ...

Frage 1: Wie gehst du vor, wenn in einer Präsentation alle Folientitel linksbündig, in der Farbe Dunkelgrün und in Kapitälchen formatiert sein sollen?

Frage 2: In einer Präsentation möchtest du im Folienlayout VERGLEICH für das linke Textfeld immer grüne Aufzählungssymbole haben und für das rechte Textfeld rote. Wie machst du das?

Frage 3: Du hast ein eigenes Design gespeichert. Wie kannst du es einer Präsentation zuweisen?

... und ein paar Aufgaben

1. Erstelle ein Folienlayout für Pro und Kontra: Kopiere das Folienlayout VERGLEICH und formatiere das linke Textfeld mit grünen Aufzählungszeichen, das rechte mit roten. Verwende passende Aufzählungszeichen wie Plus- und Minuszeichen.

2. Erstelle dir ein Design für Referate. Lösche alle Folienlayout-Master, die du nicht brauchst; wähle für alle Folien eine gut lesbare Schrift und überlege, welche Folienlayout-Master du zusätzlich brauchst. Speichere das Design unter deinem Namen ab.

3. Entwirf ein eigenes Logo für dich! Verwende ein eigenes Foto, das etwas mit dir, deinem Namen oder deiner Stadt zu tun hat. Füge das Logo auf den Folienmaster in deinem Design ein und speichere es.

11

Lernspaß mit PowerPoint

Was erwartet dich in diesem Kapitel? Die Erkenntnis, dass Lernen Spaß machen kann. Ich hoffe zumindest, dass du Freude daran findest, dir selber mit PowerPoint beim Lernen zu helfen. Die meisten Techniken kennst du schon aus den vorhergehenden Kapiteln. Hier wird vieles noch einmal aufgegriffen, in einen neuen Zusammenhang gestellt oder aus überraschender Sicht noch einmal gesehen. Dieses Kapitel ist also nicht als Einstieg in das Buch geeignet, darum steht es auch am Ende!

In diesem Kapitel lernst du

- eine Folie als Bild zu speichern und anschließend als Bildschirmschoner einzurichten
- Fragen und Antworten als Quiz zu erstellen
- ein Menü für das Vorwärts- und Rückwärtsblättern auf den Folienmastern einzurichten

Bilder als Bildschirmschoner

Je öfter du etwas siehst, desto eher bleibt es dir im Gedächtnis. Willst du Vokabeln oder Fachausdrücke lernen, ist es darum wichtig, diese Wörter möglichst häufig zu sehen. Eine gute Methode ist, die Wörter auf Klebezettel zu schreiben und überall anzukleben. Eine andere Methode ist, den Lernstoff in einen Bildschirmschoner zu verwandeln.

> Der notwendige Bildschirmschoner ist bei Windows bereits dabei. Unter Windows Vista und Windows 7 heißt er FOTOS, unter Windows XP DIASHOW EIGENER BILDER. Wenn du ein anderes Betriebssystem hast, musst du nachschauen, ob es dort auch so etwas gibt. Sonst suche im Internet nach den Begriffen Bildschirmschoner eigene Bilder, um Programme zu finden, die solche Bildschirmschoner erstellen können.

Vorbereitung: Folien mit Lernstoff erstellen

Der Bildschirmschoner benutzt Grafikdateien, du musst also zuerst aus jeder Folie der Präsentation eine Grafikdatei erstellen. Alle Grafikdateien müssen im selben Verzeichnis gespeichert werden und der Bildschirmschoner zeigt die Bilder dann in zufälliger Reihenfolge an.

> Du kannst alle Formatierungen verwenden, die dir gefallen – aber keine Animationen. Die Folien können farbige Hintergründe haben, die Formen dürfen farbig sein. Zum Schluss werden die Folien als Bilder gespeichert, die zwar alle Farben zeigen, aber keine Bewegung.

Am Anfang steht also die Präsentation. Sie kann sehr einfach sein und einen weißen Hintergrund haben. Du kannst aber auch ein Design aussuchen, das dir gefällt.

Lass uns gemeinsam einen Bildschirmschoner für englische Vokabeln bauen!

1. Erstelle eine neue leere Präsentation. Alle Folien sollen das Folienlayout LEER bekommen. Wähle auch für die erste Folie schon das Layout LEER.

2. Auf die erste Folie kommen zwei Rechtecke, in das eine schreibst du die englische Vokabel oder den englischen Satz, in das zweite die deutsche Übersetzung.

3. Gibt es passend zu der Vokabel eine ClipArt? Dann füge sie ein.

Auf der CD zum Buch findest du in diesem Kapitel eine Präsentation mit einigen Beispielen, was du alles machen kannst.

Bilder als Bildschirmschoner

Ich habe alle Illustrationen aus den ClipArts genommen. Suche zum Beispiel zur Redewendung *to have a row with someone* nach dem Stichwort Streit. Welches gefällt dir? Klicke es an, damit es auf die Folie übertragen wird.

Erstelle eine Folie nach der anderen. Ändere die Formen, die Farben und füge passende ClipArts ein. Speichere die Präsentation einmal als normale Präsentation ab.

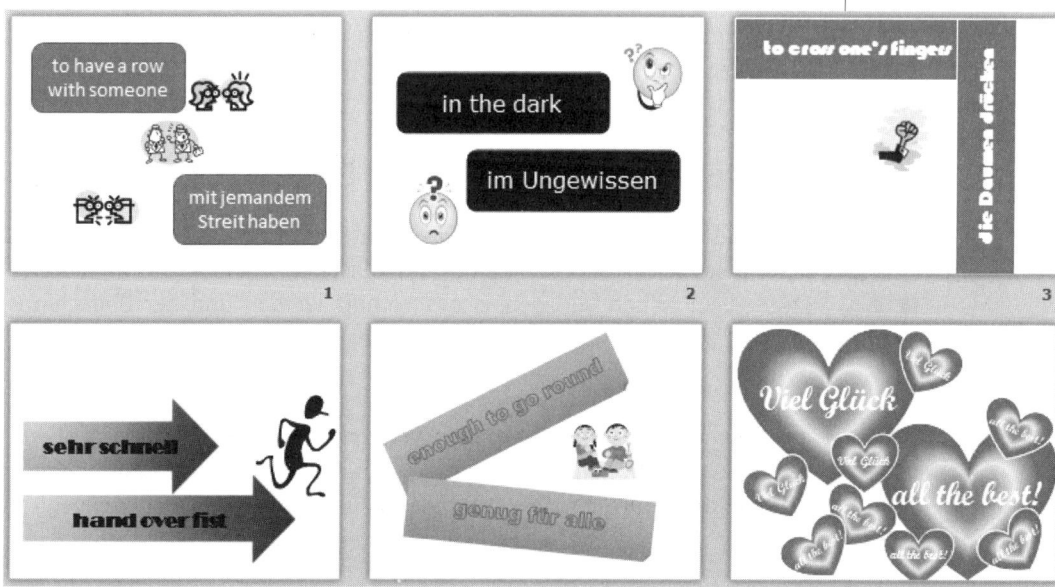

Abb. 11.1: Verwende große und bunte Formen für die Vokabeln.

Bilder speichern: Folien im Format JPG abspeichern

Wie du Folien als Bilder speicherst, hast du in Kapitel 4 schon einmal gesehen. Wir haben dort einen Stundenplan erstellt und für den Desktop-Hintergrund gespeichert.

Klicke auf DATEI|SPEICHERN UNTER und wähle einen Ordner aus, in den die Bilder gespeichert werden können.

> In diesem Ordner sollten keine anderen Bilder gespeichert sein. Der Bildschirmschoner macht später keinen Unterschied und zeigt alle Bilddateien aus diesem Ordner an.

Kapitel 11 — Lernspaß mit PowerPoint

Neben DATEINAME steht der Name der Präsentation, lasse ihn stehen. Das wird später der Name des Unterordners, in dem du die Bilder findest. Klappe die Liste neben DATEITYP auf und suche nach dem JPEG-DATEIAUSTAUSCHFORMAT (*.JPG). Klicke es an und wähle anschließend SPEICHERN.

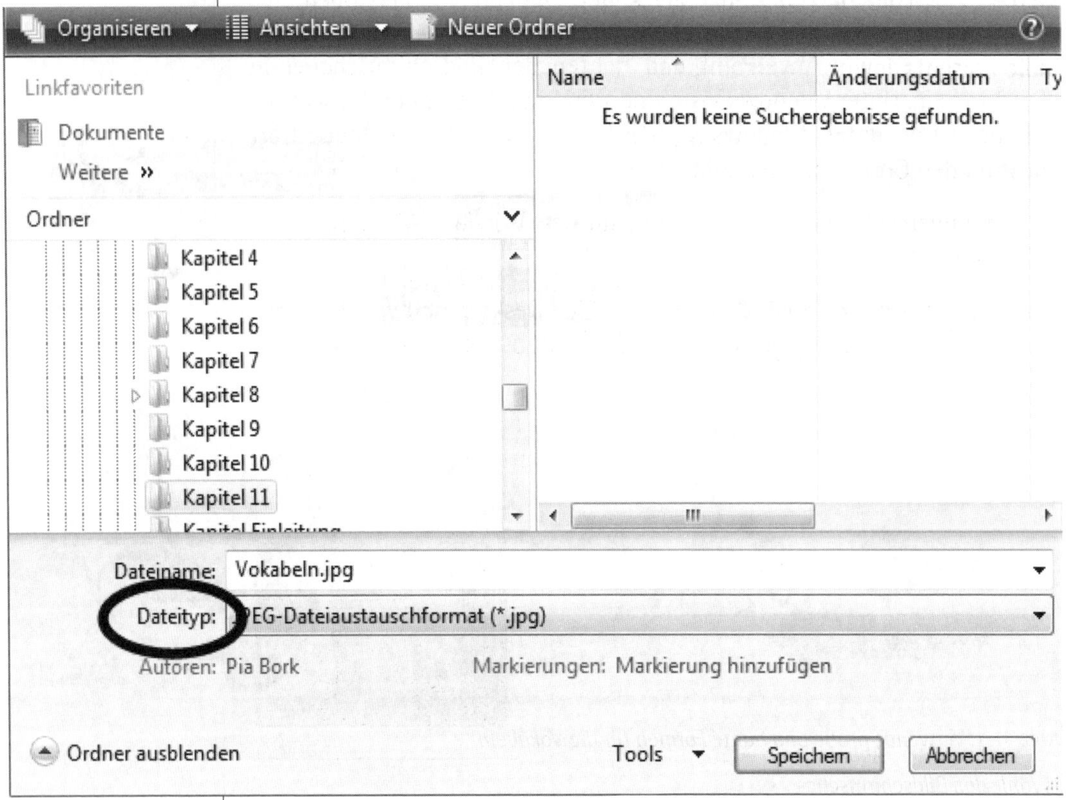

Abb. 11.2: Speichere die Folien im Format JPG.

PowerPoint blendet anschließend einen Dialog ein, in dem du gefragt wirst, ob jede Folie oder nur die aktuelle Folie exportiert werden soll. Exportieren bedeutet, dass die Folien in einem anderen Format als PowerPoint gespeichert werden. Klicke auf JEDE FOLIE. Sobald alle Folien als Bilder gespeichert sind, gibt es eine neue Meldung, die dir zeigt, wohin die Bilder gespeichert wurden. Bestätige diese Meldung mit OK.

In der zweiten Meldung schreibt PowerPoint, dass die Folien in einem Ordner gespeichert wurden, der die Endung *jpg* hat. Zum Beispiel steht dort der Ordnername VOKABELN.JPG. Ein Ordner hat aber gar keine Dateiendung, wie du bestimmt weißt! Er heißt also nur *Vokabeln*, ohne das *jpg* dahinter. Diese Meldung ist nicht ganz richtig.

Bilder als Bildschirmschoner

Schau jetzt in den Ordner, den du vorhin angegeben hast. PowerPoint hat einen Unterordner angelegt und darin sind die Bilder. Jede Folie ist eine Datei mit der Endung *.jpg* geworden.

Bildschirmschoner: die Bilder hinzufügen

Jetzt verlassen wir PowerPoint und richten den Bildschirmschoner in Windows ein. Unter Windows Vista und Windows 7 heißt der Bildschirmschoner FOTOS, unter Windows XP heißt er DIASHOW EIGENER BILDER. Dort gibst du den Ordner mit den Bildern an.

1. Minimiere alle Programme, damit du den Windows-Desktop sehen kannst.

2. Klicke mit der rechten Maustaste auf den Desktop und wähle ANPASSEN. In der Liste, die erscheint, klicke auf BILDSCHIRMSCHONER.

*Abb. 11.3:
Wähle den Bildschirmschoner FOTOS und klicke dann auf EINSTELLUNGEN.*

3. Suche in der Liste unter BILDSCHIRMSCHONER nach FOTOS. Klicke dann daneben auf EINSTELLUNGEN.

4. Klicke die untere der beiden Möglichkeiten an, BILDER UND VIDEOS VERWENDEN VON. Daneben gibt es die Schaltfläche DURCHSUCHEN, klicke darauf und markiere deinen Bilderordner. Bestätige mit OK den Ordner.

5. Wenn du möchtest, kannst du noch das Design und die Geschwindigkeit einstellen. Mache ein Häkchen bei INHALTE ZUFÄLLIG ANORDNEN und klicke dann auf SPEICHERN. Bestätige das nächste Dialogfenster noch mit OK und fertig ist der Bildschirmschoner zum Lernen.

> Du kannst die Bilder in diesem Ordner ständig ergänzen, wenn du neue Folien erstellst und als Bilder im selben Ordner speicherst. Vokabeln, die du schon gut gelernt hast, kannst du entweder löschen oder in einen anderen Ordner verschieben. Wenn du sie nur verschiebst, kannst du sie später wieder dazumischen.

Der Bildschirmschoner startet nach der Anzahl von Minuten, die als WARTEZEIT eingetragen war. Jetzt kannst du kleine Pausen nutzen, um ein bisschen zu lernen. Natürlich geht das nicht nur mit Vokabeln, du kannst auch Formeln, Fachausdrücke oder Tastenkürzel so lernen.

Ein Blick zurück

Für einen Bildschirmschoner musst du die Folien als Bilder alle in einen Ordner speichern.

1. Wähle beim Speichern das Dateiformat *.jpg und bestätige, dass alle Folien als Bild gespeichert werden.

2. Starte unter Windows den Dialog für Bildschirmschoner, suche den Bildschirmschoner FOTOS und gib in den EINSTELLUNGEN den Ordner mit den Folien an.

Aktiviere INHALTE ZUFÄLLIG ANORDNEN, damit die Folien nicht immer in der gleichen Reihenfolge kommen.

Lernquiz selbst gemacht

Eine Frage, vier Antworten, von denen nur eine richtig ist – das ist welche Fernsehsendung? Richtig! *Wer wird Millionär.* So aufwändig wie im Fernsehen kannst du es nicht gestalten, aber so etwas Ähnliches geht auch in PowerPoint.

Lernquiz selbst gemacht

Einfacher Beginn: eine Frage, zwei Antworten

Baue zuerst ein Beispiel nach, das auf eine Frage zwei Antworten hat. Daran siehst du, wie so ein Quiz funktioniert.

Von den beiden Antworten ist eine richtig und eine falsch. Klickst du die richtige Antwort an, soll ein Textfeld mit dem Wort *Richtig* erscheinen. Ein Klick auf die falsche Antwort soll *Falsch* zeigen.

Wie immer geht es mit einer neuen Präsentation los. Auf die Titelfolie kannst du das Thema schreiben: »Wer weiß alles über Napoleon?« Dann kommt die zweite Folie mit dem Folienlayout NUR TITEL. Schreibe die Frage in den Folientitel. Zeichne ein Rechteck für die erste Antwort, formatiere es, wie du möchtest, und kopiere es für die zweite Antwort. Schreibe in den linken Rahmen eine falsche und in den rechten Rahmen die richtige Antwort.

Darunter zeichnest du ein kleineres Rechteck und kopierst es ebenfalls. Schreibe links `Falsch` und rechts `Richtig` hinein. Das Kästchen »Falsch« füllst du mit roter, das Kästchen »Richtig« mit grüner Farbe. Die Folie sollte jetzt so aussehen wie in meinem Beispiel.

Abb. 11.4:
Zwei Antworten, eine ist richtig und eine falsch

Die beiden Rechtecke *Richtig* und *Falsch* dürfen erst auftauchen, wenn der Anwender auf die Antworten klickt. Du kennst schon das Hilfsmittel dazu: den Trigger.

Es ist praktisch, wenn du mit START|MARKIEREN|AUSWAHLBEREICH zuerst die Rechtecke benennst. Sonst musst du später ausprobieren, in welchem Rechteck welche Antwort steht. Markiere das Rechteck mit der Antwort *St. Helena* und schaue im Auswahlbereich, welches Rechteck markiert wird – nenne es `St. Helena`. Mache es mit der zweiten Antwort genauso.

Klicke nicht auf das Augen-Symbol neben den Namen. Damit blendest du dieses Element auf der Folie aus! Klicke das Auge noch einmal an, dann erscheint das Element wieder.

Kapitel 11 — Lernspaß mit PowerPoint

1. Markiere das Rechteck *Falsch* und rufe ANIMATIONEN auf.
2. Wähle die Eingangsanimation ZOOM aus. Lasse das Rechteck markiert.
3. Klicke dann auf TRIGGER|BEIM KLICKEN AUF und wähle *St. Helena*.

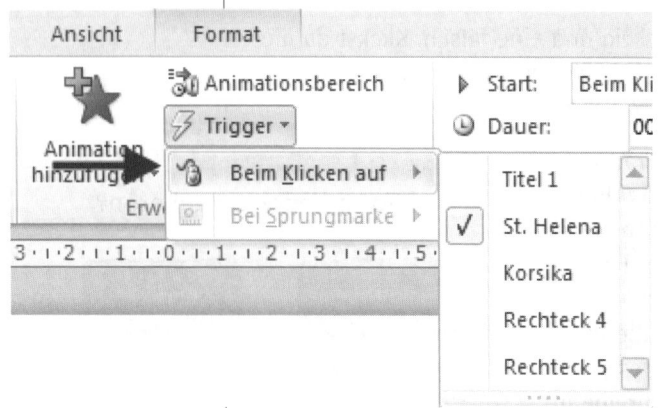

Abb. 11.5:
Der Trigger für das Feld Falsch zeigt auf St. Helena.

Die gleiche Animation brauchst du für das Rechteck *Richtig*. Der Trigger muss starten BEIM KLICKEN AUF: KORSIKA.

Probiere aus, ob es geklappt hat. Starte die Bildschirmpräsentation und klicke zuerst auf die eine Antwort, dann auf die andere. Beim Klick auf *St. Helena* muss *Falsch* eingeblendet werden, beim Klick auf *Korsika* musst du *Richtig* bekommen.

Abb. 11.6:
Vier Antworten auf eine Frage

Wenn das geklappt hat, kannst du die Antworten auf vier Stück erweitern. Markiere das Rechteck *St. Helena* und das dazugehörige *Falsch*, kopiere beide mit ⌈Strg⌋ und linker Maustaste nach unten. Schreibe als neuen Ort `Gran Canaria`. Kopiere es erneut und schreibe `Elba` als Ort.

Lernquiz selbst gemacht

Richte die Rechtecke so aus, dass alles gerade untereinander und nebeneinander steht. Die Folie muss jetzt so aussehen, wie du es im Beispiel siehst.

Kontrolliere in der Ansicht BILDSCHIRMPRÄSENTATION, dass mit Klick auf die Antworten immer das richtige *Falsch* oder *Richtig* erscheint. Beim Kopieren werden die Animationseinstellungen ebenfalls kopiert, so dass du keine weiteren Einstellungen machen musst.

Ein Profi schaut sich die Animationen und Trigger im ANIMATIONSBEREICH an. Schalte ihn auch ein, damit du einen Überblick hast und sehen kannst, was auf deiner Folie passiert:

1. Klicke auf dem Register ANIMATIONEN auf ANIMATIONSBEREICH.

2. Mit demselben Befehl kannst du den Bereich auch wieder ausschalten.

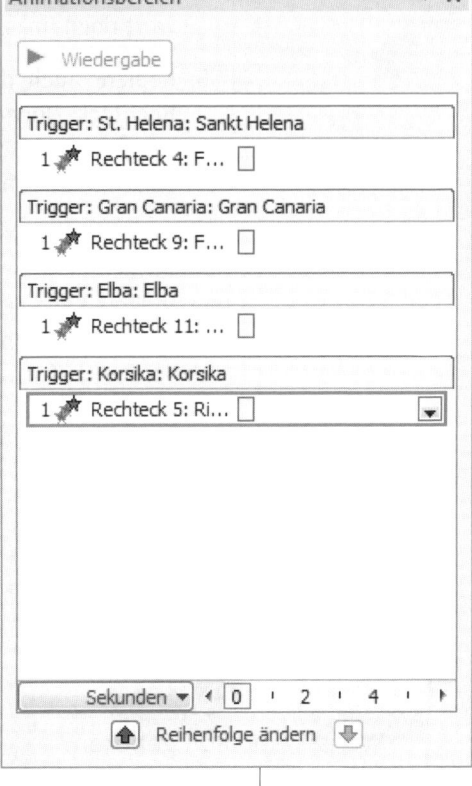

Abb. 11.7:
Arbeite mit dem ANIMATIONSBEREICH, um einen Überblick zu bekommen.

Musterfolien: Vorbereitung für das Quiz

Für ein Quiz brauchst du viele dieser Folien, aber es ist natürlich nicht sinnvoll, wenn die richtige Antwort immer an der gleichen Stelle steht! Erstelle dir vier Folien als Muster, in denen die richtige Antwort immer an einer anderen Stelle steht. Diese Musterfolien kopierst du dir später und schreibst die Frage und die Antworten in die leeren Kästchen.

Und so geht es am einfachsten:

1. Kopiere die Folie mit den möglichen Geburtsorten von Napoleon, am schnellsten geht das, wenn du [Strg]+[⇧]+[D] drückst.

2. Lösche die Antworten aus den Rahmen heraus. Dies ist deine erste leere Antwortfolie. *Richtig* steht oben rechts.

Kapitel 11 — Lernspaß mit PowerPoint

3. Blende mit START|MARKIEREN|AUSWAHLBEREICH die Liste mit den Namen ein. Gib allen Kästchen für die Antworten einen Namen: oben links, oben rechts, unten links, unten rechts.

4. Kopiere diese Folie und schreibe *Richtig* in das Rechteck oben links, fülle es mit grüner Füllfarbe. Schreibe *Falsch* in das Rechteck oben rechts und fülle es rot. Die zweite Antwortfolie hat die richtige Antwort oben links.

5. Kopiere auch diese Folie und schreibe *Richtig* unten links in das Rechteck. Noch eine Kopie und *Richtig* nach unten rechts. Alle anderen Rechtecke sind *Falsch*. Formatiere *Richtig* immer in Grün und *Falsch* immer in Rot.

Kontrolliere zum Schluss gut, dass ein Klick auf das Antwort-Rechteck immer das Richtig- oder Falsch-Kästchen direkt darunter aufruft. Wenn ein anderes Kästchen kommt, stimmt der Trigger nicht mehr. Jedes Richtig-Falsch-Kästchen muss durch den Trigger von seinem Antwort-Rechteck darüber aufgerufen werden.

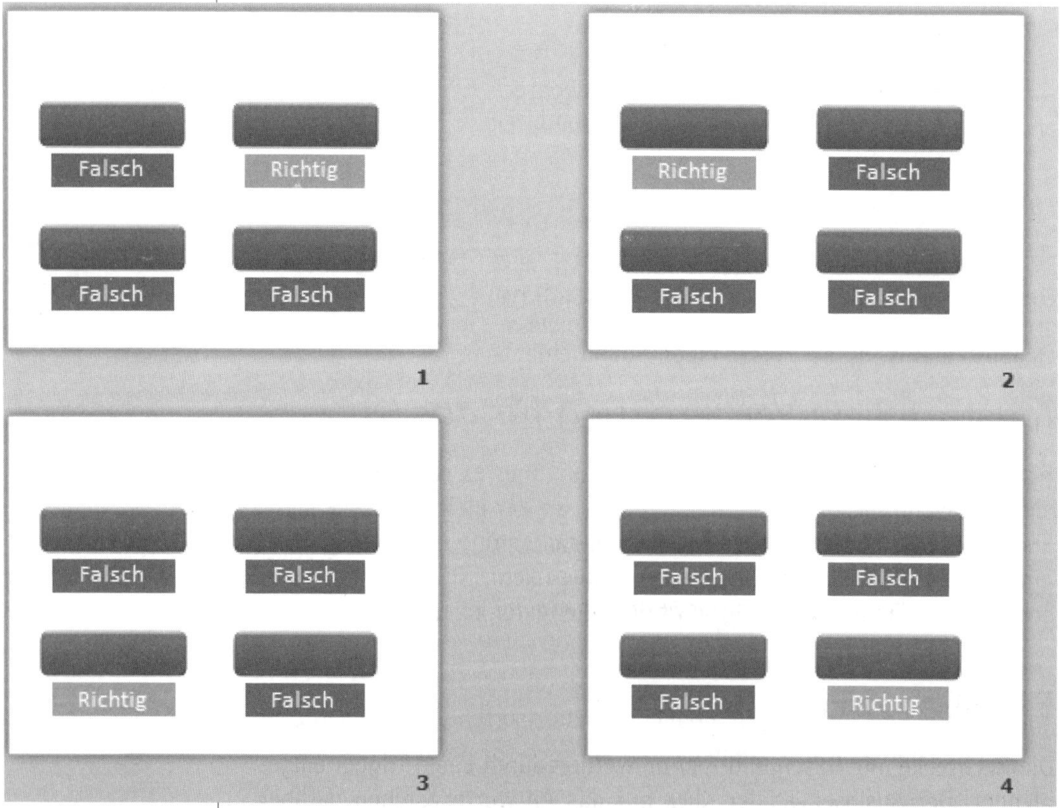

Abb. 11.8: Die vier Musterfolien mit den leeren Antwortkästchen

Lernquiz selbst gemacht

Hört sich das alles kompliziert an? Es ist nur viel Arbeit für die Vorbereitung, nachher geht es dann beim eigentlichen Quiz ganz schnell von der Hand. Du kannst natürlich auch die vier Beispielfolien kopieren, die du in der Präsentation auf der Buch-CD findest.

Kopiere dir die leeren Musterfolien so oft, wie du Fragen hast. Schreibe die Frage in den Folientitel und die Antworten in die vier Antwort-Kästchen. Achte darauf, dass die verschiedenen Musterfolien schön durcheinander kommen.

Applaus: mit einem Ton kombinieren

Bisher wird eine richtige Antwort nur mit einem Schild *Richtig* belohnt. Du kannst dir und deinen Zuschauern aber auch einen Applaus gönnen. Das geht auch über die Animation.

1. Markiere das grüne *Richtig*-Rechteck.

2. Markiere im ANIMATIONSBEREICH das Rechteck *Richtig* und klicke dann auf den Auswahlpfeil am rechten Rand.

3. Wähle EFFEKTOPTIONEN aus.

4. Stelle in der Auswahlliste bei SOUND ein, dass APPLAUS gespielt wird, und bestätige das mit OK.

Genauso kannst du für *Falsch* einen Sound einbetten.

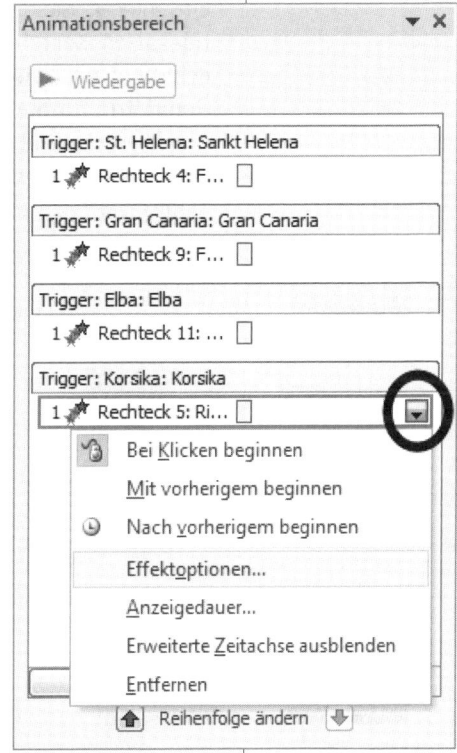

Abb. 11.9:
Füge über die EFFEKTOPTIONEN einen Sound für die Animation hinzu.

Ein Blick zurück

Die Rechtecke mit *Falsch* und *Richtig* werden durch einen Trigger eingeblendet. Der Auslöser ist der Klick auf das Antwort-Kästchen darüber. Zusätzlich kannst du einen Sound einbinden.

Kapitel 11

Lernspaß mit PowerPoint

Kapitelweise Geometrie

Manchmal hast du über viele Wochen oder Monate in der Schule Unterricht zu einem Thema und du musst für eine Prüfung alles in einen Zusammenhang bringen. So lernt ihr vielleicht die Flächenberechnung der verschiedenen geometrischen Figuren verteilt über einen langen Zeitraum, in einer Klausur am Ende des Schuljahres werden dann aber alle abgefragt.

Dann ist es wichtig, dass du über längere Zeit die Themen sammelst und so aufbereitest, dass du beim Lernen zwischen den Kapiteln beliebig hin und her springen kannst.

Interaktive Schaltflächen: zum Kapitel springen

In einem einfachen Beispiel werden wir die Flächenberechnungen der Geometrie für die Wiederholung vorbereiten. Du hast drei Kapitel: Dreiecke, Vierecke und Kreise. Jedes Kapitel kann aus einer oder aus mehreren Folien bestehen. Von einer Inhaltsfolie willst du direkt zu einem Kapitelbeginn springen können, innerhalb des Kapitels soll es vorwärts und rückwärts und zurück zum Inhaltsverzeichnis gehen.

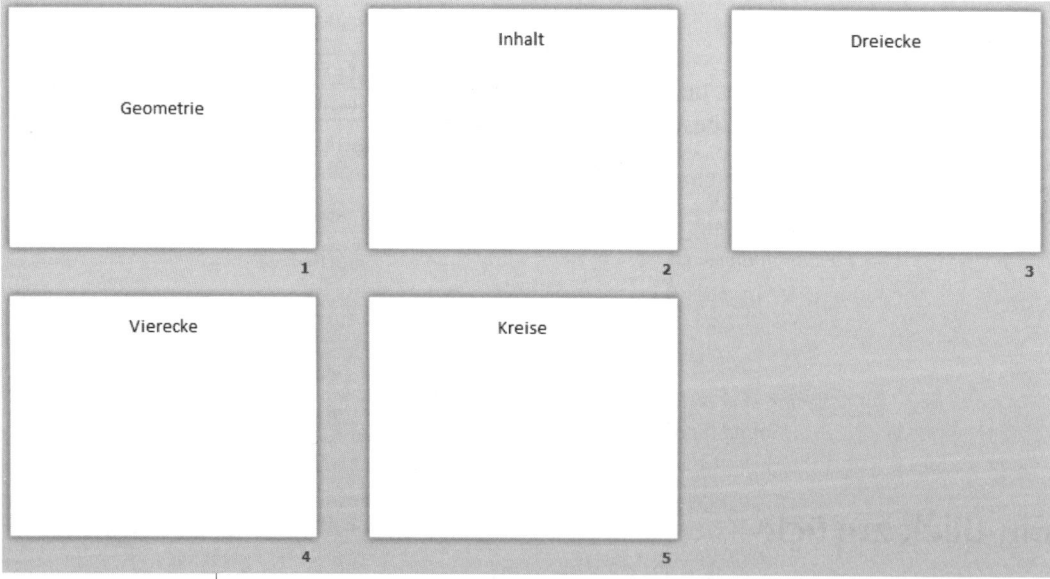

Abb. 11.10: Fünf Folien brauchst du für die Vorplanung.

Kapitelweise Geometrie

Beginne wie immer mit einer leeren Präsentation und schreibe auf die Titelfolie Geometrie. Alle nachfolgenden Folien haben das Folienlayout NUR TITEL, weil wir viel Platz für die Zeichnungen brauchen. Erstelle vier Folien mit den Folientiteln Inhalt, Dreiecke, Vierecke und Kreise (siehe Abbildung 11.10).

Auf der zweiten Folie entsteht das Inhaltsverzeichnis, lasse sie dir im Arbeitsbereich anzeigen.

1. Klappe bei START|FORMEN die Liste der Formen auf. Ganz unten findest du die Rubrik INTERAKTIVE SCHALTFLÄCHEN.

2. Klicke das Symbol ganz rechts außen an, es ist ein leeres Quadrat mit dem Namen INTERAKTIVE SCHALTFLÄCHE: ANPASSEN.

3. Zeichne auf die Folie die Schaltfläche fast so breit wie die Folie und ungefähr 2 cm hoch. Du kannst die Größe später jederzeit korrigieren.

4. Sobald du die Maus nach dem Zeichnen loslässt, erscheint ein Dialogfenster für die AKTIONSEINSTELLUNGEN.

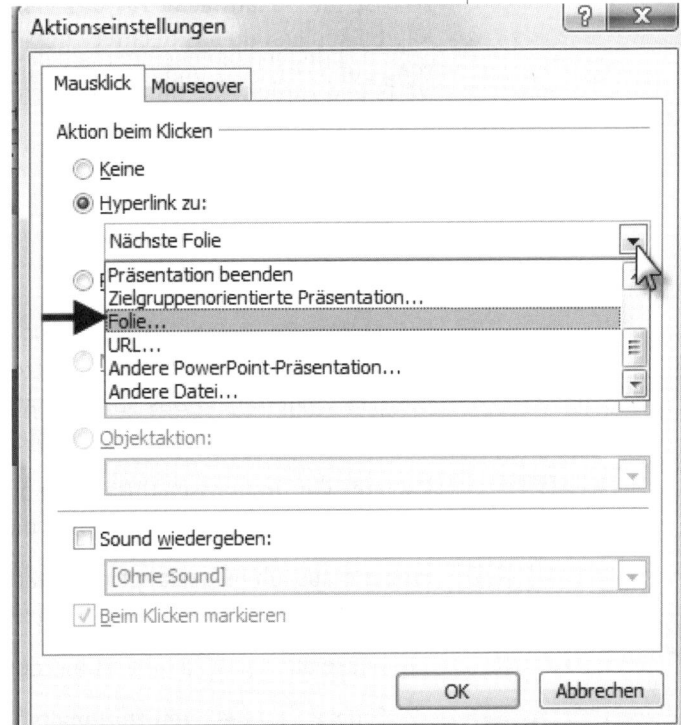

Abb. 11.11:
Wähle bei den Aktionseinstellungen FOLIE und suche dann die Foliennummer.

5. Klicke die Option HYPERLINK ZU an und klappe die Auswahlliste darunter auf. Blättere bis FOLIE und klicke darauf.

6. Alle bestehenden Folien werden aufgelistet und nummeriert. Klicke auf 3. DREIECKE und bestätige die Auswahl mit OK.

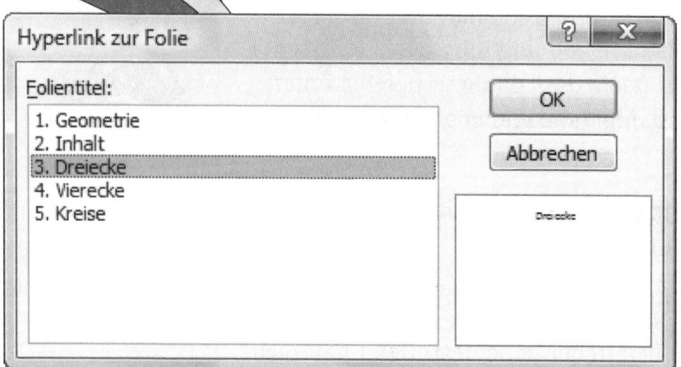

Abb. 11.12:
Die Aktionseinstellung für die erste Schaltfläche ruft das Kapitel DREIECKE auf.

7. Bestätige die Aktionseinstellung auch mit OK.

8. Schreibe in das große Rechteck den Text Dreiecke und formatiere die Schrift in 48 pt und fett, wähle als Ausrichtung LINKSBÜNDIG.

Das ist die Schaltfläche für das erste Kapitel. Für die anderen beiden Kapitel kopierst du das Rechteck gerade nach unten. Ändere die Beschriftung auf Vierecke und markiere dann die gesamte Form.

Es ist wichtig, dass du den Cursor nicht mehr im Text blinken siehst. Das ganze Rechteck muss markiert sein. Wenn du unsicher bist, klicke einmal auf den Rand um das Rechteck.

Wähle jetzt den Befehl EINFÜGEN|AKTION. Du siehst wieder das gleiche Dialogfenster, das du gerade schon hattest. Bei HYPERLINK ZU ist die Folie 3. DREIECKE eingetragen. Das stimmt natürlich nicht mehr. Klappe die Liste wieder auf, klicke auf FOLIE und wähle 4. VIERECKE. Bestätige alles mit OK.

Kopiere die Aktionsschaltfläche noch einmal nach unten, schreibe Kreise hinein. Der Hyperlink muss dieses Mal zur Folie 5. KREISE gehen.

Probiere aus, ob es geklappt hat. Starte die Ansicht BILDSCHIRMPRÄSENTATION und lasse die zweite Folie mit dem Inhaltsverzeichnis anzeigen.

1. Klicke auf KREISE, du musst auf der fünften Folie landen.
2. Drücke [2]+[↵], um zur Inhaltsfolie zurückzukehren.
3. Klicke auf VIERECKE und springe auf die vierte Folie, [2]+[↵] kehrt zur Inhaltsfolie zurück.

Kapitelweise Geometrie

4. Beende den Test mit [Esc].

Denke daran, die Schaltflächen korrekt untereinander zu stellen. Sie sollen alle den gleichen linken Rand haben und die Abstände sollen auch gleich sein. Du weißt sicher noch, dass du diese Befehle unter START|ANORDNEN|AUSRICHTEN findest. Markiere vorher alle drei Formen!

Flächenberechnung mit Pep

Ein wenig Inhalt fehlt uns noch. Da wir hier keinen Mathematik-Kursus haben, werde ich es ganz kurz machen; du musst selber ausfüllen, was du lernen willst oder was du anderen beibringen möchtest. Denn natürlich ist so eine Präsentation auch ein tolles Hilfsmittel, um kleinen Geschwistern oder Nachhilfeschülern etwas beizubringen!

Für Geometrie-Lektionen musst du natürlich viel zeichnen. Du hast es leichter, wenn du dir das Raster einblendest: START|ANORDNEN|AUSRICHTEN|RASTERLINIEN ANZEIGEN. Noch einfacher wird es, wenn du das Raster grober einstellst. Klicke im Menü AUSRICHTEN auf RASTEREINSTELLUNGEN und trage beim ABSTAND 2 CM ein.

Auf der Folie hast du jetzt ein grobes Raster aus Punkten. Alle zwei Zentimeter ist ein Punkt. Jedes Quadrat des Rasters ist genau 2 cm hoch und 2 cm breit.

Das Kapitel *Dreiecke* habe ich mit der Berechnung für rechtwinklige Dreiecke begonnen. Schreibe die Berechnungsregel in ein Textfeld und formatiere die Wörter *Flächeninhalt* und *Kathete* in einer auffallenden Schriftfarbe.

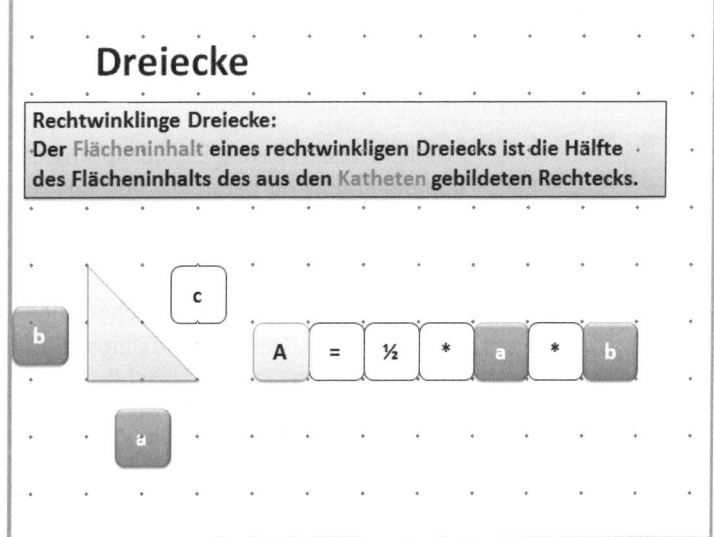

Abb. 11.13: Rechenregel, die Benennungen und die Formel für die Flächenberechnung eines Dreiecks

Kapitel 11 — Lernspaß mit PowerPoint

Zeichne ein rechtwinkliges Dreieck, das 4 cm hoch und 4 cm breit ist. Rechtwinklige Dreiecke findest du in den STANDARDFORMEN. Die Maße kannst du nach dem Zeichnen unter ZEICHENTOOLS|FORMAT kontrollieren und auch korrigieren.

Beschrifte die Seiten des Dreiecks so, wie es dein Mathematikbuch vorschreibt. In die Berechnung fließen die Katheten a und b ein, formatiere die Kästchen in derselben Farbe, die du für das Wort *Katheten* in der Rechenregel verwendet hast. Fülle das Dreieck in derselben Farbe wie das Wort *Flächeninhalt* in der Rechenregel.

> Ich weiß nicht, ob in deinem Mathematikbuch die Katheten auch *a* und *b* heißen! Schau lieber nach, wie ihr es in der Schule gelernt habt, und schreibe das in die Formel.

Zum Schluss schreibst du die Formel neben das Dreieck. Ich habe die Formel aus den gleichen Kästchen aufgebaut wie die Beschriftung.

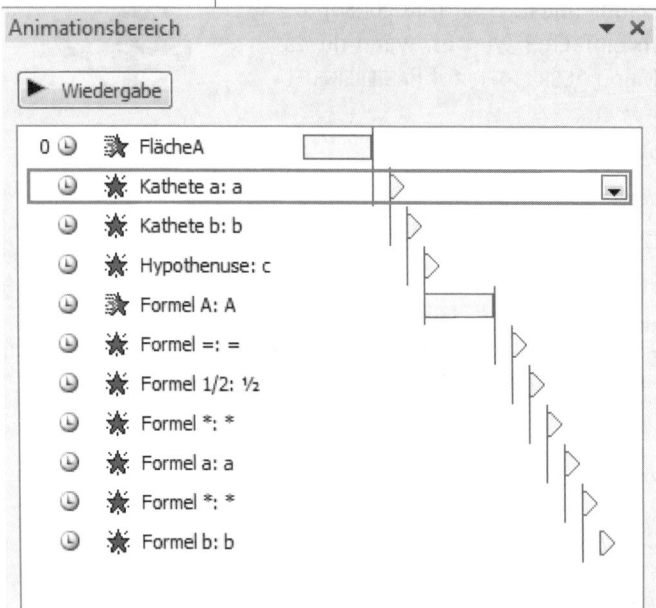

Animiere jetzt die Folie so, dass nicht alles auf einmal zu sehen ist. Sinnvoll ist zum Beispiel diese Reihenfolge:

1. Folientitel und Rechenregel sind nicht animiert, sie sind sofort zu sehen, wenn die Folie aufgerufen wird.

2. Als Erstes erscheint das Dreieck. Danach kommen die Beschriftungen in der Reihenfolge a, b und c.

3. Als Letztes werden nacheinander alle Bestandteile der Formel eingeblendet.

Abb. 11.14: Die Animationen der Folie Dreiecke siehst du im ANIMATIONSBEREICH.

Am besten schaust du dir auf der Buch-CD die Präsentation GEOMETRIE.PPTX an. Blende den ANIMATIONSBEREICH ein und schaue dir an, in welcher Reihenfolge ich was einblende.

Kapitelweise Geometrie

Gestalte jetzt deine weiteren Folien für Vierecke und Kreise. Ein paar Beispiele siehst du in der Präsentation GEOMETRIE.PPTX. Starte die Ansicht BILDSCHIRMPRÄSENTATION und probiere aus, wie du von der Inhaltsfolie die Startfolie für die jeweiligen Kapitel aufrufst.

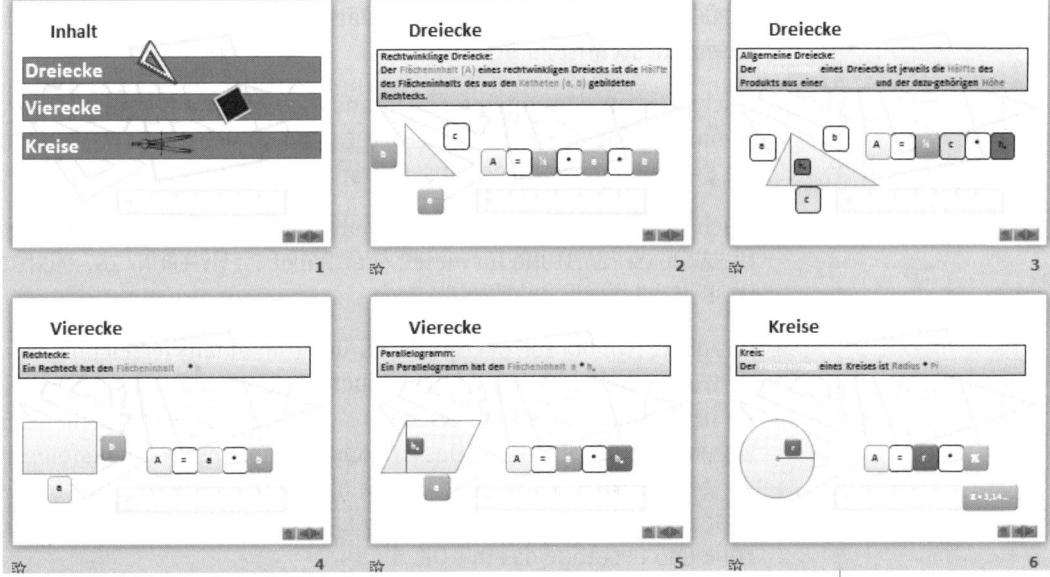

Abb. 11.15: Folien für Dreiecke, Vierecke und Kreise

Vorwärts und rückwärts: noch mehr interaktive Schaltflächen

In meiner Beispielpräsentation siehst du, dass ich mit drei kleinen Schaltflächen vorwärts- und rückwärtsspringen kann. Das dritte Symbol kehrt immer zur Inhaltsübersicht zurück.

Abb. 11.16:
Drei Schaltflächen steuern das Blättern
in der Präsentation.

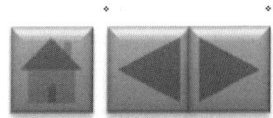

Diese Schaltflächen werden auf dem Folienmaster erstellt, sonst musst du die gleichen Schaltflächen auf jeder Folie neu einfügen! Rufe also das Menü ANSICHT|FOLIENMASTER auf. Markiere den obersten Master, damit die drei Schaltflächen auf alle Folienlayouts übertragen werden.

Kapitel 11 — Lernspaß mit PowerPoint

Die Schaltflächen sollen am unteren Folienrand stehen, dort musst du erst ein bisschen Platz schaffen. Verschiebe das Feld NR so weit nach links, dass du die drei Schaltflächen unterbringst.

1. Öffne auf dem Register START die Liste der Formen und wähle ganz unten bei den INTERAKTIVE SCHALTFLÄCHEN das linke Symbol, es heißt ZURÜCK ODER VORHERIGE(R). Damit blätterst du eine Folie oder einen Animationsschritt zurück.

2. Zeichne es an den unteren Folienrand. Sobald du die Maus loslässt, kommt das Menü AKTIONSEINSTELLUNGEN und du siehst bei HYPERLINK ZU die Einstellung VORHERIGE FOLIE. Bestätige das mit OK.

3. Zeichne danach die interaktive Schaltfläche NÄCHSTE(R) ODER WEITER. Die AKTIONSEINSTELLUNG für diese Schaltfläche ist HYPERLINK ZU: NÄCHSTE FOLIE.

4. Das dritte Symbol soll der Sprung zurück zum Inhaltsverzeichnis sein. Verwende dafür die interaktive Schaltfläche mit dem Haus-Symbol, sie heißt START. Nach dem Zeichnen siehst du, dass der Hyperlink zur ersten Folie gehen würde. Das ist nicht richtig, unsere Inhaltsfolie ist die zweite Folie. Klicke also im Dialog AKTIONSEINSTELLUNGEN auf die Auswahlliste bei HYPERLINK ZU und wähle FOLIE.... Markiere die zweite Folie und bestätige das mit OK.

Abb. 11.17:
Die Aktionseinstellung für das Symbol START, das zum Inhaltsverzeichnis springen soll

Kapitelweise Geometrie

Wenn alle drei Schaltflächen gezeichnet sind, stellst du vermutlich fest, dass sie alle unterschiedlich groß sind und kreuz und quer stehen. Das ist ganz schnell bereinigt. Markiere alle drei Schaltflächen.

Rufe jetzt das Kontextregister ZEICHENTOOLS|FORMAT auf und trage für die Größe jeweils eine 1 für die Höhe und eine 1 für die Breite ein. Alle drei Formen sind jetzt einen Zentimeter hoch und einen Zentimeter breit.

> Um die kleinen Symbole gut anordnen zu können, stelle den Zoom auf 120 % oder größer ein. Eventuell musst du nach dem Vergrößern etwas nach unten und rechts rollen, um die untere rechte Folienecke zu sehen.

Schiebe die beiden Symbol für VORWÄRTS und RÜCKWÄRTS dicht zusammen. Das Haus-Symbol sollte einen ganz kleinen Abstand haben. Markiere die Symbole wieder alle und wähle START|ANORDNEN|AUSRICHTEN|OBEN AUSRICHTEN.

Jetzt kannst du die Masteransicht schließen. Weißt du noch, wo du den Befehl findest? Unter FOLIENMASTER|MASTERANSICHT SCHLIESSEN.

Du siehst die interaktiven Schaltflächen sofort auf jeder Folie, aber sie funktionieren nur in der Ansicht BILDSCHIRMPRÄSENTATION.

> Wenn du mit den Zeichnungen auf den Folien sehr dicht an den unteren Rand gekommen bist und die Schaltfläche verdeckst, kannst du sie nicht mehr anklicken. Korrigiere dann die Folien so, dass die Zeichnungen höher liegen und die Schaltflächen alle frei erreichbar sind.

Ein Blick zurück

Interaktive Schaltflächen verwendest du, um in einer Präsentation mit einem Mausklick auf bestimmte Folien zu springen. Du kannst die Schaltflächen VORWÄRTS und RÜCKWÄRTS benutzen, die schon eine Aktionseinstellung mitbringen. Bei einer leeren Schaltfläche bestimmst du selber, wohin der Hyperlink springt.

Kapitel 11 — Lernspaß mit PowerPoint

Wie hieß das noch mal?

In jedem Fach musst du eine Menge Fachausdrücke lernen. Manche sind sich so ähnlich, dass du sie nur schwer auseinanderhalten kannst. Kannst du auf Anhieb sagen, wohin Sekante, Tangente, Passante und Zentrale in einem Kreis gehören? Wenn nicht, geht es dir wie mir. Solche Sachen muss man büffeln.

Die Zeichnung

Zeichne auf eine leere Folie zuerst einen großen Kreis, am besten sollte er 10 cm im Durchmesser haben. Am einfachsten ist es, wenn du den Kreis markierst und auf ZEICHENTOOLS|FORMAT die Höhe und Breite jeweils mit 10 cm einträgst. Fülle den Kreis mit einer hellen Farbe. Jetzt muss die exakte Mitte markiert werden. Dazu eignet sich ein Kreuz sehr gut.

Leider hat PowerPoint kein dünnes kleines Kreuz in seinen Formen, du musst dir erst eines basteln. In den FORMEN findest du unter FORMELFORMEN zwei Kreuze, die sich als Grundform eignen: das Pluszeichen und das Multiplikationszeichen.

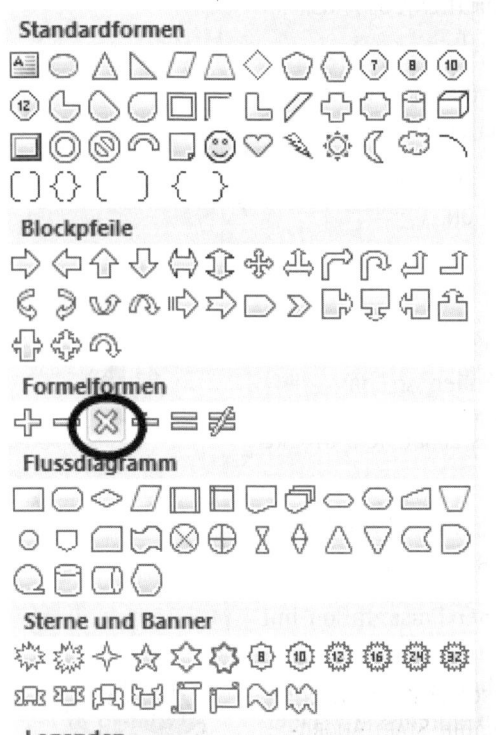

Abb. 11.18:
Verwende aus den FORMELFORMEN das Zeichen für MULTIPLIKATION.

1. Zeichne die Multiplikationsformen in den großen Kreis auf deiner Folie; es ist nicht wichtig, dass du das Kreuz in den Mittelpunkt zeichnest. Wir richten es später aus.

Wie hieß das noch mal?

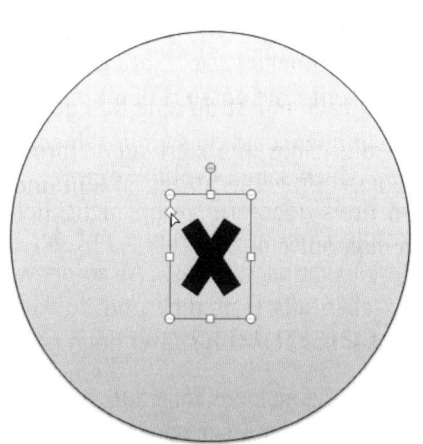

Abb. 11.19:
Ziehe das gelbe Rautensymbol mit der Maus nach oben bis auf den runden Größenpunkt.

2. Zeige mit der Maus auf das kleine gelbe Rautensymbol, der Mauszeiger wird zu einer kleinen Spitze. Ziehe mit gedrückter Maustaste das Symbol nach oben, bis es auf dem runden Größenpunkt liegt. Lasse die Maus los.

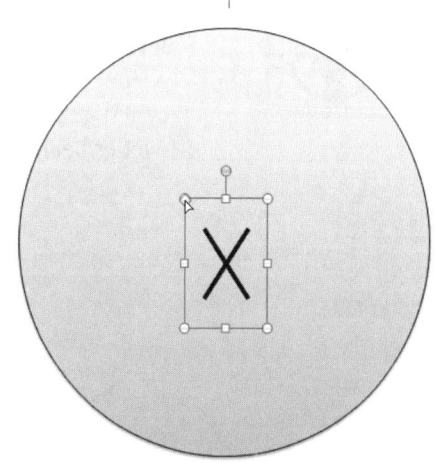

Abb. 11.20:
Das Kreuz ist jetzt ganz dünn geworden.

1. Lasse das Kreuz markiert und markiere den Kreis zusätzlich. Drücke ⇧ und klicke den Kreis an.
2. Wähle dann START|ANORDNEN|AUSRICHTEN. Klicke einmal auf HORIZONTAL ZENTRIEREN und anschließend auf VERTIKAL ZENTRIEREN. Jetzt ist das Kreuz genau in der Mitte des Kreises.

> Damit du später das Kreuz nicht versehentlich verschiebst, gruppiere Kreis und Kreuz. Lasse sie beide markiert und wähle START|ANORDNEN|GRUPPIEREN.

Nach dem Kreis brauchst du Linien für Geraden, die den Kreis berühren, an ihm vorbeiführen oder ihn schneiden. Das sind insgesamt sieben verschiedene Linien. Zeichne zuerst die Linie, die den Kreis weder berührt noch ihn schneidet, sie führt einfach an ihm vorbei. Diese Linie nennt man *Passante*, sie passiert den Kreis in einiger Entfernung.

Lasse die Linie markiert und formatiere sie mit ZEICHENTOOLS|FORMAT|FORMKONTUR. Die STÄRKE ist 6 pt und die Farbe soll dunkelblau sein.

Klicke die Linie anschließend mit der rechten Maustaste an und wähle ALS STANDARDLINIE FESTLEGEN. Ab sofort werden alle Linien in dieser Präsentation ebenfalls 6 pt dick und dunkelblau. Die Farben für die anderen Linien kannst du dann später noch nach deinen Wünschen ändern.

Es gibt einen Trick, um viele Linien hintereinander schnell zu zeichnen. Klicke im START-Register in der Liste der Formen die Linie mit der rechten Maustaste an und wähle den Befehl ZEICHENMODUS SPERREN. Jetzt kannst du ganz viele Linien in die Folie zeichnen, ohne immer wieder auf das Symbol für die Linie klicken zu müssen. Wenn du alle Linien gezeichnet hast, drückst du `Esc`. Jetzt ist der Zeichenmodus wieder beendet.

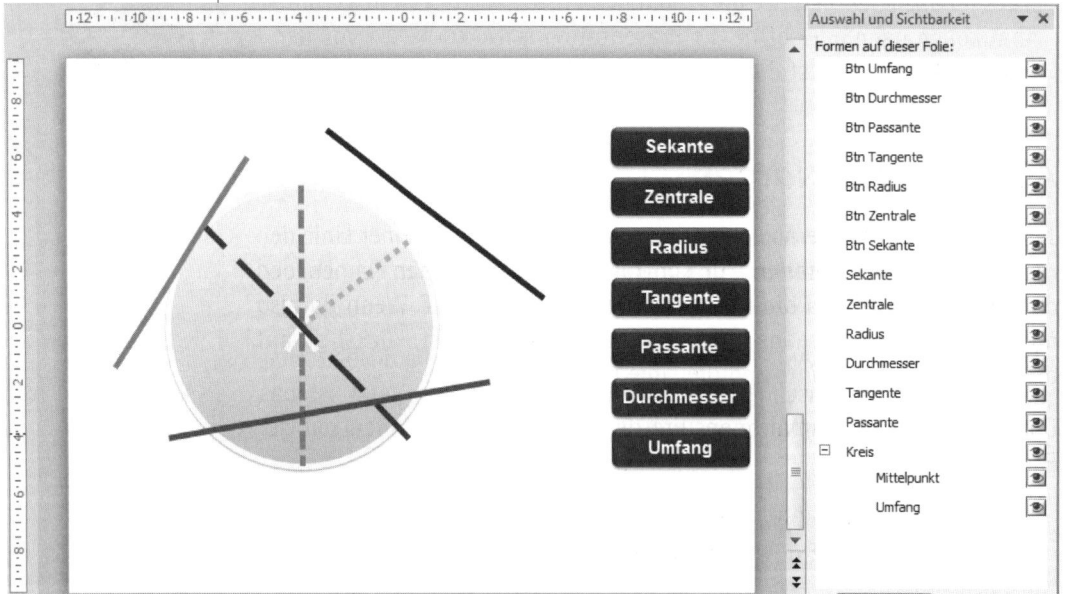

Abb. 11.21: Alle Linien sind eingezeichnet und benannt.

Wie hieß das noch mal?

Zeichne die Linien, die es zu einem Kreis gibt. Es sind insgesamt sechs: Passante, Tangente, Sekante, Durchmesser, Zentrale und Radius. Jeder Linie, die du zeichnest, gibst du gleich den richtigen Namen:

1. Wähle START|MARKIEREN|AUSWAHLBEREICH.

2. Lasse die Linie markiert, die du gezeichnet hast, und ändere im Aufgabenbereich AUSWAHL UND SICHTBARKEIT den Namen. Tippe statt GERADE VERBINDUNG zum Beispiel Passante. Dann wird später die Animation einfacher.

3. Schreibe anschließend die sechs Namen noch jeweils in ein Rechteck auf die Folie. Als siebten Namen schreibst du noch den Umfang hinzu.

4. Gib auch diesen Rechtecken einen Namen unter AUSWAHL UND SICHTBARKEIT. Beginne jeden dieser Namen mit dem gleichen Hinweis, dass dies eine Schaltfläche und keine Linie ist. Beispielsweise kannst du schreiben Benennung Passante. Ich schreibe Btn als Abkürzung für das englische Wort »Button«, was »Schaltfläche« heißt. Deine Folie sollte jetzt so aussehen wie das Bildschirmfoto.

Falls du unsicher bist, wie die Linien heißen, schaue in einem Mathematikbuch nach oder öffne die Präsentation INTERAKTION.PPTX von der Buch-CD. Dort findest du auf einer Folie die Linien alle beschriftet.

Abfrage der Namen

Jetzt kannst du dein Lernspiel einrichten. Du versuchst, zu einer Linie den richtigen Namen zu nennen. Zur Kontrolle klickst du auf den Namen, den du vermutet hast, und die dazugehörige Linie blinkt auf. Wenn du also meinst, dass die Linie ganz oben rechts eine Passante ist, klickst du auf die Schaltfläche *Passante* und die Linie muss blinken.

Dazu brauchst du Animationen und den Trigger. Wir beginnen mit der Passante.

1. Markiere die Passante und wähle auf dem Register ANIMATIONEN den Befehl WEITERE HERVORHEBUNGSEFFEKTE.

2. Klicke ganz unten in der Liste auf BLINKEN und bestätige mit OK (siehe Abbildung 11.22).

3. Klicke jetzt auf TRIGGER und wähle aus BEIM KLICKEN AUF, suche den Namen der Schaltfläche für die Passante. Bei mir heißt die Schaltfläche *Btn Passante*.

Kapitel 11 — Lernspaß mit PowerPoint

4. Danach sorgst du dafür, dass die Linie nicht nur einmal blinkt, wenn du auf die Schaltfläche für die Passante klickst. Lasse die Linie der Passante markiert und zeige den ANIMATIONSBEREICH an.

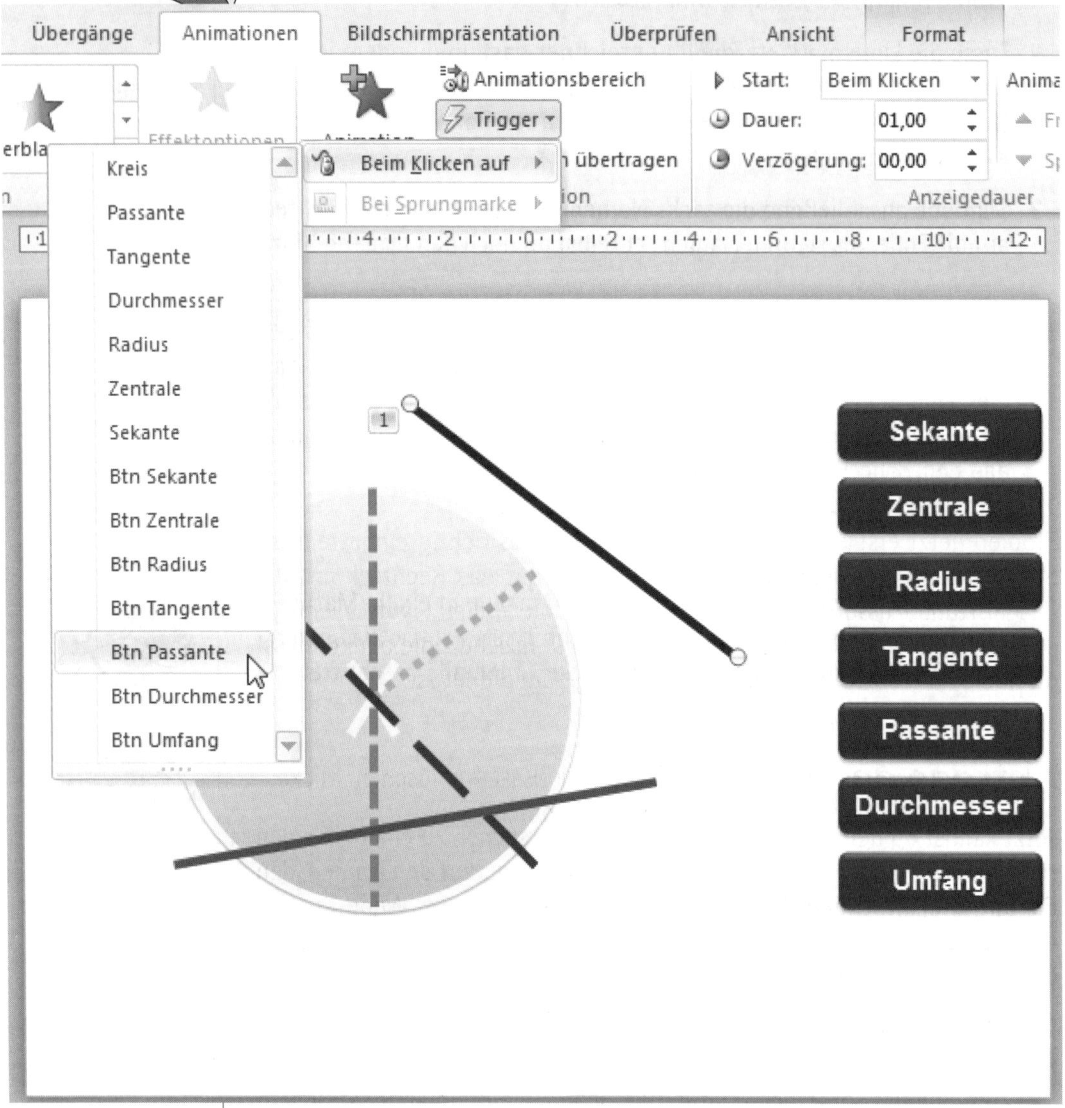

Abb. 11.22: Wähle als TRIGGER aus BEIM KLICKEN AUF.

5. Klappe die Auswahlliste neben der Animation auf, wähle ANZEIGE-DAUER aus und trage bei WIEDERHOLEN eine 3 ein. Bestätige alles mit Klick auf OK.

Wie hieß das noch mal?

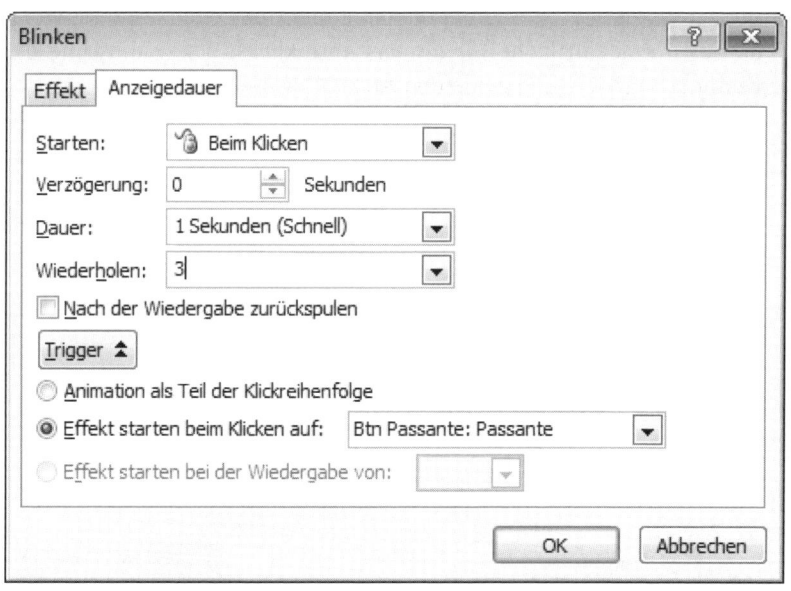

Abb. 11.23: Die Einstellungen der ANZEIGEDAUER für die Passante

Probiere jetzt erst einmal aus, ob bis hierher alles richtig eingestellt ist. Starte die Bildschirmpräsentation und klicke auf das Rechteck mit der Beschriftung *Passante*. Blinkt die richtige Linie dreimal auf? Wenn ja, dann hast du alles richtig gemacht. Wenn eine falsche Linie blinkt, musst du noch mal kontrollieren, dass alles richtig zugeordnet ist.

> Falsche Animationen kannst du im ANIMATIONSBEREICH löschen. Klicke die Animation in der Liste an und drücke einfach `Entf`.

Für alle anderen Linien musst du genauso vorgehen.

1. Markiere die Linie und wähle die Hervorhebung BLINKEN.
2. Stelle beim TRIGGER jeweils ein, dass diese Linie blinkt beim Klicken auf das dazugehörige Rechteck.
3. Zum Schluss sorge noch dafür, dass jede Linie dreimal blinkt, indem du in der ANZEIGEDAUER die WIEDERHOLUNG AUF 3 stellst.

Zum Schluss musst du im ANIMATIONSBEREICH alle Animationen mit ihren Triggern auflisten.

Kapitel 11 — Lernspaß mit PowerPoint

Abb. 11.24:
Jede Gerade hat eine Schaltfläche, die als Trigger dient.

> Jetzt kannst du auch gut erkennen, warum wir uns anfangs so viel Mühe gemacht haben, für jede Linie und jede Schaltfläche einen Namen in AUSWAHL UND SICHTBARKEIT einzutragen. Es ist so ganz einfach, die Schaltfläche und die Linien zu animieren. Wir können auch sehr gut kontrollieren, ob die Schaltfläche die richtige Gerade zum Blinken bringt.

Uns fehlt noch der Umfang. Du könntest den ganzen Kreis blinken lassen, aber das wäre nicht richtig. Es darf nur die Linie blinken. Ich möchte ja nicht, dass dein Mathematiklehrer uns vorwirft, wir würden ungenau arbeiten. Also machen wir uns ein wenig mehr Mühe.

1. Zeichne einen zweiten Kreis, der auch einen Durchmesser von 10 cm hat. Er darf nicht mit Farbe gefüllt werden und braucht eine dicke Außenlinie.

2. Schiebe den Kreis genau auf den ersten und lasse ihn markiert.

3. Weise ihm jetzt die gleichen Animationen zu wie den Linien. Er soll dreimal blinken, wenn du auf das Rechteck *Umfang* klickst.

Zusammenfassung

Jetzt hast du alles zusammen und kannst es ausprobieren. Starte die Bildschirmpräsentation und nimm dir die erste Linie vor – wie heißt sie? Kontrolliere dich mit Klick auf das Rechteck mit dem Namen. Blinkt tatsächlich die Linie, die du vermutet hast?

Vermutlich brauchst du jetzt das Lernspiel gar nicht mehr. Wenn du dir so viel Mühe gemacht hast, die Linien zu benennen und die Beschriftungen hineinzuschreiben, lernst du die Namen schnell auswendig. Aber kurz vor der nächsten Schularbeit solltest du alles noch einmal wiederholen.

Ein Blick zurück

Für jede Form kannst du die Größe schnell bei ZEICHENTOOLS|FORMAT einstellen. Wenn du zwei Formen genau aufeinander legen willst, verwendest du START|ANORDNEN|AUSRICHTEN und wählst hintereinander HORIZONTAL ZENTRIEREN und VERTIKAL ZENTRIEREN.

Eine Animation, die mit Klick auf einer anderen Form startet, stellst du mit dem Trigger ein.

Zusammenfassung

In diesem Kapitel gab es nur wenige neue Techniken, du hast alles in den vorhergehenden Kapiteln schon einmal gelernt. Ich hoffe, es hat dir ein bisschen Spaß gemacht, mit Farben, Formen und Animationen einen trockenen Schulstoff etwas lustiger zu lernen.

Ganz wichtige Hilfsmittel sind:

◆ Das korrekte Anordnen von Formen mit den Befehlen aus START|ANORDNEN|AUSRICHTEN

◆ Das Benennen der Zeichnungen über START|MARKIEREN|AUSWAHLBEREICH

◆ Die Animationen für den Eingang oder die Hervorhebung und der Trigger.

Kapitel 11

Ein paar Fragen ...

Frage 1: Was passiert, wenn du in der Liste AUSWAHL UND SICHTBARKEIT das Augen-Symbol anklickst?

Frage 2: Wo würdest du die interaktiven Schaltflächen VORWÄRTS und RÜCKWÄRTS platzieren, damit sie auf jeder Folie einer Präsentation zu sehen sind?

Frage 3: Wie kannst du am schnellsten ganz viele Linien hintereinander zeichnen, ohne jedes Mal wieder auf das Symbol für LINIEN klicken zu müssen?

... und ein paar Aufgaben

1. Zeichne eine Zielscheibe! Sie soll aus fünf Kreisen bestehen, die alle unterschiedlich gefärbt sind. Jeder Kreis ist ein bisschen kleiner als der vorhergehende. Beginne mit dem größten Kreis, zeichne dann den nächstkleineren und ganz am Ende den kleinsten. Zum Schluss müssen alle Kreise genau aufeinander liegen.

2. Kopiere die Folie mit den Geraden im Kreis und lösche alle Animationen. Mache die Animation andersherum: Wenn du eine Gerade anklickst, soll die richtige Beschriftung blinken!

3. Erstelle dir einen Bildschirmschoner aus den Folien über Geometrie!

Stichwortverzeichnis

Numerisch

3D 68

A

Aktionseinstellung 369
Animation 95
    Animationsarten 96
    Ausgangseffekt 327
    Diagramm 256
    Hervorhebungseffekt 310, 322
    hinzufügen 96
    löschen 71
    Pfad 314
    Reihenfolge 219
    SmartArt 165, 242
    Sound 363
    Start 72, 99
    Trigger 310, 316, 359
    übertragen 98, 312
    Vorschau 70
Anordnen 84
    An Folie ausrichten 57
    Ausrichten 174
    Rasterlinien 169

Ansicht
    Bildschirmpräsentation 39
    Foliensortierung 39
Anzeigedauer 105, 151
Audio
    Aufnahme 290
    beschneiden 325
    einfügen 287, 319
    folienübergreifend 289
    komprimieren 292
Aufzählung 221
    Absatzeinrückung 340
Ausgangseffekt 327
Ausrichten 174
Auswahl und Sichtbarkeit 312, 321
Auswahlbereich 375
AutoKorrektur
    Großschreibung 36, 125
    Text an Platzhalter anpassen 28

B

Beamer 267, 268
    ausschalten 271
    Bild anzeigen 269
    Farben 274

Stichwortverzeichnis

Bereichsdiagramm 253
Bilder komprimieren 114
Bildformatvorlagen 81
Bildschirmpräsentation
    Anzeigedauer testen 105
    blättern 272
    einrichten 150
    für CD verpacken 107
    öffnen 73
    speichern 72, 103
    starten 39, 73, 102
    Tastenkürzel 102
Bildschirmschoner 353
Bildtools 81

C

CD brennen 107
ClipArt 229
    animiert 231
    Gruppierung aufheben 231
Countdown 329

D

Datei
    Dateinamen 184
    Eigenschaften 184
    Neu aus Vorhandenem 141
    speichern 182
Datum Siehe Kopf- und Fußzeile
Design 21, 347
    Designfarben 347
    Designschriftarten 349
    Download 193
    speichern 350
    Standarddesign festlegen 351
Diagramm
    Animation 256
    Balkendiagramm 250
    Bereichsdiagramm 253
    Kreisdiagramm 253
    Liniendiagramm 252
    Säulendiagramm 247
Diashow 299
dpi 114
Drucken 41, 108
    Handzettel 41

E

Einfügen
    Audio 287
    Fotoalbum 284
    Video 291
Entwurf
    Design speichern 347
    Hintergrundformat 156

F

Farbverlauf 47
Farbverlauf Siehe Fülleffekt
Folie
    ausblenden 151
    duplizieren 64
    Folien aus Gliederung 188, 191
    Hintergrundformat 156
    Neue Folie 23
    speichern als Grafik 297, 355
    Übergang 100
    zurücksetzen 336
Folienausrichtung 154
Folienhintergrund 49, 91
Folienlayout
    Bild mit Überschrift 225
    Vergleich 216
    Zwei Inhalte 216
Foliennummer Siehe Kopf- und Fußzeile
Folienübergang 285
Form
    ausrichten 57
    drehen 64
    exakte Formen 61
    Größe ändern 34, 55
    Proportion ändern 64, 67
    Schnellformatvorlage 35
Formen
    Größe einstellen 46
    zeichnen 33
Foto Siehe Grafik
Fotoalbum 284, 286
Freistellen 90
Fülleffekt 47
    Farbverlauf 60
Fußzeilentext Siehe Kopf- und Fußzeile

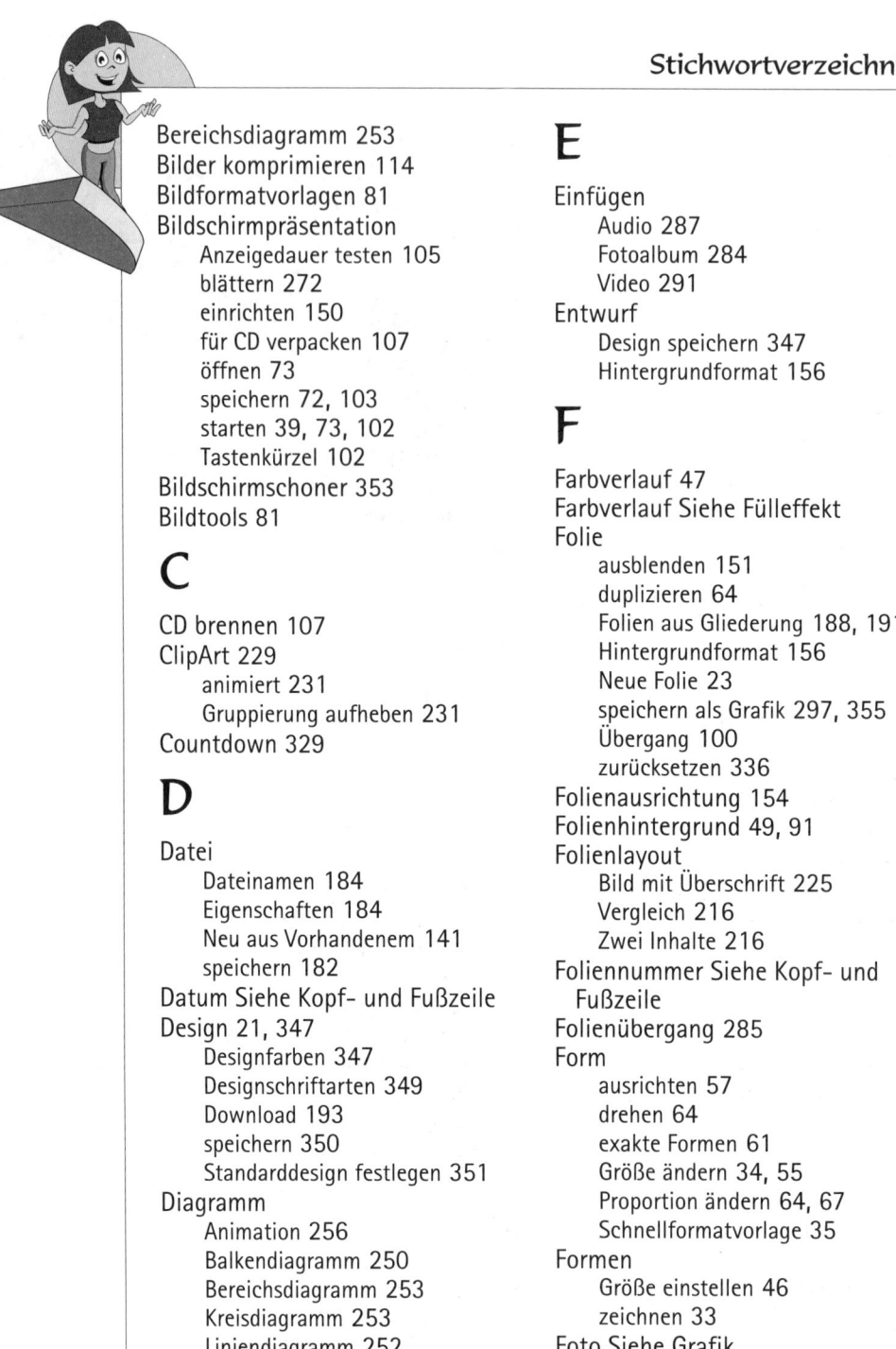

Stichwortverzeichnis

G

Grafik
  anordnen 84
  auf Form zuschneiden 89
  Auflösung 113
  bearbeiten 81
  ClipArt 229
  Dateiformate 113
  drehen 85
  einfügen 80, 83, 226
  freistellen 90
  komprimieren 114
  Korrekturen 86
  verknüpfen 110, 282
  zuschneiden 87
Großschreibung Siehe AutoKorrektur
Gruppierung 64

H

Handzettel
  mit Word drucken 263
Hervorhebungseffekt 322
Hilfe 17
Hochformat Siehe Folienausrichtung
Hyperlink 364

I

Inhaltsübersicht 206
Interaktive Schaltfläche 364, 369

J

JPG
  Folie als Grafik speichern 132, 355
JPG Siehe Grafik, Dateiformate

K

Kiosk 313
Kioskmodus Siehe Bildschirmpräsentation
Komprimieren 114
Kontextregister 81
Kopf- und Fußzeile 195
Kopieren 169, 182
Kreisdiagramm 253

L

Lageplan
  zum Anklicken 308
Laserpointer 302
Legende 67
Lesbarkeit 197
Linie 182
Liniendiagramm 252
Livevorschau 22
Logo 341

M

Markieren 55
  Alles markieren 56
  Auswahlbereich 375
  Mehrfachmarkierung 56
Master 369
  anpassen 337
  Aufzählungszeichen 339
  Folienlayout 343
  Folienlayout erstellen 345
  Folienmaster 337
  Layoutmaster 337
  Logo 341
  Masteransicht schließen 338
  Schrift anpassen 193
  Titelmaster 343
Menüband 17
  ausblenden 17
  einblenden 17

N

Notizen 199
  drucken 201, 262
  mit Word drucken 263
Nummerierung 207

O

Organigramm 160, 233

Stichwortverzeichnis

P

Pixel 113
PNG Siehe Grafik, Dateiformate
PowerPoint
    beenden 17, 42
    minimieren 17
    starten 16
PPSX 72
PPTX 26
Präsentation
    als Video speichern 301
    öffnen 42
    schließen 41
Projektor Siehe Beamer
Pyramide 239

R

Radialdiagramm 238
Rasterlinien 169, 367
Rechtschreibung 136
Register 17

S

Säulendiagramm 247
Schaubild Siehe SmartArt
Schnellformatvorlage Siehe Form
Schriftgröße 197
SmartArt 159
    Animation 242
    Organigramm 233
    Pyramide 239
    Radialdiagramm 238
    Stammbaum 160
    Zyklusdiagramm 166, 236
Speichern 25
    Folie als Grafik 132
Statuszeile 18
Symbolleiste für den Schnellzugriff 17

T

Tabelle 118, 245
    einfügen 119
    Spaltenbreite 142
    Tabellenformatvorlage 129, 147
    Zellen ausrichten 122
    Zellen einfügen 128
    Zellen löschen 128
    Zellen teilen 124
    Zellen verbinden 123
    Zellen verschieben 145
Tabulator 210
Text
    markieren 55
Textausrichtung 55
Textfeld 53
Textplatzhalter 20
Titelfolie 20
Trigger 310, 316, 359

U

Übergang 39, 100, 138
Übergänge 151

V

Verbindungslinien 171
Verknüpfen
    Grafik 110
Verpacken für CD 294
Video
    aus Präsentation erstellen 301
    einfügen 291
    komprimieren 292
Visualisieren 205

W

WordArt 35, 50

Z

Zeichenmodus sperren 374
Zeichnen
    exakte Formen 61
    Tastenkürzel 61
Zeitleiste 181
Zoom 18
Zuschneiden 87
Zyklusdiagramm 236